OEUVRES

DE

VOLTAIRE.

TOME LXVIII.

DE L'IMPRIMERIE DE FIRMIN DIDOT FRÈRES,
RUE JACOB, N° 24.

OEUVRES
DE
VOLTAIRE

AVEC

PRÉFACES, AVERTISSEMENTS,
NOTES, ETC.

PAR M. BEUCHOT.

TOME LXVIII.

CORRESPONDANCE.—TOME XVIII.

A PARIS,

CHEZ LEFÈVRE, LIBRAIRE,
RUE DE L'ÉPERON, N° 6.

FIRMIN DIDOT FRÈRES, LIBRAIRES,
RUE JACOB, N° 24.

M DCCC XXXIII.

CORRESPONDANCE.

6410. A M. LEKAIN.

A Ferney, 2 octobre 1772.

Je vous envoie peut-être trop tard, mon cher ami, cette lettre de M. d'Argental; il me mande qu'on ne vous accorde point de délai, et qu'on est fâché que vous en ayez demandé; il est tout naturel qu'on aime à jouir de vos talents. Je crois qu'il faut que vous partiez immédiatement après avoir lu cette lettre, et que vous fassiez la plus grande diligence.

Je vous embrasse de tout mon cœur. Partez sur-le-champ. V.

6411. A MADAME LA MARQUISE DU DEFFAND.

A Ferney, 4 octobre.

J'ai bien des remords, madame, d'avoir été si long-temps sans vous écrire [1]; mais j'ai été malade: il m'a fallu mener Lekain tous les jours à deux lieues, pour jouer la comédie auprès de Genève; et n'ayant rien à faire du tout, j'ai été accablé des détails les plus inquiétants.

J'ai été sur le point de voir ma colonie détruite. Dès qu'on veut faire quelque bien, on est sûr de trouver des ennemis. Qu'on rende service, dans quelque genre que ce puisse être, on peut compter qu'on

---

[1] La dernière lettre de Voltaire à madame du Deffand est du 10 auguste, n° 6376. B.

trouvera des gens qui chercheront à vous écraser. Faites de la prose ou des vers, bâtissez des villes, cela est égal : l'envie vous persécutera infailliblement. Il n'y a d'autre secret, pour échapper à cette harpie, que de ne jamais faire d'autre ouvrage que son épitaphe, de ne bâtir que son tombeau, et de se mettre dedans au plus vite.

Quand je vous dis, madame, que j'ai bâti une petite ville assez jolie, cela est très ridicule, mais cela est très vrai. Cette ville même fesait un commerce assez considérable; mais si on continue à me chicaner, tout périra. Pour me dépiquer, j'ai fait une *Épître à Horace*[1]. Je ne vous l'envoie pas, parceque je ne sais pas si vous aimez Horace, si vous souffrez encore les vers, si vous avez envie de lire les miens. Vous n'aurez cette épître que quand vous m'aurez dit : Envoyez-la-moi. Ce n'est pas assez de prier quelqu'un à souper, il faut avoir de l'appétit.

J'ai toujours mon ancien chagrin que vous connaissez. Ce chagrin m'empêchera de revoir jamais Paris. Je ne saurais souffrir les tracasseries et les factions, aussi ridicules qu'acharnées, qui règnent dans cette Babylone où tout le monde parle sans s'entendre. Je m'en tiens à mes Alpes et à votre souvenir. Je vous souhaite toute la santé, tous les amusements, toute la bonne compagnie, tous les bons soupers qu'on peut mettre à la place de deux yeux qui vous manquent.

Voici le temps où je vais perdre les miens, dès que les neiges arrivent; et cependant je ne cherche

---

[1] Tome XIII, page 317. B.

point à revenir à Paris, parceque j'aime mieux souffrir chez moi que d'essuyer des tracasseries dans votre grande ville. Il est vrai que les hommes ne se mangent pas les uns les autres dans Paris comme dans la Nouvelle-Zélande, qui est habitée par des anthropophages dans huit cents lieues de circonférence; mais on se mange dans Paris le blanc des yeux fort mal-à-propos. On dit même quelquefois que le ministère nous mange et nous gruge; mais je n'en veux rien croire.

Adieu, madame; vivons l'un et l'autre le moins malheureusement que nous pourrons: c'est toujours là mon refrain; car, puisque nous ne nous tuons pas, il est clair que nous aimons la vie.

Je vous aime, madame; je vous aimerai toujours, je vous serai inviolablement attaché, aussi bien qu'à votre grand'maman [1] : mais de quoi cela servira-t-il?

6412. A M. LE COMTE D'ARGENTAL.

4 octobre.

Mon cher ange, je suis bien malingre; cependant je vous écris de ma très faible main. Dès que je reçus votre lettre et celle pour Lekain, je lui envoyai sur-le-champ votre dépêche à Lyon; je lui écrivis : Partez dans l'instant [2].

Le lendemain, je reçus les lettres de M. le maréchal de Richelieu et de M. le duc de Duras. J'envoyai à Lekain la lettre de M. le duc de Duras, et je réitérai mes instances. Il doit être parti aujourd'hui,

---

[1] Madame de Choiseul. B.
[2] Voyez lettre 6410. B.

4 d'octobre, s'il est sage et honnête, comme je crois qu'il l'est.

M. le maréchal de Richelieu me mande qu'il le fera mettre en prison, s'il n'est pas à Paris le 4. Cela ne me paraît ni d'un bon compte, ni d'une exacte justice. Vous m'aviez toujours mandé qu'il pourrait arriver le 8, et qu'on serait content ; or il est certain qu'il peut aisément être à Paris le 8.

Il vous apportera le code *Minos*[1], que je lui donnai quand il partit de Ferney. Je suis fâché que madame la comtesse Dubarri n'ait pas la bonne leçon, car j'entends dire qu'elle a beaucoup de goût et d'esprit naturel. Vous devez le savoir mieux que moi, vous qui allez nécessairement à la cour.

En attendant que Lekain vous ait remis cette dernière copie, voici, pour vous amuser, l'*Épître à Horace*. Je vous supplie de n'en laisser prendre de copie à personne ; c'est jusqu'à présent un secret entre Horace et vous. Je ne vous parle point des barbaries de notre théâtre vandale et anglais. Je gémis et je vous implore.

6413. A M. LE CARDINAL DE BERNIS.

A Ferney, 5 octobre.

Monseigneur, M. le marquis de Condorcet et M. Dalembert m'ont appris ce que c'était que cet abbé Pinzo et son impertinente *Lettre*[2] ; mais certainement celui qui l'a envoyée au pape est encore plus impertinent. Il faut être enragé pour l'avoir écrite, et enragé pour

---

[1] La tragédie des *Lois de Minos*, tome IX, page 273. B.
[2] Voyez ma note sur les lettres 6094 et 6394. B.

l'avoir envoyée. Il ne faudrait pas être moins enragé pour me l'attribuer. Je vous demande pardon de vous avoir importuné de cette sottise ; mais qu'on soit roi ou pape, les choses personnelles sont toujours sensibles. Je m'en suis aperçu quelquefois, et notre résident de Genève[1] m'avait dit qu'il était important d'aller au-devant de cette calomnie. Si cette imposture a eu quelque suite, je vous demande instamment votre protection ; si elle est ignorée, je vous demande bien pardon de tant d'importunités.

J'ai l'honneur d'être avec l'attachement le plus respectueux et le plus inviolable, monseigneur, de votre éminence, le très, etc.

6414. DE FRÉDÉRIC.

Weissenstein, le 6 octobre.

Monsieur, j'ai reçu par madame Gallatin votre lettre[2] ; elle m'a fait un plaisir inexprimable par l'amitié dont vous voulez bien m'assurer, et dont je fais tout le cas possible. Je vous prie de me la conserver, et d'être persuadé que personne ne vous chérit et ne vous admire plus que moi. Quel charme si je pouvais espérer de vous revoir bientôt ! Je ferai tout mon possible pour cela, l'amitié étant pour moi la plus grande consolation de la vie. La révolution de Suède a été faite avec beaucoup de prudence et de fermeté. Il faudra voir comment les puissances voisines la prendront.

Adieu, mon cher ami ; aimez-moi toujours, vivez encore long-temps, écrivez-moi aussi souvent que vous le pourrez, sans que cela vous incommode, et soyez persuadé de la sincère amitié avec laquelle je serai toujours, monsieur, votre, etc.

FRÉDÉRIC.

[1] Hennin. B.
[2] Cette lettre manque. B.

6415. A FRÉDÉRIC II, ROI DE PRUSSE.

16 octobre.

Sire, la médaille[1] est belle, bien frappée, la légende noble et simple; mais surtout la carte que la Prusse jadis polonaise présente à son maître fait un très bel effet. Je remercie bien fort votre majesté de ce bijou du Nord; il n'y en a pas à présent de pareils dans le Midi.

> La Paix a bien raison de dire aux Palatins :
>   Ouvrez les yeux, le diable vous attrape;
>   Car vous avez à vos puissants voisins,
>   Sans y penser, long-temps servi la nappe.
>   Vous voudrez donc bien trouver bel et beau
>   Que ces voisins partagent le gâteau.

C'est assurément le vrai gâteau des rois, et la fève a été coupée en trois parts[2]. Mais la Paix ne s'est-elle pas un peu trompée? J'entends dire de tous côtés que cette Paix n'a pu venir à bout de réconcilier Catherine II et Moustapha, et que les hostilités ont recommencé depuis deux mois. On prétend que, parmi ces Français si babillards, il s'en trouve qui ne disent mot, et qui n'en agissent pas moins sous terre.

On dit que les mêmes gens qui gardent Avignon[3] au saint-père ont un grand crédit dans le sérail de Constantinople. Si la chose est vraie, c'est une scène nouvelle qui va s'ouvrir. Mais il n'y en a point de plus belle que les pièces qu'on joue en Prusse et en

---

[1] Celle que Frédéric avait envoyée à Voltaire le 16 septembre; voyez lettre 6397. B.

[2] Le premier partage de la Pologne entre la Russie, la Prusse, et l'Autriche, est du 5 auguste 1772. B.

[3] La cour de France. B.

Suède; le roi votre neveu[1] paraît digne de son oncle.

Je remercie votre majesté de remettre dans la règle le célèbre couvent d'Oliva[2]; car le bruit court que vous êtes prieur de cette bonne abbaye, et que dans peu tous les novices de ce couvent feront l'exercice à la prussienne. Je ne m'attendais, il y a deux ans, à rien de tout ce que je vois. C'est assurément une chose unique que le même homme se soit moqué si légèrement des Palatins pendant six chants entiers[3], et en ait eu un nouveau royaume pour sa peine. Le roi David fesait des vers contre ses ennemis, mais ces vers n'étaient pas si plaisants que les vôtres : jamais on n'a fait un poëme ni pris un royaume avec tant de facilité. Vous voilà, sire, le fondateur d'une très grande puissance; vous tenez un des bras de la balance de l'Europe, et la Russie devient un nouveau monde. Comme tout est changé! et que je me sais bon gré d'avoir vécu pour voir tous ces grands événements!

Dieu merci, je prédis et je dis, il y a plus de trente ans, que vous feriez de très grandes choses; mais je n'avais pas poussé mes prédictions aussi loin que vous avez porté votre très solide gloire : votre destin a toujours été d'étonner la terre. Je ne sais pas quand vous vous arrêterez; mais je sais que l'aigle de Prusse va bien loin.

Je supplie cet aigle de daigner jeter sur moi chétif, du haut des airs où il plane, un de ces coups

---

[1] Gustave III; voyez lettre 6392. B.
[2] Voyez lettre 6256. B.
[3] *La Pologniade;* voyez tome IX, page 275. B.

d'œil qui raniment le génie éteint. Je trouve, si votre médaille est ressemblante, que la vie est dans vos yeux et sur votre visage, et que vous avez, comme de raison, la santé d'un héros.

Je suis à vos pieds comme il y a trente ans, mais bien affaibli. Je regarderai le *Regno redintegrato*[1] quand je voudrai reprendre des forces.

Votre vieux idolâtre.

6416. DE CATHERINE II.

Le 6-17 octobre.

Monsieur, je ne vous dispute point la possibilité de la venue des rhinocéros et des éléphants des Indes en Sibérie : cela se peut. Je ne vous ai envoyé le récit[2] de notre savant que comme un simple objet de curiosité, et nullement pour appuyer mon opinion. Je vous avoue que j'aimerais que l'équateur changeât de position : l'idée riante que dans vingt mille ans la Sibérie, au lieu de glaces, pourra être couverte d'orangers et de citronniers, me fait plaisir dès à présent.

Dès que la traduction de la comédie russe qui nous a fait le plus rire sera achevée, elle prendra le chemin de Ferney. Vous direz peut-être, après l'avoir lue, qu'il est plus aisé de me faire rire que les autres majestés, et vous aurez raison : le fond de mon caractère est extrêmement gai.

On trouve ici que l'auteur anonyme de ces nouvelles comédies russes[3], quoiqu'il annonce du talent, a de grands défauts; qu'il ne connaît point le théâtre, que ses intrigues sont faibles : mais qu'il n'en est pas de même des caractères qu'il trace; que ceux-ci sont soutenus, et pris dans la nature qu'il

---

[1] Voyez lettre 6397. B.

[2] La lettre qui accompagnait ce récit est perdue, ainsi que je l'ai déjà dit tome LXVII, page 527. B.

[3] Carmontelle avait publié des pièces, dont il était l'auteur, sous le titre de *Théâtre russe du prince Clenerzow*, 1771, deux volumes in-8°. B.

a devant les yeux; qu'il a des saillies, qu'il fait rire, que sa morale est pure, et qu'il connaît sa nation; mais je ne sais si tout cela soutiendra la traduction.

En vous parlant de comédies, permettez, monsieur, que je rappelle à votre mémoire la promesse que vous avez bien voulu me faire [1], il y a près d'un an, d'accommoder quelques bonnes pièces de théâtre pour mes instituts d'éducation. Je ne vous parle point aujourd'hui de la grande tragédie de la guerre, du congrès rompu, du congrès renoué, de la trêve prolongée; j'espère vous mander dans peu la fin de tout ceci. Vous serez un des premiers instruits de la signature du traité définitif; après quoi nous nous réjouirons.

Je suis, comme je serai toujours, monsieur, avec l'estime et la considération la plus distinguée, Caterine.

6417. A M. LE COMTE D'ARGENTAL.

21 octobre.

J'ai d'abord à me justifier devant mon ange gardien de quelques péchés d'omission. J'avais, dans mes distractions, oublié cette jolie petite nièce de madame Du Boccage. Voici ce que je dis à la tante, et même en assez mauvais vers:

> Ces bontés que pour moi ta nièce a fait paraître,
> De tes rares talents sont encore un effet;
> Elle a pris en jouant, pour orner mon portrait,
> Un reste de ces fleurs que ta muse a fait naître.

Cette demoiselle aura de meilleurs vers quand elle aura quinze ans; ce ne sera pas moi qui les ferai. Il faut bientôt que je renonce à vers et à prose; car vous avez beau avoir de l'indulgence pour *les Lois de Minos*, c'est mon dernier effort, c'est le chant du cygne.

[1] Voyez lettre 6301. B.

Il faut que je me prépare à rendre visite à Despréaux et à Horace. Je vous remercie, mon divin ange, de n'avoir laissé prendre de copie à personne de l'*Épître à Horace*; elle exciterait beaucoup de murmures, et ce n'est pas le temps de faire crier. On criera contre moi si *les Lois de Minos* réussissent.

Le Symbole, en patois savoyard [1], est une profession de foi extrêmement bête, que ce polisson d'évêque d'Anneci, soi-disant prince de Genève, a fait imprimer sous mon nom. Voyez l'article *Fanatisme*, aux pages 24 et 25, etc., du tome VI des *Questions sur l'Encyclopédie* [2].

J'ai fait les plus incroyables efforts pour lire *les Chérusques* [3] et *Roméo* [4]. Je ne sais auquel des deux ouvrages donner le prix. Je suis émerveillé des progrès que ma chère nation fait dans les beaux-arts. Il est démontré que, si ces admirables ouvrages réussissent, *les Lois de Minos* seront huées d'un bout à l'autre : il faut s'y attendre, en prévenir les acteurs, ne se pas décourager, jouer la pièce avec un majestueux enthousiasme, bien morguer le public, et le traiter avec la dernière insolence.

Il ne paraît pas trop convenable que le rôle de

---

[1] Voltaire a dit, dans son *Épître à Horace* (voyez t. XIII, p. 321-22):
Un autre moins plaisant mais plus hardi faussaire
Avec deux faux témoins s'en va chez un notaire,
Au mépris de la langue, au mépris de la hart,
Rédiger mon symbole *en patois savoyard*. B.

[2] Voyez tome XXIX, pages 330-333. B.

[3] Tragédie de Bauvin, jouée le 26 septembre 1772. Imprimée dès 1769 sous le titre d'*Arminius*, elle fut, en 1772, réimprimée sous le titre des *Chérusques*. B.

[4] Tragédie de Ducis; voyez lettre 6388. B.

Mérione ne soit pas joué par Molé ; mais je ne veux faire aucune bassesse auprès de ce héros ; j'abandonne la pièce à son mauvais destin.

M. le duc de Praslin est donc à Paris ; je prie mes chers anges de vouloir bien continuer à me mettre dans ses bonnes graces : il est plus juste que son cousin [1].

Mes chers anges, vous pensez bien que mon cœur prend souvent la poste pour aller chez vous, mais il est bien difficile que mon corps soit du voyage. Il faut tant de cérémonies ; et puis ma détestable santé me condamne à des assujettissements qui m'excluent de la société. Je suis homme pourtant à franchir tous les obstacles, si je puis venir passer huit jours à l'ombre de vos ailes ; après quoi je reviendrai mourir dans mes Alpes.

Mon doyen des clercs [2], qui est chez moi, dit que vous avez un vieux procès de la succession paternelle ; vous croyez bien que votre cause nous paraîtra excellente.

Je renouvelle mes tendres et respectueux hommages à mes anges.

6418. A M. LEKAIN.

A Ferney, 23 octobre.

Je vous prie, mon cher ami, de faire à madame la marquise du Deffand la même faveur que vous avez faite à Tronchin ; je veux dire de souper chez elle, et de lui lire, en très petite compagnie, *les Lois de*

---

[1] Le duc de Choiseul. B.
[2] Mignot, neveu de Voltaire ; voyez tome XLVII, page 31. B.

Minos. Vous savez que la perte de ses yeux ne lui permet guère d'aller au spectacle, et que les yeux de son ame sont excellents. Je vous demande avec la plus vive instance de ne me pas refuser; on vous gardera le secret; on le jurera sur la pièce, qui tiendra lieu d'Évangile; et vous verrez jusqu'à quel point un lecteur tel que vous peut faire illusion, en débitant un ouvrage très indigne de paraître après les chefs-d'œuvre qui ornent la scène française.

Portez-vous bien ; formez des acteurs, ne pouvant pas former des poëtes.

Je vous embrasse le plus tendrement du monde.

6419. A MADAME LA MARQUISE DU DEFFAND.

23 octobre.

Je me vante, madame, d'avoir les oreilles aussi dures que vous, et le cœur encore davantage ; car je vous assure que je n'ai pas entendu un seul mot de presque tous les ouvrages en vers et en prose qu'on m'envoie depuis dix ans. La plupart m'ont mis dans une extrême colère. J'ai été indigné que le siècle fût tombé de si haut. Je ne reconnais plus la France en aucun genre, excepté dans celui des finances.

J'ai voulu, dans la tragédie des *Lois de Minos*, faire des vers comme on en fesait il y a environ cent ans. Je voudrais que vous en jugeassiez. Il faudrait que je vous procurasse du moins ce petit amusement. Vous diriez au lecteur de cesser quand l'ennui vous prendrait; avec cette précaution on ne risque rien. Mon idée serait que vous priassiez Lekain de venir souper chez vous en très petite et très bonne compagnie. J'entends, par petite et bonne compagnie, quatre ou cinq personnes tout au plus, qui aiment les vers qui disent quelque chose, et qui ne sont pas tout-à-fait allobroges.

J'exige encore que vos convives aiment le roi de Suède, et même un peu le roi de Pologne. Je veux qu'ils soient persuadés qu'on a immolé des hommes à Dieu, depuis Iphigénie jusqu'au chevalier de La Barre [1].

Je veux, outre cela, que vos convives, hommes et femmes, soient un peu indulgents, puisque la sottise est faite, et qu'il n'y a plus moyen de rien réparer.

J'exige encore que la chose soit secrète, et que vos amis aient au moins le plaisir d'y mettre du mystère, si le mystère est plaisir.

Si vous acceptez toutes ces conditions, voici un petit billet pour Lekain [2], que je mets dans ma lettre. Lisez ce billet, ou plutôt faites-vous-le lire, puis faites-le cacheter.

Je ne vous parlerai point cette fois-ci de l'*Épître à Horace*. Ce que je vous propose a l'air plus agréable. Cette *Épître à Horace* n'est pas finie; elle est d'ailleurs fort scabreuse; et elle demanderait un secret bien plus profond que le souper des *Lois de Minos*.

Je vous avouerai, madame, que j'aimerais mieux vous lire cette tragédie crétoise que de la faire lire par un autre; mais j'ai fait vœu de ne point aller à

---

[1] Voyez tome XLII, page 355. B.
[2] C'est le billet qui précède. B.

Paris tant qu'on me soupçonnera d'avoir manqué à votre grand'maman. Je suis toujours très ulcéré, et ma blessure ne se fermera jamais. Ne vous fâchez pas si je suis constant dans tous mes sentiments.

6420. A MADAME D'ÉPINAI.

23 octobre.

Cette *Épître à Horace* [1], ma chère philosophe, n'est ni finie ni montrable; elle me ferait mille fois plus de tracasseries que les Épîtres de saint Paul [2]; il faut attendre du moins que *les Lois de Minos* aient essuyé le premier feu de la cabale. J'ai parlé à Horace avec la liberté qu'on avait chez Mécénas; mais les Mécénas d'aujourd'hui pourraient trouver ma liberté très insolente; c'est déjà une grande folie à mon âge de faire des vers, c'en serait une plus grande de les faire courir. M. d'Argental n'a qu'une ébauche d'une partie de cette *Épître*, j'ai été obligé de le consulter sur certaines convenances, au fait desquelles il est plus que personne; mais il s'en faut beaucoup que la pièce soit achevée.

Recevez mes très justes excuses, vous et votre prophète [3]. Encore une fois, ce petit ouvrage, tel qu'il est, est très indigne de vous : vous l'aurez quand j'aurai la vanité de croire vous plaire, et quand je pourrai croire qu'il ne déplaira pas à des personnes qu'il faut ménager.

Mille tendres respects, etc.

---

[1] Tome XIII, page 317. B.
[2] Épître à Timothée, chap. III, verset 11. B.
[3] Grimm; voyez tome LXV, page 289. B.

ANNÉE 1772. 15

6421. A M. L'ABBÉ DU VERNET.

Ferney, 23 octobre.

FRAGMENTS.

... Le pauvre vieillard est hors de combat : il a pensé mourir ces jours-ci... Je ne crois pas que vous trouviez des choses bien intéressantes dans les paperasses de l'abbé Moussinot[1]. Je vous en enverrai de plus curieuses....

Le juif Hirschel[2] était un fripon, et ses souffleurs des maladroits. M. Darget, mon ancien camarade de Potsdam, voyait mouvoir à la cour d'un grand roi tous les ressorts secrets de la petitesse et de l'envie françaises.

Si M. l'abbé Du Vernet veut prendre la peine de l'interroger à l'oreille, il l'instruira de bien des choses puériles, mais curieuses. V.

6422. A M. MARMONTEL.

23 octobre.

Je ne sais, mon très cher confrère, ce que j'aime le mieux de votre prose ou de vos vers. Votre ode m'immortalisera, et votre lettre fait ma consolation. Je n'ai qu'un chagrin, mais il est violent, et je vous le confie.

On s'est imaginé que j'avais manqué à des personnes très considérables[3], parceque j'avais trouvé la conduite de monsieur le chancelier très ferme et

---

[1] Du Vernet a mutilé les lettres de Voltaire à Moussinot; voyez ma note, tome LXII, page 292. B.
[2] Voyez tome LV, page 536. B.
[3] Le duc et la duchesse de Choiseul. B.

très juste, parceque j'avais dit hautement que l'obstination d'*entacher* M. le duc d'Aiguillon [1] était un ridicule énorme, parceque enfin je ne pouvais voir qu'avec horreur ceux que M. Beccaria appelle dans ses lettres les assassins du chevalier de La Barre.

Je n'ai prétendu, en tout cela, être d'aucun parti; et c'est même ce qui m'a déterminé à faire la petite plaisanterie des *Cabales* [2]. Mais, plus je me suis moqué de toutes les cabales, moins on me doit accuser d'en être. Les chefs de ma faction sont Horace, Virgile, et Cicéron. Je prends surtout parti contre les vers allobroges dont nous sommes inondés depuis si long-temps. Je ris de Fréron et de Clément, mais je n'entre point dans les querelles de la cour; j'ignore s'il y en a. C'est la plus horrible injustice du monde de m'avoir soupçonné d'abandonner des personnes à qui j'ai mille obligations; cette idée me fâche. Le soupçon d'ingratitude me fait plus de peine que la chute des *Lois de Minos* ne m'en fera.

C'est contre ces *Lois* qu'il y aura une belle cabale, et je m'en moque. J'ai fait cette pièce pour avoir occasion d'y mettre des notes qui vous réjouiront.

Je reviens à vos vers, mon cher ami; ils sont trop beaux pour moi. Je fais ce que je puis pour oublier que c'est de moi dont vous parlez, et alors je les trouve plus admirables, et j'admire votre courage autant que votre poésie. Mais quand verrons-nous *les Incas* [3]? quand ferai-je un petit voyage au

---

[1] Voyez tome XLVI, page 486. B.

[2] Voyez cette satire, tome XIV. B.

[3] *Les Incas* de Marmontel ne virent le jour qu'en 1777. B.

Pérou? On dit que cette fois-ci vous ne mettez point votre nom à votre ouvrage, que vous ne voulez plus vous battre avec *Coge pecus*[1] et avec Ribaudier[2]. J'y perds une occasion de rire à leurs dépens; mais je me consolerai très aisément si vous n'avez point de tracasseries.

Je me mets aux pieds de la grande-prêtresse de votre temple[3]; je vous assure qu'un jour cette petite orgie sera une grande époque dans l'histoire de la littérature. Si je pouvais faire un voyage, ce serait celui de la rue du Bac. Je ne viendrais à Paris que pour voir quatre ou cinq amis, la statue d'Henri IV, et m'en retourner.

Madame Denis vous fait mille tendres compliments, et je vous aime comme je le dois.

6423. A M. LE COMTE DE MORANGIÉS.

A Ferney, 30 octobre.

Je suis toujours, monsieur, très persuadé de la justice de votre cause, et je ne le suis pas moins de la violence des préjugés contre vous, et de l'acharnement de la cabale. Un parti nombreux vous poursuit, et se déchaîne sur votre avocat[4] autant que sur vous. Je me souviens que, quand il défendit la cause de M. le duc d'Aiguillon, on m'envoya les satires les plus sanglantes contre l'avocat et contre l'accusé. Cependant il me parut très clair, par son mé-

---

[1] Coger; voyez tome XXXIV, page 84; et LXIV, 289. B.
[2] Riballier; voyez tome XXXIV, page 93; et LXV, 232. B.
[3] Mademoiselle Clairon; voyez lettre 6405. B.
[4] Linguet; voyez tome XLVII, page 253. B.

moire, que M. le duc d'Aiguillon avait très bien servi l'état et le roi, tant dans le militaire que dans le civil. Il a triomphé à la fin, malgré ses nombreux ennemis, et malgré les plus horribles calomnies. J'espère que tôt ou tard on vous rendra la même justice.

Il ne faut pas vous dissimuler un malheur que M. le duc d'Aiguillon n'avait pas, c'est celui de vous être trouvé chargé de dettes de famille très considérables, qui vous ont forcé d'en faire encore de nouvelles, et de recourir à des expédients aussi onéreux que désagréables.

La saisie de vos meubles, ordonnée par le parlement en faveur de quelques créanciers pendant le cours de votre procès contre les Du Jonquai, a pu vous faire très grand tort. On a mêlé malignement toutes ces affaires ensemble; on s'est élevé également contre vous et contre votre avocat.

Plus le procès devient compliqué, plus il semble que les préjugés augmentent. Il peut y avoir des juges prévenus, ils peuvent se laisser entraîner à l'opinion dominante d'un certain public, puisqu'ils voient déjà par avance, dans cette opinion même, l'approbation d'une sentence qu'ils rendraient contre vous.

Je ne balancerais pas, si j'étais à votre place, à faire un mémoire en mon propre et privé nom, signé de mon procureur. Je suis sûr que ce mémoire serait vrai dans tous ses points; j'avouerais même la nécessité fatale où vous avez été de recourir quelquefois à des ressources déjà connues du public, ressources tristes, mais permises, et qui n'ont rien de commun avec la cruelle affaire de Du Jonquai et de la Verron.

Je crois que c'est le seul moyen que vous deviez prendre. Je vous servirai de grammairien ; je mettrai les points sur les *i*. Il sera bien important que vous ne disiez rien qui ne soit dans la plus exacte vérité, et je m'en rapporte à vous. Il faudra même que vous disiez hardiment que vous faites dépendre le jugement de votre cause du moindre fait que vous auriez altéré par un mensonge.

Je ne m'embarrasse pas que vous soyez condamné ou non en première instance : il serait triste sans doute de perdre, au bailliage[1], ce procès qui me paraît si juste; mais ce malheur même pourrait tourner à votre avantage, en vous ramenant un public qu'on a vu changer plus d'une fois de sentiment sur les choses les plus importantes. J'oserais vous répondre que le parlement n'en aura que plus d'attention à écarter tout préjugé dans son arrêt en dernier ressort, et qu'il y mettra l'application la plus scrupuleuse, comme la justice la plus impartiale.

En un mot, cette affaire est une bataille dans laquelle vous devez commander en personne. Vous me paraissez d'autant plus capable de livrer ce combat avec succès, que vous semblez tranquille dans les secousses que vous éprouvez. Vous savez qu'il faut qu'un général ait la tête froide et le cœur chaud. Je serai de loin le secrétaire du général, pourvu que

---

[1] Morangiés fut en effet condamné au bailliage; voyez t. XLVII, p. 256; mais il gagna en appel au parlement. B.

j'aie son plan bien détaillé. Quand vous seriez battu par les formes, il faut vaincre par le fond; il faut que votre réputation soit à couvert, c'est là le point essentiel pour vous et pour toute votre maison.

En un mot, monsieur, je suis à vos ordres sans cérémonies.

Gardez-moi le secret, ne craignez point au parlement un rapporteur prévenu.

Vous ne pouviez mieux faire que d'offrir vous-même de vous constituer prisonnier; et, si vous avez fait cette démarche, elle contribuera à faire revenir le public.

Je viens de consulter sur votre affaire; rien n'est plus nécessaire qu'un mémoire en votre propre nom, dans lequel vous fassiez bien sentir qu'on a malignement confondu le procès de la Verron avec quelques affaires désagréables, auxquelles vos dettes de famille vous ont exposé. C'est ce malheureux mélange qui vous a nui plus que vous ne pensez. Mettez-moi au fait de tout, vous serez promptement servi par un avocat qui ne fera rien imprimer sans votre approbation en marge à chaque page, et qui ne vous fera parler que convenablement.

6424. A M. MARIN.

A Ferney, 30 octobre.

Vous vous intéressez, mon cher ami, à M. de Morangiés : il me mande du 21 qu'il est résolu à s'aller mettre lui-même en prison, puisqu'on y a mis le chirurgien Ménager. Vous m'écrivez du 25 qu'on le dit à la Conciergerie. Cette démarche est triste, mais elle est d'un homme sûr de son innocence. Au reste, il est bien étrange que le comte de Morangiés soit emprisonné, et que Du Jonquai soit libre. Je vous supplie de lui faire parvenir sûrement cette lettre, quelque part où il soit. Je m'intéresse infiniment à cette affaire. Elle est capable de faire mourir de chagrin le père de M. de Morangiés, et M. de Morangiés lui-même. Il faudrait qu'il ne me cachât rien. Cela est plus important qu'il ne pense. Je me trouve en état de le servir, et j'ai encore plus de zèle.

Voici de *Nouvelles probabilités*[1] qui m'ont paru nécessaires. Il s'agit de bien distinguer ici la forme du fond; et l'arrêt qui dépend des juges, de l'honneur qui n'en dépend pas. Il est certain que la prévention est contre M. de Morangiés, mais il me paraît à moi qu'il ne peut être coupable.

Ce qui frappe le plus les juges, c'est le mystère qu'il a voulu mettre à un emprunt considérable qui ne se peut jamais faire secrètement. Ses billets d'ailleurs parlent contre lui; et si des témoins, qu'il est difficile de convaincre, persistent à déposer en faveur de Du Jonquai, je ne vois pas qu'il puisse gagner sa cause; mais il ne faut pas qu'il la perde au tribunal du public.

Je crois donc qu'il est de la dernière importance de séparer bien nettement son honneur de ces cent mille écus. J'espère toujours qu'il ne sera point condamné à payer ce qu'il ne doit point; mais enfin ce malheur peut arriver, et il faut le prévenir. Je crois

---

[1] *Nouvelles probabilités en fait de justice*, tome XLVII, page 157. B.

que c'est le tour le plus favorable qu'on pourrait prendre, et que cette manière d'envisager la chose peut servir auprès des juges comme auprès de tous ceux qui ne sont pas instruits. Le plus grand avantage de ce mémoire, c'est qu'il est très court. Les longs plaidoyers fatiguent tous les lecteurs. J'en enverrai autant d'exemplaires qu'on voudra; vous n'avez qu'à parler.

Mon gros doyen[1] n'est pas aisé à convaincre. Il commence pourtant à se convertir. Il a l'esprit et le cœur justes.

Je vous prie de lire ce que j'écris à M. de Morangiés, et de le cacheter.

Nous parlerons une autre fois de *Ninon*[2] et de *Minos*[3]. Mais je suis plus tranquille sur cet article que sur celui de M. de Morangiés. Je serai pourtant jugé avant lui, mais je ne perdrai pas cent mille écus. Tout ce qui peut m'arriver, c'est d'être sifflé, et c'est le plus petit malheur du monde.

6425. A M. LE MARQUIS DE XIMENÈS.

A Ferney, le 31 octobre.

Pardonnez, encore une fois, à un vieillard qui lutte contre les douleurs, de vous remercier si tard. Je n'en suis pas moins, monsieur le marquis, reconnaissant de vos faveurs[4]. Il est très vrai que vous

---

[1] Mignot; voyez page 11. B.

[2] C'est-à-dire de la comédie du *Dépositaire*, dont Ninon est le principal personnage; voyez tome VIII, page 341. B.

[3] La tragédie des *Lois de Minos*; voyez tome IX, page 273. B.

[4] Œuvres de M. le marquis de Ximenès, ancien mestre-de-camp de cavalerie, nouvelle édition revue et corrigée, 1772, in-8° de viij et 65 pages, plus le titre et la table. B.

faites mieux des vers que l'homme dont vous me parlez; mais je ne crois pas que vous augmentiez votre fortune comme il arrondit la sienne. Votre lyre est plus harmonieuse; il a pour lui la flûte, le tambour, et le coffre-fort.

Je crois que l'abbé Mignot, mon neveu, mérite l'éloge[1] dont vous l'honorez. Je suis bien loin de me croire digne des fleurs[2] que vous jetez sur le drap mortuaire dont je vais bientôt être embéguiné. J'écrivis, il y a quelque temps, à Horace[3], qui est de votre connaissance; mais je n'ai pas osé rendre ma lettre publique, attendu que je lui ai parlé un peu librement; mais je prendrai encore plus de liberté quand je le verrai.

Je prends avec vous celle de recommander à votre indulgence *les Lois de Minos*[4]. Vous verrez un beau tapage le jour de l'audience. Vous êtes dans un pays où tout est cabale, et loin duquel je fais très bien de mourir en vous étant très tendrement attaché.

6426. DE FRÉDÉRIC II, ROI DE PRUSSE.

A Potsdam, le 1er novembre.

Vous saurez que, ne me fesant jamais peindre, ni mes portraits ni mes médailles ne me ressemblent[5]. Je suis vieux, cassé, goutteux, suranné, mais toujours gai et de bonne hu-

---

[1] L'éloge de Mignot était dans la lettre de Ximenès à Voltaire, et non dans ses *OEuvres*. B.

[2] Les pièces où Ximenès fait l'éloge de Voltaire n'étaient pas nouvelles; l'une était de 1742; l'autre, de 1750. B.

[3] Tome XIII, page 317. B.

[4] Tome IX, page 273. B.

[5] Voyez la lettre 6415. B.

meur. D'ailleurs les médailles attestent plutôt les époques, qu'elles ne sont fidèles aux ressemblances.

Je n'ai pas seulement acquis un abbé, mais bien deux évêques[1], et une armée de capucins dont je fais un cas infini depuis que vous êtes leur protecteur.

Je trouve, il est vrai, le poëte de la confédération impertinent d'avoir osé se jouer de quelques Français passés en Pologne. Il dit pour son excuse qu'il sait respecter ce qui est respectable, mais qu'il croit qu'il lui est permis de badiner de ces excréments des nations, des Français réformés par la paix, et qui, faute de mieux, allaient faire le métier de brigands en Pologne dans l'association confédérale.

Je crois qu'il y a des Français qui gardent le silence, et qui ont un grand crédit au sérail; mais mes nouvelles de Constantinople m'apprennent que le congrès de paix se renoue, et reprend avec plus de vivacité que le précédent; ce qui me fait craindre que mon coquin de poëte, qui fait le voyant, n'ait raison.

J'ai lu les beaux vers que vous avez faits pour le roi de Suède[2]. Ils ont toute la fraîcheur de vos ouvrages qui parurent au commencement de ce siècle. *Semper idem* : c'est votre devise. Il n'est pas donné à tout le monde de l'arborer.

Comment pourrais-je vous rajeunir, vous qui êtes immortel! Apollon vous a cédé le sceptre du Parnasse, il a abdiqué en votre faveur. Vos vers se ressentent de votre printemps; et votre raison, de votre automne. Heureux qui peut ainsi réunir l'imagination et la raison! Cela est bien supérieur à l'acquisition de quelques provinces dont on n'aperçoit pas l'existence sur le globe général, et qui des sphères célestes paraîtraient à peine comparables à un grain de sable.

Voilà les misères dont nous autres politiques nous nous occupons si fort. J'en ai honte. Ce qui doit m'excuser, c'est que, lorsqu'on entre dans un corps, il faut en prendre l'es-

---

[1] Deux évêchés étaient compris dans la partie de la Pologne échue en partage à la Prusse. B.

[2] Voyez tome XIII, page 325. B.

prit. J'ai connu un jésuite qui m'assurait gravement qu'il s'exposerait au plus cruel martyre, ne pût-il convertir qu'un singe. Je n'en ferais pas autant; mais quand on peut réunir et joindre des domaines entrecoupés pour faire un tout de ses possessions, je ne connais guère de mortels qui n'y travaillassent avec plaisir. Notez toutefois que cette affaire-ci[1] s'est passée sans effusion de sang, et que les encyclopédistes ne pourront déclamer contre les brigands mercenaires, et employer tant d'autres belles phrases dont l'éloquence ne m'a jamais touché. Un peu d'encre à l'aide d'une plume a tout fait; et l'Europe sera pacifiée, au moins des derniers troubles. Quant à l'avenir, je ne réponds de rien. En parcourant l'histoire, je vois qu'il ne s'écoule guère dix ans sans qu'il n'y ait quelques guerres. Cette fièvre intermittente peut être suspendue, mais jamais guérie. Il faut en chercher la raison dans l'inquiétude naturelle à l'homme. Si l'un n'excite des troubles, c'est l'autre; et une étincelle cause souvent un embrasement général.

Voilà bien du raisonnement; je vous donne de la marchandise de mon pays. Vous autres Français vous possédez l'imagination; les Anglais, à ce que l'on dit, la profondeur; et nous autres, la lenteur, avec ce gros bon sens qui court les rues. Que votre imagination reçoive ce bavardage avec indulgence, et qu'elle permette à ma pesante raison d'admirer le phénix de la France, le seigneur de Ferney, et de faire des vœux pour ce même Voltaire que j'ai possédé autrefois, et que je regrette tous les jours, parceque sa perte est irréparable.

Fédéric.

6427. A CATHERINE II.

2 novembre.

Madame, il me paraît, par votre dépêche du 12 septembre, qu'il y a une de vos ames qui fait plus de miracles que Notre-Dame de Czenstokova, nom très difficile à prononcer. Votre majesté impériale

---

[1] Le partage de la Pologne. K.

m'avouera que la *Santa Casa di Loreto* est beaucoup plus douce à l'oreille, et qu'elle est bien plus miraculeuse, puisqu'elle est mille fois plus riche que votre *sainte Vierge* polonaise. Du moins les musulmans n'ont pas de semblables superstitions, car leur sainte maison de la Mecque, ou Mecca, est beaucoup plus ancienne que le mahométisme, et même que le judaïsme. Les musulmans n'adorent point, comme nous autres, une foule de saints, dont la plupart n'ont point existé, et parmi lesquels il n'y en a que quatre peut-être avec qui vous eussiez daigné souper.

Mais aussi voilà tout ce que vos Turcs ont de bon. Je suis très content, puisque mon impératrice reprend l'habitude de leur donner sur les oreilles.

Je remercie de tout mon cœur votre majesté de vous être avancée vers le Midi; je vois bien qu'à la fin je serai en état de faire le voyage que j'ai projeté depuis long-temps; vous accourcissez ma route de jour en jour. Voilà trois belles et bonnes têtes dans un bonnet : la vôtre, celle de l'empereur des Romains, et celle du roi de Prusse.

Le dernier m'a envoyé sa belle médaille de *Regno redintegrato*. Ce mot de *redintegrato* est singulier, j'aurais autant aimé *novo*. Le *redintegrato* conviendrait mieux à l'empereur des Romains, s'il voulait monter à cheval avec vous, et reprendre une partie de ce qui appartenait autrefois si légitimement, par usurpation, au trône des Césars, à condition que vous prendriez tout le reste, qui ne vous appartint jamais, toujours en allant vers le Midi, pour la facilité de mon voyage.

Il y a environ quatre ans que je prêche cette petite croisade. Quelques esprits creux, comme moi, prétendent que le temps approche où sainte Marie-Thérèse, de concert avec sainte Catherine, exaucera mes ferventes prières; ils disent que rien n'est plus aisé que de prendre en une campagne la Bosnie, la Servie, et de vous donner la main à Andrinople. Ce serait un spectacle charmant de voir deux impératrices tirer les deux oreilles à Moustapha, et le renvoyer en Asie.

Certainement, disent-ils, puisque ces deux braves dames se sont bien entendues pour changer la face de la Pologne, elles s'entendront encore mieux pour changer celle de la Turquie.

Voici le temps des grandes révolutions, voici un nouvel univers créé, d'Archangel au Borysthène; il ne faut pas s'arrêter en si beau chemin. Les étendards portés de vos belles mains sur le tombeau de Pierre-le-Grand (par ma foi moins grand que vous), doivent être suivis de l'étendard du grand prophète.

Alors je demanderai une seconde fois la protection de votre majesté impériale pour ma colonie, qui fournira de montres votre empire, et les coiffures de blondes aux dames de vos palais.

Quant à la révolution de Suède, j'ai bien peur qu'elle ne cause un jour quelque petit embarras; mais la cour de France n'aura de long-temps assez d'argent pour seconder les bonnes intentions qu'on pourrait avoir avec le temps dans cette partie du Nord, qui n'est pas la plus fertile, à moins qu'on ne vous vende le diamant nommé *le Pitt* ou *le Régent*;

mais il n'est gros que comme un œuf de pigeon ; et le vôtre est plus gros qu'un œuf de poule [1].

Je me mets à vos pieds avec l'enthousiasme d'un jeune homme de vingt ans, et les rêveries d'un vieillard de près de quatre-vingts.

6428. A M. MARMONTEL.

4 novembre.

Je vous envoie, mon cher ami, cette *Épître à Horace* [2], tout informe qu'elle est : elle sera pour vous et pour nos amis. Je suis forcé de la laisser courir, parceque je sais qu'on en a dans Paris des copies très incorrectes. Je tire du moins de ce petit malheur un très grand avantage, en vous soumettant cette esquisse. Les ennemis d'Horace et les jansénistes crieront; peu de gens seront contents. La seule chose qui me console, c'est que la fin de l'Épître est si insolente qu'on ne l'imprimera pas.

J'ai lu *Roméo* [3]; je sais qu'il a réussi au théâtre, et que *Cléopâtre* [4] est tombée; mais je vous avertis qu'il y a trente morceaux dans votre *Cléopâtre* qui valent mieux que trente pièces qui ont eu du succès. Il me semble que le public ne sait plus où il en est. J'avouerai que je ne sais plus où j'en suis. Il est trop ridicule de faire de ces pauvretés-là à mon âge ; j'en rougis : c'est barbouiller le buste que vous et la grande-prêtresse [5] avez si merveilleusement décoré.

[1] Voyez lettre 6383. B.
[2] Tome XIII, page 317. B.
[3] *Roméo et Juliette*, tragédie de Ducis; voyez lettre 6388. B.
[4] *Cléopâtre*, tragédie de Marmontel, jouée en 1750. B.
[5] Voyez lettre 6422. B.

La copie que je vous envoie est aussi pour M. Dalembert. N'a-t-il pas un copiste?

6429. A MADAME LA MARQUISE DU DEFFAND.

4 novembre.

L'*Épître à Horace*[1], encore une fois, n'est pas achevée, madame; et cependant je vous l'envoie, et, qui plus est, je vous l'envoie avec des notes. Soyez très sûre que ce n'est pas de moi que madame la comtesse de Brionne la tient; mais voici le fait.

Mon âge et mes maux me mettent très souvent hors d'état d'écrire. J'ai dicté ce croquis à M. Durey, beau-frère de monsieur le premier président du parlement de Paris[2], qui a été huit mois chez moi.

On ne se fait nul scrupule d'une infidélité en vers. Pour celles qu'on fait en prose dans votre pays, je ne vous en parle pas. Un fils de madame de Brionne est à Lausanne, où l'on envoie beaucoup de vos jeunes seigneurs, pour dérober leur éducation aux horreurs de la capitale. M. Durey a eu la faiblesse de donner cet ouvrage informe au jeune M. de Brionne, qui l'a envoyé à madame sa mère.

J'en suis très fâché; mais qu'y faire? il faut dévorer cette petite mortification; j'en ai essuyé d'autres en assez grand nombre.

Le roi de Prusse sera peut-être mécontent que j'aie dit un mot à Horace de mes tracasseries de Berlin[3],

---

[1] Tome XIII, page 317. B.

[2] Berthier de Sauvigny, intendant de Paris, avait été, le 13 avril 1771, nommé premier président du parlement de Paris de la formation de Maupeou. B.

[3] Vers 31 et 32 de l'*Épître à Horace*. B.

dans le temps où il m'a fait mille agaceries et mille galanteries.

Les dévots feront semblant d'être en colère de la manière honnête dont je parle de la mort. L'abbé Mably sera fâché [1]. Vous voyez que de tribulations pour avoir fait copier une méchante lettre par un frère de madame de Sauvigny! Voilà ce que c'est que d'avoir des fluxions sur les yeux. Je suis persuadé que votre état vous a exposée à de pareilles aventures.

Je vous avertis que je fais beaucoup plus de cas des *Lois de Minos*[2] que de mon commerce secret avec Horace. Cette tragédie aura au moins un avantage auprès de vous : ce sera d'être lue par le plus grand acteur [3] que nous ayons. A l'égard de l'Épître, il est impossible de la bien lire sans être au fait. Vous n'aurez nul plaisir, mais vous l'avez voulu.

Je surmonte toutes mes répugnances; et, quand je fais tout pour vous, c'est vous qui me grondez. Vous êtes tout aussi injuste que votre grand'maman et son mari. Ce qu'il y a de pis, c'est que madame de Beauvau est tout aussi injuste que vous : elle s'est imaginé que j'étais instruit des tracasseries qu'on avait faites au mari de votre grand'maman, et qu'au milieu de mes montagnes je devais être au fait de tout, comme dans Paris. Vous m'avez cru toutes deux ingrat, et vous vous êtes toutes deux étrangement trompées. C'est l'horreur d'une telle injustice, encore plus que ma vieillesse, qui me détermine à rester chez moi et à y mourir.

---

[1] A cause du vers 6 de la même épître. B.
[2] Tragédie, tome IX, page 273. B.
[3] Lekain; voyez lettre 6418. B.

Vivez, madame, le moins malheureusement que vous pourrez. Je vous aime, malgré tous vos torts, bien respectueusement et bien tendrement.

<blockquote>Ces deux adverbes joints font admirablement.
MOLIÈRE, *les Femmes savantes*, acte III, scène 2.</blockquote>

V.

6430. A M. MOULTOU.

A Ferney, le 5 novembre.

J'ai été infiniment content de revoir notre martyr de Zurich, ce jeune sage persécuté par de vieux fous... Il me semble que si les prêtres de cette ville sont encore barbares, les magistrats se polissent. Dieu soit loué! J'espère que dans cinq cents ans les petits cantons seront philosophes.

6431. A M. FABRY.

7 novembre.

Monsieur, voilà un pauvre homme de Sacconex qui prétend qu'il fournit du lait d'ânesse à Genève; il dit que ses ânesses portaient du son pour leur déjeuner, et qu'on les a saisies avec leur son. Je ne crois pas que ce soit l'intention du roi de faire mourir de faim les ânesses et les ânes de son royaume. Je recommande ce pauvre diable, qui a six enfants, à votre charité, et je saisis cette occasion de vous renouveler les respectueux sentiments avec lesquels j'ai l'honneur d'être, etc.

6432. A M. LE COMTE DE ROCHEFORT,

A MACON.

Ferney, 11 novembre.

Nous recevons la lettre du 2 novembre, dans l'instant où la poste va partir. L'oncle et la nièce n'ont que le temps d'assurer M. le comte de Rochefort et madame Dix-neuf-ans du plaisir extrême qu'ils auront de les recevoir, de leur attachement sincère, et de l'impatience qu'ils ont de les revoir. Venez vite, couple aimable, car il n'y a pas encore de neige. V.

6433. A M. LE COMTE D'ARGENTAL.

11 novembre.

Mon cher ange, il me revient que les Fréron, les La Beaumelle, et compagnie, ont fait un pacte pour faire siffler notre avocat; mais, puisque vous l'avez pris sous votre protection, je me flatte que vous lui donnerez une audience favorable.

Je vous suis très obligé d'avoir fait copier les écritures de ce procès, conformément à la dernière copie. J'ose croire que, si les acteurs jouent avec un peu d'enthousiasme, mais sans précipitation, notre cause sera gagnée; je dis notre cause, car vous en avez fait la vôtre.

Le frère de madame de Sauvigny, qui me sert de copiste, chose assez singulière! jure son dieu et son diable qu'il n'a donné à personne de copie de la lettre d'Horace. S'il ne me trompe point, il se pourrait faire que votre secrétaire en eût laissé traîner une; cependant, vous autres messieurs les ministres, vous avez des secrétaires fidèles et attentifs qui ne laissent rien traîner. Après tout, il n'y a plus de remède. Il faut se consoler, et croire que ni le roi de Prusse, ni Ganganelli, ni l'abbé Grizel, ni l'avocat Marchand ne me persécuteront pour cette honnête plaisanterie. On marche toujours sur des épines dans le maudit pays du Parnasse; il faut passer sa vie à combattre. Allons donc, combattons, puisque c'est mon métier.

On m'a apporté une répétition; boîte unie, avec ciselure au bord, diamants aux boutons et aux aiguilles, le tout pour dix-sept louis : j'en suis émerveillé. Si vous connaissiez quelqu'un qui fût curieux d'un si bon marché, je vous enverrais la montre avec un joli faux étui. Un tel ouvrage vaudrait cinquante louis à Londres. Ma colonie prospère, et moi non. J'ai de terribles reproches à faire à monsieur le contrôleur général.

Le gros doyen clerc [1] doit être à présent à Paris, et certainement prendra votre affaire à cœur; il ne serait pas de la famille s'il ne vous était pas fortement attaché.

Voudriez-vous avoir la bonté de m'écrire ce que vous pensez des répétitions? J'y étais autrefois assez indifférent, mais je crois que je deviens sensible; vous me rajeunissez.

A l'ombre de vos ailes.

[1] Mignot; voyez page 11. B.

6434. A M. LE CONTROLEUR GÉNÉRAL
DES FINANCES[1].

Novembre.

Monseigneur, l'abbé Mignot, mon neveu, qui a passé les vacances avec moi, et dont vous connaissez l'attachement pour vous, m'assure que, malgré la multitude de vos importants travaux, vous voudrez bien recevoir ma lettre avec bonté.

Je suis très éloigné d'oser faire valoir d'assez grands défrichements de terres; un misérable hameau, habité précédemment par une quarantaine de mendiants rongés d'écrouelles, changé en une espèce de ville; des maisons de pierre de taille nouvellement bâties, occupées par plus de quatre cents fabricants; un commerce assez étendu qui fait entrer quelque argent dans le royaume, et qui pourrait, s'il est protégé, faire tomber celui de Genève, ville enrichie uniquement à nos dépens.

Je sais qu'un particulier ne doit pas demander des secours au gouvernement, surtout dans un temps où vous êtes occupé à remplir avec tant de peine toutes les brèches faites aux finances du roi. Je ne vous prie point de me faire payer actuellement ce qui m'est dû; mais si vous pouvez seulement me promettre que je serai payé, au mois de janvier, d'une très petite somme qui m'est nécessaire pour achever mes établis-

---

[1] L'abbé Terray (Joseph-Marie), né en 1715, conseiller-clerc au parlement de Paris, et sur le rapport duquel fut prononcée, le 19 mars 1765, la condamnation du *Dictionnaire philosophique,* avait été nommé contrôleur général des finances en décembre 1769, se démit de cette place le 24 auguste 1774, et mourut le 18 février 1778. B.

sements, j'emprunterai cet argent avec confiance à Genève.

Sans cette bonté, que je vous demande très instamment, je cours risque de voir périr des entreprises utiles. J'ai chez moi plusieurs fabriques de montres qui ne peuvent se soutenir qu'avec de l'or que je tire continuellement d'Espagne. Mes fabriques sont associées avec celles de Bourg-en-Bresse, et un jour viendra peut-être que la province de Bresse et de Gex fera tout le commerce qui est entre les mains des Genevois, et qui se monte à plus de quinze cent mille francs par an.

C'est par cette industrie, jointe au mystère de leur banque, qu'ils sont parvenus à se faire en France quatre millions de rentes que vous leur faites payer régulièrement.

Permettez que je vous cite ces vers de Boileau, qui plurent tant à Louis XIV et au grand Colbert :

> Nos artisans grossiers rendus industrieux,
> Et nos voisins frustrés de ces tributs serviles
> Que payait à leur art le luxe de nos villes.
>   Ire *Épître au roi.*

Je suis sûr qu'on vous donnera le même éloge. Je vous demande pardon de mon importunité. J'ai l'honneur d'être avec un profond respect, monseigneur, etc.

Souffrez encore, monseigneur, que je vous dise combien il est triste d'avoir dépensé plus de sept cent mille francs à ce port inutile de Versoix, que le même entrepreneur aurait construit pour trente mille écus à l'embouchure de la rivière de ce nom, ce qui était la seule place convenable.

6435. A FRÉDÉRIC II, ROI DE PRUSSE.

13 novembre.

Sire, hier il arriva dans mon ermitage une caisse royale [1], et ce matin j'ai pris mon café à la crême dans une tasse telle qu'on n'en fait point chez votre confrère Kien-long, l'empereur de la Chine; le plateau est de la plus grande beauté. Je savais bien que Frédéric-le-Grand était meilleur poëte que le bon Kien-long, mais j'ignorais qu'il s'amusât à faire fabriquer dans Berlin de la porcelaine très supérieure à celles de Kieng-tsin, de Dresde, et de Sèvres; il faut donc que cet homme étonnant éclipse tous ses rivaux dans tout ce qu'il entreprend. Cependant je lui avouerai que parmi ceux qui étaient chez moi à l'ouverture de la caisse, il se trouva des critiques qui n'approuvèrent pas la couronne de laurier qui entoure la lyre d'Apollon, sur le couvercle admirable de la plus jolie écuelle du monde; ils disaient : Comment se peut-il faire qu'un grand homme, qui est si connu pour mépriser le faste et la fausse gloire, s'avise de faire mettre ses armes sur le couvercle d'une écuelle! Je leur dis : Il faut que ce soit une fantaisie de l'ouvrier; les rois laissent tout faire au caprice des artistes. Louis XIV n'ordonna point qu'on mît des esclaves aux pieds de sa statue; il n'exigea point que le maréchal de La Feuillade fît graver la fameuse inscription, *A l'homme immortel;* et lorsqu'à plus juste titre on verra en cent endroits, *Frederico immor-*

---

[1] La caisse de porcelaines envoyées à Voltaire par Frédéric (voyez lettre 6397). B.

tali, on saura bien que ce n'est pas Frédéric-le-Grand qui a imaginé cette devise, et qu'il a laissé dire le monde.

Il y a aussi un Amphion porté par un dauphin. Je sais bien qu'autrefois un dauphin, qui sans doute aimait la poésie, sauva Amphion de la mer, où ses envieux voulaient le noyer.

Enfin c'est donc dans le Nord que tous les arts fleurissent aujourd'hui! c'est là qu'on fait les plus belles écuelles de porcelaine, qu'on partage des provinces d'un trait de plume, qu'on dissipe des confédérations et des sénats en deux jours, et qu'on se moque surtout très plaisamment des confédérés et de leur Notre-Dame.

Sire, nous autres Welches nous avons aussi notre mérite; des opéra comiques qui font oublier Molière, des marionnettes qui font tomber Racine, ainsi que des financiers plus sages que Colbert, et des généraux dont les Turenne n'approchent pas.

Tout ce qui me fâche, c'est qu'on dit que vous avez fait renouer ces conférences entre Moustapha et mon impératrice; j'aimerais mieux que vous l'aidassiez à chasser du Bosphore ces vilains Turcs, ces ennemis des beaux-arts, ces éteignoirs de la belle Grèce. Vous pourriez encore vous accommoder, chemin fesant, de quelque province pour vous arrondir. Car enfin il faut bien s'amuser; on ne peut pas toujours lire, philosopher, faire des vers et de la musique.

Je me mets aux pieds de votre majesté avec tout le respect et l'admiration qu'elle inspire.

Le vieux Malade de Ferney.

6436. A M. MARIN.

13 novembre.

Je ne puis trouver, mon cher correspondant, la lettre d'Helvétius sur *le Bonheur*[1]. A l'égard du sujet de la lettre, je sais qu'il ne se trouve nulle part, et je ne vous le demande pas : mais pour la lettre, je vous supplie de vouloir bien me la communiquer, si vous l'avez. Il est bon de savoir ce qu'on dit de cet être fantastique après lequel tout le monde court.

Savez-vous ce que c'est qu'un *Sylla*[2] du jésuite La Rue, qu'on attribue à Pierre Corneille? S'il était de Corneille, ce n'était pas de son bon temps.

Je ne croyais pas que Marie-Thérèse revendiquât tant de terrain; cela me paraît fort. Il restera peu de chose au roi de Pologne. Mais il est plaisant que le roi de Prusse ait commencé par faire des vers contre les confédérés, avant de prendre la Prusse polonaise. Il m'a envoyé un service de porcelaine de Berlin. Cette porcelaine est plus belle que celle de Saxe; c'est ce que j'ai jamais vu de plus parfait. Cela console des sifflets que vous avez prédits aux *Lois de Minos*. Je me les suis bien prédits moi-même, et nous sommes ordinairement du même avis.

J'ai bien peur que les ciseaux de la police n'aient coupé le nez à Minos. Quelques bonnes gens auront substitué des vers honnêtes à des vers un peu hardis, et c'est encore un encouragement à la sifflerie; car

---

[1] Ce n'était point une épître, mais un poëme en quatre chants, qui fut imprimé pour la première fois en 1772, in-12. B.

[2] Voyez lettre 6447. B.

vous savez que ces vers si sages sont d'ordinaire fort plats et fort froids.

Je reçois à l'instant *le Bonheur*, d'Helvétius. C'est un livre : je croyais que c'était un petit poëme à la main. Je vous demande pardon. *Vale.*

6437. A M. DALEMBERT.

13 novembre.

Mon cher et grand philosophe, mon véritable ami, j'ai reçu par une voie détournée une lettre[1] que je n'ai pas cru d'abord être de vous, parceque voici la saison où je perds la vue, selon mon usage. Je ne savais pas d'ailleurs que vous fussiez l'ami de madame Geoffrin ; je vous en félicite tous deux : mais mettez un D dorénavant au bas de vos lettres, car il y a quelques écritures qui ressemblent un peu à la vôtre, et qui pourraient me tromper. Il est vrai que personne ne vous ressemble ; mais n'importe, mettez toujours un D.

Pour vous satisfaire sur votre lettre, vous et madame Geoffrin, il faut d'abord vous dire que je brochai, il y a un an, *les Lois de Minos*, que vous verrez siffler incessamment. Dans ces *Lois de Minos*, le roi Teucer dit au sénateur Mérione[2] :

Il faut changer de lois, il faut avoir un maître.

Le sénateur lui répond :

Je vous offre mon bras, mes trésors, et mon sang ;
Mais, si vous abusez de ce suprême rang
Pour fouler à vos pieds les lois de la patrie,
Je la défends, seigneur, au péril de ma vie, etc.

[1] Cette lettre doit être perdue, car la dernière de Dalembert est du 6 mars, n° 6299. B.
[2] Acte V, scène 1. B.

C'était le roi de Pologne qui devait jouer ce rôle de Teucer, et il se trouve que c'est le roi de Suède qui l'a joué.

Quoi qu'il arrive, je me trouve d'accord avec madame Geoffrin dans son attachement pour le roi de Pologne, et dans son estime pour M. le comte d'Hessenstein [1]; mais je l'avertis que Mérione n'est qu'un petit fanatique, et qu'il n'a pas la noblesse d'ame de son Suédois. J'admire Gustave III, et j'aime surtout passionnément sa renonciation solennelle au pouvoir arbitraire; je n'estime pas moins la conduite noble et les sentiments de M. le comte d'Hessenstein. Le roi de Suède lui a rendu justice; la bonne compagnie de Paris et les Welches même la lui rendront. Pour moi, je commence par la lui rendre très hardiment.

Je vous envoie, mon cher ami, l'*Épître à Horace* [2]; cette copie est un peu griffonnée, mais c'est la plus correcte de toutes. Je deviens plus insolent à mesure que j'avance en âge. La canaille dira que je suis un malin vieillard.

André Ganganelli a heureusement assez d'esprit pour ne point croire que la *Lettre de l'abbé Pinzo* [3] soit de moi; un sot pape l'aurait cru, et m'aurait excommunié. On ne connaît point cet abbé Pinzo à Rome. C'est apparemment quelque aventurier qui aura pris ce nom, et qui aura forgé cette aventure pour

---

[1] Ce passage fut imprimé dans le *Mercure* de février 1773, page 140 (voyez lettre 6476). B.

[2] Tome XIII, page 317. B.

[3] Voyez ma note sur la lettre 6094. B.

attraper de l'argent aux philosophes. Il m'a passé quelquefois de pareils croquants par les mains.

Le roi de Prusse vient de m'envoyer un service de porcelaine de Berlin, qui est fort au-dessus de la porcelaine de Saxe et de Sèvres; je crois que Dantzick en paiera la façon.

Adieu; vous verrez un beau tapage le jour des *Lois de Minos*. Il y a encore des gens qui croient que c'est l'ancien parlement qu'on joue. Il faut laisser dire le monde. Les Fréron et les La Beaumelle auront beau jeu.

Bonsoir; madame Denis vous fait les plus tendres compliments. Faites les miens, je vous prie, à M. le marquis de Condorcet; et surtout dites à madame Geoffrin combien je lui suis attaché.

6438. A M. CHRISTIN.
14 novembre.

Mon cher philosophe, mon cher défenseur de la liberté humaine, vous avez assurément plus de courage et d'esprit que vous n'êtes gros. Vous rendez service, non seulement à vos esclaves [1], mais au genre humain.

> Et pro sollicitis non tacitus reis,
> Et centum puer artium.
> Hor., lib. IV, od. 1.

Je vous envoie un fatras d'érudition [2] que j'ai reçu

---

[1] Les serfs de Saint-Claude. B.

[2] *Dissertation sur l'établissement de l'abbaye de Saint-Claude, ses chroniques, ses légendes, ses chartes, ses usurpations, et sur les droits des habitants de cette terre*, 1772, in-8° de 196 pages, à laquelle on joint une *Collection des mémoires présentés au conseil du roi*, etc., 1772, in-8° de 164 pages. B.

de Paris. Le fait est qu'il est abominable que des moines veuillent rendre esclaves des hommes qui valent mieux qu'eux, et à qui ils ont vendu des terres libres. Il n'y a point de prescription contre un pareil crime. J'ai reçu votre aimable lettre; elle me donne de grandes espérances. Toutefois un bon accommodement vaudrait mieux qu'un procès, dont l'issue est toujours incertaine. Si les chanoines veulent se mettre à la raison, leur transaction pourra servir de modèle aux autres, et vous serez le père de la patrie.

Je vous embrasse, mon cher ami, du meilleur de mon cœur.

Rarement les philosophes en savent assez pour faire venir du blé à leurs amis; mais vous êtes de ces philosophes qui savent être utiles. Nous vous avertissons qu'il y a, dans notre petit pays de Gex, plus de difficultés pour faire venir un sac de froment, qu'il n'y en a eu à Paris pour se faire oindre des saintes huiles au nombril et au croupion, du temps des billets de confession. Il faut que votre certificat et votre acquit à caution soient à Gex, au plus tard vingt-quatre heures après le départ de Saint-Claude. Cela devient insupportable. Je vous demande bien pardon de tant de peine.

6439. A FRÉDÉRIC II, ROI DE PRUSSE.

A Ferney, 18 novembre.

Sire, vous convenez que la belle Italie
Dans l'Europe autrefois rappela le génie;
Le Français eut un temps de gloire et de splendeur;
    Et l'Anglais, profond raisonneur,
    A creusé la philosophie.

Vous accordez à votre Germanie,
Dans une sombre étude, une heureuse lenteur ;
Mais à son esprit inventeur
Vous devez deux présents qui vous ont fait honneur,
Les canons et l'imprimerie.
Avouez que par ces deux arts,
Sur les bords du Permesse et dans les champs de Mars,
Votre gloire fut bien servie.

J'ajouterai que c'est à Thorn que Copernic trouva le vrai système du monde, que l'astronome Hévélius était de Dantzick, et que par conséquent Thorn et Dantzick doivent vous appartenir. Votre majesté aura la générosité de nous envoyer du blé par la Vistule, quand, à force d'écrire sur l'économie, nous n'aurons au lieu de pain que des opéra comiques, ce qui nous est arrivé ces dernières années.

C'est parceque les Turcs ont de très bons blés et point de beaux-arts, que je voulais vous voir partager la Turquie avec vos deux associés[1]. Cela ne serait peut-être pas si difficile, et il serait assez beau de terminer là votre brillante carrière ; car, tout Suisse que je suis, je ne desire pas que vous preniez la France.

On prétend que c'est vous, sire, qui avez imaginé le partage de la Pologne ; et je le crois, parcequ'il y a là du génie, et que le traité s'est fait à Potsdam.

Toute l'Europe prétend que le grand Grégoire[2] est mal avec mon impératrice. Je souhaite que ce ne soit qu'un jeu. Je n'aime point les ruptures ; mais enfin, puisque je finis mes jours loin de Berlin, où

---

[1] Les cours d'Autriche et de Russie. B.
[2] Le comte Orlof ; voyez la lettre 6450. B.

je voulais mourir, je crois qu'on peut se séparer de l'objet d'une grande passion.

Ce que votre majesté daigne me dire à la fin de sa lettre[1] m'a fait presque verser des larmes. Je suis tel que j'étais, quand vous permettiez que je passasse à souper des heures délicieuses à écouter le modèle des héros et de la bonne compagnie. Je meurs dans les regrets; consolez par vos bontés un cœur qui vous entend de loin, et qui assurément vous est fidèle.   Le vieux Malade.

6440. A M. BERTRAND.

18 novembre.

Un vieillard malade, mon cher philosophe, a à peine la force de dicter que, s'il peut reprendre un peu de santé, il emploiera tous les moments de vie qui lui resteront à chercher l'occasion de vous servir. Le temps n'est pas favorable, parceque ce n'est pas celui où les Anglais voyagent. Je me croirais infiniment heureux si je pouvais contribuer à placer monsieur votre fils avantageusement. Le roi de Prusse a de bonnes places à donner, mais c'est à des catholiques romains : il vient d'acquérir deux évêchés considérables et une grosse abbaye[2]. Je suis persuadé qu'avant qu'il soit peu le roi de Pologne sera un souverain fort à son aise, très indépendant et très soutenu. Il se trouvera à la fin qu'en ne fesant rien, il se sera procuré un sort plus doux que ceux qui ont tout fait.

[1] 6426. B.
[2] Voyez lettre 6426. B.

Je vous embrasse sans cérémonie, mon cher philosophe.

Le vieux malade de Ferney. V.

6441. A M. LE MARÉCHAL DUC DE RICHELIEU.

A Ferney, 21 novembre.

Mon héros, je me doutais bien que Nonotte ne vous amuserait guère; mais ce Nonotte m'intéresse, et il faut que tout le monde vive. Voici quelque chose qui vous amusera davantage.

Vous avez sans doute dans votre bibliothèque les ouvrages de tous les rois, et nommément ceux du feu roi Stanislas. Vous verrez, dans la préface de son livre intitulé *la Voix du Citoyen*[1], qu'il a prédit mot pour mot ce qui arrive aujourd'hui à sa Pologne. Je crois que le roi de Prusse est celui qui gagne le plus au partage. Il m'a envoyé un joli petit service de sa porcelaine, qui est plus belle que celle de Saxe. Je le crois très bien dans ses affaires. Mais que dites-vous de l'impératrice de Russie qui, au bout de quatre ans de guerre, augmente d'un cinquième les appointements de tous ses officiers, et qui achète un brillant[2] gros comme un œuf? Minos ne portait pas de pareils diamants à son bonnet. On dit que dans sa succession on trouvera des sifflets qui m'étaient destinés de loin. Que cela ne décourage pas vos bontés. On a été hué quelquefois par le parterre de Paris,

---

[1] Voltaire en rapporte un passage dans une de ses notes des *Lois de Minos;* voyez tome IX, page 321. B.

[2] Voyez lettre 6383. R.

et approuvé de la bonne compagnie. D'ailleurs c'est une chose fort agréable qu'une première représentation. On y voit les états-généraux en miniature, des cabales, des gens qui crient, un parti qui accepte, un parti qui refuse, de la liberté, et beaucoup de critique. Chacun jouit du *liberum veto*, et cette diète est aussi tumultueuse que celle des Polonais. Je ne crois pas qu'on doive s'en tenir aux délibérations d'une première séance; on ne juge bien des ouvrages de goût qu'à la longue; et même, dans des choses plus graves, vous verrez que le public n'a jamais bien jugé qu'avec le temps. Je sais que j'ai contre moi une terrible faction, mais je suis tout résigné; et, pourvu que je vous plaise un peu, je me tiens fort content. C'est toujours beaucoup qu'un jeune homme comme moi ait pu amuser mon héros une heure ou deux.

Conservez-moi vos bontés, monseigneur; soyez bien sûr qu'elles me sont beaucoup plus chères que tous les applaudissements qu'on pourrait donner à Lekain, à mademoiselle Vestris, et à Brizard.

Agréez toujours mon tendre et profond respect.

LE VIEUX MALADE.

6442. DE CATHERINE II.

Le 11-22 novembre.

Monsieur, j'ai reçu votre lettre du 2 de novembre, lorsque je répondais à une belle et longue lettre que M. Dalembert m'écrit[1] après un silence de cinq ou six ans, et dans laquelle

---

[1] La correspondance de Catherine avec Dalembert n'est point imprimée. B.

il réclame, au nom des philosophes et de la philosophie, les Français faits prisonniers en différents endroits de la Pologne. Le billet ci-joint contient ma réponse.

Je suis fâchée que la calomnie ait induit les philosophes en erreur. M. de Moustapha revient de la sienne; il fait travailler de très bonne foi, à Bucharest, son reis-effendi au rétablissement de la paix; après quoi il pourra renouveler les pélerinages de la Mecque, que le seigneur Ali-Bey avait un peu dérangés depuis sa levée de bouclier. Je ne sais pas jusqu'où les Turcs poussent le respect pour leurs saints; mais je suis témoin oculaire qu'ils en ont. Voici le fait :

Lors de mon voyage sur le Volga, je descendis de ma galère à vingt verstes plus bas que la ville de Casan, pour voir les ruines de l'ancienne Bulgar, que Tamerlan avait bâtie pour son petit-fils. J'y trouvai en effet sept à huit maisons de pierre, et autant de minarets construits très solidement. Je m'approchai d'une masure, près de laquelle se tenait une quarantaine de Tartares. Le gouverneur de la province me dit que cet endroit était un lieu de dévotion pour ces gens-là, et que ceux que je voyais y étaient venus en pélerinage. Je voulus savoir en quoi consistait cette dévotion; pour cet effet, je m'adressai à un de ces Tartares dont la physionomie me parut prévenante : il me fit signe qu'il n'entendait pas le russe, et se mit à courir pour appeler un homme qui se tenait à quelques pas de là. Cet homme s'approcha, et je lui demandai qui il était. C'était un iman qui parlait assez bien notre langage : il me dit que dans cette masure avait habité un homme d'une vie sainte; qu'ils venaient de fort loin pour faire leurs prières sur son tombeau, lequel était près de là. Ce qu'il me conta me fit conclure que c'était assez l'équivalent du culte de nos saints.

C'est le roi de Suède qui donnera lieu au moyen de raccourcir votre voyage, s'il s'empare de la Norwége, comme on le débite. La guerre pourrait bien devenir générale par cette escapade politique. Si la France n'a pas d'argent, l'Espagne en a suffisamment; et il faut avouer qu'il n'y a rien de plus commode qu'un autre paie pour nous.

Adieu, monsieur; conservez-moi votre amitié. Je vous souhaite de tout mon cœur les années de l'Anglais Jenkins, qui a vécu jusqu'à cent soixante-neuf ans. Le bel âge!

CATERINE.

Dans peu, je vous enverrai la traduction française de deux comédies russes. On les transcrit au net.

6443. A M. LE COMTE D'ARGENTAL.

24 novembre.

Mon cher ange, voici une petite addition qui m'a paru essentielle dans le mémoire de notre avocat[1]. Je vous prie de la mettre entre les mains du président Lekain. Elle est nécessaire, car on jouait au propos interrompu.

Je crains fort les ciseaux de la police. Si on nous rogne les ongles, il nous sera impossible de marcher: d'ailleurs le vent du bureau n'est pas pour nous. On ne veut plus que des *Roméo*[2] et des *Chérusques*[3]. Les beaux vers sont passés de mode. On n'exige plus qu'un auteur sache écrire. Hélas! j'ai hâté moi-même la décadence, en introduisant l'action et l'appareil. Les pantomimes l'emportent aujourd'hui sur la raison et sur la poésie; mais ce qu'il y a de plus fort contre moi, c'est la cabale. J'ai autant d'ennemis qu'en avait le roi de Prusse. C'est une chose plaisante de voir tous les efforts qu'on prépare pour faire tomber un vieillard qui tomberait bien de lui-même.

Actuellement que le congrès de Foczani[4] est re-

---

[1] La tragédie des *Lois de Minos*, que Voltaire donnait comme l'ouvrage d'un avocat qu'il appelait Duroncel; voyez lettre 6319. B.

[2] Voyez lettre 6388. B.

[3] Voyez lettre 6417. B.

[4] Voyez lettre 6446. B.

noué, il n'y a plus que moi en Europe qui fasse la guerre; mais la ligue est trop forte, je serai battu. Ne m'en aimez pas moins, mon cher ange.

6444. A M. LE COMTE D'ARGENTAL.

24 novembre.

Y a-t-il un amant qui écrive plus souvent à sa maîtresse, un plaideur qui fatigue plus son avocat, que je n'excède mes anges?

En voilà encore des corrections, et de très bonnes, ou je me trompe beaucoup. — Mais ce sont les dernières, n'est-ce pas? — Oui, je le crois, à moins que vous ne trouviez que le nom de *Smerdis* est trop souvent répété dans une même tirade, et alors on met *le roi* au lieu de *Smerdis*. Maman Denis a relu encore, et jure que je n'ai jamais rien fait de plus neuf et de plus passable; et je pense comme elle. Pour l'amour de Dieu, pensez comme nous. Avouez tout, faites réussir tout; marchez tête levée. Deux vieillards en robe, des bergers troussés, des Persans magnifiques, des contrastes perpétuels, un intérêt continu, du spectacle, du naturel, des mœurs vraies et piquantes, une catastrophe attendrissante, déchirante, et terrible! Les comédiens en sauraient-ils assez pour faire tomber tout cela?

Et puis l'alibi, l'alibi; il est si nécessaire!

Respect et tendresse.

6445. A M. DE LA HARPE.

30 novembre.

Il n'y a que vous, mon cher successeur, qui ayez pu écrire au nom d'Horace [1]. Heureusement vous ne lui avez pas refusé votre plume, comme il refusa la sienne à Auguste. Vous avez mis dans sa lettre la politesse, la grace, l'urbanité de son siècle. Boileau [2] n'a jamais été si bien servi que lui. De quoi s'avisait-il aussi de prendre son secrétaire dans les charniers des Saints-Innocents? Je vous remercie des galanteries que vous me dites, tout indigne que j'en suis; et je vous remercie encore plus d'avoir si bien saisi l'esprit de la cour d'Auguste. Ce n'est pas tout-à-fait le ton d'aujourd'hui. Notre racaille d'auteurs est bien grossière et bien insolente; il faut lui apprendre à vivre.

J'avais voulu autrefois ménager ces messieurs; mais je vis bientôt qu'il n'y avait d'autre parti à prendre que de se moquer d'eux. Ce sont les enfants de la médiocrité et de l'envie; on ne peut ni les éclairer ni les adoucir. Il faut brûler leur vilain visage avec le flambeau de la vérité. Jamais de paix avec un sot méchant : pour peu qu'on soit honnête, ils prétendent qu'on les craint.

Vous donnez quelquefois dans le *Mercure* des leçons qui étaient bien nécessaires à notre siècle de

---

[1] C'est en effet La Harpe qui est auteur de la *Réponse d'Horace;* voyez ma note, tome XIII, page 324. B.

[2] Clément avait publié une épître intitulée *Boileau à Voltaire;* voyez ma note, tome XIII, page 263. B.

barbouilleurs. Continuez; vous rendrez un vrai service à la nation.

Je vous embrasse plus tendrement que jamais.

6446. A CATHERINE II.
1er décembre.

Madame, j'avoue qu'il est assez singulier qu'en donnant la paix aux Turcs, et des lois à la Pologne, on me donne aussi une traduction d'une comédie. Je vois bien qu'il y a certaines ames qui ne sont pas embarrassées de leur universalité; je n'en suis pas moins fâché contre votre majesté impériale de l'église grecque, et contre la majesté impériale de l'église romaine[1], qui pouvaient souffleter toutes deux, de leurs mains blanches, la majesté de Moustapha, rendre la liberté à toutes les dames du sérail, et rebénir Sainte-Sophie. Je ne vous pardonnerai jamais, mesdames, de ne vous être pas entendues pour faire ce beau coup. On aurait cessé à jamais de parler de Clorinde et d'Armide[2]; il ne serait plus question de Goffredo. Il valait certainement mieux prendre Constantinople qu'une vilaine ville de Jérusalem; le Bosphore vaut mieux que le torrent de Cédron. J'ai essuyé là une mortification terrible; mais enfin je m'en console par la gloire que vous avez acquise, et par tout le solide attaché à votre gloire, et même encore par l'espérance que ce qui est différé n'est pas perdu.

Oserai-je, madame, tout fâché que je suis contre

---

[1] Marie-Thérèse, impératrice d'Autriche. B.
[2] Personnages de la *Jérusalem délivrée*, du Tasse. B.

vous, demander une grace à votre majesté impériale? Elle ne regarde ni Moustapha ni son grand-vizir : c'est pour un ingénieur de mon pays, qui est, comme moi, moitié Français, moitié Suisse. C'est un bon physicien, qui fait actuellement dans nos Alpes des expériences sur la glace; car nous avons des glaces ici tout comme à Pétersbourg. Cet ingénieur se nomme Aubry[1]; il est peu connu, mais il mérite de l'être. Ce serait une nouvelle grace dont j'aurais une obligation infinie à votre majesté, si elle daignait lui faire accorder une patente d'associé à votre illustre académie. Il est vrai que nous n'avons pas de glace à présent, ce qui est fort rare; mais nous en aurons incessamment.

Je demande très humblement pardon de ma hardiesse; votre indulgence m'a depuis long-temps accoutumé à de telles libertés.

C'est une chose bien ridicule et bien commune que tous les bruits qui courent dans la bavarde ville de Paris sur votre congrès de Fokschan[2], et sur tout ce qui peut y avoir quelque rapport. Les rois sont comme les dieux; les peuples en font mille contes, et les dieux boivent leur nectar sans se mettre en peine de la théologie des chétifs mortels. Je suis, par exemple, très sûr que vous ne vous souciez point du tout de la colère où je suis que vous n'alliez point passer l'hiver sur le Bosphore. Je suis tout aussi sûr que je

[1] Voltaire le recommande de nouveau dans sa lettre du 3 janvier, n° 6467. B.

[2] Lieu que Voltaire nomme Foczani dans sa lettre 6443, et où étaient réunis pour traiter de la paix les plénipotentiaires de la Russie et de la Turquie. B.

mourrai inconsolable de ne m'être point jeté à vos pieds à Pétersbourg ; mon cœur y est, si mon corps n'y est pas. Ce pauvre corps de près de quatre-vingts ans n'en peut plus, et ce cœur est pénétré pour votre majesté impériale du plus profond respect et de la plus sensible reconnaissance.

6447. A M. LE MARÉCHAL DUC DE RICHELIEU.

A Ferney, 2 décembre.

Je crois, monseigneur, que vous êtes déjà instruit de l'aventure de cette tragédie de *Sylla* qu'on attribuait à notre père du théâtre. Elle est véritablement d'un écolier, puisque le jésuite La Rue, qui en est l'auteur, et qui a tant prêché devant Louis XIV, n'a jamais été au fond qu'un écolier de rhétorique. J'avais vu cette pièce il y a environ soixante-cinq ans. Je me souviens même de quelques vers. Je me souviens surtout qu'il y avait trois femmes qui venaient assassiner le dictateur perpétuel ; il les renvoyait coudre, ou faire quelque chose de mieux.

Comme la pièce était remplie de deux choses que La Couture[1], le fou de Louis XIV, n'aimait point, qui sont *le brailler et le raisonner*, le P. Tournemine, mauvais raisonneur et très ampoulé personnage, mit en titre de sa copie : *Sylla, tragédie digne de Corneille*. Un autre jésuite, qui avait plus de goût, effaça *digne*. C'est en cet état qu'elle est parvenue aux héritiers d'un héritier de Dumoulin[2], le méde-

---

[1] Voltaire en a déjà parlé dans sa lettre à Dalembert, du 19 décembre 1764, n° 4284. B.

[2] Barbier, dans la seconde édition de son *Dictionnaire des ouvrages*

cin; et c'est ce chef-d'œuvre qui a extasié votre parlement de la comédie.

Mon héros, qui a plus de goût que ces sénateurs, ne s'est pas mépris comme eux.

Mais comme il a autant de bonté que de goût, il daigne protéger la Crète. Je ne sais si on avait bien distribué les rôles, je ne m'en suis point mêlé. Lekain est le seul des héros crétois qui soit de ma connaissance. Je m'en rapporte en tout aux bontés et aux ordres de mon héros de la France.

Vraiment vous avez bien raison sur la *Sophonisbe*; il faudrait absolument refaire la fin du quatrième acte : ce n'est pas une chose aisée à un pauvre homme presque octogénaire, qui a versé sur les Crétois les dernières gouttes de son huile; mais, si la cabale des Fréron et des La Beaumelle n'écrase point *les Lois de Minos*, et s'il me reste encore quelque vigueur, je l'emploierai auprès de *Sophonisbe*, pour tâcher de vous plaire.

Le *tripot* comique doit sans doute vous excéder, mais cela amuse; c'est une république qui ne ressemble à rien; et il y a toujours à la tête de ce gouvernement anarchique quelques dames de considération, très soumises à monsieur le premier gentilhomme de la chambre.

Puissiez-vous amuser votre loisir à ressusciter les talents et les plaisirs ! Ni les uns ni les autres ne sont plus faits pour moi; je n'ai plus guère à vous offrir

---

anonymes et pseudonymes, assure que la tragédie de *Sylla*, attribuée à Corneille, a pour auteur Mallet de Bresme, mort en 1750, à quatre-vingts ans. B.

que mon tendre et respectueux attachement, qui me suivra jusqu'au tombeau.

6448. A M. LE COMTE D'ARGENTAL.

4 décembre.

Mon cher ange, ce que vous me mandez dans votre lettre du 27 de novembre est bien affligeant. J'ai peur que cette nouvelle n'ait contribué à la maladie de madame d'Argental.

Quidquid delirant reges, plectuntur Achivi.
Hor., lib. I, ep. II, v. 14.

Je tremble que le fromage[1] ne soit entièrement autrichien, et qu'il ne soit saupoudré par des jésuites ; mais aussi il me semble que ce mal peut produire un très grand bien pour vous. Vous êtes conciliant, vous avez dû plaire, vous pourrez tout raccommoder; tout peut tourner à votre gloire et à votre avantage. Je ne sais si je me fais illusion, et si mes conjectures sur le fromage sont vraies. Je vois les choses de trop loin. Je n'ai jamais été si fâché de n'être pas auprès de vous; mais, pour faire ce voyage, il faut être deux.

C'est à Jean-Jacques Rousseau, à qui la France a tant d'obligations, d'honorer de sa présence votre grande ville, et d'y marier nos princes à la fille du bourreau; c'est au sage et vertueux La Beaumelle d'y briller dans de belles places ; j'espère même que Fréron y sera noblement récompensé : mais moi je ne suis fait que pour la Scythie.

[1] Ce mot désigne le duc de Parme, dont d'Argental était le ministre plénipotentiaire près la cour de France. B.

Que vous êtes bon, que vous êtes aimable, que je vous suis obligé d'avoir empêché mademoiselle Taschin d'hériter de moi[1]! car cette demoiselle, qui a tué Thieriot[2], s'appelle Taschin. Je reconnais bien là votre cœur. Ma plus grande consolation dans ce monde a toujours été d'avoir un ami tel que vous.

Je vais écrire à M. de Sartines[3] suivant vos instructions. Thieriot avait toujours espéré être lui-même l'éditeur de mes lettres et de beaucoup de mes petits ouvrages; il sera bien attrapé.

Voici un petit mot pour ce chevalier[4] que je ne connais point du tout; mais, puisque vous le protégez, il m'intéresse.

Je conçois que Molé aura eu de la peine à prendre son rôle de confédéré[5], et à se voir prisonnier de guerre de Lekain; mais enfin il faut que les héros s'attendent à des revers. M. le maréchal de Richelieu m'a écrit sur cela la lettre du monde la plus plaisante. Je lui ai grande obligation de m'avoir un peu ranimé au sujet de *Sophonisbe.* Je crois qu'avec un peu de soin on peut en faire une pièce très intéressante. Je crois même qu'un Africain peut avoir trouvé du poison avant de trouver un poignard, attendu

---

[1] D'Argental ne retira pas tous les manuscrits de Voltaire que possédait Thieriot. C'est de ce dernier que proviennent la plupart et les plus curieuses des pièces qui composent le volume intitulé *Pièces inédites de Voltaire*, Paris, Didot aîné, 1820; in-8° et in-12. B.

[2] Nicolas-Claude Thieriot, né à Paris le 1ᵉʳ janvier 1697, était mort dans la même ville le 23 novembre 1772. Il était correspondant littéraire du roi de Prusse. B.

[3] Cette lettre manque. B.

[4] Je ne sais quel est ce chevalier; la lettre manque. B.

[5] Il devait jouer le rôle de Mérione dans la tragédie des *Lois de Minos*. B.

qu'en Afrique il n'y a qu'à se baisser et en prendre. A peine ai-je reçu sa lettre que j'ai travaillé à cette *Sophonisbe*. Je suis comme Perrin Dandin [1], qui se délasse *à voir d'autres procès*. Les intervalles de mes maladies continuelles sont toujours occupés par la folie des vers, ou par celle de la prose.

Madame Denis a été malade tout comme moi; elle a eu une violente dysenterie : ce mal a été épidémique vers nos Alpes, et même beaucoup de monde en est mort. J'ai été d'abord dans de cruelles transes, mais elle est entièrement hors d'affaire. Je n'ai plus d'inquiétude que sur votre fromage, car je me flatte que l'indisposition de madame d'Argental n'a pas de suite; si elle en avait, je serais bien affligé.

Adieu, mon très cher ange; à l'ombre de vos ailes.

LE VIEUX V.

6449. DE FRÉDÉRIC II, ROI DE PRUSSE.

A Potsdam, le 4 décembre.

Ayant reçu votre lettre, j'ai fait venir incessamment le directeur de la fabrique de porcelaine, et lui ai demandé ce que signifiait cet Amphion, cette lyre, et ce laurier, dont il avait orné une certaine jatte envoyée à Ferney. Il m'a répondu que ses artistes n'en avaient pu faire moins pour rendre cette jatte digne de celui pour lequel elle était destinée; qu'il n'était pas assez ignorant pour ne pas être instruit de la couronne de laurier destinée au Tasse, pour le couronner au Capitole; que la lyre était faite à l'imitation de celle sur laquelle *la Henriade* avait été chantée; que si Amphion avait par ses sons harmonieux élevé les murs de Thèbes, il connaissait quel-

---

[1] Dans la comédie des *Plaideurs*, il termine la pièce par ce vers :
Allons nous délasser à voir d'autres procès. B.

qu'un vivant qui en avait fait davantage, en opérant en Europe une révolution subite dans la façon de penser; que la mer sur laquelle nageait Amphion était allégorique, et signifiait le temps, duquel Amphion triomphe; que le dauphin était l'emblème des amateurs des lettres, qui soutiennent les grands hommes durant la tempête.

Je vous rends compte de ce procès-verbal tel qu'il a été dressé en présence de deux témoins, gens graves, et qui l'attesteront par serment, si cela est nécessaire. Ces gens ont travaillé au grand dessert *avec figures* que j'ai envoyé à l'impératrice de Russie: ce qui les a mis dans le goût des allégories. Ils avouent que la porcelaine est trop fragile, et qu'il faudrait employer le marbre et le bronze pour transmettre aux âges futurs l'estime de notre siècle pour ceux qui en sont l'honneur.

Nous attendons dans peu la conclusion de la paix avec les Turcs. S'ils n'ont pas cette fois été expulsés de l'Europe, il faut l'attribuer aux conjonctures. Cependant ils ne tiennent plus qu'à un filet; et la première guerre qu'ils entreprendront achèvera probablement leur ruine entière.

Cependant ils n'ont point de philosophes (car vous vous souviendrez des propos que l'on tint à Versailles, en apprenant que la bataille de Minden était perdue); je n'en dis pas davantage.

J'ai lu le poëme d'Helvétius sur *le Bonheur*[1]; je crois qu'il l'aurait retouché avant de le donner au public. Il y a des liaisons qui manquent, et quelques vers qui m'ont semblé trop approcher de la prose. Je ne suis pas juge compétent; je ne fais que hasarder mon sentiment, en comparant ce que je lis de nouveau avec les ouvrages de Racine, et ceux d'un certain grand homme qui illustre la Suisse par sa présence. Mais on peut être grand géomètre, grand métaphysicien, et grand politique comme l'était le cardinal de Richelieu, sans être grand poëte. La nature a distribué différemment ses dons; et il n'y a qu'à Ferney où l'on voit l'exemple de la réunion de tous les talents en la même personne.

[1] Voyez lettre 6436. B.

Jouissez long-temps des biens que la nature, prodigue envers vous seul, a daigné vous donner, et continuez d'occuper ce trône du Parnasse, qui sans vous demeurerait peut-être éternellement vacant. Ce sont les vœux que fait, pour le patriarche de Ferney, le philosophe de Sans-Souci.

FÉDÉRIC.

6450. DE FRÉDÉRIC II, ROI DE PRUSSE.

A Potsdam, le 6 décembre.

Sur la fin des beaux jours dont vous fîtes l'histoire,
Si brillants pour les arts, où tout tendait au grand,
Des Français un seul homme a soutenu la gloire;
Il sut embrasser tout; son génie agissant
A-la-fois remplaça Bossuet et Racine;
Et, maniant la lyre ainsi que le compas,
Il transmit les accords de la muse latine
Qui du fils de Vénus célébra les combats;
De l'immortel Newton il saisit le génie,
Fit connaître aux Français ce qu'est l'attraction;
Il terrassa l'erreur et la religion [1].
Ce grand homme lui seul vaut une académie.

Vous devez le connaître mieux que personne. — Pour notre poudre à canon [2], je crois qu'elle a fait plus de mal que de

---

[1] Ce vers du roi de Prusse paraît exiger quelque interprétation. Le dernier mot est trop vague, et pourrait laisser croire que Voltaire a voulu détruire toute religion. Il est très avéré pourtant que nul homme n'a plus constamment pratiqué et prêché la religion des premiers patriarches, celle que les hommes les plus éclairés de tous les temps et de tous les pays ont embrassée, l'adoration d'un Être suprême; en un mot, la religion, ou, si l'on veut, la loi naturelle. Il a toujours combattu les athées; et son génie même, sa vaste intelligence, seront, pour tous les esprits raisonnables, une des meilleures preuves de l'existence du génie universel, de l'intelligence infinie qui préside à la nature, et qu'il serait absurde de vouloir comprendre ou définir. Voltaire lui seul a peut-être ramené à Dieu plus d'adorateurs que tous les moralistes et tous les prédicateurs ensemble. Le roi de Prusse avait les mêmes sentiments, et l'on sent bien ce qu'il a voulu dire; mais sa pensée eût été plus exactement rendue de cette manière:

Il terrassa l'erreur, la superstition. K.

[2] Voyez lettre 6439. B.

bien, ainsi que l'imprimerie, qui ne vaut que par les bons ouvrages qu'elle répand dans le public. Par malheur ils deviennent de jour en jour plus rares.

Nous avons dans notre voisinage une cherté de blés excessive. J'ai cru que les Suisses n'en manquaient pas, encore moins les Français, dont les ouvrages économiques éclairent nos régions ignorantes sur les premiers besoins de la nature.

Je ne connais point de traités signés à Potsdam ou à Berlin. Je sais qu'il s'en est fait à Pétersbourg. Ainsi le public, trompé par les gazetiers, fait souvent honneur aux personnes de choses auxquelles elles n'ont pas eu la moindre part. J'ai entendu dire de même que l'impératrice de Russie avait été mécontente de la manière dont le comte Orlof avait conduit la négociation de Fokschan. Il peut y avoir eu quelque refroidissement, mais je n'ai point appris que la disgrace fût complète. On ment d'une maison à l'autre, à plus forte raison de faux bruits peuvent-ils se répandre et s'accroître quand ils passent de bouche en bouche depuis Pétersbourg jusqu'à Ferney. Vous savez mieux que personne que le mensonge fait plus de chemin que la vérité.

En attendant, le grand-turc devient plus docile. Les conférences ont été entamées de nouveau; ce qui me fait croire que la paix se fera. Si le contraire arrive, il est probable que M. Moustapha ne séjournera plus long-temps en Europe. Tout cela dépend d'un nombre de causes secondes, obscures, et impénétrables, des insinuations guerrières de certaines cours, du corps des ulemas, du caprice d'un grand-vizir, de la morgue des négociateurs : et voilà comme le monde va. Il ne se gouverne que par compère et commère. Quelquefois, quand on a assez de données, on devine l'avenir; souvent on s'y trompe.

Mais en quoi je ne m'abuserai pas, c'est en vous pronostiquant les suffrages de la postérité la plus reculée. Il n'y a rien de fortuit en cette prophétie. Elle se fonde sur vos ouvrages, égaux et quelquefois supérieurs à ceux des auteurs anciens qui jouissent encore de toute leur gloire. Vous avez le brevet d'immortalité en poche : avec cela il est doux de jouir et de se soutenir dans la même force, malgré les injures du temps et la caducité de l'âge. Faites-moi donc le plaisir de vivre tant que je serai dans le monde : je sens que j'ai besoin de vous, et ne pouvant vous entretenir, il est encore bien agréable de vous lire. Le philosophe de Sans-Souci vous salue.

FÉDÉRIC.

6451. A M. LE CHEVALIER DE CHASTELLUX.

A Ferney, 7 décembre.

Monsieur, la première fois que je lus *la Félicité publique* [1], je fus frappé d'une lumière qui éclairait mes yeux, et qui devait brûler ceux des sots et des fanatiques; mais je ne savais d'où venait cette lumière. J'ai su depuis que je l'aurais aisément reconnue, si j'avais jamais eu l'honneur de converser avec vous; car on dit que vous parlez comme vous écrivez : mais je n'ai pas eu la félicité particulière de faire ma cour à l'illustre auteur de *la Félicité publique*.

Je chargeai de notes [2] mon exemplaire, et c'est ce que je ne fais que quand le livre me charme et m'instruit. Je pris même la liberté de n'être pas quelquefois de l'avis de l'auteur. Par exemple, je disputais contre vous sur un demi-savant, très méchant homme, nommé Dutens [3], réfugié à présent en Angleterre, qui imprima, il y a cinq ans, un sot libelle atroce

---

[1] *De la Félicité publique*, par le marquis de Chastellux; voyez t. XLVIII, p. 41; et, tome L, le troisième des *Articles extraits du Journal de politique et de littérature*. B.

[2] Ces notes ont été imprimées dans l'édition que M. A.-A. Renouard a donnée, en 1822, de l'ouvrage *De la Félicité publique*, deux volumes in-8°. B.

[3] Voyez tome XLVI, page 603. B.

contre tous les philosophes, intitulé *le Tocsin*. Ce polisson prétend que les anciens avaient connu l'usage de la boussole [1], la gravitation, la route des comètes, l'aberration des étoiles, la machine pneumatique, la chimie, etc., etc.

Je disputais encore sur ce mot *Jehovah*, que je croirais phénicien, et je ne regardais le patois hébraïque que comme un informe composé de syriaque, d'arabe, et de chaldéen.

Mais, en écrivant mes doutes sur ces misères, avec quel transport je remarquais tout ce qui peut élever l'ame, l'instruire, et la rendre meilleure! comme je mettais *bravo!* à la page cinquième du premier volume, à ces *règnes cruellement héroïques*, etc., et à *salus gubernantium*, et aux réflexions sur la *cloaca magna*, et sur mille traits d'une finesse de raison supérieure qui me fesait un plaisir extrême!

Je recherchais s'il n'y a en effet qu'un million d'esclaves chrétiens [2]. Vous entendez les serfs de glèbe; et j'en trouvais plus de trois millions en Pologne, plus de dix en Russie, plus de six en Allemagne et en Hongrie. J'en trouvais encore en France, pour lesquels je plaide actuellement contre des moines-seigneurs.

J'observais que Jésus-Christ n'a jamais songé à parler d'adoucir l'esclavage; et cependant combien de ses compatriotes étaient en servitude de son temps!

---

[1] Loin d'attribuer la boussole aux anciens, Dutens dit formellement qu'ils l'ignoraient; voyez *Recherches sur l'origine des découvertes attribuées aux modernes*, tome II, page 34. B.

[2] On ne parle, en cet endroit de l'ouvrage, que des esclaves noirs, et non pas des serfs, qu'on ne peut assimiler aux esclaves des anciens. K.

Je me souvenais qu'au commencement du siècle le ministère comptait, dans la généralité de Paris, dix mille têtes de prêtraille, habitués, moines, et nonnes. Il n'y a que dix mille *priests* en Angleterre. Je mettais madame de Vintimille à la place du cardinal de Fleury, page 152. Vous savez que ce pauvre homme fit tout malgré lui.

Enfin votre ouvrage, d'un bout à l'autre, me fait toujours penser. Tout ce que vous dites sur le christianisme est d'une sage hardiesse. Vous en usez avec les théologiens comme avec des fripons qu'un juge condamne sans leur dire des injures.

Quelle réflexion que celle-ci : « Ce n'est qu'à des « peuples brutes qu'on peut donner telles lois qu'on « veut ! »

Que vous jugez bien François Ier ! J'aurais voulu que vous eussiez dit un mot de certains barbares dont les uns assassinèrent Anne Dubourg, la maréchale d'Ancre, etc.; et les autres, le chevalier de La Barre, etc., en cérémonie.

Population, *Guerre*, chapitres excellents.

Je vous remercie de tout ce que vous avez dit; je vous remercie de l'honneur que vous faites aux lettres et à la raison humaine. Je suis pénétré de celui que vous me faites en daignant m'envoyer votre ouvrage. Je suis bien vieux et bien malade, mais de telles lectures me rajeunissent.

Conservez-moi, monsieur, vos bontés, dont je sens tout le prix. Que n'êtes-vous quelquefois employé dans mon voisinage ! je me flatterais, avant de mourir, du bonheur de vous voir. Certes il se forme une grande révolution dans l'esprit humain. Vous mettez de belles colonnes à cet édifice nécessaire.

J'ai l'honneur d'être avec respect, avec reconnaissance, avec enthousiasme, etc.

6452. A FRÉDÉRIC II, ROI DE PRUSSE.

A Ferney, 8 décembre [1].

Sire, votre très plaisant poëme sur les confédérés m'a fait naître l'idée d'une fort triste tragédie, intitulée *les Lois de Minos*, qu'on va siffler incessamment chez les Welches. Vous me demanderez comment un ouvrage aussi gai que le vôtre a pu se tourner chez moi en source d'ennui. C'est que je suis loin de vous; c'est que je n'ai plus l'honneur de souper avec vous; c'est que je ne suis plus animé par vous; c'est que les eaux les plus pures prennent le goût du terroir par où elles passent.

Cependant, comme les confédérés de Crète ont quelque ressemblance avec ceux de Pologne, et encore plus avec ceux de Suède, je prendrai la liberté de mettre à vos pieds la soporative tragédie, par la voie de la poste, dans quelques jours; et je demande bien pardon à votre majesté, par avance, de l'ennui que je lui causerai. Mais il n'y a point de roi qui ne puisse aisément se préserver de l'ennui en jetant au feu un plat ouvrage.

Je suis fidèle à mon café, dont j'use depuis soixante-dix ans, et je le prends à présent dans vos belles tasses; mais ni le café ni votre porcelaine ne

---

[1] Cette lettre est quelquefois datée du 5 décembre. B.

donnent du génie; ils n'empêchent point qu'on n'endorme Frédéric-le-Grand.

Nous attendons un bon ouvrage auquel vous présidez; c'est celui de la paix entre la Russie et la Turquie : ouvrage que certains critiques ont voulu, dit-on, faire tomber.

J'ignore quel est ce M. Basilikof dont on parle tant; il faut que ce soit un auteur d'un grand mérite, et qui ait un style bien vigoureux. Votre majesté a bien raison, en fesant si bien ses affaires, de rire des faiblesses humaines; elle est au comble de la gloire et de la félicité, supposé que tout cela rende heureux; car il faut surtout la santé pour le bonheur. Je me flatte qu'elle n'a point d'accès de goutte cet hiver. Un héros, un législateur, un poëte charmant, un homme de tous les génies n'est point heureux quand il a la goutte, quoi qu'en disent les stoïciens.

Mon contemporain Thieriot est mort[1]. J'ai peur qu'il ne soit difficile à remplacer : il était tout votre fait.

J'ai reçu une lettre d'un de vos officiers, nommé Morival, qui est à Vesel; il me marque qu'il est pénétré de vos bontés, et qu'il voudrait donner tout son sang pour votre majesté. Vous savez que ce Morival est d'Abbeville, qu'il est fils d'un certain président d'Étallonde, le plus avare sot d'Abbeville : vous savez qu'à l'âge de dix-sept ans il fut condamné avec le chevalier de La Barre par des monstres welches au plus horrible supplice, pour avoir chanté une chanson, et n'avoir pas ôté son chapeau devant

[1] Voyez page 56. B.

une procession de capucins. Cela est digne de la nation des tigres-singes qui a fait la Saint-Barthélemi ; cela était digne de Thorn[1] en 1724; et cela n'arrivera jamais dans vos états. Quelque moine d'Oliva en gémira peut-être, et vous damnera tout bas pour abandonner la cause du Seigneur. Pour moi, je vous bénis, et je frémis tous les jours de l'exécrable aventure d'Abbeville.

J'ose dire à votre majesté que je crois Morival digne d'être employé dans vos armées, et que je voudrais que, par ses services et par son avancement, il pût confondre les tigres-singes qui ont été coupables envers lui d'un si exécrable fanatisme. Je voudrais le voir à la tête d'une compagnie de grenadiers dans les rues d'Abbeville, fesant trembler ses juges et leur pardonnant. Pour moi, je ne leur pardonne pas, j'ai toujours cette abomination sur le cœur ; il faut que je relise quelques unes de vos épîtres en vers pour reprendre un peu de gaîté.

Je me mets à vos pieds, sire, avec l'enthousiasme que j'ai toujours eu pour vous. LE VIEUX MALADE.

6453. A M. DALEMBERT.

8 décembre.

J'ai pensé, mon cher ami, qu'il faut un successeur à Thieriot[2] auprès du roi de Prusse. Je suppose que le prophète Grimm est déjà en fonction ; mais si cela n'était pas, si ce grand prophète[3] était employé ail-

---

[1] Voyez tome XLIII, page 455, et ci-après la lettre 6539. B.
[2] Voyez page 56. B.
[3] Allusion à l'opuscule de Grimm intitulé *le Petit Prophète de Bochmischbroda*, 1753, in-8°. B.

leurs, il me semble que cette petite place conviendrait fort à frère La Harpe, et que le roi de Prusse serait bien content d'avoir un correspondant littéraire aussi rempli de goût et d'esprit. Je crois que personne n'est plus en état que vous de lui procurer cette place; et si la chose est praticable, vous y avez déjà songé. J'en ai écrit un petit mot au roi[1].

Voudriez-vous bien me mander où l'on en est sur cette petite affaire?

Vous souvenez-vous d'un nommé d'Étallonde, fils de je ne sais quel président d'Abbeville, à qui on devait pieusement arracher la langue, couper la main droite, et appliquer tous les agréments de la question *ordinaire* et *extraordinaire*; après quoi il devait être brûlé à petit feu, conjointement avec le chevalier de La Barre, petit-fils d'un lieutenant général des armées du roi; le tout pour avoir chanté une chanson gaillarde, et n'avoir pas ôté son chapeau devant une procession de capucins welches? Le roi de Prusse vient de donner une compagnie à ce petit d'Étallonde, auquel il avait donné une lieutenance à l'âge de dix-sept ans, âge auquel le sénateur Pasquier et d'autres sages et doux sénateurs l'avaient condamné à la petite réparation publique que d'Étallonde esquiva, et qui fut prescrite au chevalier de La Barre, pour l'édification des fidèles.

Je crois qu'il n'y a plus que moi chez les Welches

[1] Dans la lettre qui précède, Voltaire parle de la difficulté de remplacer Thieriot; mais il ne souffle mot de La Harpe. Il n'en parle pas non plus dans la lettre du 22 décembre. Cependant le roi de Prusse parle de La Harpe dans sa lettre du 16 janvier (n° 6478). Il y a donc une lettre de perdue, ou quelque phrase de supprimée dans les lettres imprimées. B.

qui parle encore de cette scène ; mais j'admire encore ces Welches de prendre part pour ces bourgeois assassins. Je vous prie de faire souvenir de moi tous ceux qui ne sont pas Welches, et particulièrement M. de Condorcet.

Adieu, mon cher philosophe : je vous aime inutilement, car je ne suis bon à rien dans ce monde; mais je vous aime de tout mon cœur.

Madame Denis a été très malade, et moi je le suis toujours.

6454. A M. BERTRAND.

8 décembre.

Mon cher philosophe, l'état où je suis ne me permet pas de me montrer. Madame Denis a été attaquée d'une dysenterie très dangereuse. Je suis beaucoup plus mal qu'elle. Dites à M. de Potocky combien je suis indigne de sa visite. Il ne faut pas qu'il fasse comme Ulysse, qui, dans ses voyages, allait visiter les ombres. Je vous embrasse tendrement, et pour fort peu de temps.

Le vieux malade de Ferney. V.

6455. A CATHERINE II.

A Ferney, 11 décembre.

Madame, votre oiseau qu'on appelle *flammant*[1] ressemble assez aux caricatures que mon ami M. Huber[2] a faites de moi ; il m'a donné le cou et les jambes,

[1] La lettre où Catherine parle du flammant est sans doute perdue. Voltaire a déjà parlé de cet oiseau dans sa lettre du 28 auguste 1772, n° 6383. B.

[2] Huber, des découpures de qui j'ai parlé dans une note sur la lettre

et même un peu de la physionomie de ce prétendu héron blanc. Je me doutais bien que jamais Pierre-le-Grand n'avait payé un pareil tribut au seigneur de Stamboul.

On doit assurément un tribut de louanges à votre majesté impériale, pour vos beaux établissements de garçons et de filles. Je ne sais pas pourquoi on ose encore parler de Lycurgue et de ses Lacédémoniens, qui n'ont jamais rien fait de grand, qui n'ont laissé aucun monument, qui n'ont point cultivé les arts, qui sont depuis si long-temps esclaves des barbares que vous avez vaincus pendant quatre années de suite.

La lettre qui est venue dans le paquet de la part de M. de Betzky est bien précieuse; je la crois de notre Falconet [1]; mais ce que votre majesté impériale a daigné m'écrire [2] sur votre institution du *plus que Saint-Cyr*, est bien au-dessus de la lettre imprimée de Falconet, qui pourtant est bonne.

Étant né trop tôt, et ne pouvant être témoin de tout ce que fait ma grande impératrice, j'ai saisi l'occasion de lui envoyer ce jeune baron de Pellemberg, qui est un tiers d'allemand, un tiers de flamand, et un tiers d'espagnol, et qui voulait changer ces trois tiers pour une totalité russe. Je ne le connais, madame, que par son enthousiasme pour votre personne unique; je ne l'ai vu qu'en passant : il m'a demandé

6376, avait fait pour Catherine une suite de tableaux représentant la vie domestique de Voltaire. On trouve des détails à ce sujet dans la *Correspondance de Grimm*, novembre 1772. B.

[1] Voyez, dans les *OEuvres de Falconet*, tome VI, pages 248-63, l'opuscule intitulé *Petit différend*. B.

[2] Le 3 avril; lettre 6316. B.

une lettre, j'ai pris la liberté de la lui donner, comme j'en donnerai, si vous le permettez, à quiconque voudra faire le pélerinage de Pétersbourg par une pure dévotion pour sainte Catherine II.

On me dit une triste nouvelle[1] pour moi, que ce Polianski, que votre majesté impériale a fait voyager, et dont j'ai tant aimé et estimé le caractère, s'est noyé dans la Néva, en revenant à Pétersbourg; si cela est, j'en suis extrêmement affligé. Il y aura toujours des malheurs particuliers, mais vous faites le bonheur public. Le mien est dans les lettres dont vous m'honorez. J'attends la comédie[2]; je la ferai jouer dans ma petite colonie le jour que je ferai un feu de joie pour la paix de Fokschan ou de Bucharest, supposé que vous gardiez par cette paix trois ou quatre provinces, et l'empire de la mer Noire. Mais je proteste toujours contre toute paix qui ne vous donnera pas Stamboul. Ce Stamboul était l'objet de mes vœux, comme sainte Catherine II l'objet de mon culte. Puisse ma sainte goûter toutes les sortes de plaisirs, comme elle a toute sorte de gloire!

Le vieux Malade de Ferney, qui n'a ni gloire, ni plaisir.

6456. A M. D'ÉTALLONDE DE MORIVAL.

12 décembre.

Un vieux malade de quatre-vingts ans a reçu, monsieur, votre lettre du 23 de novembre, et sur-le-champ j'ai remercié le roi de Prusse de ce qu'il vou-

---

[1] Cette nouvelle était fausse; voyez lettre 6467. B.
[2] Voyez lettre 6416. B.

lait bien penser à vous. J'ai pris la liberté de lui dire combien vous méritez d'être avancé [1], et que sa gloire est intéressée à réparer les abominables injustices qu'on vous a faites en France. Le mot d'injustice même est trop faible ; je regarde cette atrocité comme un grand crime, et tous les hommes éclairés pensent comme moi.

Je suppose que vous m'avez écrit par la voie de M. Rey d'Amsterdam. Je me sers de la même voie pour vous répondre, et pour vous assurer que vous me serez toujours cher par votre malheur et par votre mérite. Permettez-moi de ne point signer, et reconnaissez-moi à mes sentiments.

6457. A M. SAURIN.

A Ferney, 14 décembre.

Votre femme doit voir en vous
Le modèle des bons époux,
Le modèle des bons poètes :
Si les enfants que vous lui faites
De vos écrits ont la beauté,
Nul homme en sa postérité
Ne fut plus heureux que vous l'êtes.

Je prends la liberté d'abord d'embrasser madame votre femme, pour qui vous avez fait cette jolie épître qui est à la tête de cette jolie *Anglomanie* [2] : et puis je vous dirai que cette pièce est écrite d'un bout à l'autre comme il faut écrire, ce qui est très rare ; qu'elle est étincelante de traits d'esprit que

[1] Lettre 6452. B.
[2] La comédie de Saurin, jouée le 23 novembre 1772, et imprimée sous le titre de *l'Anglomanie*, avait été jouée en novembre 1765, et imprimée sous le titre de *l'Orpheline léguée*. B.

tant de gens cherchent, et qui sont chez vous si naturels.

Ensuite je vous dirai que dès que l'hiver est venu, les neiges me tuent, et qu'il faut alors que je reste au coin de mon feu, sans quoi je viendrais causer au coin du vôtre. Je suis toujours prêt l'été à faire un voyage à Paris, malgré l'abbé Mably et Fréron. Mais depuis l'impertinence que j'ai eue de faire de grands établissements dans un malheureux village au bout de la France, et de me ruiner à former une colonie d'artistes qui font entrer de l'argent dans le royaume, sans que le ministère m'en ait la moindre obligation, la nécessité où je me suis mis de veiller continuellement sur ma colonie ne me permet pas de m'absenter l'été plus que l'hiver. J'ajoute à ces raisons que j'ai bientôt quatre-vingts ans, que je suis très malade, et qu'il ne faut pas, à cet âge, risquer d'aller faire une scène à Paris, et d'y mourir ridiculement; car je ne voudrais mourir ni comme Maupertuis ni comme Boindin.

Inter utrumque tene, medio tutissimus ibis [1].

J'ai toujours sur le cœur la belle tracasserie [2] que m'a faite ce M. Le Roi sur le livre *de l'Esprit*. Vous savez que j'aimais l'auteur; vous savez que je fus le seul qui osai m'élever contre ses juges, et les traiter d'injustes et d'extravagants, comme ils le méritaient

---

[1] Ovide, dans ses *Métamorphoses*, livre III, vers 137 et 140, a dit:
   Medio tutissimus ibis......
   Inter utrumque tene.   B.

[2] Voyez tome XLVII, page 23. B.

assurément. Mais vous savez aussi que je n'approuvai point cet ouvrage, que Duclos lui avait fait faire; et que, lorsque vous me demandâtes ce que j'en pensais, je ne vous répondis rien.

Il y a des traits ingénieux dans ce livre; il y a des choses lumineuses, et souvent de l'imagination dans l'expression; mais j'ai été révolté de ce qu'il dit sur l'amitié. J'ai été indigné de voir Marcel [1] cité dans un livre sur l'Entendement humain, et d'y lire que la Lecouvreur et Ninon ont eu autant d'esprit qu'Aristote et Solon [2]. Le système que tous les hommes sont nés avec les mêmes talents est d'un ridicule extrême. Je n'ai pu souffrir un chapitre intitulé *De la Probité par rapport à l'Univers* [3]. J'ai vu avec chagrin une infinité de citations puériles ou fausses, et presque partout une affectation qui m'a prodigieusement déplu. Mais je ne considérai alors que ce qu'il y avait de bon dans son livre, et l'infame persécution qu'on lui fesait. Je pris son parti hautement [4]; et quand il a fallu depuis analyser son livre, je l'ai critiqué très doucement [5].

Vous avez l'esprit trop juste et trop éclairé pour ne pas sentir que j'ai raison. S'il se pouvait, contre toute apparence, que j'eusse le bonheur de vous voir encore, nous parlerions de tout cela en philosophes, en aimant passionnément la mémoire de l'homme aima-

---

[1] Marcel, maître à danser, est cité par Helvétius dans le chapitre 1er du discours II de son livre *De l'Esprit*. B.

[2] *De l'Esprit*, discours II, chapitre 1er. B.

[3] *De l'Esprit*, discours II, chap. 25. B.

[4] Voyez tome XXX, page 235, et la *Correspondance*, année 1759. B.

[5] Voyez tome XXXII, page 64. B.

ble dont nous voyons vous et moi les petites erreurs.

Adieu, mon cher philosophe, mais philosophe avec de l'esprit et du génie, philosophe avec de la sensibilité. Je vous aime véritablement pour le peu de temps que j'ai encore à ramper dans un coin de ce globule.

6458. A M. LE MARÉCHAL DUC DE RICHELIEU.

A Ferney, le 21 décembre.

Quoi! toujours la cruelle envie
Poursuit ma réputation!
On dit qu'une nymphe jolie,
Dans ma dernière maladie,
M'a donné l'extrême-onction,
Et que j'emporte en l'autre vie
Ce peu de consolation.
Voyez l'horrible calomnie!
Seigneur, il n'appartient qu'à vous,
A votre jeunesse immortelle,
De faire encor de si beaux coups,
Et d'être entre les deux genoux
D'une coquine fraîche et belle.
Je sens que je suis au tombeau;
Cet état me fait de la peine:
Mais il ne faut pas qu'un roseau
Vive aussi long-temps que le chêne.

Mon héros exige que je lui conte le fait[1], parcequ'il veut être instruit de ce que ses sujets jeunes et vieux font dans son empire. Je lui dirai donc, comme devant Dieu, que madame Denis fesant les honneurs d'un grand dîner, je mangeais dans ma chambre un

---

[1] On avait répandu le bruit à Paris qu'une messaline de Genève avait réchauffé les sens de Voltaire; et qu'à la suite de l'entrevue, Voltaire avait eu des évanouissements. Richelieu avait écrit à Voltaire pour lui demander ce qui en était. B.

plat de légumes, ainsi que vous en usâtes quand vous honorâtes mon taudis de votre présence. Une belle demoiselle[1] de la compagnie, plus grande que madame Ménage[2] de deux doigts, plus jeune, plus étoffée, plus rebondie, vint me consoler. Les Genevois sont malins, et les calvinistes sont bien aises de jeter le chat aux jambes des papistes; mais le fait est que cette auguste demoiselle me fesait trembler de tous mes membres, et que si je m'évanouis, c'était de crainte ou de respect.

Je vous jure que j'aurais plutôt fait la scène de *Sylla*, de *Pompée*, ou de *César*, dont vous me parlez, que je n'aurais fait un couplet avec cette belle personne. Depuis que j'ai des lettres de capucin, je mets toutes les impostures aux pieds de mon crucifix, et je ne dis à personne : Ouvrez le loquet.

Au reste, je présume toujours que les princesses de la Comédie sont partout sous vos lois, ainsi que dans leurs lits, et que vous êtes toujours le maître des autres à table, au lit, et à la guerre, comme je crois que vous l'êtes aussi au spectacle. J'ai rapetassé la *Sophonisbe*; j'aurai l'honneur de vous en envoyer deux exemplaires, l'un pour vous, l'autre pour la Comédie. Je ne suis pas bien sûr que vos ports soient francs de Lyon à Paris; je sais seulement qu'ils sont exorbitants. Je vous demande vos ordres pour savoir

---

[1] Mademoiselle de Saussure. Wagnière était en tiers dans la chambre de Voltaire avec mademoiselle de Saussure, et raconte que ce fut madame Denis qui, par jalousie, avait répandu les bruits qui circulaient. B.

[2] Richelieu avait été surpris par Voltaire aux pieds de cette jeune dame; voyez le volume publié en 1829 de la *Correspondance inédite de Grimm*, page 348. B.

si je dois faire partir ce paquet sous votre nom ou sous celui de M. le duc d'Aiguillon. Je suis bien sensible à toutes les peines que mon héros daigne prendre d'écarter les sifflets préparés pour *les Lois de Minos*.

A l'égard de *Sylla*, cette entreprise était aisée pour le R. P. de La Rue; elle est fort difficile pour moi. Je vous avoue que je baisse beaucoup, quoi qu'en disent mes panégyristes, et ceux de la belle demoiselle qu'on suppose avoir eu tant de bontés pour moi.

Il me semble que le goût de ma chère nation est un peu changé; et, si vous me permettez de vous le dire, je crois qu'elle n'est pas plus digne d'entendre Sylla, Pompée, et César, que je ne suis digne de les faire parler. Cependant, s'il me venait quelque idée heureuse, je l'emploierais bien vite pour vous faire ma cour; mais les idées viennent comme elles veulent. Ma plus chère idée serait de ne pas mourir sans avoir la consolation de vous revoir encore. Je ne suis le maître ni de chasser cette idée ni de l'exécuter. Je suis bien sûr seulement que ma destinée est de vous être attaché jusqu'à la mort avec le plus tendre respect.

Le vieux Malade de Ferney, à qui l'on fait trop d'honneur.

6459. A FRÉDÉRIC II, ROI DE PRUSSE.

A Ferney, 22 décembre.

Sire, en recevant votre jolie lettre et vos jolis vers, du 6 décembre, en voici que je reçois de Thieriot, votre feu nouvelliste, qui ne sont pas si agréables:

> C'en est fait, mon rôle est rempli,
> Je n'écrirai plus de nouvelles;
> Le pays du fleuve d'oubli
> N'est pas pays de bagatelles.
> Les morts ne me fournissent rien,
> Soit pour les vers, soit pour la prose;
> Ils sont d'un fort sec entretien,
> Et font toujours la même chose.
> Cependant ils savent fort bien
> De Frédéric toute l'histoire,
> Et que ce héros prussien
> A dans le temple de Mémoire
> Toutes les espèces de gloire,
> Excepté celle de chrétien.
> De sa très éclatante vie
> Ils savent tous les plus beaux traits,
> Et surtout ceux de son génie;
> Mais ils ne m'en parlent jamais.

> Salomon eut raison de dire
> Que Dieu fait en vain ses efforts
> Pour qu'on le loue en cet empire [1];
> Dieu n'est point loué par les morts.
> On a beau dire, on a beau faire,
> Pour trouver l'immortalité:
> Ce n'est rien qu'une vanité,
> Et c'est aux vivants qu'il faut plaire.

Les seules lettres, sire, que vous dictez à M. de Catt [2] mériteraient cette immortalité; mais vous savez mieux que personne que c'est un château enchanté qu'on voit de loin, et dans lequel on n'entre pas.

Que nous importe, quand nous ne sommes plus,

---
[1] *Ecclésiastique,* xvii, 26. B.
[2] Secrétaire de Frédéric. B.

ce qu'on fera de notre chétif corps et de notre prétendue ame, et ce qu'on en dira? Cependant cette illusion nous séduit tous, à commencer par vous sur votre trône, et à finir par moi sur mon grabat au pied du mont Jura.

Il est pourtant clair qu'il n'y a que le déiste ou l'athée auteur de *l'Ecclésiaste* qui ait raison : il est bien certain qu'un *lion mort* ne vaut pas un chien vivant[1]; qu'il faut jouir, et que tout le reste est folie.

Il est bien plaisant que ce petit livre, tout épicurien, ait été sacré parmi nous parcequ'il est juif.

Vous prendrez sans doute contre moi le parti de l'immortalité, vous défendrez votre bien. Vous direz que c'est un plaisir dont vous jouissez pendant votre vie; vous vous faites déjà dans votre esprit une image très plaisante de la comparaison qu'on fera de vous avec un de vos confrères, par exemple avec Moustapha. Vous riez en voyant ce Moustapha, ne se mêlant de rien que de coucher avec ses odalisques qui se moquent de lui, battu par une dame née dans votre voisinage, trompé, volé, méprisé par ses ministres, ne sachant rien, ne se connaissant à rien. J'avoue qu'il n'y aura point dans la postérité de plus énorme contraste; mais j'ai peur que ce gros cochon, s'il se porte bien, ne soit plus heureux que vous. Tâchez qu'il n'en soit rien; ayez autant de santé et de plaisir que de gloire, l'année 1773, et cinquante autres années suivantes, si faire se peut; et que votre majesté me conserve ses bontés pour les minutes

---

[1] *Ecclés.*, chap. IX, verset 4; voyez tome XII, page 218. B.

que j'ai encore à vivre au pied des Alpes. Ce n'est pas là que j'aurais voulu vivre et mourir.

La volonté de sa sacrée majesté le Hasard soit faite!

6460. A Mme LA COMTESSE DE SAINT-POINT.

Ferney, 25 décembre.

Monsieur votre fils veut donc que je mange tous ses fromages de Roquefort? Il est vrai qu'ils sont excellents; mais vous poussez vos bontés trop loin, et malheureusement je n'ai rien à vous présenter qui soit digne de vous. Notre pays ne produit que des neiges; mais aussi elles durent très long-temps.

Permettez-moi de vous souhaiter une bonne année sans neige, et accompagnée de beaucoup de fromages.

J'ai l'honneur d'être avec bien du respect, madame, etc. V.

6461. DE M. DALEMBERT.

A Paris, ce 26 décembre.

Oui, oui, assurément, mon cher et illustre ami, je ferai lire à tout le monde, sans néanmoins en laisser prendre de copies, la charmante lettre que le roi de Prusse vous a écrite[1]. Cette lettre fait honneur, d'abord au prince qui sait écrire ainsi, ensuite à vous qui n'en avez pas trop besoin, et enfin aux lettres et à la philosophie, qui ont besoin de cette consolation, dans l'état d'oppression où elles gémissent. Vous ne sauriez croire à quelle fureur l'inquisition est portée. Les commis à la douane des pensées, se disant *censeurs royaux*, retranchent, des livres qu'on a la bonté de leur soumettre,

---

[1] Celle du 4 décembre, n° 6449. Mais la lettre que Voltaire a dû écrire, en envoyant la copie, manque. B.

les mots de *Superstition*, de *Tyrannie*, de *Tolérance*, de *Persécution*, et même de *Saint-Barthélemi;* car soyez sûr qu'on voudrait en faire une de nous tous.

Voilà les cuistres de l'université qui viennent de sonner un nouveau tocsin. Dirigés par le recteur *Coge pecus*, qui est à leur tête, ils viennent de proposer pour le sujet d'éloquence latine qu'ils proposent tous les ans pour prix à tous les autres cuistres du royaume, « Non magis Deo quam regibus infensa « est ista quæ vocatur hodie philosophia. » Admirez néanmoins avec quelle bêtise cette belle question est énoncée! car ce beau latin, traduit littéralement, veut dire que *la philosophie n'est pas plus ennemie de Dieu que des rois*, ce qui signifie, en bon français, qu'elle n'est ennemie ni des uns ni des autres. Voyez avec quel jugement ces marauds savent rendre ce qu'ils veulent dire. Il me semble que ce serait bien le cas de répondre à leur belle question, non en latin, mais en bel et bon français, pour être lu par tout le monde[1]. Il faudrait que l'auteur fît semblant d'entendre l'assertion de ces cuistres dans le sens très vrai et très naturel qu'elle présente, mais qu'ils n'avaient pas intention d'y donner.

Que de bonnes choses à dire pour prouver que la philosophie n'est ennemie ni de Dieu ni des rois, et quels coups de foudre on peut lancer à cette occasion sur ses ennemis, en rappelant les Damiens, les Ravaillac, les Alexandre VI, et tous les monstres qui leur ont ressemblé! Ce serait à vous, mon cher maître, plus qu'à personne, à rendre ce service aux frères persécutés.

Vous ignorez vraisemblablement tous les libelles dont on infecte la littérature contre vous et vos amis. Vous ignorez encore plus que ces libelles, et surtout le sieur Clément[2], un de leurs principaux auteurs, sont prônés et protégés par tous les tartufes de Versailles, entre autres par un abbé de Radonvilliers, notre digne confrère, qui ressemble à Tartufe

---

[1] Voltaire, à ce sujet, composa son *Discours de Me Belleguier;* voyez tome XLVII, page 181. B.

[2] Clément; voyez tome XIII, page 263; et XLVII, 1 et 200. B.

comme son espion de valet Batteux ressemble à Laurent.
Vous ignorez que *Coge pecus* a présenté à l'archevêque de
Paris, à l'archevêque de Reims, et à *tutti quanti*, comme un
défenseur précieux à la religion, un petit gueux nommé Sabatier, venu de Castres avec des sabots, que j'ai chassé de
chez moi comme un laquais; parcequ'il imprimait des impertinences contre ce que nous avons de plus estimable dans
la littérature.

Ce petit maraud, en arrivant à Paris, est entré en qualité
de décrotteur bel-esprit chez un comte de Lautrec qui avait
des procès, écrivait lui-même ses mémoires, et les donnait à
Sabatier à mettre en français. Le comte de Lautrec s'aperçut
que sa partie adverse était instruite de ses moyens avant que
ses mémoires parussent. Il alla chez son avocat et son procureur, qu'il traita de fripons. L'avocat et le procureur se dé-
fendirent avec l'air et la force de l'innocence, et firent si bien
qu'ils découvrirent une lettre de Sabatier aux gens d'affaire
de la partie adverse.

Le comte de Lautrec, instruit, fit venir Sabatier, lui mon-
tra sa lettre, lui donna cent coups de bâton, le chassa de
chez lui, en lui enjoignant néanmoins de venir le lendemain,
sous peine de nouveaux coups de bâton, le remercier en
présence de son avocat et de son procureur, qui, par sa friponnerie, avaient été exposés à un soupçon qu'ils ne méritaient pas; et cela fut fait. Voilà, mon cher ami, les canailles
qu'on protége; ce n'est pas de ces canailles, qui ne méritent
que le mépris, c'est de leurs protecteurs qu'il faudrait faire
justice.

Il faut que je vous dise encore un trait de *Coge pecus*. Il y a
déjà quelque temps qu'il alla trouver Larcher, ayant à la main
un livre où vous les avez attaqués et bafoués tous deux[1], et
excitant Larcher à se joindre à lui pour demander vengeance.
Larcher, qui vous a contredit sur je ne sais quelle sottise
d'Hérodote, mais qui au fond est un galant homme, tolérant,
modéré, modeste, et vrai philosophe dans ses sentiments et

---

[1] *La Défense de mon oncle;* voyez tome XLIII, page 314 et 411. B.

dans sa conduite, du moins si j'en crois des amis communs qui le connaissent et l'estiment, Larcher donc le pria de lire l'article qui les regardait, le trouva fort plaisant, écrit avec beaucoup de graces et de sel, et lui dit qu'il se garderait bien de s'en plaindre.

6462. A M. LE MARQUIS DE THIBOUVILLE.

Ferney, ce 28 décembre.

Quand madame Denis vous épousera, il faudra bien qu'elle écrive, quand ce ne serait que pour signer son nom; à moins que son aversion pour l'écriture ne lui en donne aussi pour le sacrement du mariage.

Je vous prie de me mander si vous êtes un peu content des répétitions. Je voudrais bien que notre plaidoyer[1] pût réussir. Nous avons contre nous une cabale aussi forte que celle qui accable M. de Morangiés; mais je tiens qu'il faut être extrêmement insolent, et ne s'étonner de rien.

Je puis donc compter que vous avez eu la bonté de faire copier le plaidoyer conformément au dernier factum de Lekain; mais j'ai peur que le français dans lequel il est écrit ne soit pas entendu, car il me paraît qu'on parle aujourd'hui la langue des Goths et des Vandales. Si on ne fait plus de cas de l'harmonie des vers, si on compte ses oreilles pour rien, j'espère au moins que les yeux ne seront pas mécontents. Le spectacle sera beau, majestueux et attachant. Autrefois il fallait plaire à l'esprit, à présent il faut frapper la vue. Que diraient les Anacréon, les Sophocle, les

---

[1] La tragédie des *Lois de Minos*. B.

Euripide, les Virgile, les Ovide, les Catulle, les Racine et les Chaulieu, s'ils revenaient aujourd'hui sur la terre? *O tempora! o mores* [1] !

Voulez-vous bien aussi avoir la bonté de me dire quel rôle prend Molé? Qu'est-ce donc que cet Albert [2] ? Est-ce Albert d'Autriche? est-ce Albert le grand? est-ce le petit Albert?

Dupont, auteur de cette pièce, est-il le Dupont auteur des *Éphémérides du citoyen?* Vous m'enverrez au diable avec mes questions, et vous ferez bien; mais je n'en aurai pas pour vous moins d'amitié et moins de reconnaissance. Revenons en Crète; je viens de m'apercevoir que, dans la première scène de l'acte second, on joue un peu au propos interrompu. Le sauvage dit à Dictime :

> Nous voulons des amis : méritez-vous de l'être?

et Dictime lui réplique :

> Je ne te réponds pas que ta noble fierté
> Ne puisse de mon roi blesser la dignité.

Ce n'est pas répondre catégoriquement; il faut dire :

> Oui, Teucer en est digne, et peut-être aujourd'hui
> En l'ayant mieux connu vous combattrez pour lui.
> DATAME.
> Nous!
> DICTIME.
> Vous-même. Il est temps que nos haines finissent,

---

[1] Cicéron, I *Catil.*, 1. B.

[2] Leblanc de Guillet, auteur des *Druides* (voyez lettre 6295), avait pris le sujet d'*Albert Ier ou Adeline* dans un trait de bienfesance et de justice de l'empereur Joseph II. La pièce, affichée pour le 28 octobre 1772, fut tout à coup défendue. Elle ne fut jouée que le 4 février 1775. B.

> Que pour leurs intérêts nos deux peuples s'unissent.
> Mais je ne réponds pas, etc.

Cela est mieux dialogué. Vous aurez sans doute le temps de faire insérer ce petit dialogue nécessaire. Mandez-moi donc quand vous comptez épouser madame Denis, afin qu'elle vous écrive.

Que vous me faites plaisir par tout ce que vous m'écrivez sur madame la duchesse d'Enville! Je n'ai jamais douté de ses sentiments, et moins encore de son cœur. Quand le moment opportun sera arrivé, je ferai alors auprès d'elle tout ce que vous desirez. Je desire que vous soyez aussi convaincu de mon empressement à vous plaire, que je le suis moi-même de ses sentiments invariables. Il n'y a que les girouettes qui varient au gré des vents; mais l'attachement qu'elle et moi nous vous portons ne variera jamais.

N. B. Il est clair que la pièce imprimée par Valade l'a été sur le manuscrit de M. d'Argental, car on y trouve ce vers:

> Tout pouvoir a son *terme*, et cède au préjugé.

Il y a dans mon manuscrit et dans l'édition de Cramer, *tout pouvoir a sa borne;* M. d'Argental a voulu absolument *son terme*. Il n'a pas songé qu'avoir son terme signifie *finir: tout pouvoir finit, et cède au préjugé*, n'a pas de sens; et s'il en forme un, c'est celui-ci: *tout roi est détrôné par le préjugé;* ce qui est absurde. Il ne faut que trois ou quatre contre-sens pareils pour gâter entièrement une scène passable. Si c'est vous qui avez fait cette correction, vous avez été dans une grande erreur. Il est plus difficile d'écrire correctement qu'on ne pense; mais aussi rien ne m'est plus aisé que de vous dire combien mon cœur est plein de reconnaissance et d'attachement pour vous, et qu'il ne cessera de vous aimer que quand il cessera de battre.

6463. A MADEMOISELLE RAUCOURT,

ACTRICE DE LA COMÉDIE FRANÇAISE [1].

Ferney, 1773.

Raucourt, tes talents enchanteurs
Chaque jour te font des conquêtes;
Tu fais soupirer tous les cœurs,
Tu fais tourner toutes les têtes;
Tu joins au prestige de l'art
Le charme heureux de la nature,
Et la victoire toujours sûre
Se range sous ton étendard.
Es-tu Didon, es-tu Monime,
Avec toi nous versons des pleurs;
Nous gémissons de tes malheurs,
Et du sort cruel qui t'opprime.
L'art d'attendrir et de charmer
A paré ta brillante aurore;
Mais ton cœur est fait pour aimer,
Et ce cœur n'a rien dit encore.
Défends ce cœur des vains desirs
De richesse et de renommée;
L'amour seul donne les plaisirs,

---

[1] Françoise-Marie-Antoine Saucerotte, connue sous le nom de Raucourt, née à Nanci en 1756, filleule de madame de Graffigny, débuta au Théâtre-Français le 23 septembre 1772, et mourut le 15 janvier 1815. Cette lettre a été imprimée, pour la première fois, dans le *Journal encyclopédique* d'avril 1773, page 291. Voltaire l'avait écrite pour détruire l'effet d'une lettre qui fut lue indiscrètement devant mademoiselle Raucourt; voyez n° 6505. B.

Et le plaisir est d'être aimée.
Déjà l'amour brille en tes yeux;
Il naîtra bientôt dans ton ame :
Bientôt un mortel amoureux
Te fera partager sa flamme.
Heureux, trop heureux cet amant
Pour qui ton cœur deviendra tendre,
Si tu goûtes le sentiment
Comme tu sais si bien le rendre!

Voilà, mademoiselle, le tribut que vous offre ma muse: un bon vieillard, dont l'âge s'écrit par quatre et par vingt, n'a que de mauvais vers à vous présenter. Il y avait long-temps que je n'avais ressenti au spectacle les douces émotions que vous inspirez si bien; je me ressouvenais à peine d'avoir versé des larmes de sentiment: en un mot, j'étais le vieil Éson, et vous êtes l'enchanteresse Médée. Je ne vous répéterai pas tous les éloges que vous méritez ; ils sont gravés dans mon esprit et dans mon cœur. Quand on réunit, comme vous, tous les suffrages, ceux d'un particulier deviennent moins flatteurs; mais, à mon âge, on entre dans la classe des hommes rares. Si j'étais à vingt ans, si j'avais un corps, une fortune, et surtout un cœur digne de vous, vous en auriez l'hommage; mais j'ai tout perdu. Il me reste à peine des yeux pour vous voir, une ame pour vous admirer, et une main pour vous l'écrire.

6464. A M. DALEMBERT.

1er janvier.

Mon cher et digne soutien de la raison expirante, je pourrais vous dire : Si vous voulez voir un beau tour, faites-le. Mais vous êtes nécessaire à la bonne cause, vous êtes dans la fleur de l'âge, vous êtes secrétaire de quarante gens pleins d'esprit; je suis inutile, je suis sur le bord de ma fosse, je n'ai rien à risquer; je serai très volontiers le chat qui tirera les marrons du feu. Le *non magis*[1] m'a tant fait rire, tout malingre que je suis, que je n'en ai pu dormir de la nuit, et que j'ai passé les premières vingt-quatre heures de l'année 1773 à me brûler la patte en tirant vos marrons.

Tout ce que je crains, c'est que les pauvres diables ne se doutent de leur sottise, et ne changent leur *non magis* en *non minus*, ce qui rendrait ma nuit blanche absolument inutile.

Mandez-moi, je vous prie, tout ce que vous savez sur ces belles choses, et tout ce qui peut ranimer ma vieillesse; car j'ai résolu de me moquer des gens jusqu'à mon dernier soupir. Je suis volontiers comme Arlequin condamné à la mort, à qui le juge demanda de quel genre de mort il voulait périr : il choisit fort sensément de mourir de rire.

N'oubliez pas le charmant *Savatier*[2]. Dites-moi, si vous le savez, le nom du procureur et de l'avocat; car, après tout, il s'agit du salut de la république, et il ne faut rien négliger.

Vous ne me parlez point des *Lois de Minos*, que M. de Rochefort doit vous avoir prêtées à vous seul. Je vous avertis, en honnête conjuré, que si ces *Lois* sont sifflées, les pattes du chat sont coupées. Je n'aurai point le prix de l'université, et la bonne cause ira à tous les diables.

[1] Voyez lettres 6461 et 6476. B.
[2] Voyez lettre 6486. B.

On m'a envoyé un livre de maître Pompignan[1], évêque du Puy-en-Velay, contre le théisme, le déisme, l'athéisme, et le jansénisme : cela m'a paru parfait en son genre. C'est, ou je me trompe fort, un chef-d'œuvre de bavarderie et de bêtise. Dieu nous conserve ce cher homme!

Vous ne m'avez point répondu sur la correspondance de Luc.

Adieu, mon très cher ami ; mes respects à Laurent et à Tartufe[2], mais mille sincères et tendres amitiés à tous vos amis.

6465. A M. LEKAIN.

A Ferney, 1er janvier.

Mon cher ami, je vous souhaite la bonne année à vous et aux Crétois ; on dit qu'il y a eu plus de tracasseries dans cette île qu'il n'y en a à la cour de France. Si vous voulez me le mander pour me réjouir dans ma vieillesse, vous me ferez plaisir.

On me mande que la cabale d'une certaine racaille, dont je me suis toujours moqué, est très forte ; mais vous serez plus fort qu'elle ; il me semble que je vous vois dominant le théâtre en héros fier et sauvage. C'est dommage que vous ne puissiez paraître plus souvent : mais trois fusées de votre part valent mieux qu'un feu d'artifice des autres.

J'embrasse de tout mon cœur votre sauvagerie. Madame Denis, qui a été bien malade, vous fait ses compliments.   LE VIEUX MALADE.

[1] *La Religion vengée de l'incrédulité par l'incrédulité même*, 1772, in-12 ; ouvrage de Jean-George Le Franc de Pompignan, évêque du Puy, devenu archevêque de Vienne en 1774. B.

[2] Voyez lettre 6461. B.

6466. A M. LE MARQUIS DE THIBOUVILLE.

1ᵉʳ janvier.

J'avais déjà écrit à l'autre ange sur la rapine du corsaire Valade¹, et je m'étais plaint assez vivement à M. de Sartines. S'il y a quelque justice dans ce monde (ce dont j'ai toujours fort douté), il est certain qu'on doit réprimer ce Valade, qui s'empare du bien d'autrui, et saisir ses marchandises de contrebande. C'est à quoi pourraient aisément parvenir mes deux protecteurs des *Lois de Minos*.

Au reste, il faut laisser passer cet orage; il faut laisser pleuvoir *les Fréronnades*, et *les Clémentines*, et *les Sabatières*. Autant vaudra la pièce après Pâques que pendant le carême. J'aurai le temps de limer un peu cet ouvrage, et plus il sera différent de l'imprimé, moins il sera sifflable; mais il me paraît très important pour le bien public que ce M. Valade soit relancé par la police.

Vous voilà actuellement très bien en femmes : quand aurez-vous des hommes? J'ai en main un honnête homme, un homme d'esprit, un acteur qui est un Protée². Il m'a fait verser bien des larmes dans le rôle de Lusignan. Il joue également les rôles de vieillards et de jeunes gens. Belle figure, belle voix, du naturel, du sentiment; et, si vous pouvez le défaire de l'habitude de plier son corps en deux, et de certains gestes peu nobles, vous en ferez un acteur ex-

---

[1] Il venait d'imprimer *les Lois de Minos*; voyez la note 8 de ma Préface, tome IX, page 275. B.

[2] Patrat, dont Voltaire reparle dans la lettre 6500. B.

cellent, qui sera votre ouvrage. Je l'ai annoncé à M. le maréchal de Richelieu[1], qui l'entendit un moment autrefois, et qui n'en jugea pas très favorablement. Ce pauvre homme en fut tout rabêti. Le véritable goût, à mon gré, est de voir les beautés à travers les défauts, et de démêler ce qu'on peut faire de bien, même quand on fait mal. Je m'en rapporte à mon cher Baron.

Le *tripot* dont vous parlez est une république, et vous savez que les républiques sont des assemblées d'ingrats. Je sais que les rois ne sont pas moins accusés d'ingratitude; mais ils paient du moins leur intérêt et leurs plaisirs. Les *tripots* sont insensibles comme les chapitres de moines.

Je n'ai point vu l'*Éloge de Racine*[2]; on m'en dit beaucoup de bien. Ce serait une grande consolation pour moi, et un grand encouragement pour le bon goût, que le succès de la tragédie de M. de La Harpe[3]. Je n'ai d'espérance qu'en lui. Il me semble qu'il est le seul qui puisse relever un peu notre siècle, qui dégringole.

Vivez long-temps de votre côté pour soutenir notre pauvre théâtre, et pour jouir de toutes les douceurs de la vie. Je vous souhaite beaucoup de bonnes années du fond de mon cœur.

---

[1] Voltaire n'en parle pas dans ses lettres 6441, 6447, 6458, d'où l'on peut conclure qu'il manque une lettre. B.

[2] *Éloge de Racine, avec des notes, par M. de La Harpe*, 1772, in-8°. B.

[3] Ce ne fut qu'en 1775 que le *Menzicoff* de La Harpe fut joué à Fontainebleau, et non à Paris. B.

6467. A CATHERINE II.

Le 3 janvier.

Madame, je serais bien fâché qu'on ne fût pas philosophe vers la Norvége. Cette équipée me paraîtrait fort prématurée; elle pourrait fournir quelques nouveaux lauriers à votre couronne; mais ils sont un peu secs dans cette partie du monde, et je les aimais mieux vers le Danube.

Ma philosophie pacifique prend la liberté de présenter à votre majesté impériale une consultation. Sous Pierre-le-Grand, votre académie demandait des lumières, et on a recours aux siennes sous Catherine-la-Grande.

C'est un ingénieur un peu Suisse comme moi qui cherche à prévenir les ravages que font continuellement les eaux dans les branches de nos Alpes. Il a jugé que vous vous connaissez encore mieux en glace que nous. Il est vrai pourtant qu'avec notre quarante-sixième degré, et la douceur inouïe de notre présent hiver, nous éprouvons quelquefois des froids aussi cruels que les vôtres. J'ai imaginé de faire passer cette consultation par vos très belles mains, dont on m'a tant parlé, et que mon extrême jeunesse et mon respect me défendent de baiser.

Cet ingénieur, nommé Aubry, mourra d'ailleurs de la jaunisse, s'il n'est pas associé à l'académie : j'ai l'honneur d'en être depuis long-temps : de qui emploierai-je la protection, si ce n'est de notre souveraine ?

M. Polianski [1] m'apprend qu'il n'est point noyé,

---
[1] Voyez lettre 6455. B.

comme on l'avait dit; qu'au contraire, il est dans le port, et que votre majesté l'a fait secrétaire de l'académie. Je présume que vous pourrez avoir la bonté de lui donner la consultation. Nous avons assez près de nous Notre-Dame-des-Neiges, que j'aurais pu employer dans cette affaire qui la regarde; mais je ne prie jamais que Notre-Dame de Pétersbourg, dont je baise les pieds en toute humilité avec la plus sincère dévotion.

6468. DE FRÉDÉRIC II, ROI DE PRUSSE.

Potsdam, 3 janvier.

Que Thieriot a de l'esprit [1],
Depuis que le trépas en a fait un squelette!
Mais lorsqu'il végétait dans ce monde maudit,
Du Parnasse français composant la gazette,
Il n'eut ni gloire ni crédit.
Maintenant il paraît, par les vers qu'il écrit,
Un philosophe, un sage, autant qu'un grand poëte.
Aux bords de l'Achéron, où son destin le jette,
Il a trouvé tous les talents
Qu'une fatalité bizarre
Lui dénia toujours lorsqu'il en était temps,
Pour les lui prodiguer au fin fond du Ténare.
Enfin les trépassés et tous nos sots vivants
Pourront donc aspirer à briller comme à plaire,
S'ils sont assez adroits, avisés, et prudents
De choisir pour leur secrétaire
Homère, Virgile, ou Voltaire.

Solon avait donc raison : on ne peut juger du mérite d'un homme qu'après sa mort. Au lieu de m'envoyer souvent un fatras non lisible d'extraits de mauvais livres, Thieriot aurait dû me régaler de tels vers, devant lesquels les meilleurs qu'il m'arrive de faire baissent le pavillon. Apparemment qu'il mé-

---

[1] La lettre 6459 contient des vers que Voltaire met dans la bouche de Thieriot. B.

prisait la gloire au point qu'il dédaignait d'en jouir. Cette philosophie ascétique surpasse, je l'avoue, mes forces.

Il est très vrai qu'en examinant ce que c'est que la gloire, elle se réduit à peu de chose. Être jugé par des ignorants [1] et estimé par des imbéciles, entendre prononcer son nom par une populace qui approuve, rejette, aime, ou hait sans raison, ce n'est pas de quoi s'enorgueillir. Cependant que deviendraient les actions vertueuses et louables, si nous ne chérissions pas la gloire ?

Les dieux sont pour César, mais Caton suit Pompée [2].

Ce sont les suffrages de Caton que les honnêtes gens désirent de mériter. Tous ceux qui ont bien mérité de leur patrie ont été encouragés dans leurs travaux par le préjugé de la réputation : mais il est essentiel, pour le bien de l'humanité, qu'on ait une idée nette et déterminée de ce qui est louable : on peut donner dans des travers étranges en s'y trompant.

Faites du bien aux hommes, et vous en serez béni ; voilà la vraie gloire. Sans doute que tout ce qu'on dira de nous après notre mort pourra nous être aussi indifférent que tout ce qui s'est dit à la construction de la tour de Babel ; cela n'empêche pas qu'accoutumés à exister, nous ne soyons sensibles au jugement de la postérité. Les rois doivent l'être plus que les particuliers, puisque c'est le seul tribunal qu'ils aient à redouter.

Pour peu qu'on soit né sensible, on prétend à l'estime de ses compatriotes : on veut briller par quelque chose, on ne veut pas être confondu dans la foule qui végète. Cet instinct est une suite des ingrédients dont la nature s'est servie pour nous pétrir ; j'en ai ma part. Cependant je vous assure qu'il ne m'est jamais venu dans l'esprit de me comparer avec mes confrères, ni avec Moustapha, ni avec aucun autre ; ce serait une vanité puérile et bourgeoise : je ne m'embarrasse que de

---

[1] « Par des ingrats. » (*Édit. de Berlin.*)
[2] Traduction du vers 128 du chant Ier de *la Pharsale* de Lucain. B.

mes affaires. Souvent, pour m'humilier, je me mets en parallèle avec le τὸ καλὸν, avec l'archétype des stoïciens; et je confesse alors avec Memnon[1] que des êtres fragiles comme nous ne sont pas formés pour atteindre à la perfection.

Si l'on voulait recueillir tous les préjugés qui gouvernent le monde, le catalogue remplirait un gros in-folio. Contentons-nous de combattre ceux qui nuisent à la société, et ne détruisons pas les erreurs utiles autant qu'agréables.

Cependant, quelque goût que je confesse d'avoir pour la gloire, je ne me flatte pas que les princes aient le plus de part à la réputation; je crois au contraire que les grands auteurs, qui savent joindre l'utile à l'agréable, instruire en amusant, jouiront d'une gloire plus durable, parceque la vie des bons princes se passant toute en action, la vicissitude et la foule des événements qui suivent effacent les précédents; au lieu que les grands auteurs sont non seulement les bienfaiteurs de leurs contemporains, mais de tous les siècles.

Le nom d'Aristote retentit plus dans les écoles que celui d'Alexandre. On lit et relit plus souvent Cicéron que les *Commentaires de César*. Les bons auteurs du dernier siècle ont rendu le règne de Louis XIV plus fameux que les victoires du conquérant. Les noms de Fra-Paolo, du cardinal Bembo, du Tasse, de l'Arioste, l'emportent sur ceux de Charles-Quint et de Léon X, tout vice-dieu que ce dernier prétendit être. On parle cent fois de Virgile, d'Horace, d'Ovide, pour une fois d'Auguste, et encore est-ce rarement à son honneur. S'agit-il de l'Angleterre, on est bien plus curieux des anecdotes qui regardent les Newton, les Locke, les Shaftesbury, les Milton, les Bolingbroke, que de la cour molle et voluptueuse de Charles II, de la lâche superstition de Jacques II, et de toutes les misérables intrigues qui agitèrent le règne de la reine Anne. De sorte que vous autres précepteurs du genre humain, si vous aspirez à la gloire, votre attente est remplie, au lieu que souvent nos espérances sont trompées, parceque nous ne travaillons que pour nos contemporains; et vous pour tous les siècles.

[1] Voyez tome XXXIII, page 153. B.

On ne vit plus avec nous quand un peu de terre a couvert nos cendres; et l'on converse avec tous les beaux-esprits de l'antiquité, qui nous parlent par leurs livres.

Nonobstant tout ce que je viens de vous exposer, je n'en travaillerai pas moins pour la gloire, dussé-je crever à la peine, parcequ'on est incorrigible à soixante-un ans, et parcequ'il est prouvé que celui qui ne desire pas l'estime de ses contemporains en est indigne. Voilà l'aveu sincère de ce que je suis, et de ce que la nature a voulu que je fusse.

Si le patriarche de Ferney, qui pense comme moi, juge mon cas un péché mortel, je lui demande l'absolution. J'attendrai humblement sa sentence; et si même il me condamne, je ne l'en aimerai pas moins.

Puisse-t-il vivre la millième partie de ce que durera sa réputation! il passera l'âge des patriarches. C'est ce que lui souhaite le philosophe de Sans-Souci. *Vale.* FÉDÉRIC.

Je fais copier mes lettres, parceque ma main commence à devenir tremblante, et qu'en écrivant d'un très petit caractère, cela pourrait fatiguer vos yeux.

6469. A M. LE MARQUIS DE CONDORCET.

4 janvier.

Je suppose, monsieur, qu'une lettre de la rue Saint-Roch et du bureau de la *Gazette* est de vous, du moins je le présume par le style; car il y a bien des écritures qui se ressemblent, et personne ne signe. Vous devriez mettre un C, ou tel autre signe qu'il vous plaira, pour éviter les méprises.

Voici un petit paquet de ces marrons que Bertrand a commandés à Raton. S'ils ne valent rien, il n'y a qu'à les rejeter dans le feu d'où Raton les a tirés. Vous êtes obéi sur les autres points. Il s'est trouvé un honnête homme, nommé l'abbé Masan[1], qui rend aux

---

[1] Ce n'est pas sous le nom de Masan, mais sous celui de Morza, que Voltaire donna les notes sur sa tragédie des *Lois de Minos*, tome IX. B.

assassins du chevalier d'Étallonde et du chevalier de La Barre la justice qui leur est due, dans des notes assez curieuses de l'édition qu'on fait à Francfort d'une tragédie nouvelle. C'est dommage que cet abbé Masan, cousin germain de l'abbé Bazin, n'ait pas su l'anecdote du sieur de Menneville de Beldat; mais ce qui est différé n'est pas perdu. L'ouvrage d'Helvétius [1] est celui d'un bon enfant qui court à tort et à travers sans savoir où ; mais la persécution contre lui a été une des injustices les plus absurdes que j'aie jamais vues.

Il y a un M. de Belguai, ou de Belleguerre, ou Belleguier [2], qui a composé pour le prix de l'université selon vos vues : c'est un ancien avocat retiré. J'ai lu quelque chose de son discours : cela est si terrible et si vrai, que j'en crains la publication.

Soyez sûr, monsieur, que je ne mérite point du tout l'honneur qu'on m'a fait de me mettre au-dessus de Sophocle en physique : c'est une mauvaise plaisanterie qu'on a faite mal-à-propos sur une très belle demoiselle, qui n'est pas assez sotte pour s'adresser à moi.

Mille respects.

6470. A M. DALEMBERT.

4 janvier.

J'ai découvert, mon cher ami, que l'auteur du discours pour les prix de l'université s'appelle Belleguier [3], ancien avocat dans je ne sais plus quelle classe

---

[1] *De l'Homme et de son éducation, ouvrage posthume,* 1772, deux vol. in-8°. B.

[2] Voyez *Discours de Me Belleguier,* tome XLVII, page 181. B.

[3] Voyez tome XLVII, page 181. B.

du parlement. Son style m'a paru médiocre : mais tous les faits qu'il rapporte sont si vrais et si incontestables, que je tremble pour lui.

Souvenez-vous, dans l'occasion, de l'avocat Belleguier, et ne vous moquez pas trop de l'université, de peur qu'elle ne se rétracte.

La belle Catau m'a envoyé copie de la lettre qu'elle vous a répondue. J'aurais voulu qu'elle y eût joint la vôtre. Vous voyez qu'elle est une bonne philosophe, et qu'elle est bien loin d'envoyer en Sibérie des étourdis de Welches qui sont venus faire le coup de pistolet pour l'honneur des dames dans un pays dont ils n'avaient nulle idée. Vous verrez qu'elle finira par les faire venir à sa cour, et par leur donner des fêtes, à moins qu'on n'envoie encore de nouveaux don Quichottes pour conquérir l'aimable royaume de Pologne. Pour moi, j'imagine que tout se traitera paisiblement d'un bout de l'Europe à l'autre, et même qu'on paiera nos rentes.

Je suppose que je dois une réponse à M. de Condorcet ; il ne signe point, et je prends quelquefois son écriture pour une autre. Cette méprise même m'est arrivée avec vous, mon cher philosophe. Je crois qu'il faudrait avoir l'attention de mettre au bas de ce qu'on écrit la première lettre de son nom, ou quelque autre monogramme, pour le soulagement de ceux qui ont mal aux yeux comme moi. Par exemple, je signe *Raton*; et Raton aime Bertrand de tout son cœur.

6471. A M. LE COMTE D'ARGENTAL.

4 janvier.

Eh bien! avais-je tort de vous appeler mon ange gardien, et de me mettre à l'ombre de vos ailes? M. de Chauvelin s'en mêle donc aussi? je lui dois quelques petits remerciements couchés par écrit. Ils partent du fond de mon cœur; ainsi vous trouverez bon que je les fasse passer par vos mains. La personne [1] qui a répondu *mais*, sans aigreur, n'est pas sujette à en montrer; mais cette personne est opiniâtre comme une mule sur certaines petites choses, quoiqu'elle se laisse aller à tout vent sur d'autres, à ce qu'on disait très mal-à-propos. Il faut prendre les gens comme ils sont, à ce qu'on dit. Je profiterai de tout cela dans l'occasion, et cette occasion pourrait bien se trouver dans l'île de Candie [2]; supposé que le voyage fût heureux, et que nous n'essuyassions pas de vents contraires.

Vous savez, mon très cher ange, qu'il y a dans les plus petites affaires, de même que dans les plus grandes, des anicroches qui dérangent tout. L'aventure des exemplaires d'une pauvre tragédie est de ce nombre. Il faut d'abord vous dire que le jeune homme, auteur d'*Astérie*, n'ayant nulle expérience du monde, crut, sur la foi de nosseigneurs du *tripot*, qu'il serait exposé au sifflet immédiatement après le Fontaine-

---

[1] Ce doit être le chancelier Maupeou. B.

[2] C'est dans l'île de Crète, aujourd'hui Candie, qu'est la scène des *Lois de Minos ou Astérie*. Voltaire espérait que le succès de cette tragédie serait un motif pour revenir à Paris. B.

bleau. Ensuite on lui certifia qu'il serait jugé quinze jours après, sans faute. Le jeune étourdi, comptant sur cette parole, donna son factum à imprimer dans l'imprimerie de l'imprimeur Gabriel Cramer, dont il eut aussi parole que ce factum, accompagné de notes un peu chatouilleuses, ne paraîtrait qu'après la première séance des juges.

Vous saurez maintenant qu'il y a deux Grasset frères ; l'un est dans l'imprimerie de l'imprimeur Gabriel Cramer, l'autre est libraire à Lausanne. Ce Grasset de Lausanne est, dit-on,

> Pipeur, *escroc, sycophante, menteur,*
> Sentant la hart de cent pas à la ronde.
> MAROT, *Épître au roi,* pour avoir esté desrobé, v. 11.

Il est associé avec le bourgmestre de Lausanne et deux ministres de la parole de Dieu : ce sont eux qui, en dernier lieu, ont fait une édition [1] des ouvrages du jeune homme, édition presque aussi mauvaise que celle de Cramer et de Panckoucke ; mais enfin cela fait beaucoup d'honneur à l'auteur. Rien ne répond plus fortement au *mais* qu'une édition faite par deux prêtres. Or, le Grasset de Genève a probablement envoyé à son frère de Lausanne les feuilles du mémoire du jeune avocat, feuilles incomplètes, feuilles auxquelles il manque des cartons absolument nécessaires, feuilles remplies de fautes grossières, selon la coutume de nos Allobroges. Je ne puis être présent

---

[1] L'édition des *OEuvres de Voltaire* dont il est ici question est intitulée *Collection complète des OEuvres de M. de Voltaire.* Il n'en paraissait alors que trente-six volumes, mais elle en a cinquante-sept ; les derniers sont de 1780. B.

partout, je ne puis remédier sur-le-champ à tout ; je passe ma vie dans mon lit ; j'y griffonne ; j'y dirige cent horlogers, dont les têtes sont quelquefois plus mal montées que leurs montres ; j'y donne mes ordres à mes vaches, à mes bœufs, à mes chevaux de toute espèce. Le prince et le marquis sont occupés des tracasseries continuelles de leur vaste république, et pendant ce temps-là on envoie des *Minos* tronqués à Paris.

Cela peut être, mais il se peut aussi que deux ou trois curieux aient vu un exemplaire de la première épreuve, que j'avais confié à M. le comte de Rochefort, lorsqu'il était à Ferney, au mois de novembre ; il manque même à cet exemplaire la dernière page. Il se peut encore que ce Grasset ait compté contrefaire l'édition cramérienne sitôt qu'elle paraîtrait, et qu'il l'ait mandé au libraire de Paris qui débite son édition lausannoise en trente-six volumes. Je n'ai aucun commerce avec ce malheureux : il est venu quelquefois à Ferney ; je lui ai fait défendre ma porte.

Voilà l'état des choses, quant aux typographes : à l'égard des calomniographes, j'en ris ; il y a cinquante ans que j'y suis accoutumé. Mais je remercie bien tendrement mon cher ange de la bonté qu'il a de songer à réprimer ce coquin de Clément. S'il a fait imprimer un libelle, il faut que quelque petit censeur royal, quelque petit fripon de commis à la douane des pensées ait été de concert avec lui. Je tâcherai de découvrir cette manœuvre ; mais, encore une fois, je suis touché jusqu'au fond du cœur des bontés de mon cher ange.

Madame Denis et moi nous souhaitons le plus heureux 1773 à mes deux anges, et la tranquillité à Parme, avec les pensions.

6472. A M. DE CHABANON.

8 janvier.

Votre lettre sur la langue et sur la musique, mon cher ami, est bien précieuse. Elle est pleine de vues fines et d'idées ingénieuses. Je ne connais guère la musique de Corelli. J'entendis autrefois une de ses sonates, et je m'enfuis, parceque cela ne disait rien ni au cœur, ni à l'esprit, ni à mon oreille. J'aimais mille fois mieux les Noëls de Mouton et Roland Lassé.

Ce Corelli est bien postérieur à Lulli, puisqu'il mourut en 1734. Si vous voulez avoir un modèle de récitatif mesuré italien avant Lulli, absolument dans le goût français, faites-vous chanter par quelque basse-taille le *sunt rosæ mundi breves*[1] de Carissimi. Il y a encore quelques vieillards qui connaissent ce morceau de musique singulier. Vous croirez entendre le monologue de Roland au quatrième acte.

Vous pouvez d'ailleurs trouver quelques contradicteurs; mais vous ne trouverez que des lecteurs qui vous estimeront.

J'attends avec impatience la traduction des *Odes d'Horace*. Il est juste que je présente à ce traducteur si digne de son auteur, et à son aimable frère, une certaine épître à cet Horace, que vous n'avez vue que très incorrecte.

[1] Premiers mots d'une cantate latine du cardinal Delphini, dont Voltaire rapporte les dix-sept premiers vers tome XXVII, page 113. B.

Madame Denis vous fait mille compliments. Le vieux bavard qui a osé écrire à Horace vous aime de tout son cœur.

6473. A M. DALEMBERT.

Du 9 janvier.

Raton tire les marrons pour Bertrand, du meilleur de son cœur; il prie Dieu seulement qu'il n'ait que les pattes de brûlées. Il compte que, vous et M. de Condorcet, vous ferez taire les malins qui pourraient jeter des soupçons sur Raton; cela est sérieux au moins.

J'ai deux graces à vous demander, mon cher et grand philosophe: la première est de vouloir bien me faire envoyer sur-le-champ, et sous l'enveloppe de Marin, ou sous quelque autre contre-seing, la dissertation de M. de La Harpe sur Racine, qu'on dit un chef-d'œuvre.

La seconde, c'est de me dire comment se nommait le curé de Fresne. Il y a une fameuse prière à Dieu d'un curé de Fresne[1] du temps de M. Daguesseau. Ce bon prêtre parle à Dieu, avec effusion de cœur, de la tolérance qu'on doit à toutes les religions, et qu'elles se doivent toutes les unes aux autres, attendu qu'elles sont tout-à-fait ridicules; mais, pénétré de l'amour de Dieu et des hommes, il chérit Dieu autant que Damilaville le haïssait. J'ai son manuscrit, il est cordial. Je voudrais savoir le nom de ce philosophe tondu.

M. le chevalier de Chastellux, qui devait être naturellement le seigneur de ce curé, fera ma félicité,

[1] Voyez, dans le tome L, la *Prière du curé de Fresne.* B.

s'il veut bien vous dire tout ce qu'il sait sur cet honnête pasteur. Rendez-moi donc ces deux bons offices, qui pressent, et le tout pour le maintien de la bonne cause. Raton embrasse Bertrand de tout son cœur, et lui est bien attaché pour le reste de sa fichue vie.

6474. DE M. DALEMBERT.

A Paris, ce 9 janvier.

Je me hâte, mon cher maître, de vous tirer d'inquiétude au sujet du plaisant *non magis*. N'ayez pas peur que ces cuistres y changent rien; ils prétendent même qu'il est beaucoup plus latin de dire *non magis Deo quam regibus*, etc., que *non minus regibus quam Deo*, etc. : c'est-à-dire apparemment, selon cette canaille, que rien n'est plus latin que de dire tout le contraire de ce qu'on veut dire. Ils ont mieux fait; ils ont signé eux-mêmes leur ineptie, en marquant bêtement la crainte qu'ils avaient qu'on ne les entendît à rebours. *Coge pecus* a écrit lui-même de sa main, au-dessous de la proposition latine, dans le programme imprimé, cette traduction : « La prétendue philosophie de nos jours n'est pas « moins ennemie du trône que de l'autel, » et j'ai sous les yeux un de ses programmes. Voilà une cascade de sottises qui donnera beau jeu aux rieurs, et que je recommande à votre belle humeur et à vos nuits blanches à force de rire. Tâchez pourtant, tout en riant, de dormir un peu.

J'ignore le nom du procureur et de l'avocat témoins des coups de bâton donnés au charmant *Savatier*. Mais le fait est certain, et Marin, de qui je l'ai appris, peut vous l'attester.

Au reste, la rapsodie[1] de ce polisson n'est pas son ouvrage; il n'est là que comme le bouc émissaire, pour recevoir toutes les nasardes qu'on voudra lui donner. Cette infamie est l'ouvrage d'une société, et dans le sens le plus exact; car

---

[1] Les *Trois siècles de la littérature*, par Sabatier; voyez t. IX, p. 284; et XLVII, 601. B.

je suis bien informé que les jésuites y ont la plus grande part.

A propos de ces marauds-là, qui, par parenthèse, vont être détruits, malgré la belle défense que fait Ganganelli pour les conserver, vous ai-je dit ce que le roi de Prusse me mande dans une lettre du 8 de décembre ? « J'ai reçu un ambassadeur du « général des ignatiens, qui me presse pour me déclarer ou- « vertement le protecteur de cet ordre. Je lui ai répondu que, « lorsque Louis XV avait jugé à propos de supprimer le ré- « giment de Fitz-James, je n'avais pas cru devoir intercéder « pour ce corps, et que le pape était bien le maître de faire « chez lui telle réforme qu'il jugeait à propos, sans que les « hérétiques s'en mêlassent [1]. » J'ai donné copie de cet endroit de la lettre aux ministres de Naples et d'Espagne, qui partagent notre tendresse pour les jésuites, et qui ont envoyé cet extrait à leurs cours respectives, comme dit la *Gazette de Hollande*. J'espère que le roi d'Espagne en augmentera d'amour pour la société, et que cette petite circonstance servira, comme dit Tacite, à *impellere ruentes*.

Je n'ai point vu cette vilenie du Puy-en-Velay dont vous me parlez[2] ; mais ce qui vous étonnera, c'est que, dans le mandement que l'archevêque de Paris vient de donner au sujet de l'incendie de l'Hôtel-Dieu, il n'y a pas un mot contre les philosophes. Le prélat dit seulement que ce sont *nos crimes* qui sont cause de ce malheur. Il n'en ordonne pas moins des prières pour remercier Dieu de ce qu'il n'y a eu que trois ou quatre cents de ces malheureux qui aient été brûlés. Je m'imagine que Dieu répondra *qu'il n'y a pas de quoi*. Mais ce qui vaut mieux que le mandement, c'est qu'on va établir dans le diocèse une fête qui se célébrera tous les ans sous le titre du *Triomphe de la foi*, et dans laquelle il y aura un sermon de fondation contre les philosophes, où on leur promet bien de les dépeindre chacun en particulier, de manière qu'il n'y aura

---

[1] La lettre du roi de Prusse dans laquelle on trouve ce passage est datée du 4 décembre, dans les *OEuvres de Frédéric*. B.

[2] Lettre 6464, page 88. B.

que leur nom à ajouter au bas du portrait. Je disais l'autre jour à l'académie française, en présence de Tartufe et de Laurent[1] : « Je suis bien étonné que monsieur l'archevêque « n'ait pas dit dans son mandement que c'étaient les philo- « sophes qui avaient mis le feu à l'Hôtel-Dieu : pendant qu'on « est en train de bien dire, qu'est-ce que cela coûte? d'autant « plus, ajoutais-je, que ces éloquentes sorties sont devenues « style de notaire. » Et les philosophes riaient, et Tartufe et Laurent ne disaient mot.

Le roi de Prusse ne veut plus de correspondant littéraire ; c'est du moins ce qu'il m'a mandé[2] : il est trop dégoûté de nos rapsodies, et il a raison. Je lui avais proposé M. Suard avant que La Harpe y eût songé, ou que vous y eussiez songé pour lui. N'êtes-vous pas enchanté de l'*Éloge de Racine*[3]?

J'ai lu *les Lois de Minos*, le sujet est beau; mais je crains pour le cinquième acte, et je trouve de la langueur dans le second et une partie du troisième; je crains d'ailleurs que les amateurs de l'ancien parlement, qui ne valait pourtant guère mieux que le moderne, ne trouvent dans cette pièce, dès le premier acte, et même dès les premiers vers, des choses qui leur déplairont, et que l'auteur, en se mettant à la merci des sots, ne les ait pas assez ménagés. Voilà mon avis, qui peut-être n'a pas le sens commun, mais que je donne bien pour ce qu'il est. Adieu, mon cher maître; le ciel vous tienne en joie! Je vous embrasse et vous aime de tout mon cœur; tous nos amis en font autant.

6475. A M. LE COMTE D'ARGENTAL.

11 janvier.

Il ne s'agit pas cette fois-ci de la Crète auprès de mes anges, il s'agit de montres. Je présente re-

[1] Les abbés de Radonvilliers et Batteux; voyez lettre 6461. B.
[2] Dans la lettre qui porte la date du 4 décembre, dans les Œuvres de Frédéric. B.
[3] Par La Harpe; voyez lettre 6466. B.

quête, au nom de Valentin et compagnie, contre Lejeune et sa femme, à qui ils ont confié depuis long-temps plusieurs montres, et fourni une pièce de toile. Le sieur Valentin leur a écrit plusieurs lettres sans pouvoir obtenir une seule réponse. Je supplie très instamment mes anges de vouloir bien parler à Lejeune, et de tirer la chose au clair. La société de Valentin est la moins riche de Ferney; elle a essuyé plusieurs malheurs; un nouveau l'accablerait sans ressource.

Cependant Valentin et compagnie ne m'occupent pas si fort qu'ils me fassent absolument oublier les Crétois. Je ne vois pas pourquoi *les Lois de Minos* seraient appelées *Astérie*, qui n'est qu'un nom de roman; la pièce est connue partout sous le nom des *Lois de Minos;* c'est sous ce titre qu'elle est imprimée; mais votre volonté soit faite! Vous ne m'avez rien dit du drame d'*Alcydonis*[1], et du beau passe-droit qu'on vous fesait. Vous avez craint apparemment que je n'en fusse affligé; mais je m'attends à tout de la part du *tripot,* et je vous avoue que dans le fond

> Il ne m'importe guère
> Que *Minos* soit devant, ou *Minos* soit derrière.
> SCARRON, *Don Japhet d'Arménie,* act. II, sc. 2.

Je pourrais me plaindre de Lekain, qui ne m'a pas seulement écrit; mais je ne me fâche point contre les héros de l'antiquité; et pourvu que Lekain ne

---

[1] *Alcydonis, ou la Journée lacédémonienne,* comédie en trois actes, avec intermèdes, par Louvay de La Saussaye, jouée sur le Théâtre-Français le 13 mars 1773. B.

fasse point trop les beaux bras, pourvu qu'il ne cherche point à radoucir sa voix dans son rôle de sauvage ; pourvu qu'il ne fasse point de ces longs silences qui impatientent, excepté dans le moment où il croit sa sauvage morte, et où il se laisse aller, comme évanoui, entre les bras d'un de ses compagnons ; si dans tout le reste il veut être un peu brutal, je serai très content. Le succès d'une tragédie, au théâtre, dépend absolument des acteurs, et de l'auteur à l'impression ; mais on a beau imprimer la pièce, quand elle est tombée, il faut dix ans, il faut être mort pour qu'elle se relève. Les gens de lettres sont les seuls qui puissent la rétablir, et ils s'en gardent bien ; au contraire ils jettent des pierres dans sa fosse ; et, quand l'auteur n'est plus, ils ne le déterrent que pour ensevelir à sa place la pièce de quelque auteur en vie. Voilà le train du monde dans plus d'une profession.

Venons à quelque chose qui me tient plus au cœur. Mon cher ange a-t-il reçu une lettre par la voie de M. Bacon[1] ? M. le maréchal de Richelieu vous a-t-il parlé de ce souper ? s'est-il expliqué avec vous sur le projet d'un certain voyage[2] ? Vous savez que Charles XII ne voulut jamais revoir Stockholm après la journée de Pultava. Tâchez que je ne sois pas battu en Crète ; mais, vainqueur ou vaincu, je serai toujours bien dévot au culte des anges, et je leur serai très tendrement résigné à la vie et à la mort.

---

[1] L'un des substituts du procureur général au parlement de Paris. B.
[2] Le voyage de Voltaire à Paris. B.

6476. DE M. DALEMBERT.

A Paris, ce 12 janvier.

Encore une lettre, direz-vous, mon cher maître! oui vraiment, et c'est pour vous divertir d'une idée qui m'a passé par la tête. Je me suis avisé, après en avoir conféré avec quelques uns de nos frères de l'académie, de proposer à l'assemblée de samedi dernier, 11 du mois, d'envoyer à monsieur l'archevêque de Paris douze cents livres, au nom de la compagnie, pour les pauvres de l'Hôtel-Dieu. J'ai dit que je ne proposais pas une plus grande somme, parcequ'il fallait de toute nécessité qu'elle fût répartie également entre les quarante, et que plusieurs de nous n'étaient pas assez riches pour donner plus de trente livres. La proposition, comme vous croyez bien, a été unanimement acceptée : cependant Laurent Batteux[1] aurait été récalcitrant, s'il l'avait osé ; mais il a dit que, pour faire cette aumône, il se retrancherait de son nécessaire. Vous noterez qu'il n'a que huit à neuf mille livres de rente tout au moins. Les dévots de l'académie auraient bien voulu que cette idée ne fût pas venue à un philosophe encyclopédiste et damné comme moi; mais enfin il faudra qu'ils l'avouent, et j'ai fait dire à monsieur l'archevêque, en lui envoyant, le lendemain dimanche, les douze cents livres, que c'était moi qui en avais fait la proposition. Il s'habillait dans ce moment pour aller à Saint-Roch dire la messe de cette belle fête instituée contre les philosophes; et j'avais recommandé à mon commissionnaire, qui est intelligent, d'aller trouver monsieur l'archevêque dans la sacristie de Saint-Roch, s'il n'était pas chez lui, et de lui donner, dans cette sacristie même, l'argent des philosophes pour les pauvres, dans le temps où il s'habillait pour les exorciser.

Vous voyez par ce détail, mon cher maître, que votre contingent est de trente livres; vous me le ferez remettre quand vous voudrez; j'ai écrit à tous les absents. Pompignan se fera peut-être prier; mais laissez-moi faire, il paiera, ou il verra

[1] Voyez lettre 6461. B.

beau jeu. Le roi et l'archevêque seront très exactement instruits de tous ceux qui ne paieront pas. J'en fais mon affaire. Peut-être ne feriez-vous pas mal (mais je laisse ceci à votre prudence) d'envoyer dix ou quinze louis, plus ou moins, à monsieur l'archevêque, indépendamment des trente livres qu'il faut me remettre. En ce cas, chargez-moi de les envoyer, je vous réponds que votre commission sera bien faite, et que les pierres mêmes la sauront.

On vient de jouer un plaisant tour à *Coge pecus* et aux cuistres ses consorts dans *l'Avant-Coureur*. On a traduit littéralement sa belle proposition latine... « La philosophie... n'est « pas plus ennemie de Dieu que des rois, » et on ajoute que « ce sujet lui-même est très philosophique. » Je sais qu'on se prépare à se moquer de lui dans d'autres journaux, sans compter peut-être ce qui lui viendra d'ailleurs.

Le comte d'Hessenstein, pénétré de reconnaissance pour vous, a écrit à madame Geoffrin pour la prier de faire insérer dans le *Mercure* et dans le *Journal encyclopédique*, l'un et l'autre fort lus dans le Nord, l'extrait de la lettre que vous m'avez écrite à son sujet. J'ai répondu que je n'en ferais rien sans votre aveu : ainsi réponse à ce sujet, si vous le voulez bien. Pour que vous n'achetiez pas chat en poche, voici ce que vous m'avez mandé, et que je ferai imprimer si vous le trouvez bon :

« Je me trouve[1] d'accord avec madame de*** (madame Geof-
« frin) dans son attachement pour le roi de Pologne, et dans
« son estime pour M. le comte d'Hessenstein... J'admire Gus-
« tave III, et j'aime surtout passionnément sa renonciation
« solennelle au pouvoir arbitraire : je n'estime pas moins la
« conduite noble et les sentiments de M. le comte d'Hessen-
« stein. Le roi de Suède lui a rendu justice ; la bonne compa-
« gnie de Paris et les Welches mêmes la lui rendront : pour
« moi, je commence à la lui rendre très hardiment. »

Adieu, mon cher maître ; je vous embrasse de tout mon cœur. Je travaille à la continuation de *l'Histoire de l'acadé-*

[1] Voyez lettre 6437. B.

mie française[1]. Il y est souvent question de vous, et vous pouvez vous en rapporter à moi. *Vale.* Mes respects à madame Denis; j'espère que sa santé sera meilleure.

6477. A M. DALEMBERT.

15 janvier.

Raton convient que Bertrand a raison par sa lettre du 9 de janvier. Bertrand a mis le doigt sur la plaie; mais il faut qu'il sache qu'on a retranché à Raton deux scènes assez intéressantes[2], auxquelles il a été obligé de substituer des longueurs. On ne fera jamais rien de passable, et le commerce de l'esprit ira toujours en décadence, quand les commis à la phrase retourneront vos poches à la douane des pensées.

C'est dommage, car le sujet était heureux, et il a donné lieu à des notes qui feront dresser les cheveux à la tête des honnêtes gens, à moins qu'ils ne soient chauves. On reconnaissait les bœufs-tigres dans une des scènes supprimées; c'est une plaisante contradiction d'avoir chassé les bœufs, et de ne vouloir pas qu'on parle de leurs cornes.

M. Belleguier[3] m'a écrit que vous auriez reçu son discours pour les prix de l'université, il y a plus de huit jours, si ses typographes n'avaient pas été fort inquiétés à Montpellier, où sa drôlerie s'imprime. Ce M. Belleguier n'est point plaisant, ou du moins il

[1] Dalembert fit imprimer, en 1779, un volume d'*Éloges lus dans les séances publiques de l'académie française.* Ce volume est le premier de l'*Histoire des membres de l'académie française*, 1787, six volumes in-12. B.

[2] Dans *les Lois de Minos.* B.

[3] C'est sous ce nom que Voltaire donna un *Discours;* voyez tome XLVII, page 181. B.

n'a pas cru que l'on dût plaisanter dans cette affaire. Il est quelquefois un peu ironique; mais il prouve tout ce qu'il dit par des faits authentiques auxquels il n'y a pas le petit mot à répondre. Je ne crois pas qu'il ait le prix, car ce n'est pas la vérité qui le donne. La pauvre diablesse est toujours au fond de son puits, où elle crie: *Croyez cela, et buvez de l'eau.*

Oui, vous m'avez dit[1], mon cher et grand philosophe, ce que Luc vous mandait au sujet des révérends pères, et vous m'aviez instruit du bon usage que vous aviez fait de sa lettre; mais vous ne m'avez point parlé de celle de Catau.

C'est une chose infame que je n'aie pas lu l'*Éloge de Racine*[2]; je m'en suis plaint à vous. Cet ouvrage m'était absolument nécessaire; il est ridicule qu'on ne me l'ait point envoyé. Ce serait une bien bonne affaire si les Crétois[3] pouvaient avoir une espèce de petit succès, malgré la rigueur des temps et la dureté des commis. Je vous réponds que cela ferait du bien à la bonne cause, vu les choses utiles dont cette polissonnerie est accompagnée. Dieu veuille avoir pitié de nos bonnes intentions! Je me recommande à lui; je ne cesserai de le servir en esprit et en vérité jusqu'au dernier moment de ma pauvre vie; mais je me recommande à vous davantage.

Je vous trouve bien hardi de m'écrire par la poste en droiture. Est-ce que vous ne savez pas que toutes

---

[1] Lettre 6474. B.
[2] Par La Harpe; voyez lettre 6466. B.
[3] *Les Lois de Minos.* B.

les lettres sont ouvertes, et qu'on connaît votre écriture comme votre style? que n'envoyez-vous vos lettres à Marin? il les ferait passer sous un contreseing que la poste respecte.

Mille compliments à M. de Condorcet et à vos autres amis. Si jamais on me prend pour M. Belleguier[1], il est de nécessité absolue que vous rejetiez bien loin cette horrible méprise, et surtout que vous tâchiez de ne point rire.

Je vous embrasse bien tendrement.   RATON.

6478. DE FRÉDÉRIC II, ROI DE PRUSSE.

A Berlin, le 16 janvier.

Je me souviens que lorsque Milton, dans ses voyages en Italie, vit représenter une assez mauvaise pièce qui avait pour titre *Adam et Ève*, cela réveilla son imagination, et lui donna l'idée de son poëme du *Paradis perdu*. Ainsi ce que j'aurai fait de mieux par mon persiflage des confédérés, c'est d'avoir donné lieu à la bonne tragédie[2] que vous allez faire représenter à Paris. Vous me faites un plaisir infini de me l'envoyer; je suis très sûr qu'elle ne m'ennuiera pas.

Chez vous le Temps a perdu ses ailes : Voltaire, à soixante-dix ans[3], est aussi vert qu'à trente. Le beau secret de rester jeune! Vous le possédez seul. Charles-Quint radotait à cinquante ans. Beaucoup de grands princes n'ont fait que radoter toute leur vie. Le fameux Clarke, le célèbre Swift, étaient tombés en enfance; le Tasse, qui pis est, devint fou; Virgile n'atteignit pas vos années, ni Horace non plus; pour Homère, il ne nous est pas assez connu pour que nous puissions décider si son esprit se soutint jusqu'à la fin : mais il est certain

---

[1] Voyez lettre 6469. B.
[2] *Les Lois de Minos;* voyez lettre 6452. B.
[3] Il en avait soixante-dix-neuf; voyez lettre 6486. B.

que ni le vieux Fontenelle, ni l'éternel Saint-Aulaire, ne fesaient pas aussi bien des vers, n'avaient pas l'imagination aussi brillante que le patriarche de Ferney. Aussi enterrera-t-on le Parnasse français avec vous.

Si vous étiez jeune, je prendrais des Grimm, des La Harpe, et tout ce qu'il y a de mieux à Paris, pour m'envoyer vos ouvrages; mais tout ce que Thieriot m'a marqué dans ses feuilles ne valait pas la peine d'être lu, à l'exception de la belle traduction des *Géorgiques*[1].

Voulez-vous que j'entretienne un correspondant en France pour apprendre qu'il paraît un *Art de la raserie*[2], dédié à Louis XV, des *Essais de tactique*[3] par de jeunes militaires qui ne savent pas épeler Végèce, des ouvrages sur l'agriculture dont les auteurs n'ont jamais vu de charrue, des dictionnaires comme s'il en pleuvait; enfin un tas de mauvaises compilations, d'annales, d'abrégés, où il semble qu'on ne pense qu'au débit de papier et de l'encre, et dont le reste au demeurant ne vaut rien?

Voilà ce qui me fait renoncer à ces feuilles où le plus grand art de l'écrivain ne peut vaincre la stérilité de la matière. En un mot, quand vous aurez des Fontenelle, des Montesquieu, des Gresset, surtout des Voltaire, je renouerai cette correspondance; mais jusque là je la suspendrai.

Je ne connais point ce Morival dont vous me parlez[4]. Je m'informerai après lui pour savoir de ses nouvelles. Toutefois, quoi qu'il arrive, étant à mon service, il n'aura pas le triste plaisir de se venger de sa patrie. Tant de fiel n'entre point dans l'ame des philosophes[5].

Je suis occupé ici à célébrer les noces du landgrave de

---

[1] Par l'abbé Delille. B.

[2] *La Pogonotomie, ou l'Art d'apprendre à se raser soi-même*, par J.-J. *Perret, maître coutelier*, avait paru en 1769, in-12. B.

[3] Par Guibert. B.

[4] Lettre 6452. B.

[5] Réminiscence du vers de Boileau, *Lutrin*, chant I:
   Tant de fiel entre-t-il dans l'ame des dévots! B.

Hesse avec ma nièce ¹. Je jouerai un triste rôle à ces noces, celui de témoin, et voilà tout. En attendant, tout s'achemine à la paix : elle sera conclue dans peu. Alors il restera à pacifier la Pologne, à quoi l'impératrice de Russie, qui est heureuse dans toutes ses entreprises, réussira immanquablement.

Je me trouve à présent, contre ma coutume, dans le tourbillon du grand monde, ce qui m'empêche pour cette fois, mon cher Voltaire, de vous en dire davantage. Dès que je serai rendu à moi-même, je pourrai m'entretenir plus librement avec le patriarche de Ferney, auquel je souhaite santé et longue vie, car il a tout le reste. *Vale*. FÉDÉRIC.

6479. DE M. DALEMBERT.

A Paris, ce 18 janvier.

J'ai entendu parler, mon cher maître, de cet avocat Belleguier ²; on m'a dit que c'est un jeune homme qui promet beaucoup; il a même écrit je ne sais quoi dans l'affaire des Calas qui a fait plus de bien, dit-on, à la cause de cette malheureuse famille que toutes les bavardes déclamations des avocats Loyseau et Beaumont, que Dieu fasse taire !

Encore une fois, n'ayez pas peur que l'université se rétracte. Je ne doute point que nous ne voyons (ou voyions) incessamment, dans les feuilles d'Aliboron, une belle diatribe pour prouver qu'on ne pouvait pas dire en meilleur latin, que *la philosophie n'est pas moins ennemie du trône que de l'autel*. Vous aurez vu, sans doute, le numéro trois de la *Gazette littéraire de Deux-Ponts* de cette année, où l'on traduit en bon français le beau latin de cette canaille, et où l'on félicite un corps aussi sage et aussi respectable que l'université de rendre un si éclatant hommage à la philosophie, tandis que des pédants, des hypocrites, et des imbéciles, déclament contre elle. Cet article a été lu samedi en pleine académie, en présence de Tartufe et de Laurent ³, qui n'ont dit mot,

---

¹ Philippine-Auguste-Amélie de Brandebourg-Schwedt, née en 1745. B.
² Voyez lettres 5469 et 6477. B.
³ Voyez lettre 6461. B.

tandis que tout le reste applaudissait; et j'ai conclu, après la lecture, que ce n'était pas le tout d'être fanatique, qu'il fallait tâcher encore de n'être pas ridicule. Quoi qu'il en soit, j'attends avec impatience le plaidoyer de l'avocat Belleguier. Il me paraît qu'il a beau jeu pour prouver sa thèse. Pour moi, si j'avais l'honneur d'être sur les bancs, voici comme je plaiderais, en deux petits syllogismes, la cause de la philosophie: 1° Les deux plus grands ennemis de la Divinité sont la superstition et le fanatisme; or les philosophes sont les plus grands ennemis du fanatisme et de la superstition; donc, etc.

2° Les plus grands ennemis des rois sont ceux qui les assassinent, *e poi* ceux qui les déposent ou les veulent déposer: or est-il que Ravaillac, Grégoire VII, et consorts, assassins et déposeurs ou dépositeurs de rois, n'étaient brin philosophes, *ergo*, etc. Voilà les marrons que Bertrand voit sous la cendre, et qui lui paraissent très bons à croquer: mais il a la patte trop lourde pour les tirer délicatement. Vous voyez bien qu'il est nécessaire que Raton vienne au secours de Bertrand; mais je puis bien vous répondre que Bertrand ne mangera pas les marrons tout seul, et qu'il en laissera même la meilleure part à Raton, pour sa peine de les avoir si bien tirés.

Vous voyez que ce pauvre Bertrand n'est pas heureux. Il avait demandé à la belle Catau de rendre la liberté à cinq ou six pauvres étourdis de Welches; il l'en avait conjurée au nom de la philosophie; il avait fait, au nom de cette malheureuse philosophie, le plus éloquent plaidoyer que de mémoire de singe on ait jamais fait; et Catau fait semblant de ne pas l'entendre; elle esquive la requête; elle répond que ces pauvres Welches, dont on demandait la liberté, ne sont pas si malheureux qu'on l'a cru. Ne dites pourtant mot, d'ici à six semaines, de la réponse de Catau; car Bertrand ne s'en est pas vanté, il ne l'a montrée à personne. Il a écrit une seconde lettre, le plus éloquent ouvrage qui soit jamais sorti de la tête de Bertrand; il attend impatiemment l'effet de ce nouveau plaidoyer, et ne désespère pas même du succès. Raton devrait bien se joindre à Bertrand, et représenter à la belle Catau combien il serait digne d'elle de donner cette consolation à la philosophie persécutée : ce serait un beau *post-scriptum* à ajouter au plaidoyer de l'avocat Belleguier.

Il est inconcevable que vous n'ayez pas reçu l'*Éloge de Racine*; il y a plus de quinze jours que l'auteur[1] vous l'a envoyé par Marin. Samedi dernier, sur mes représentations, il en a fait partir un nouveau par la même voie; j'espère que vous l'aurez enfin, et vous le trouverez tel qu'on vous l'a dit, très beau. Le chevalier de Chastellux n'a jamais entendu parler de ce curé de Fresne[2]; mais il ira aux informations, et promptement, et vous en rendra compte lui-même, et sera charmé d'avoir ce prétexte pour vous écrire.

Savez-vous que l'archevêque de Paris n'a pas osé aller à cette belle fête du *Triomphe de la foi*[3]? Il s'habillait, dit-on, pour y aller; je ne sais qui est venu lui dire qu'il fesait une sottise, et il a envoyé dire qu'il ne viendrait pas au curé de Saint-Roch, qui en tombera malade.

C'est un petit abbé de Malide, évêque d'Avranches, qui a eu la platitude de le remplacer. Il a bien prouvé ce jour-là qu'il était tout évêque d'Avranches.

Adieu, mon cher ami; mes compliments très tendres à l'avocat Belleguier, et mes sincères embrassements à Raton. *Tuus ex animo.*

6480. A M. DALEMBERT.

18 janvier.

On ne peut faire une aumône de cinquante louis plus plaisamment; on ne peut se moquer d'un sot avec plus de noblesse. Ce trait, mon cher ami, figurera fort bien dans l'*Histoire de l'académie,* qui

---

[1] La Harpe; voyez lettres 6466 et 6477. B.
[2] Voyez lettre 6473. B.
[3] Voyez lettre 6490. B.

sera moins minutieuse que celle de Pélisson, et qui ne sera pas pédante comme celle de d'Olivet.

Je me garderai bien de rien offrir, en mon propre et privé nom, à Christophe[1]; il me dirait : Que ton argent périsse avec toi! Alors il jouerait le beau rôle, et j'en serais pour mon ridicule.

En relisant ma lettre sur M. le comte de Hessenstein, je ne vois rien qui en doive empêcher l'impression[2]. Nous verrons si le cuistre de Sorbonne qu'on a donné pour censeur aux journaux sera plus difficile que moi. Je vous remercie de votre attention et de votre délicatesse sur ce petit point.

Je ne connais point cet *Avant-Coureur*[3]; j'ignore quelle est la belle ame qui a si bien traduit le latin de *Coge pecus*.

L'avocat Belleguier[4] est toujours persuadé qu'il aura un accessit le grand jour de la distribution des prix de l'université. Il voudrait vous avoir déjà confié son ouvrage; mais sûrement la semaine où nous entrons ne se passera pas sans qu'on vous en envoie quelques exemplaires, et vous en aurez de poste en poste : vous les pourrez faire circuler par l'homme intelligent qui fait si bien les commissions à la sacristie de Saint-Roch[5].

J'ai fait ce que j'ai pu auprès de M. Belleguier pour l'engager à être un peu plus plaisant, et à moins tourner le poignard dans la plaie; mais il n'est pas

---

[1] Voyez page 108. B.
[2] Voyez page 109. B.
[3] Voyez, sur ce journal, ma note, tome LVIII, page 541. B.
[4] Voyez page 110. B.
[5] Voyez la lettre 6476. B.

possible de donner de la gaîté et de la légèreté à un vieil avocat; ces gens-là aiment trop l'ithos et le pathos. J'ai peur que ce M. Belleguier ne se fasse des affaires; mais je m'en lave les mains.

Que Dieu vous tienne en joie! RATON.

6481. A M. HENNIN.
A Ferney, 20 janvier.

Monsieur, il y a plaisir à être brûlé. Ce petit accident attire des lettres charmantes. Nous en avons été quittes pour deux petites chambres qui ne valent pas votre lettre. Guérissez-vous vite. Nous sommes tous malingres à Ferney. Madame Denis languit; je suis plus mal qu'elle; madame de Florian plus mal que moi; et madame Dupuits n'est pas trop bien. Les vents du midi, qui rongent ici les pierres, rongent aussi le corps humain. S'il y avait un élément appelé air, il ne souffrirait pas ce désordre. Ce sont les vapeurs de la Savoie qui nous empestent.

Je suis un peu fatigué de la journée du feu; mais je ne le suis point du tout de l'autre journée qu'on m'impute[1]. Qui n'a point combattu ne saurait être blessé. On m'a fait mille fois trop d'honneur. Cette belle calomnie a été jusqu'au roi. Ces messieurs-là sont faits pour être trompés en tout. Quand vous viendrez oublier au coin de notre feu les tracasseries de Genève, nous parlerons à notre aise des rois et des belles.

Mille tendres respects. Ma réputation d'Hercule ne m'empêche pas de signer

LE VIEUX MALADE DE FERNEY.

[1] Voyez la lettre 6458. B.

6482. DU CARDINAL DE BERNIS.

A Rome, le 20 janvier.

J'ai reçu, il y a trois jours, mon cher confrère, la lettre que vous aviez remise au mois de septembre à M. de Saussure. Je vous plains moins d'habiter la campagne depuis que je vois que vous avez de pareilles ressources dans votre voisinage. Les gens instruits et aimables sont rares, même dans les capitales. J'ai appris de bonnes nouvelles de votre santé. La force de votre esprit soutient votre corps. Je desire bien vivement que vous deveniez un prodige de longue vie, comme vous l'êtes de talents et d'agréments.

6483. A M. DE LA HARPE.

A Ferney, 22 janvier.

Mon cher ami, mon cher successeur, votre éloge de Racine est presque aussi beau que celui de Fénelon, et vos notes sont au-dessus de l'un et de l'autre. Votre très éloquent discours sur l'auteur du *Télémaque* vous a fait quelques ennemis. Vos notes sur Racine sont si judicieuses, si pleines de goût, de finesse, de *force*, et de *chaleur*, qu'elles pourront bien vous attirer encore des reproches ; mais vos critiques (s'il y en a qui osent paraître) seront forcés de vous estimer, et, je le dis hardiment, de vous respecter.

Je suis fâché de ne vous avoir pas instruit plus tôt de ce que j'ai entendu dire souvent, il y a plus de quarante ans, à feu M. le maréchal de Noailles, que Corneille tomberait de jour en jour, et que Racine s'élèverait. Sa prédiction a été accomplie, à mesure que le goût s'est formé : c'est que Racine est toujours dans la nature, et que Corneille n'y est presque jamais.

Quand j'entrepris le *Commentaire sur Corneille*, ce ne fut que pour augmenter la dot que je donnais à sa petite-nièce, que vous avez vue; et en effet mademoiselle Corneille et les libraires partagèrent cent mille francs que cette première édition valut. Mon partage fut le redoublement de la haine et de la calomnie de ceux que mes faibles succès rendaient mes éternels ennemis. Ils dirent que l'admirateur des scènes sublimes qui sont dans *Cinna*, dans *Polyeucte*, dans *le Cid*, dans *Pompée*, dans le cinquième acte de *Rodogune*, n'avait fait ce commentaire que pour décrier ce grand homme. Ce que je fesais par respect pour sa mémoire, et beaucoup plus par amitié pour sa nièce, fut traité de basse jalousie et de vil intérêt par ceux qui ne connaissent que ce sentiment; et le nombre n'en est pas petit.

J'envoyai presque toutes mes notes à l'académie; elles furent discutées et approuvées. Il est vrai que j'étais effrayé de l'énorme quantité de fautes que je trouvais dans le texte; je n'eus pas le courage d'en relever la moitié; et M. Duclos me manda que, s'il était chargé de faire le commentaire, il en remarquerait bien d'autres. J'ai enfin ce courage. Les cris ridicules de mes ridicules ennemis, mais plus encore la voix de la vérité, qui ordonne qu'on dise sa pensée, m'ont enhardi. On fait actuellement une très belle édition in-4° de *Corneille* et de mon commentaire. Elle est aussi correcte que celle de mes faibles ouvrages est fautive. J'y dis la vérité aussi hardiment que vous.

Qui n'a plus qu'un moment à vivre
N'a plus rien à dissimuler [1].

Savez-vous que la nièce de notre père du théâtre se fâche quand on lui dit du mal de Corneille? mais elle ne peut le lire : elle ne lit que Racine. Les sentiments de femme l'emportent chez elle sur les devoirs de nièce. Cela n'empêche pas que, nous autres hommes qui fesons des tragédies, nous ne devions le plus profond respect à notre père. Je me souviens que quand je donnai, je ne sais comment, *OEdipe,* étant fort jeune et fort étourdi, quelques femmes me disaient que ma pièce (qui ne vaut pas grand'chose) surpassait celle de Corneille (qui ne vaut rien du tout); je répondis par ces deux vers admirables de *Pompée :*

Restes d'un demi-dieu dont *jamais je ne* puis
Égaler le grand nom, tout vainqueur que j'en suis.
Acte V, scène 1.

Admirons, aimons le beau, mon cher ami, partout où il est; détestons les vers visigoths dont on nous assomme depuis si long-temps, et moquons-nous du reste. Les petites cabales ne doivent point nous effrayer; il y en a toujours à la cour, dans les cafés, et chez les capucins. Racine mourut de chagrin, parceque les jésuites avaient dit au roi qu'il était janséniste. On a pu dire au roi, sans que j'en sois mort, que j'étais athée, parceque j'ai fait dire à Henri IV :

Je ne décide point entre Genève et Rome.
La Henriade, ch. II, v. 5.

Je décide avec vous qu'il faut admirer et chérir

[1] Quinault, *Atys,* acte I, scène 6. B.

les pièces parfaites de Jean, et les morceaux épars, inimitables de Pierre. Moi qui ne suis ni Pierre ni Jean, j'aurais voulu vous envoyer ces *Lois de Minos* qu'on représentera, ou qu'on ne représentera pas, sur votre théâtre de Paris; mais on y a voulu trouver des allusions, des allégories. J'ai été obligé de retrancher ce qu'il y avait de plus piquant, et de gâter mon ouvrage pour le faire passer. Je n'ai d'autre but, en le fesant imprimer, que celui de faire, comme vous, des notes qui ne vaudront pas les vôtres, mais qui seront curieuses; vous en entendrez parler dans peu.

Adieu; le vieux malade de Ferney vous embrasse très serré.

6484. A M. DALEMBERT.

25 janvier.

Oui, mon illustre Bertrand, j'ai lu l'annonce qui se trouve dans la *Gazette littéraire de Deux-Ponts*, par M. de Fontanelle. Jamais M. de Fontenelle n'aurait osé en dire autant. La diatribe de l'avocat Belleguier ne pourra partir, à ce qu'il m'a mandé, que mercredi prochain, 27 du mois. Ce pauvre avocat tremble; il a les meilleures intentions du monde; il n'a dit que la vérité, et c'est pour cela même qu'il tremble. Il dit qu'il vous en enverra d'abord un petit nombre d'exemplaires pour sonder le terrain.

Il avait autrefois une adresse pour M. de Condorcet, mais il ne s'en souvient pas exactement; il craint les fausses démarches, il est sur les épines; il met son sort entre vos mains.

Je suis persuadé que, s'il s'était agi d'autres prisonniers, Catau aurait fait sur-le-champ tout ce que vous auriez voulu; mais elle prétendait, et avec très grande raison, ce me semble, qu'un homme supérieur en dignité [1], qui peut-être n'est pas philosophe, la prévînt sur cette affaire par quelque honnêteté : il ne l'a pas fait, et cela est piquant. Si vous venez à bout d'obtenir ce que cet homme supérieur n'a pas osé demander, ce sera le plus beau triomphe de votre vie. J'attends la réponse que vous fera Catau, avec la plus grande impatience.

Je ne sais pas précisément ce que c'est que la fête du *Triomphe de la foi* [2] ; mais, en qualité de bon chrétien, ne pourriez-vous point nous faire savoir en quoi consiste cette fête, et quelle victime on y a immolée? Faites-moi savoir surtout comment ce pauvre avocat peut faire adresser un paquet à M. de Condorcet.

Le pauvre Raton, qui est très malade, se recommande à votre amitié.

N. B. Il n'est pas encore bien sûr que M. Belleguier puisse envoyer sa diatribe le 27, à cause des petits troubles qui règnent encore dans la ville; mais qu'elle se mette en route le 27 ou le 29, il n'importe. Le grand point est de soutenir qu'elle vient de Belleguier, et non pas de Raton.

6485. A M. LE COMTE D'ARGENTAL.

25 janvier.

Mon cher ange, les notes chatouilleuses [3] ne pa-

---

[1] Il s'agit sans doute de Louis XV. B.
[2] Voyez lettres 6476 et 6490. B.
[3] Des *Lois de Minos*. B.

raîtront qu'après la pièce, du moins si on me tient parole ; et encore j'empêcherai bien que ce volume un peu hasardé n'entre à Paris; ou, s'il y entre, il ne sera qu'entre peu de mains, et alors il n'y a aucun danger ; car, en fait de livres comme en fait d'amour, il n'y a de scandale que dans l'éclat.

On m'a mandé que cet *Alcydonis* [1], auquel j'ai été sacrifié, est protégé par madame la duchesse de Villeroi, qui même y a travaillé, et qui a fait faire la musique ; si la chose est ainsi, elle m'a ôté le plaisir d'être le premier à lui céder tous mes droits bien respectueusement.

Lorsque *les Lois de Minos* ou *Astérie* seront sur le point d'être représentées au jugement très incertain et souvent très fautif de la cohue du parterre, je vous informerai de la cabale, qui a pris déjà ses mesures. Elle est de la plus grande violence ; mais

Je ne *veux pas* prévoir les malheurs de si loin.
RACINE, *Andromaque*, act. I, sc. 11.

M. le marquis de Chauvelin a eu la bonté de m'écrire ; mais vous sentez qu'il ne faut pas que M. le maréchal de Richelieu se presse, avant que l'affaire des *Lois de Minos* soit plaidée ; je joue gros jeu dans cette partie. Il est certain qu'il eût mieux valu ne plus jouer du tout à mon âge, et se retirer paisiblement sur son gain ; mais je vois que la passion du jeu ne se corrige guère. Une autre fois je vous en dirai davantage, puisque vous avez la bonté de vous intéresser à mes passions ; mais je suis un malade entouré

---

[1] Voyez ma note sur la lettre 64 ; 5. B.

de gens plus malades que moi. Madame de Florian est attaquée de la poitrine; je lui ai bâti une maison que probablement elle n'habitera guère. Il ne faut pas plus compter sur la vie que sur le succès des pièces nouvelles. Je ne compte que sur votre amitié, qui fait ma consolation.

6486. A FRÉDÉRIC II, ROI DE PRUSSE.

A Ferney, le 1er février.

Sire, je vous ai remercié de votre porcelaine; le roi, mon maître, n'en a pas de plus belle : aussi ne m'en a-t-il point envoyé. Mais je vous remercie bien plus de ce que vous m'ôtez, que je ne suis sensible à ce que vous me donnez. Vous me retranchez tout net neuf années dans votre dernière lettre [1]; jamais notre contrôleur général n'a fait de si grands retranchements. Votre majesté a la bonté de me faire compliment sur mon âge de soixante-dix ans. Voilà comme on trompe toujours les rois. J'en ai soixante-dix-neuf, s'il vous plaît, et bientôt quatre-vingts. Ainsi je ne verrai point la destruction, que je souhaitais si passionnément, de ces vilains Turcs qui enferment les femmes, et qui ne cultivent point les beaux-arts.

Vous ne voulez donc point remplacer Thieriot, votre historiographe des cafés? Il s'acquittait parfaitement de cette charge; il savait par cœur le peu de bons et le grand nombre de mauvais vers qu'on fesait dans Paris; c'était un homme bien nécessaire à l'état.

[1] Du 16 janvier, n° 6478. B.

Vous n'avez donc plus dans Paris
De courtier de littérature ?
Vous renoncez aux beaux-esprits,
A tous les immortels écrits
De l'almanach et du *Mercure?*
L'in-folio ni la brochure
A vos yeux n'ont donc plus de prix ?
D'où vous vient tant d'indifférence ?
Vous soupçonnez que le bon temps
Est passé pour jamais en France,
Et que notre antique opulence
Aujourd'hui fait place en tous sens
Aux guenilles de l'indigence.
Ah ! jugez mieux de nos talents,
Et voyez quelle est notre aisance :
Nous sommes et riches et grands,
Mais c'est en fait d'extravagance.
J'ai même très peu d'espérance
Que monsieur l'abbé Savatier [a],
Malgré sa flatteuse éloquence,
Nous tire jamais du bourbier
Où nous a plongés l'abondance
De nos barbouilleurs de papier.

Le goût s'enfuit, l'ennui nous gêne;
On cherche des plaisirs nouveaux;
Nous étalons pour Melpomène
Quatre ou cinq sortes de tréteaux,
Au lieu du théâtre d'Athène.
On critique, on critiquera,
On imprime, on imprimera

---

[a] L'abbé Sabatier ou Savatier, gredin qui s'est avisé de juger les siècles avec un ci-devant soi-disant jésuite, et qui a ramassé un tas de calomnies absurdes pour vendre son livre.

— C'est ainsi que cette note est imprimée dans l'édition de 1775 ou encadrée, tome XII, page 225. Elle présente peu de différence avec celle qu'on lisait dans le *Mercure* de 1773, avril, tome Ier, page 195, et que voici : « L'abbé S.... de C...., homme qui s'est avisé de juger les siècles avec un ci-devant soi-disant jésuite, et qui a ramassé un tas de calomnies absurdes pour vendre son livre, qu'il n'a point vendu. » B.

De beaux écrits sur la musique,
Sur la science économique,
Sur la finance et la tactique,
Et sur les filles d'Opéra.
En province, une académie
Enseigne méthodiquement,
Et calcule très savamment
Les moyens d'avoir du génie.
Un auteur va mettre au grand jour
L'utile et la profonde histoire
Des singes qu'on montre à la foire,
Et de ceux qui vont à la cour.
Peut-être un peu de ridicule
Se joint-il à tant d'agréments;
Mais je connais certaines gens
Qui, vers les bords de la Vistule,
Ne passent pas si bien leur temps.

Le nouvel abbé d'Oliva [1], après avoir ri aux dépens de ces messieurs, malgré leur *liberum veto*, s'entend merveilleusement avec l'église grecque pour mettre à fin le saint œuvre de la pacification des Sarmates. Il a couru ces jours-ci un bruit dans Paris qu'il y avait une révolution en Russie; mais je me flatte que ce sont des nouvelles de café; j'aime trop ma Catherine.

J'aurai l'honneur d'envoyer incessamment à votre majesté *les Lois de Minos*. L'ouvrage serait meilleur si je n'avais que les soixante-dix ans que vous m'accordez.

Ce Morival, dont j'ai eu l'honneur de vous parler [2], est depuis sept ou huit ans à votre service. Je ne sais pas le nom de son régiment; mais il est à Vesel.

[1] Frédéric lui-même; voyez lettres 6256 et 6415. B.
[2] Lettre 6452; voyez aussi lettre 6478. B.

Voilà toute votre auguste famille mariée. On dit madame la landgrave[1] très belle. Monsieur le prince de Wurtemberg est dans notre voisinage avec neuf enfants, dont quelques uns seront un jour sous vos ordres à la tête de vos armées.

Conservez-moi, sire, vos bontés qui font la consolation de ma vie, et avec lesquelles je descendrai au tombeau très allégrement.

6487. A M. LE COMTE DE ROCHEFORT.

Ferney, 1er février.

A moi les philosophes! c'est-à-dire les sages et les honnêtes gens. Vous savez quelle peine j'avais prise pour ces *Lois de Minos*. J'avais vraiment employé près de huit jours pour les faire, et j'en mettais presque autant pour les corriger. Un nommé Valade, libraire de Paris, vient d'imprimer la pièce toute défigurée, toute remplie de mauvais vers que je n'ai pourtant pas faits; en un mot, toute différente de mon dernier manuscrit, qui était encore tout différent des feuilles imprimées que vous avez entre les mains. C'est quelque bel-esprit de comédien[2] qui m'a joué ce tour. Je vous prie d'en parler à M. le maréchal de Richelieu, qui a la surintendance du *tripot*, et qui ne laissera pas un tel brigandage impuni. J'ai d'ailleurs l'honneur de lui en écrire; tout cela est un fort petit malheur, mais il faut de l'ordre en toutes choses.

[1] Voyez ma note, page 114. B.
[2] C'était Marin; voyez la lettre à d'Argental, du 25 février 1774, n° 6694. B.

Mes respects à madame Dix-neuf-ans et à son digne mari. Je leur serai attaché jusqu'au dernier moment de ma ridicule vie.

6488. A M. LE MARÉCHAL DUC DE RICHELIEU.

A Ferney, 1er février.

En voici bien d'une autre, monseigneur; le *tripot* m'a joué d'un mauvais tour. Quelqu'un de ces messieurs a vendu une copie informe et détestable du *Minos*[1] que vous protégiez à un nommé Valade, fripon de libraire de la rue Saint-Jacques, qui la débite hardiment dans Paris, au mépris de toutes les lois de la Crète et de la France. Cette piraterie doit intéresser MM. d'Argental et de Thibouville; car j'ai trouvé dans la pièce beaucoup de vers de leur façon. Je les crois meilleurs que les miens; mais enfin chacun a son style, et il n'y a point de peintre qui fût content qu'un autre travaillât à son tableau.

Quoi qu'il en soit, ce Valade me paraît méprisable, et le voleur qui lui a vendu la pièce très punissable. Je n'ai pas l'honneur de connaître M. de Sartines, et je n'ai nulle protection auprès de lui. Je ne sais pas pourquoi l'impression ne dépend pas de messieurs les premiers gentilshommes de la chambre, puisque la représentation en dépend. Ce monde-ci est plein de contradictions et d'anicroches.

J'avais fondé sur *Minos* l'espérance de vous faire ma cour à Paris; mon espérance est détruite : c'est la fable du pot au lait[2].

---

[1] Des *Lois de Minos*. B.
[2] La Fontaine, livre VII, fable x. B.

Il serait curieux de savoir quel est le seigneur crétois qui a fait l'infamie de vendre la pièce à un des pirates de la rue Saint-Jacques ; cela peut servir dans l'occasion ; et vous sauriez à quoi vous en tenir sur l'honnêteté des gens du *tripot*.

Je comptais vous dédier cette pièce, malgré tout le ridicule des dédicaces ; mais comment faire à présent ? Je suis déjoué de toutes les façons. Les Frérons et toute la canaille de la littérature vont me tomber sur le corps. N'importe ; je vous la dédierai encore, si vous me le permettez. Mais feriez-vous si mal d'écrire à M. de Sartines ? il donnerait certainement tous ses soins à découvrir le fripon.

On m'assure que les comédiens ne laisseront pas de donner la pièce au 1ᵉʳ de mars. Il n'y a autre chose à faire qu'à y travailler encore, pour dérouter les polissons.

Conservez toujours vos bontés pour votre ancien courtisan sifflé ou non sifflé, mais attaché à vous avec le plus profond et le plus tendre respect.

6489. A M. LE CHEVALIER DE CHASTELLUX.

A Ferney, 1ᵉʳ février.

. Il y a huit villages, monsieur, appelés Fresne ; et puisque tous les curés de Fresne auprès de Paris ont été aussi sots que les nôtres, ce n'est pas à ce Fresne que je dois m'adresser[1]. Je ne puis me repentir de

---

[1] M. de Chastellux avait écrit en marge de cette lettre : « M. de Voltaire m'avait demandé des éclaircissements sur une belle action (je ne sais plus laquelle) qui devait avoir été faite par un curé de Fresne. M. Daguesseau, mon oncle, possède la terre de Fresne, qu'il tient du chancelier Daguesseau,

vous avoir importuné, puisque cela m'a valu l'assurance que j'aurais l'honneur de vous posséder, vers le mois d'auguste, dans ma chaumière. Vous allez en Italie. Vous pourrez y entendre de la musique qui ne parle jamais au cœur; vous pourrez y voir force *sonettieri*, et pas un homme de génie. Ils ne retrouveront plus leur *cinquecento*, comme nous ne reverrons plus le siècle de Louis XIV.

Je ne crois pas qu'il y ait dans toute l'Italie un homme capable de faire le livre de *la Félicité publique*. On dit qu'il y a quelques princes qui cherchent à mettre en pratique une partie de vos leçons. Je le souhaite, et je le crois même, si l'on veut. Heureusement ils sont forcés de se tenir en paix, par le peu de moyens qu'ils ont de faire la guerre.

Ce qui m'étonne de l'Italie, c'est que depuis deux cents ans qu'il y a des assemblées, des *ridotti*, il n'y ait point de société. C'est en quoi la France l'emporte sur l'univers entier. Je sais par madame Denis qu'il y a autant de plaisir à vous entendre qu'à vous lire. C'est une consolation à laquelle je n'aurais osé prétendre dans la décrépitude où je suis. Mais, quoique très indigne de votre conversation, j'en sentirai tout le prix, comme si j'étais dans la force de l'âge.

Comme l'espérance de vous voir, monsieur, ranime beaucoup mon misérable amour-propre, je ne

---

son père. M. de Voltaire voulait savoir si c'était ce village de Fresne où était curé l'homme qu'il avait dessein de citer. » Cette note de Chastellux prouve qu'il manque une des lettres que Voltaire lui avait écrites.

Je crois que la bonne action dont Voltaire voulait parler était *la Prière du curé de Fresne* qui est dans le tome L. B.

veux pas que vous me méprisiez à un certain point, et que vous pensiez qu'une édition des *Lois de Minos*, faite par un libraire de Paris, nommé Valade, soit de moi. Ma pièce est bien mauvaise; mais celle de ce Valade est encore pire. Je suis un peu le bouc émissaire qu'on charge de tous les péchés du peuple. Que cela ne vous empêche pas de venir, en passant par Genève ou par la Suisse, voir un solitaire rempli pour vous de la plus haute estime et du plus tendre respect.

6490. DE M. DALEMBERT.

A Paris, ce 1er février.

J'attends, mon cher maître, avec impatience, la diatribe de Raton-Belleguier[1], et je vous assure que Bertrand sent déjà de loin l'odeur des marrons, et qu'il a bien envie, non seulement de les croquer, mais de les faire croquer à tous les Bertrands et Ratons ses confrères.

Bertrand-Condorcet demeure rue de Louis-le-Grand, vis-à-vis la rue d'Antin. Vous pouvez compter sur son zèle. Vous recevrez dans le courant du mois un ouvrage de sa façon, qui, je crois, ne vous déplaira pas. Ce sont les éloges des académiciens des sciences morts avant le commencement du siècle[2], et que Fontenelle avait laissés à faire. Vous y trouverez, si je ne me trompe, beaucoup de savoir, de philosophie, et de goût. J'espère que, si notre académie des sciences a le sens commun, elle le prendra pour secrétaire[3]; car il nous en faudra bientôt un autre.

---

[1] *Discours de Me Belleguier*, tome XLVII, page 181. B.

[2] L'ouvrage est intitulé *Éloges de quelques académiciens de l'académie royale des sciences, morts depuis 1666 jusqu'à 1699*, Paris, 1773, in-12. Ces éloges sont réimprimés dans les cinq volumes in-12, publiés en 1799. B.

[3] Condorcet eut en effet cette place en mars 1773, sur la démission de Grandjean de Fouchy, à qui il était adjoint depuis 1769. B.

Bertrand attend, avec impatience, la réponse de Catau[1]; mais il craint bien qu'elle ne soit plus polie que favorable. Il a peur que la philosophie ne soit dans le cas de dire des rois ce que le pêcheur de Zadig dit des poissons[2]: « Ils se moquent « de moi comme les hommes, je ne prends rien. » A tout événement, il vous informera sur-le-champ de ce qu'il aura pris ou manqué. Oh! si Raton voulait encore ici donner un coup de patte pour tirer du feu ces marrons russes, Bertrand ne douterait pas du succès; mais si Raton ne fait pas encore ce plaisir à Bertrand, j'ai bien peur que Catau ne permette pas à Bertrand de tirer les marrons tout seul.

Tout ce que je puis vous dire sur cette belle fête du *Triomphe de la foi*, c'est qu'elle doit être célébrée tous les ans, à Saint-Roch, le dimanche dans l'octave des Rois; que l'office en est imprimé; qu'il est plein, comme vous le croyez bien, d'imprécations contre les philosophes, à six sous la pièce; que les hymnes, prose, et autres rapsodies, sont d'un petit cuistre ignoré du collége Mazarin, nommé Charbonnet; qu'il y a pourtant une de ces hymnes dont l'auteur est un abbé Pavé, oncle de madame de Rochefort, et que je croyais, sur ce qu'elle m'en a dit, à cent lieues du fanatisme. Comme elle est à Versailles avec son mari, je ne puis savoir si elle est au fait; car j'ai peine à croire qu'elle eût souffert cette sottise, si elle en eût été confidente. Au reste, il est certain que l'archevêque, bien conseillé, a refusé d'officier à cette belle fête, qui a été, par ce moyen, très peu brillante et nombreuse. Comme on comptait sur lui pour la messe, et que tous les prêtres du quartier avaient mangé leur dieu de bonne heure, on a été obligé de prendre un curé de village qui passait dans la rue, et qui heureusement s'est trouvé à jeun. Le prédicateur, qui est un carme nommé le P. Villars, a clabaudé beaucoup l'après-midi contre les philosophes; mais ses clabauderies ont été *vox clamantis in deserto*[3].

[1] Dalembert lui demandait la liberté des Français faits prisonniers en Pologne; voyez lettre 6484. B.

[2] Chapitre XVII; voyez tome XXXIII, page 121. B.

[3] Isaïe, XL, 3. B.

Toutes réflexions faites, je trouve que Raton fait fort bien de garder l'argent que Bertrand lui proposait de donner[1]; c'est bien assez de tirer les marrons, sans les payer encore. Il en coûte à Bertrand vingt écus pour l'honneur qu'il a d'être de deux académies; et il trouve que c'est payer des marrons d'Inde tout ce qu'ils valent. Il ne lui reste plus qu'à embrasser bien tendrement Raton, en l'exhortant beaucoup à ne faire patte de velours que pour les Bertrands, et à montrer la griffe et les dents aux chiens galeux, et même aux chiens du grand collier.

On vient d'imprimer ici *les Lois de Minos*, châtrées comme elles l'étaient par les chaudronniers de la littérature. Pourquoi l'auteur ne les redonnerait-il pas avec toutes leurs parties nobles, et les notes qui doivent en faire la sauce?

On dit que vous réimprimez le *Commentaire de Corneille* fort augmenté[2]. Vous ferez bien. Je ne trouve de tort que de n'en avoir pas assez dit. Les pièces de Corneille me paraissent de belles églises gothiques. *Vale, et ama tuum* Bertrand.

6491. A M. DALEMBERT.

1er février.

Vous savez, mon cher Bertrand, la déconvenue arrivée à Raton. Un fripon du tripot de la Comédie française[3] a vendu à un fripon de la librairie, nommé Valade, une partie des *Lois* et constitutions de *Minos*, et y a joint une autre partie de la façon de quelque bonne ame sa complice. On débite cette rapsodie hardiment sous mon nom: ainsi on vole les comédiens, et on me rend ridicule. C'est assurément le plus petit malheur qui puisse arriver; cependant

---

[1] Voyez pages 108 et 117. B.

[2] Voyez lettre 6483, et ma Préface du tome XXXV. B.

[3] Ce n'était pas quelqu'un du tripot de la Comédie française: c'était Marin; voyez lettre 6694.

je vous prie de dire à vos amis que je ne suis pas tout-à-fait aussi impertinent que Valade le prétend. Il n'y aura que Fréron qui gagnera à tout cela : il vendra cinq ou six cents de ses feuilles de plus. J'ai demandé justice à M. de Sartines [1] contre ce brigandage ; mais je n'ai pas l'honneur de le connaître, et l'on fait toujours mal ses affaires de cent trente lieues loin ; mais je compte sur la justice que vous et vos amis me rendront.

La littérature est devenue un bois de voleurs ; cela est digne du siècle. Soutenez ce malheureux siècle tant que vous pourrez, et aimez-moi. RATON.

6492. A M. LE COMTE DE ROCHEFORT.

Ferney, 3 février.

Non vraiment, monsieur, je n'ai point reçu les deux lettres dont vous me parlez, qui étaient contresignées ; il arrive fort souvent que les commis ne veulent point se charger de ces contre-seings. Écrivez-moi tout uniment à mon adresse, et vous pouvez compter que la lettre me parviendra ; mettez seulement une R au bas, car très souvent je prends votre écriture pour celle d'un autre.

Si vous voyez monsieur le chancelier et M. le maréchal de Richelieu, je vous recommande ces pauvres *Lois de Minos*; je les avais beaucoup retravaillées depuis votre départ de Ferney. Un fripon [2] m'ôte tout le fruit de mon travail. Je ne me plains pas des

---

[1] La lettre à M. de Sartines, lieutenant général de police, manque. B.
[2] Marin ; voyez la lettre précédente. B.

libelles que le libraire Valade débite tous les huit jours contre moi et mes amis; j'aurais mauvaise grace de ne vouloir pas qu'on me calomnie, quand on a l'insolence de faire tant de mauvais libelles contre monsieur le chancelier lui-même; mais je ne trouve point du tout bon qu'on me vole, et que la police souffre ce vol public. Je présente sur cette affaire une petite requête à monsieur le grand référendaire. Mettez bien le cœur au ventre à M. de Richelieu, il doit être fort mécontent des tours qu'on lui joue dans son *tripot*.

J'ai eu bien raison d'écrire contre les cabales; tout est cabale, de la Foire jusqu'à Versailles, et des curés de villages jusqu'au pape. Les bruits les plus ridicules courent l'Europe; mais tout tombe au bout de huit jours dans un éternel oubli.

Je vous supplie, vous et madame Dix-neuf-ans, de ne me point oublier. Je suis actuellement cent pieds sous les neiges; c'est un fléau plus terrible que les Clément et les Sabatier. Conservez vos bontés au vieux malade de Ferney.

6493. A M. L'ABBÉ DE VOISENON.

3 février.

Mon très cher confrère, je vous prie de ne pas manquer d'excommunier, d'une excommunication majeure, le libraire Valade, grand imprimeur de libelles, qui, malgré toutes les lois de la police, a défiguré *les Lois de Minos* d'une manière à déchirer les entrailles paternelles d'un vieux radoteur qui ne reconnaît plus son ouvrage. Le scélérat a sans doute acheté une détestable copie de quelque bel-esprit ouvreur de loges, qui n'a pas manqué d'y mettre beaucoup de vers de sa façon. Voilà certainement le plus horrible abus qui soit en France, et peut-être le seul ; car tout le reste assurément va à merveille. Mais j'ai mes *Lois de Minos* sur le cœur, et j'ambitionne trop votre suffrage pour vous laisser croire un moment que la pièce soit entièrement de moi.

Vous me direz qu'il est très ridicule, à mon âge, de faire des pièces de théâtre ; je le sais bien : mais il ne faut pas reprocher à un homme d'avoir la fièvre. Que voulez-vous qu'on fasse au milieu des neiges, si ce n'est des tragédies? Si j'étais avec vous, je passerais mon temps à vous écouter et à me réjouir, et nous serions tous deux Jean qui rit. Cependant M. Valade ne fera pas de moi Jean qui pleure.

Je vous embrasse, je vous regrette, et je vous aime de tout mon cœur.

6494. DE M. DALEMBERT.

4 février.

Raton-Belleguier est un saint homme de chat, et le premier chat du monde pour tirer les marrons du feu sans se brûler trop les pattes. Ces marrons [1] ont été reçus, et Bertrand les a distribués à tous les Bertrands ses confrères dignes de les manger. Tous pensent unanimement que Raton a rendu un précieux service à la cause commune des Bertrands et des Ratons ; mais que Raton n'a rien à craindre pour ses pattes, et qu'il n'y a pas de quoi fouetter un chat dans la petite espièglerie qu'il vient de faire. Les pauvres rats d'église pourront être un peu mécontents, mais cette fois-ci ils n'oseront

---

[1] Le *Discours de M⁰ Belleguier*, tome XLVII, page 181. B.

pas trop sortir de leurs trous; il n'y aurait que des coups à gagner pour eux.

Pour remercier Raton de ses bons marrons, Bertrand ne lui renvoie que des marrons d'Inde. Il est impatient de savoir comment Catau aura trouvé le dernier marron [1] du 31 décembre. Raton devrait bien écrire à Catau que ce marron est meilleur à manger qu'elle ne croit, et que, si elle y fesait honneur, tous les Ratons et les Bertrands feraient pour elle des tours et des gambades. Bertrand et ses confrères embrassent et remercient Raton-Belleguier de tout leur cœur.

N. B. Bertrand répète à Raton que le secret sur les marrons d'Inde est nécessaire jusqu'à ce que l'on sache comment les marrons d'Inde du 31 décembre auront été accueillis par Catau. Il le prévient aussi que personne, excepté Raton-Belleguier, n'a de copie de ce qu'il lui envoie, et il prie Raton de la garder pour lui seul, mais tout seul.

6495. A M. LE MARQUIS DE THIBOUVILLE.

A Ferney, 8 février.

Je vous ai un peu grondé [2], mais je ne vous en aime pas moins. Il est vrai que si on avait été tout d'un coup à monsieur le lieutenant de police, le vol aurait été découvert et puni [3]. D'ailleurs je pense encore qu'il vous est fort aisé de savoir à qui vous avez donné la pièce telle qu'elle est imprimée, et en quelles mains elle est restée. C'est un bonheur, après tout, qu'on m'ait mis à portée de désavouer cet ouvrage, et de crier à la falsification. Vous me fesiez beaucoup d'honneur de joindre vos vers aux miens; mais, en

---

[1] La lettre dont il parle dans le n° 6490. B.

[2] La dernière lettre à Thibouville est du 1ᵉʳ janvier (n° 6466); il n'y gronde pas Thibouville: il y a donc une lettre de perdue. B.

[3] Voyez lettre 6694. B.

vérité, vous deviez m'en avertir. L'art des vers est plus difficile qu'on ne pense. Je sais bien que le cinquième acte est le plus faible, et, après le quatrième, je ne pouvais pas aller plus loin; mais du moins il ne faut pas finir, comme je vous l'ai dit, par des compliments qui ne signifient rien.

Après avoir détruit tes funestes erreurs [1].

Vous sentez combien le mot d'erreurs est faible et mal placé quand il s'agit de sacrifices de sang humain, d'une faction barbare, et d'une bataille meurtrière. Ajoutez que l'épithète *funeste* n'est qu'une épithète, et par conséquent qu'une cheville.

Ta clémence, grand prince, a subjugué nos cœurs.

Ce n'est sûrement pas la clémence qui a gagné Datame. Le roi est venu lui-même le tirer de prison, lui donner des armes, le faire combattre avec lui: ce n'est pas là de la clémence; c'est tout ce que pourrait dire un courtisan rebelle à qui on aurait pardonné, et le mot de *grand prince*, suivi de *grand homme* et de *grand roi*, est, comme vous le voyez, bien insupportable.

Je ne méritais pas le trône où tu m'appelle.

Il faut une *s* à *appelle*, grace aux lois sévères de notre poésie, qui ne permet plus la plus légère licence en fait de langue. On retranchait quelquefois cette *s* du temps de Voiture; mais aujourd'hui c'est un solécisme.

Mais j'adore Astérie, il me rend digne d'elle.

[1] Voyez tome IX, page 364. B.

C'est ce qu'on pourrait dire dans des lettres-patentes du roi ; mais vous voyez combien il est au-dessous du caractère de Datame de ne se croire digne d'épouser Astérie que parcequ'il obtient une dignité dont il ne fesait nul cas. Ce compliment dément son caractère. Certainement il était bien plus convenable à ce fier sauvage, qui se croit égal aux rois, de dire qu'il pense être digne d'Astérie, parcequ'il l'a toujours aimée ; c'est le sentiment d'une ame hardie et fière ; le contraire est un compliment très ordinaire, et par conséquent d'une extrême froideur.

Les quatre derniers vers de Datame sont de la même faiblesse. Il dit, et il retourne en quatre vers sans force, qu'il sera un sujet fidèle.

J'ai vu plusieurs endroits dans la pièce sur lesquels je vous ferais de pareilles remarques. On souffre des vers de liaison dans une tragédie ; mais les gens de goût ne peuvent souffrir des vers lâches, des hémistiches rebattus, des épithètes oiseuses, des lieux communs qui traînent les rues. Vous devez concevoir à quel point je dois être affligé qu'on ait ainsi gâté mon ouvrage, sans daigner m'en dire un mot. Mes plus cruels ennemis ne m'auraient pas rendu un si mauvais service.

Cependant, encore une fois, je vous pardonne, en me flattant que vous réparerez cet affront, qui est très aisé à pardonner et à réparer.

Une vingtaine de vers ne me feront jamais oublier l'amitié que vous m'avez témoignée ; j'oublie même le peu de confiance que vous avez eu en moi dans ce qui m'intéressait personnellement. Vous m'avez fait accroire que vous vous serviez d'un jeune homme pour faire passer cette pièce sous son nom, et il s'est trouvé que ce jeune homme est un mauvais comédien de la troupe de Paris. Mais, encore une fois, j'oublie tout, parceque je vous aime. Je vous demande seulement en grace de ne pas permettre qu'on joue cette pièce dans l'état malheureux où elle est. J'y retravaillais dans le temps où la friponnerie du libraire Valade m'a joué un fort mauvais tour. Réparons tout cela, vous dis-je; ne traitez plus un vieillard en enfant, et un homme qui a quelque connaissance de son art en imbécile. Au reste, il ne tiendrait qu'à vous et à M. d'Argental de savoir tout le détail de la scélératesse que j'éprouve. Je suis persuadé que si vous aimez le théâtre, vous m'aimez tous deux aussi, et que vous me conserverez des bontés qui m'ont toujours été chères. V.

6496. DE M. DALEMBERT.

9 février.

Bertrand a reçu successivement, et avec une exactitude édifiante, tous les marrons que Raton a si délicatement tirés. Tous les Bertrands les croquent avec délices, et répètent en les croquant : Dieu bénisse Raton et ses pattes! Les marmitons, qui avaient enterré les marrons afin de les garder pour eux, voudraient bien étrangler Raton; mais Raton a tiré les marrons si proprement, que les maîtres de la maison disent que Raton a bien fait, et se moquent des marmitons, qui en seront pour leurs marrons et leurs juremens.

Il est venu à Bertrand une idée qu'il croit excellente, et qu'il soumet aux pattes de Raton. Bertrand a rêvé que je ne sais quelle académie ou université huguenote du Nord a proposé pour sujet d'un prix de philosophie : *Non minus*

Deo quam regibus infensa est ista quæ vocatur hodie theologia. D'après ce programme, voici le nouveau thème que Raton pourrait essayer, et que Bertrand lui propose en toute humilité.

Première partie du thème. Cette, qu'on nomme aujourd'hui *théologie*, est ennemie des rois. Raton le prouvera, *sans se répéter,* en rappelant les histoires de Grégoire VII, d'Alexandre III, d'Innocent IV, de Jean XXII, et compagnie. Cet article sera un excellent supplément au premier thème de Raton, qui n'a parlé des théologiens dans sa diatribe que comme assassins des rois, et qui les présenterait à présent comme voulant les priver de leurs couronnes.

Seconde partie du thème. Cette, qu'on nomme aujourd'hui *théologie*, est ennemie de Dieu, parcequ'elle en fait un être absurde, atroce, ridicule, et odieux. O le beau champ pour Raton que cette seconde partie, et les bons marrons à tirer et à croquer!

Il ne faudrait pas oublier, si cela se pouvait faire délicatement, de joindre à la première partie un petit appendice ou postscript intéressant, sur le danger qu'il y a pour les états et les rois de souffrir que les prêtres fassent dans la nation un corps distingué, et qu'il ait le privilége de *s'assembler régulièrement*. Il faudrait faire sentir que la nation française est la seule qui ait permis cet abus; qu'en Espagne, où les évêques sont plus riches qu'en France, ils n'en sont pas moins les derniers polissons du royaume, parcequ'ils ne font point corps et n'ont point d'assemblées; et qu'il en est de même dans les autres états de l'Europe, excepté chez les Welches.

Allons, courage, mon cher Raton; je ne sais si le cœur vous en dit comme à Bertrand; mais ce gourmand de Bertrand sent déjà de loin l'odeur des marrons qui cuisent, comme M. Guillaume *sent qu'on apprête l'oie*[1] que Patelin lui a promise.

Cependant, tout en croquant les marrons déjà tirés, et tout

---

[1] *Avocat patelin*, acte II, scène 1. B.

en encourageant Raton à en tirer d'autres, Bertrand serait presque tenté de le gronder de ce qu'il fait patte de velours au détestable marmiton Alcibiade[1], le vil et l'implacable ennemi des marrons, des Bertrands, des Ratons, et du Raton même qui ne devrait lui présenter la patte que pour l'égratigner. Il est vrai que le marmiton Alcibiade a plus la rage que le pouvoir de nuire, grace au profond mépris dont il est couvert parmi les marmitons mêmes; mais c'est une raison de plus pour que Raton ne lui laisse pas croire qu'on le craint, et encore moins pour qu'il le flatte. Après tout, Raton sert si bien les Bertrands, qu'il faut bien lui pardonner quelques complaisances pour les marmitons; mais les Bertrands se croient obligés d'avertir Raton que ces complaisances sont en pure perte pour lui et pour la cause commune. Sur ce, Bertrand embrasse et remercie Raton de tout son cœur.

6497. A M. DALEMBERT.

12 février.

M. Bertrand, dans un très éloquent discours, parle de sa tombe; c'est de très bonne heure, il m'a volé mon sujet, car je suis attaqué actuellement d'une strangurie violente qui pourrait bien mettre fin à tous mes tours de chat, tandis que vous ferez encore long-temps vos très beaux tours de singe.

On nous annonce que Fréron vient de mourir. C'est une terrible perte pour les belles-lettres et pour la probité. On dit que tous les écrivains des Charniers, et Clément à la tête, se disputent cette belle place. Elle n'en était point une, elle l'est devenue. La méchanceté l'a rendue très lucrative. J'imagine qu'il ne serait pas mal qu'on prévînt monsieur le chancelier : il ne voudra pas déshonorer à ce point la litté-

---

[1] Le maréchal de Richelieu. B.

rature. Je n'ose lui en écrire, parceque je l'ai déjà importuné[1] au sujet de cette infame édition du libraire Valade. Les gens en place n'aiment pas qu'on les fatigue. L'étoile du Nord n'est pas de ce caractère; vous demandez si bien et si noblement[2], que probablement vous ne serez pas refusé deux fois.

Vous croyez bien que j'ai vanté à cette étoile[3] la noblesse de votre ame et de votre procédé; j'avais bien beau jeu; et vous savez bien encore qu'elle n'a pas besoin qu'on lui fasse sentir tout ce qu'il y a de grand dans une telle démarche.

Raton a un extrême besoin de savoir si Bertrand a reçu trois petits sacs de marrons, l'un venant de la cuisine de Marin; l'autre, des offices de M. d'Ogni; et le troisième, de la buvette de monsieur le procureur général. On en fait cuire de nouveaux sous la braise.

Je vous avais demandé[4] si on pourrait avoir une adresse sûre pour M. de Condorcet, cela était nécessaire; mais ce qui est beaucoup plus nécessaire encore, c'est que ce pauvre Raton ne soit pas nommé. Vous ne sauriez croire à quel point ses pattes sentent le brûlé. Il est bien triste que ces deux bonnes gens ne puissent se trouver ensemble, et rire à leur aise du genre humain. RATON.

[1] La lettre manque. B.
[2] La liberté des Français faits prisonniers en Pologne. B.
[3] Cette lettre de Voltaire à Catherine manque. B.
[4] Lettre 6484. B.

6498. A M. LE COMTE D'ARGENTAL.

12 février.

Il n'est pas douteux, mon cher ange, qu'il ne faille absolument retirer la pièce¹, pour attendre une saison plus favorable. Il est bien cruel que ce Valade ait choisi tout juste le temps où je travaillais à cet ouvrage pour le défigurer si indignement. Mais il est bien étrange que M. de Sartines n'ait pas fait saisir tous les exemplaires. Les méchants, qui sont toujours en grand nombre, ne manquent pas de faire accroire que c'est moi qui ai fait imprimer la pièce telle qu'elle est, et qui crie contre ma propre sottise.

Vous avez dû voir, dès le premier moment, quel est celui dont l'avidité insatiable² a vendu ce misérable manuscrit au libraire Valade. Il m'a fait beaucoup plus de tort qu'il ne pensait, et il doit se repentir de la lâcheté de son action.

J'envoie à M. de Thibouville un billet³ signé de moi pour retirer la pièce. J'écris à M. le maréchal de Richelieu⁴ pour le supplier d'empêcher qu'on ne la représente; voilà tout ce que peut faire un pauvre vieillard attaqué d'une strangurie cruelle : c'est un mal pire que tous les comédiens et tous les Valade du monde. Je pourrais bien en mourir; en ce cas, je ne ferai plus de mauvais vers, et on ne m'en attribuera plus; mais je mourrai en aimant mes anges.

¹ *Les Lois de Minos*. B.
² On voit, par les lettres 6500 et 6521, que les soupçons de Voltaire tombaient sur le comédien dont il parle dans la lettre 6491 : il sut plus tard que c'était Marin; voyez lettre 6694. B.
³ 6499. B.
⁴ 6500. B.

6499. A M. LE MARQUIS DE THIBOUVILLE.

A Ferney, 12 février.

Je vous envoie, mon cher Baron, le billet que vous me demandez.

Vous devez actuellement, vous et M. d'Argental, connaître celui qui m'a joué ce tour cruel, et que j'ai deviné dès le premier moment[1]; cela doit vous dégoûter de messieurs de la Comédie.

Le comédien qui se plaint de Valade se plaint sans doute de ce que ce libraire a mis trop tôt en vente l'indigne ouvrage qu'il lui avait vendu; en un mot, cette infamie est démontrée.

J'écris à M. le maréchal de Richelieu, et je le supplie d'empêcher les comédiens de jouer une pièce si horriblement défigurée. Valade a menti impudemment à M. de Sartines. Il n'y a dans tout le pays, autour de Genève, d'autre exemplaire des *Lois de Minos*, actuellement, que celui que Grasset, libraire, habitué à Lausanne, a fait venir de Paris, et que Grasset lui-même m'a envoyé. J'ai cette infame édition entre les mains. Grasset même, voulant l'imprimer, y a mis des pages blanches pour y faire les corrections nécessaires. Il est bien étrange qu'on n'ait pas fait saisir à Paris l'édition de Valade, sur laquelle il n'a nul droit.

L'état où je suis ne me permet pas d'en dire davantage sur cette malheureuse affaire; je ne veux pas croire qu'elle ait contribué à augmenter mon mal.

[1] Il se trompait; voyez la note 2 de la page précédente. B.

Je suis très fâché de toutes les peines que cette perfidie vous a causées, et j'oublie mon chagrin pour ne m'occuper que du vôtre.

6500. A M. LE MARÉCHAL DUC DE RICHELIEU.

A Ferney, 12 février.

Je me meurs pour le présent, mon héros; vous me direz que, quand je serai mort, il n'importe guère que mademoiselle Raucourt soit fâchée ou non contre moi : je vous répondrai qu'il importe beaucoup à ma mémoire que je ne meure pas souillé de cet opprobre. De méchantes langues ont fait courir cette histoire scandaleuse dans Paris, et ont prétendu que c'était un tour cruel que vous aviez voulu faire à cette pauvre fille, dont tout le monde est idolâtre. Je crois que, dans l'ordre des petites choses, rien n'est plus essentiel que de faire parvenir à mademoiselle Raucourt la petite lettre[1] que je vous ai écrite sur son compte.

Vous aurez bientôt Patrat[2], dont je crois qu'il est très aisé de faire un acteur excellent, et de le rendre utile dans tous les genres.

Il m'est arrivé un petit accident, c'est que je me meurs, au pied de la lettre. On m'a fait baigner au milieu de l'hiver pour ma strangurie. Votre exemple m'encourageait ; mais il n'appartient pas à tout le monde d'oser vous imiter : mes deux fuseaux de jambes sont devenus gros comme des tonneaux. J'ajouterais au bel état où je suis la sottise de mourir de

---

[1] Cette lettre manque. B.
[2] Voyez lettres 6463, 6505 et 6548. B.

douleur, si on jouait *les Lois de Minos* telles que des gens de beaucoup d'esprit et de mérite les ont faites. Je ne veux point me parer des plumes du paon; je suis un pauvre geai qui s'est toujours contenté de son plumage. Les vers de ces messieurs peuvent être fort beaux, mais ils ne sont pas de moi, je n'en veux point. Leurs beautés entièrement déplacées dépareraient trop l'ouvrage.

En un mot, je vous demande en grâce qu'on ne joue pas cette indigne rapsodie, vendue par un comédien au libraire Valade. Ce libraire a la bêtise de dire qu'il ne l'a imprimée que sur la copie de Genève et de Lausanne, et vous remarquerez qu'elle n'a paru encore ni à Lausanne ni à Genève; mais ce brigandage est comme tout le reste. Dieu ait pitié de ma chère patrie, qui avait autrefois une si belle réputation dans l'Europe! Tout est bien changé, et vous ne faites que rire de cette décadence. Riez de la mienne, mais pleurez de celle de votre patrie. Votre vieux courtisan se recommande très tristement à vos bontés.

6501. A CATHERINE II.

A Ferney, 13 février.

Madame, ce qui m'a principalement étonné de vos deux comédies russes, c'est que le dialogue est toujours vrai et toujours naturel, ce qui est, à mon avis, un des premiers mérites dans l'art de la comédie; mais un mérite bien rare, c'est de cultiver ainsi tous les arts, lorsque celui de la guerre occupait toute la nation. Je vois que les Russes ont bien de l'esprit, et du bon esprit; votre majesté impériale n'était pas faite pour gouverner des sots ; c'est ce qui m'a toujours fait penser que la nature l'avait destinée à régner sur la Grèce. J'en reviens toujours à mon premier roman ; vous finirez par là. Il arrivera que dans dix ans Moustapha se brouillera avec vous, il vous chicanera sur la Crimée, et vous lui prendrez Byzance. Vous voilà tout accoutumée à des partages ; l'empire turc sera partagé, et vous ferez jouer l'*OEdipe* de Sophocle dans Athènes.

Je me borne à me réjouir de voir que les dissidents, pour lesquels je m'étais tant intéressé, aient enfin gagné leur procès. J'espère même que les sociniens auront bientôt en Lithuanie quelque conventicule public, où Dieu le père ne partagera plus avec personne le trône qu'il occupa tout seul jusqu'au concile de Nicée. Il est bien plaisant que les Juifs, qui ont crucifié le *logos*, aient tant de synagogues chez les Polonais, et que ceux qui diffèrent d'opinions avec la cour romaine sur le *logos* ne puissent avoir un trou pour fourrer leurs têtes.

J'aurai bientôt quelque chose à mettre aux pieds de votre majesté impériale sur les horreurs de toutes ces disputes ecclésiastiques[1] : c'est là mon objet, je ne m'en écarte point ; c'est la tolérance que je veux, c'est la religion que je prêche, et vous êtes à la tête du synode dans lequel je ne suis qu'un simple moine. Si ma strangurie m'emporte, vous n'en recevrez pas moins ma bagatelle.

Nous avons actuellement l'honneur d'avoir autant

---

[1] Voyez, tome IX, pages 289-290, le texte et la note de la 1re scène de l'acte Ier des *Lois de Minos*. B.

de neiges et de glaces que vous. Un corps aussi faible que le mien n'y peut pas résister. Bien heureux sont les enfants de Rurick; encore plus heureux les Lapons et leurs rangifères, qui ne peuvent vivre que dans leur climat! Cela me prouve que la nature a fait chaque épée pour sa gaîne, et qu'elle a mis des Samoïèdes au septentrion, comme des Nègres au midi, sans que les uns soient venus des autres.

Je vous avais bien dit que je radotais, madame: vivez heureuse et comblée de gloire, sans oublier les plaisirs; cela n'est pas si radoteur.

Je me mets aux pieds de votre majesté impériale avec le plus profond respect et le plus sincère attachement. Le vieux Malade de Ferney.

6502. DU PRINCE HENRI DE PRUSSE.

De Berlin, le 13 février.

Monsieur, je n'ai point voulu être de vos admirateurs indiscrets. Dérober du temps dont vous faites un si noble usage, c'est faire un rapt aux hommes, que vous éclairez par vos lumières. Je lis et relis vos ouvrages; mais j'ai résisté au plaisir que j'aurais eu à vous écrire. Combien de lettres recevez-vous dont la vanité est l'objet! Montrer une réponse de Voltaire, c'est un trophée qui doit faire penser que l'auteur de la lettre et celui de la réponse sont identifiés ensemble. Ce n'est pas ma façon de penser, je vous en fais l'aveu. On ne doit écrire à un homme de lettres que lorsqu'on a des observations utiles, curieuses, des doutes, des lumières à lui communiquer. Des lumières... comment vous en donner? Des observations... quand tout est clair, précis, il ne reste plus rien à faire. Des doutes... je doute avec vous. Quand je lis vos ouvrages philosophiques, vous prouvez, vous subjuguez, vous entraînez. Voilà l'apologie du silence que j'ai tenu, et pour lequel, s'il pouvait servir d'exemple, vous m'auriez quelque obligation. Je jouis cependant de l'agrément de manquer aujourd'hui à la loi que je me suis imposée.

Le chevalier de Mainissier[1], qui va à Ferney pour vous voir et vous consulter sur ses propres ouvrages, qui m'est recommandé de Queslie, où il a passé trois années, me paraît digne de votre attention.

Ayez égard au souvenir que je conserve de César et de l'ami de Lusignan; j'étais trop jeune, à la vérité, pour avoir pu profiter de votre société autant que je l'aurais dû; conservant cependant l'impression que vos lumières et votre esprit m'ont donnée, et celle de l'estime et de la considération avec laquelle je suis, monsieur, votre très affectionné ami,

HENRI.

6503. A M. LEKAIN.

A Ferney, 15 février.

Mon cher ami, voilà mon rêve fini. J'avais imaginé que vos belles décorations, mais surtout vos talents inimitables, procureraient quelque succès aux *Lois de Minos*; je voulais même que le profit des représentations et de l'impression allât à l'Hôtel-Dieu, et je vous destinais un émolument qui eût été bien plus considérable : tout a été dérangé par cette détestable édition de Valade, dans laquelle on a inséré des vers dignes de l'abbé Pellegrin. Il ne faut plus penser à tout cela : je retire absolument la pièce; je vous prie très instamment de le dire à vos camarades. J'attendrai un temps plus favorable. D'ailleurs le rôle de Datame était trop petit pour vous. Mon grand malheur est que ma faiblesse et mes maladies me mettent

---

[1] Voltaire, dans sa réponse au prince Henri (lettre 6522), parle de Mainissier et de sa *Politique morale*, ouvrage qui m'est tout-à-fait inconnu. B.

hors d'état de joindre mes faibles talents aux vôtres; ma consolation est d'espérer de vous revoir quand vous irez à Marseille. Portez-vous bien ; faites longtemps les délices de Paris ; tâchez de former des élèves qui ne vous égaleront jamais. Je vous embrasse de tout mon cœur.

6504. A M. MARMONTEL.

15 février.

Mon cher confrère, mon cher successeur, vous voilà donc le protecteur de l'Hôtel-Dieu, en très beaux vers et en très bonne prose[1]; mais je suis encore plus content des vers, par la raison qu'ils sont cent fois plus difficiles à faire, et qu'il est beaucoup plus malaisé de bien danser que de bien marcher. Vous avez raison dans tout ce que vous dites, et il est encore bien rare d'avoir raison, soit en vers, soit en prose.

Ce M. Valade n'avait pas raison quand il disait qu'il lui était permis d'imprimer à Paris ce qui avait été imprimé à Genève, et ce qui s'y débitait publiquement; car la véritable édition des *Lois de Minos* n'est point encore achevée d'imprimer dans cette ville. Valade a imprimé la pièce sur un mauvais manuscrit de gens de beaucoup d'esprit[2], mais qui font des vers à la Pellegrin, et qui en ont farci mon ouvrage. J'ose dire que ma pièce est un peu différente. Le principal objet, surtout, est une assez grande quantité de notes instructives sur les sacrifices de

---

[1] *La Voix du pauvre; Épître sur l'incendie de l'Hôtel-Dieu* (du 30 décembre 1772), 1773, in-8°, est précédée d'une Préface où l'auteur demande le déplacement de l'Hôtel-Dieu, qui n'est pas encore fait. B.

[2] Le marquis de Thibouville; voyez lettres 6495 et 6506. B.

sang humain, à commencer par celui de Lycaon, et à finir par le meurtre abominable du chevalier de La Barre. Vous verrez tout cela en son temps, et la bonne cause n'y perdra rien. Ces rapsodies seront jointes à des pièces détachées assez curieuses de plusieurs auteurs [1], parmi lesquels il y a deux têtes couronnées. Voilà tout ce que peut vous mander, pour le présent, un pauvre diable attaqué d'une strangurie impitoyable, à l'âge de près de quatre-vingts ans, lequel se moque de la strangurie, et de Valade, et des sots, et de tous les libellistes du monde.

On nous avait mandé que Fréron était mort bien ivre et bien confessé. Je suis bien aise que la nouvelle ne se confirme pas, car il aurait pour successeur Clément, l'ex-procureur, ou Savatier ou Sabathier, l'ex-jésuite. Il est plaisant que, dans votre France, l'emploi de gredin folliculaire soit devenu une charge de l'état.

Bonsoir, je souffre beaucoup; je vous embrasse de tout mon cœur. VOLTAIRE.

6505. A M. DALEMBERT.

19 février.

Raton a donné tout ce qu'il avait de marrons, et on n'en fera plus rôtir que dans une assez grande poêle, où l'on fait cuire, dit-on, des choses de plus haut goût; mais Raton n'a pas à présent envie de rire. Il est attaqué depuis quinze jours d'une strangurie avec la fièvre, et tous les ornements possibles qui décorent les gens dans cet état. Il est très affligé de l'aventure de la lettre lue si indiscrètement devant

---

[1] Voyez tome IX, page 276; et ci-après, la lettre 6516. B.

mademoiselle Raucourt. Il faut rendre justice. Celui à qui cette malheureuse lettre était écrite la donnait à lire, ne se souvenant plus de ce qu'elle contenait. Quand on fut à cet article fatal du pucelage[1], il voulut faire arrêter; mais il n'en était plus temps. Il me le manda lui-même avec candeur. Je lui ai fourni un moyen de réparer sa faute : je ne sais si la multitude de ses occupations et de ses voyages lui en aura laissé le temps.

Je suis bien embarrassé ; c'est une chose respectable qu'un attachement de plus de cinquante années, qui n'a jamais été refroidi un moment. Je lui dédiais même la véritable tragédie des *Lois de Minos*. Il[2] était fait, sans doute, pour être le soutien des lettres; son nom seul, et sa qualité de doyen de l'académie, semblaient l'y engager. Que voulez-vous? il faut prendre ses amis avec leurs défauts. Ce n'est pas ainsi que je vous aime.

Bonsoir. Je crois, Dieu me pardonne, que je me meurs véritablement. Je n'ai pas la force de répondre à M. de Condorcet, mais je suis enchanté d'une lettre charmante qu'il m'a écrite.

RATON, *couché dans son trou.*

---

[1] Dans une lettre à Richelieu, qui n'est point imprimée, Voltaire disait que mademoiselle Raucourt, dont la vertu fesait alors grand bruit, avait été la maîtresse d'un Genevois en Espagne. Le maréchal, recevant cette lettre à table, dans une maison où dînaient mademoiselle Raucourt et Ximenès, prie ce dernier d'en donner lecture à la compagnie. Quand on en fut à ce qui la concernait, mademoiselle Raucourt tomba évanouie dans les bras de sa mère. Grimm parle de l'aventure dans sa *Correspondance* en janvier 1773; ce qui a fait placer en janvier 1773 (n° 6463) la lettre écrite par Voltaire à mademoiselle Raucourt pour réparer l'étourderie du maréchal. B.

[2] Le maréchal de Richelieu. B.

6506. A M. LE MARQUIS DE THIBOUVILLE.

A Ferney, 22 février.

Vous me prenez à votre avantage. Je suis dans les horreurs d'une maladie qui pourrait bien être la dernière. On se réconcilie à la mort avec ses ennemis, à plus forte raison avec ses amis. Je vous demande donc pardon très sérieusement de vous avoir soupçonné d'avoir fait les vers à la Pellegrin qui ont déshonoré mon ouvrage. Il y en a un entre autres qui est d'un ridicule extrême ; c'est à la seconde scène du second acte :

Ah ! tu vois ce pontife ardent à m'outrager [1].

Il faut avouer que voilà un *ah !* bien placé, et que cela fait un bon effet. Je répète que mes plus cruels ennemis n'auraient jamais pu me jouer un pareil tour.

Quant à celui qui a fait vendre sous main à Valade ce malheureux exemplaire, je sais qui c'est [2] ; vous le savez aussi, et je n'en parle pas.

Croyez-moi, jouissez des talents des acteurs, s'ils en ont, et renoncez au *tripot*.

Quant à la proposition de faire parler d'amour une sauvage dont l'amour n'est pas le sujet de la pièce,

---

[1] Ce vers est le dernier de quatre vers ajoutés par Thibouville, et qui avaient été mis dans la bouche de Teucer avant

Quel que soit son pouvoir, etc:

(Voyez tome IX, page 315). Ce ne sont pas les seuls vers de l'édition Valade qui ne soient pas dans les variantes. B.

[2] Voltaire croyait alors le savoir ; voyez lettre 6498 ; il ne le sut que plus tard. B.

cette proposition est beaucoup plus déplacée que les compliments qu'on mettait dans la bouche de Datame, à la fin du cinquième acte. La fade galanterie n'a certainement rien à voir dans cette pièce. Elle était faite pour plaire au roi de Suède, au roi de Pologne, et au roi de Prusse; elle était faite pour fournir des notes sur les sacrifices de sang humain, et sur toutes les horreurs religieuses; mais n'en parlons plus, c'est trop bavarder pour un homme qui se meurt.

J'allais écrire à M. d'Argental; mes maux, qui augmentent, m'en empêchent. Pardonnez-moi le crime de vous avoir soupçonné d'une vingtaine de vers détestables, et soyez sûr que, si je meurs, ce sera en vous aimant.

6507. DE M. DALEMBERT.

A Paris, ce 27 février.

Bertrand a reçu tous les sacs de marrons que Raton lui a envoyés; mais, quelque plaisir qu'il ait eu à les manger, il n'a guère, en ce moment, plus d'envie de rire que Raton. Cette strangurie maudite l'alarme et l'inquiète, et elle alarme avec lui tous les Bertrands, qui aimeraient bien mieux que Raton pissât que de croquer tous les marrons du monde. Ils ont beau bénir la patte de Raton, ils ne tiennent rien, si pendant ce temps Raton maudit sa vessie. Ils exhortent, ils prient, ils conjurent Raton de ne plus songer qu'à pisser, et de laisser là les marrons, dont l'odeur pourrait porter à sa vessie.

Bertrand ne sait pas précisément quels sont les auteurs des *Trois Siècles*[1]; mais il est sûr et même évident, en parcourant cette rapsodie, que plus d'un polisson y a travaillé, quoi qu'en dise le polisson qui a bien voulu barbouiller son nom de toute l'ordure des autres. Bertrand a entendu nommer Clément, Palissot, Linguet, l'abbé Bergier, Pompignan, le

[1] Voyez tome XLVII, page 601. B.

jésuite Grou, auteur d'une mauvaise traduction de *Platon*, auquel on ajoute beaucoup d'autres jésuites sans les nommer.

Il est certain que cette canaille (qui, par parenthèse, va, dit-on, être enfin proscrite) a mis beaucoup de torche-culs dans cette garde-robe. Voilà tout ce que Bertrand a pu savoir là-dessus.

A l'égard de la lettre sur mademoiselle Raucourt, il s'en faut bien que l'histoire de la lecture soit telle que la vieille poupée [1] l'a mandé avec candeur à Raton; mais tant que Raton ne pissera pas, Bertrand croirait être cruel de lui ôter sa vieille poupée, et d'empêcher qu'il ne s'en amuse, et qu'il ne la coiffe à sa fantaisie. C'est sans doute par un juste jugement de Dieu que le libraire ou voleur Valade a imprimé ces *Lois de Minos*, pour empêcher qu'elles ne fussent dédiées à la poupée de Raton, ou à la vieille p..... dont Raton écrivait, il n'y a pas long-temps [2], *qu'elle avait passé sa vie à lui faire des niches et des caresses*. Ce qu'il y a de sûr, c'est que l'*Histoire de l'académie* ne sera pas dédiée à la vieille poupée, et qu'il y sera fait mention d'elle comme elle le mérite.

Raton doit avoir reçu un ouvrage qui l'aura consolé un moment de toutes les infamies qui avilissent la littérature; ce sont les *Éloges des* anciens *académiciens*, par M. de Condorcet. Quelqu'un me demandait l'autre jour ce que je pensais de cet ouvrage [3]; je répondis, en écrivant sur le frontispice, *justice, justesse, savoir, clarté, précision, goût, élégance, et noblesse*. Bertrand se flatte que Raton aura été de son avis; et sur ce, il embrasse tendrement Raton, et le conjure de pisser et de ne faire autre chose.

On assure que Pompignan est auteur, dans *les Trois Siècles*, de l'article de Raton, que Bertrand n'a point lu, et, ce qui est plus plaisant, de son propre article à lui Pompignan. Savatier l'avait fait et l'avait montré à Simon Le Franc. Simon Le Franc n'a pas été content, et a pris le parti de s'en charger.

[1] Le maréchal de Richelieu. B.
[2] Le 4 février 1771; voyez tome LXVII, page 36. B.
[3] Voyez ma note sur la lettre 6490. B.

6508. DE FRÉDÉRIC II, ROI DE PRUSSE.

A Potsdam, le 29 février [1].

J'ai reçu votre lettre et vos vers charmants [2], qui démentent sans doute votre âge. Non, je ne vous en croirai point sur votre parole : ou vous êtes encore jeune, ou vous avez coupé au Temps ses ailes.

Il faut être bien téméraire pour vous répondre en vers, si vous ne saviez pas que les gens de mon espèce se permettent souvent ce qu'on désapprouverait en d'autres. Un certain Cotys, roi d'un pays très barbare, entretint une correspondance en vers avec Ovide exilé dans le Pont. Il doit donc être permis aujourd'hui à un souverain d'un pays moins barbare d'écrire à l'Apollon de Ferney en langage welche, en dépit de l'abbé d'Olivet et des puristes de son académie.

    Non, je ne veux plus à Paris
    Avoir de courtier littéraire :
    Je n'y vois plus ces beaux-esprits
    Dont nombre d'immortels écrits
    En m'instruisant savaient me plaire.
    Je ne veux de correspondants
    Que sur les confins de la Suisse,
Province qui jadis était très fort novice
    En arts, en esprits, en talents,
    Mais qui contient des bons vieux temps
    Le seul auteur qui me ravisse.

Les Grecs, vos favoris, cherchèrent en Asie
    La science et la vérité ;
Platon jusqu'en Égypte avait même tenté
    D'éclairer sa philosophie ;
Désormais nos cantons, de ses charmes épris,
Sans chercher pour l'esprit des aliments dans l'Inde,
Trouvent le dieu du goût comme le dieu du Pinde
    Tous deux à Ferney réunis.

---

[1] L'année 1773 n'étant pas bissextile, le mois de février n'avait pas vingt-neuf jours. Il y a eu sans doute erreur de la part du roi de Prusse ; car la lettre 6512 rappelle la date du 29 février. B.

[2] Lettre du 1er février, 6486. B.

Vous aurez peut-être encore le plaisir de voir les musulmans chassés de l'Europe : la paix vient de manquer pour la seconde fois. De nouvelles combinaisons donnent lieu à de nouvelles conjectures. Vos Welches sont bien tracassiers. Pour moi, disciple des encyclopédistes, je prêche la paix universelle en bon apôtre de feu l'abbé de Saint-Pierre; et peut-être ne réussirai-je pas mieux que lui. Je vois qu'il est plus facile aux hommes de faire le mal que le bien, et que l'enchaînement fatal des causes nous entraîne malgré nous, et se joue de nos projets, comme un vent impétueux d'un sable mouvant.

Cela n'empêche pas que le train des choses ordinaires ne continue. Nous arrangeons le chaos de l'anarchie chez nous, et nos évêques conservent 24,000 écus de rente; les abbés, 7,000. Les apôtres n'en avaient pas autant. On s'arrange avec eux de manière qu'on les débarrasse des soins mondains, pour qu'ils s'attachent sans distraction à gagner la Jérusalem céleste, qui est leur véritable patrie.

Je vous suis obligé de la part que vous prenez à l'établissement de ma nièce [1] : elle a une figure fort intéressante, jointe à une conduite qui me fait espérer qu'elle sera heureuse, autant qu'il est donné à notre espèce de l'être.

Je m'informerai de ce compagnon du malheureux La Barre [2]; et s'il a de la conduite, il sera facile de le placer. Votre recommandation ne lui sera pas inutile.

Les nouvelles qu'on vous donne de Paris diffèrent prodigieusement de celles que je reçois de Pétersbourg. On vous écrit ce que l'on souhaite, mais non pas ce qui existe; enfin ce que l'on se promet du fruit de ses tracasseries, ce qui peut-être était possible autrefois, mais à quoi l'on ne doit s'attendre aucunement en Russie de la sagesse du gouvernement actuel.

Eh bien! je vous ai rogné quelques années [3], et je ne m'en

---

[1] Voyez lettres 6479 et 6486. B.
[2] D'Étallonde de Morival. B.
[3] Voyez lettres 6478 et 6486. B.

dédis pas : vos ouvrages ont trop de fraîcheur pour être d'un vieillard. Vous m'enverriez votre extrait baptistaire, que je n'en croirais pas davantage à votre curé.

> On juge mal, on est déçu,
> En se fiant à l'apparence :
> Je suis très sûr et convaincu
> Que Voltaire en secret a bu
> De la fontaine de Jouvence.
> Jamais aucun héros n'approcha de son sort :
> Immortel par sa vie, ainsi qu'après sa mort.

C'est cette première immortalité qui me touche le plus. Je suis intéressé à votre conservation ; l'autre vous est sûre. Souvenez-vous de la maxime de l'empereur Auguste : *Festina lente*. Ce sont les vœux que le philosophe de Sans-Souci fait pour le patriarche de Ferney, en attendant *les Lois de Minos*.

FÉDÉRIC.

6509. A M. DALEMBERT.

1er mars.

J'ai lu en mourant le petit livre de M. de Condorcet[1], cela est aussi bon en son genre que les *Éloges* de Fontenelle ; il y a une philosophie plus noble et plus hardie, quoique modeste. M. de Condorcet est bien digne d'être votre ami. Le siècle avait besoin de vous deux.

Je vous supplie de vous efforcer de lire ma *Réponse*[2] à l'avocat La Croix, dans l'affaire de M. de Morangiés. Je me trouve, par une fatalité singulière, partie au procès. Décidez si je me suis défendu en honnête homme et en homme modéré.

Je serai mort ou guéri quand *les Lois de Minos*

---

[1] Voyez page 132. B.
[2] *Réponse à l'écrit d'un avocat*; voyez tome XLVII, page 222; mais cet avocat n'était pas De La Croix, comme le dit ici Voltaire : c'était Linguet. Voltaire reconnaît son erreur dans la lettre 6513. B.

paraîtront. J'ose croire que vous ne serez pas mécontent de l'épître dédicatoire et du tour que j'ai pris.

Vous verrez que Raton y ronge quelques mailles pour Bertrand.

Soyez surtout bien sûr que Raton mourra digne de vous.

6510. DE CATHERINE II.

A Pétersbourg, le 20 février-3 mars.

Monsieur, j'espère qu'il n'est plus question de la colère que vous aviez, le premier décembre[1], contre les majestés impériales et l'église grecque et romaine.

Le prince Orlof, qui aime la physique expérimentale, et qui naturellement est doué d'une perspicacité particulière sur toutes ces matières-là, est peut-être celui qui a fait la plus curieuse de toutes les expériences sur la glace. La voici :

Il a fait creuser en automne les fondements d'une porte cochère, et pendant les plus fortes gelées de l'hiver il a fait remplir d'eau ces fondements, afin qu'elle s'y convertît en glace. Lorsqu'ils furent remplis à la hauteur convenable, on les garantit soigneusement des rayons du soleil, et au printemps on éleva dessus une porte cochère voûtée en briques, et très solide. Elle existe depuis quatre ans, et elle existera, je crois, jusqu'à ce qu'on l'abatte. Il est bon de remarquer que le terrain sur lequel cette porte est bâtie est marécageux, et que la glace tient lieu du pilotis qu'on aurait été obligé d'employer à son défaut.

L'expérience de la bombe remplie d'eau, et exposée à la gelée, a été faite en ma présence; elle a crevé en moins d'une heure avec beaucoup de fracas.

Quand on vous a dit que la gelée élève des maisons hors de terre, on aurait dû ajouter que cela arrive à de mauvaises baraques de bois, mais jamais à des maisons de pierres. Il est vrai que des murs de jardin assez minces, et dont les fonde-

---

[1] Voyez lettre 6446. B.

ments sont mal assis, ont été levés de terre et renversés peu à peu par la gelée. Les pilotis que la glace peut accrocher se soulèvent aussi à la longue.

Si les Turcs continuent de suivre les bons conseils de leurs soi-disant amis, vous pouvez être sûr que vos souhaits de nous voir sur le Bosphore seront bien près de leur accomplissement, et cela viendra peut-être fort à propos pour votre convalescence; car j'espère que vous vous êtes défait de cette vilaine fièvre continue que vous m'annoncez, et dont jamais je ne me serais doutée en voyant la gaîté qui règne dans vos lettres.

Je lis présentement les œuvres d'Algarotti. Il prétend que tous les arts et toutes les sciences sont nés en Grèce. Dites-moi, je vous prie, cela est-il bien vrai? Pour de l'esprit, ils en ont encore, et du plus délié; mais ils sont si abattus qu'il n'y a plus de nerf chez eux. Cependant je commence à croire qu'à la longue on pourrait les aguerrir: témoin cette nouvelle victoire de Patras remportée sur les Turcs après la fin du second armistice. Le comte Alexis me mande qu'il y en a qui se sont admirablement comportés.

Il y a eu aussi quelque chose de pareil sur les côtes d'Égypte, dont je n'ai point encore les détails; et c'était encore un capitaine grec qui commandait. Votre baron Pellemberg est à l'armée. M. Polianski est secrétaire de l'académie des beaux-arts. Il n'est pas noyé, quoiqu'il passe souvent la Néva en carrosse; mais chez nous il n'y a pas de danger à cela en hiver.

Je suis bien aise d'apprendre que mes deux comédies ne vous ont pas paru tout-à-fait mauvaises. J'attends avec impatience le nouvel écrit que vous me promettez[1]; mais j'en ai encore plus de vous savoir rétabli.

Soyez assuré, monsieur, de mon extrême sensibilité pour tout ce que vous me dites d'obligeant et de flatteur. Je fais des vœux sincères pour votre conservation, et suis toujours avec l'amitié et tous les sentiments que vous me connaissez.

CATERINE.

[1] Lettre 6501. B.

6511. A M. LE COMTE D'ARGENTAL.

A Ferney, 17 mars.

Je ne sais pas, mon cher ange, si je suis encore en vie ; mais si j'existe, c'est bien tristement. J'ai la sottise d'être profondément affligé de l'insolence avec laquelle ce fripon de Valade a fait accroire à monsieur le chancelier et à M. de Sartines qu'il n'avait fait sa détestable édition [1] que sur celle qui lui avait été envoyée de Genève, tandis que ma véritable édition de Genève n'est pas encore tout-à-fait achevée d'imprimer, à l'heure que je vous écris.

Vous pouviez confondre d'un mot l'imposture de ce misérable, puisque son édition contient des vers que je n'ai point faits, et dont la pièce a été remplie sans m'en donner le moindre avis. Vous savez ce que je vous ai mandé sur ces vers [2], et vous pouvez juger de la peine extrême que j'en ai ressentie. Il faut peu de chose pour accabler un malade : et souvent qui a résisté à cinquante accès de fièvre consécutifs ne résiste pas à un chagrin.

Pendant ma maladie, il m'est arrivé des revers bien funestes dans ma fortune, et j'ai craint de mourir sans pouvoir remplir mes engagements avec ma famille. La vie et la mort des hommes sont souvent bien malheureuses ; mais l'amitié que vous avez pour moi, depuis plus de soixante ans, rend la fin de ma carrière moins affreuse.

Pardonnez les expressions que la douleur m'arra-

---

[1] Des *Lois de Minos*. B.

[2] La lettre manque : mais il se peut que Voltaire veuille parler de la lettre à Thibouville, du 8 février, n° 6495. B.

che; elles sont bien excusables dans un vieillard octogénaire qui sort de la mort pour se voir enseveli sous quatre pieds de neige, et pour être, comme il est d'usage, abandonné de tout le monde. J'espère que je ne le serai pas par vous, que je ne mourrai pas de chagrin, n'étant pas mort de cinquante accès de fièvre, et que je reprendrai ma gaîté pour les minutes que j'ai à ramper sur ce misérable globule.

6512. A FRÉDÉRIC II, ROI DE PRUSSE.

A Ferney, 19 mars.

Sire, votre lettre du 29 février[1], qui est apparemment datée selon votre ancien style hérétique, ne m'en est pas moins précieuse. Votre style n'en est pas moins charmant : les choses les plus agréables et les plus philosophiques naissent sous votre plume. Il vous est aussi aisé d'écrire des choses dignes de la postérité, qu'il l'est aux rois du midi d'écrire : « Dieu « vous ait, mon cousin, en sa sainte et digne garde; « et vous, monsieur le président, en sa sainte garde. »

J'ai été sur le point de ne répondre à votre majesté que des Champs-Élysées; c'est après cinquante accès de fièvre, accompagnés de deux ou trois maladies mortelles, que j'ai l'honneur de vous écrire ce peu de lignes.

Je ne sais si je me trompe, mais j'ai bien peur que le renouvellement de la guerre entre la Porte de Moustapha et la Porte de Catherine II n'entraîne des suites fatales. Votre majesté est toujours prépa-

[1] 6508. B.

rée à tout événement, et, quelque chose qui arrive, elle fera de jolis vers et gagnera des batailles.

J'ai l'honneur de lui envoyer *les Lois de Minos* avec des notes qui pourront lui paraître assez intéressantes ; elle trouvera dans le cours de la pièce que j'ai profité d'un certain poëme sur les *Confédérés*[1]. Elle verra même qu'il y a quelque chose qui ressemble au roi de Suède, votre neveu ; on prétend que notre ministère welche veut s'approprier ce grand prince, et troubler un peu votre Nord. Ce sont mystères qui passent mon intelligence ; je m'en remets, sur tous les futurs contingents, aux ordres de sa sacrée majesté le Hasard, ou plutôt aux ordres plus réels de sa divine majesté la Destinée. Les mourants d'autrefois savaient prédire l'avenir ; le monde dégénère ; et tout ce que je puis prédire, c'est que je serai votre admirateur, et votre très sincèrement attaché Suisse, pendant le peu de minutes qui me restent encore à végéter entre le mont Jura et les Alpes.

Le vieux Malade de Ferney.

6513. A M. LE COMTE DE ROCHEFORT[2].

Ferney, mars.

Mon cher Christin[3] m'a montré, monsieur, la lettre que vous lui avez écrite ; vous lui avez fait une belle peur, et à moi encore davantage. Je ne

[1] Par le roi de Prusse ; voyez tome IX, page 275. B.
[2] Cette lettre, placée jusqu'à présent à la fin de mars, est évidemment antérieure à celle qui suit, et dans laquelle il déclare ne pas regarder La Croix comme l'auteur des *Preuves démonstratives*. B.
[3] Voyez tome XXX, page 342. B.

serais pas étonné qu'en effet il y eût de ces incidents singuliers dans les mauvaises pièces qu'on joue aujourd'hui sur votre théâtre. Vous dites à Christin que vous m'avez écrit sous l'enveloppe de M. Marin ; je n'ai point reçu cette lettre. Il faut que quelque malin enchanteur ait escamoté ce que vous m'écriviez : cela redouble encore mes inquiétudes. Je suis un peu comme Atticus, attaché à César et à Pompée, et par conséquent fort embarrassé. Je trouve la comparaison d'Atticus fort bonne, car cet Atticus était malingre comme moi ; mais, ne pouvant plus supporter la vie, il se tua, et je ne me tue point ; je suis seulement confondu de ce que César, qui vous croit probablement ami de Pompée, vous ait défendu de rire devant lui.

Mais voici quelque chose de plus sérieux. Il est bien étrange qu'à mon vingt-huitième accès de fièvre, entre les bras de la mort, je vous envoie deux apologies, l'une sur l'infâme édition de Valade [1], l'autre sur M. de Morangiés [2] : ces objets vous ont trop intéressé pour que je ne fasse pas un effort sur les douleurs qui m'accablent.

Vous m'écrivez, le 23 février : « M. le maréchal de
« Richelieu assure que *les Lois de Minos* ont été im-
« primées sur un exemplaire arrivé de Lausanne, et
« M. de Sartines proteste avoir vu l'exemplaire et plu-
« sieurs autres. »

Je vous dirai d'abord que M. de Sartines me dit tout le contraire dans sa lettre du 19 février. A l'égard

---

[1] Tome XLVII, page 229. B.
[2] Tome XLVII, page 209. B.

de monsieur le maréchal, j'ignore si ses occupations lui ont permis d'examiner l'affaire; mais pour peu qu'il y eût apporté la moindre attention, il eût vu qu'il est impossible que ce Valade ait eu un exemplaire de Lausanne :

1º Parceque la pièce n'a jamais encore été imprimée ni à Lausanne, ni à Genève;

2º Parceque j'ai envoyé à M. de Sartines une attestation en forme du libraire de Lausanne, qui donne un démenti à ce malheureux Valade;

3º Parceque l'édition de Valade n'est conforme qu'à un manuscrit de Lekain, donné à Lekain par MM. d'Argental et de Thibouville; manuscrit dans lequel on a inséré plusieurs vers qui ne sont point de moi, et que je n'ai jamais vus que dans cette misérable édition : ces vers étrangers peuvent me faire beaucoup d'honneur, mais je ne suis point un geai qui se pare des plumes du paon.

4º Si Valade avait reçu un exemplaire de Lausanne ou de Genève, il le montrerait; mais il n'en a jamais eu d'autres que ceux de son édition détestable. Le fripon alla porter un de ses exemplaires furtivement imprimés à un censeur royal, obtint une permission tacite de s'emparer du bien d'autrui, et dit ensuite que son édition était conforme à cet exemplaire qu'il avait montré. Voilà comme il a trompé M. de Sartines et Lekain lui-même.

5º Vous devez plus que personne savoir que l'édition de Valade n'est pas conforme à ma pièce, puisque je vous en confiai les premières épreuves que je fesais imprimer à Genève lorsque vous partîtes de Ferney.

Depuis votre départ je fis changer ces épreuves, et je retravaillai l'ouvrage avec d'autant plus de soin, que je comptais le dédier à M. le maréchal de Richelieu. J'avais fait la pièce en huit jours ; je mis un mois à la corriger. Elle n'est point encore imprimée ; ainsi il est impossible que ni Valade, ni personne au monde ait eu cette édition qui n'est pas faite.

Étant donc démontré qu'il n'y a jamais eu encore d'édition des *Lois de Minos*, ni à Lausanne, ni à Genève, il est démontré que Valade a imprimé sur le manuscrit de Lekain, ou sur une copie de ce manuscrit qu'on lui a vendue.

Valade m'a écrit pour me demander pardon ; il m'a écrit qu'il était pauvre et père de famille. Je lui ai fait écrire que je le récompenserais s'il me disait la vérité, et il ne me la dira pas.

Au reste, je souhaite que mon ouvrage soit digne de M. le maréchal de Richelieu à qui je le dédie, et du roi de Suède et du roi de Pologne, pour qui je l'ai composé. Si je meurs de ma maladie, je mourrai du moins avec cette consolation.

Quant à M. de Morangiés, l'affaire est plus sérieuse ; et vous y êtes intéressé de même. C'est vous qui, par amitié pour M. le marquis de Morangiés le lieutenant-général, son père, me pressâtes d'écrire en faveur de son fils. Un avocat nommé La Croix [1], auteur d'une feuille périodique intitulée *le Specta-*

---

[1] Voyez la lettre suivante. B.

teur, a fait un libelle infame contre M. de Morangiés et contre moi. Voici ma réponse; je l'ai envoyée à monsieur le chancelier, et j'espère qu'on en permettra l'impression dans Paris : je crois apprendre un peu à M. La Croix son devoir. Je crois que M. le comte de Morangiés doit paraître très innocent et très imprudent à quiconque n'a pas renoncé aux lumières du sens commun, et j'attends respectueusement la décision des juges.

En voilà trop pour un mourant, mais non pour l'intérêt de la vérité; et il n'y en aura jamais assez pour les sentiments avec lesquels je vous suis attaché.

Je vous envoie un neuvième[1] dont plusieurs endroits vous feront rire quand vous n'aurez rien de mieux à faire. Pour madame Dix-neuf-ans, on dit qu'elle n'a été occupée que de danser chez madame la dauphine. Tâchez tous deux de venir voir cet été madame votre mère, et de faire chez nous une longue pause.

Embrassez tous deux pour moi mon cher Dalembert, quand vous le verrez. L'oncle et la nièce vous font les plus tendres compliments.

6514. A M. LEJEUNE DE LA CROIX,

AVOCAT.

A Ferney, ce 22 mars.

J'ai reçu, monsieur, votre lettre, lorsque j'échappais à peine, et pour très peu de temps, d'une maladie qui n'épargne guère les gens de mon âge. Ainsi

---

[1] Des *Questions sur l'Encyclopédie*. B.

votre confrère M. Marchand[1] est plus en droit que jamais de faire mon testament; mais vous êtes bien plus en droit de réfuter la calomnie qui vous a imputé un libelle contre M. de Morangiés et contre moi[2]. Je connais trop votre style, monsieur, pour m'y être mépris un moment. Il est vrai qu'on a voulu l'imiter, mais on n'en est pas venu à bout. Je vous ai toujours rendu justice; et, quoique nous soyons d'avis très différent sur le singulier procès de M. de Morangiés, mon estime pour vous n'en a jamais été altérée. Je me hâte de vous témoigner mes véritables sentiments, malgré la faiblesse extrême où je suis; je serais trop fâché de mourir sans compter sur votre amitié, et sans vous assurer de la mienne. C'est avec ces sentiments, monsieur, que j'ai l'honneur d'être votre très humble et très obéissant serviteur.

6515. A CATHERINE II.

A Ferney, 25 mars.

Madame, permettez qu'un de vos sujets, qui demeure entre les Alpes et le mont Jura, et qui vient de ressusciter pour quelques jours, après cinquante-deux accès de fièvre, dise quelques nouvelles de l'autre monde à votre majesté impériale. J'ai trouvé sur les bords du Styx les Tomyris, les Sémiramis, les Penthésilée, les Élisabeth d'Angleterre : elles m'ont toutes dit qu'elles n'approchaient pas de la véritable

---

[1] Voyez tome XXXI, page 401. B.

[2] Voltaire l'avait cru l'auteur des *Preuves démonstratives en fait de justice*; voyez ma note, tome XLVII, page 157; voyez aussi ci-dessus, page 160. B.

Catherine, de cette Catherine qui attirera les regards de la postérité; mais elles m'ont appris que vous n'étiez pas au bout de vos travaux, et qu'il fallait que vous prissiez encore la peine de bien battre mon cher Moustapha.

Le roi de Prusse me paraît croire que vos négociations sont rompues avec ce gros musulman; mais les choses peuvent changer d'un moment à l'autre, en fait de négociations comme en fait de guerre. J'attends très humblement de la destinée et de votre génie le débrouillement de tout ce chaos où la terre est plongée de Dantzick aux embouchures du Danube, bien persuadé que, quand la lumière succédera à ces ténèbres, il en résultera pour vous de l'avantage et de la gloire.

Si votre guerre recommence, je n'en verrai pas la fin, par la raison que je serai probablement mort avant que vous ayez gagné cinq ou six batailles contre les Turcs.

Je me suis borné, dans ma dernière lettre [1], à demander la protection de votre majesté impériale, pour savoir quelles précautions on prend dans votre zone illustre et glaciale pour assurer les levées des terres et des murailles contre les efforts de la glace; je me suis restreint à la physique, les affaires politiques ne sont pas de ma compétence.

On dit que, parmi les Français, il y a des Welches qui sont grands amis de Moustapha, et qui se trémoussent pour embarrasser mon impératrice; je ne

---

[1] Ce n'est pas dans la dernière, qui est 6501, mais dans l'avant-dernière, 6467. B.

veux point le croire; je ne suis qu'un pauvre Suisse qui se défie de tous les bruits qui courent, et qui est incrédule comme Thomas Didyme l'apôtre. Mais je crois fermement à votre gloire, à votre magnificence, à la supériorité que vous avez acquise sur le reste du monde depuis que vous gouvernez, à votre génie noble et mâle : j'ose croire aussi à vos bontés pour moi. Je me mets aux pieds de votre majesté impériale pour le peu de temps que j'ai encore à vivre : agréez le profond respect et le sincère attachement du vieux malade de Ferney.

6516. A M. DALEMBERT.

27 mars.

Mon très aimable Bertrand, votre lettre a bien attendri mon vieux cœur, qui, pour être vieux, n'en est pas plus dur. Je ne sais pas bien positivement si je suis encore en vie; mais en cas que j'existe, c'est pour vous aimer.

Le gros Gabriel Cramer, pendant ma maladie, a imprimé un petit recueil dans lequel vous trouverez d'abord *les Lois de Minos*, précédées d'une épître dédicatoire; et, si la page 8 de cette épître dédicatoire ne vous plaît pas, je serai bien attrapé[1].

Je sais d'ailleurs que Raton aime Bertrand depuis trente ans, et que Bertrand pardonnera à une liaison de plus de cinquante.

Après la pièce sont des notes que probablement on ne réimprimera pas dans Paris, tant elles cou-

---

[1] Voyez, dans l'épître dédicatoire des *Lois de Minos* (t. IX, p. 281), l'alinéa qui commence par ces mots *C'est à vous de maintenir*. B.

tiennent de vérités. Vous trouverez dans ce recueil[1] la seule bonne édition de l'*Épître à Horace*[2], le *Discours* de l'avocat *Belleguier*[3], des réflexions[4] sur le panégyrique de saint Louis, prononcé par l'abbé Maury, lesquelles ne sont pas à l'avantage des croisades.

Le Philosophe par Du Marsais, qui n'a jamais été imprimé jusqu'à présent[5], se trouve dans ce recueil.

Il y a deux lettres très importantes de l'impératrice de Russie[6] sur les deux puissances.

Le principal ornement de cette collection est votre *Dialogue entre Descartes et Christine*[7]. On y a fourré aussi la lettre du roi de Prusse[8], dont l'original est conservé dans les archives de l'académie, et dont Cramer prétend qu'on a trouvé une copie dans les papiers de votre prédécesseur Duclos.

Presque toutes ces pièces sont accompagnées de remarques, dont quelques unes sont assez curieuses.

J'oubliais de vous dire que, dans l'épître dédicatoire, M. de La Harpe est désigné comme le seul qui peut soutenir le théâtre français[9], et qui n'a éprouvé

---

[1] Toutes les pièces que Voltaire énumère ici sont à la suite des *Lois de Minos* dans l'édition dont j'ai parlé, tome IX, page 276. B.

[2] Voyez tome XIII, page 317. B.

[3] Tome XLVII, page 185. B.

[4] *Quelques petites Hardiesses de M. Clair*, tome XLVII, page 132. B.

[5] Voyez ma note, tome XLVII, page 230. B.

[6] Ce sont celle qui, dans la présente édition, porte le n° 4687, et des fragments du n° 4463 qui sont répétés, tome XXXII, pages 34, 35. B.

[7] Ce *Dialogue* de Dalembert est à la page 298 du volume dont parle Voltaire. B.

[8] Celle qui est imprimée tome XLVIII, page 380. B.

[9] Voyez tome IX, page 282. B.

que persécutions et injustices pour tout encouragement.

Comment m'y prendrai-je pour vous faire parvenir ce petit paquet de facéties allobroges? elles sont de contrebande, et moi aussi.

Si j'ai encore quelque temps à vivre, je le passerai à cultiver mon jardin. Il faut finir comme Candide, j'ai assez vécu comme lui. Ma grande consolation est que vous soutenez l'honneur de nos pauvres Welches, en quoi vous serez bien secondé par M. le marquis de Condorcet.

Adieu, mon philosophe très cher et très nécessaire. Adieu; vivez long-temps.

6517. A M. MARIN.

27 mars.

J'ai reçu, mon cher monsieur, ma *Déclaration*[1] imprimée à Paris. J'ai été fâché de voir: *Réponse d'un avocat à l'écrit intitulé*, au lieu de *Réponse à l'écrit d'un avocat*, intitulé, etc.[2]. Cela fait un contre-sens assez ridicule; mais il faut souffrir ce ridicule, auquel on ne peut remédier.

L'affaire de M. de Morangiés est d'un ridicule bien triste et bien cruel. Il la perdra, quoiqu'il soit démontré qu'il n'a jamais reçu les cent mille écus. Dieu veuille que je me trompe! Cependant il me paraît que le public des honnêtes gens revient beaucoup en faveur de M. de Morangiés. C'est une chose bien absurde que la rétractation d'un faux témoin ne soit

---

[1] Celle qui est tome XLVII, page 209. B.
[2] Voyez ma note, tome XLVII, page 222. B.

pas admise en justice après le récolement. Je regarde le désaveu fait par cette malheureuse Hérissé-Tempête [1], avant d'être fouettée et marquée, comme une espèce de testament de mort, qui doit servir de matière à une nouvelle instruction, et qui prouve évidemment que M. de Morangiés est opprimé par la plus infame canaille. La faveur donnée à un vérolé, et le décret de prise de corps contre un chirurgien honnête homme, marquent, ce me semble, la plus mauvaise volonté de la part du juge. Ce juge s'est fait un point d'honneur de protéger la populace contre la noblesse; mais il ne fallait protéger que la vérité contre l'imposture. Le grand malheur est qu'on ne peut prouver cette imposture juridiquement, et que les billets de M. de Morangiés subsistent toujours. Au reste, ce problème me paraît plus intéressant que cent mille billevesées mathématiques, et cent mille discours pour les prix des académies.

Je ne connais point du tout ce M. de Boissy [2] dont vous vous plaignez, ni cet abbé Savatier [3] qui m'a tant dénigré. Ma longue maladie, dont je ne suis pas encore guéri, ne m'a pas laissé le temps de lire leurs brochures.

On dit que M. de La Harpe a fait une tragédie [4] qui est le meilleur de tous ses ouvrages. Je le souhaite de tout mon cœur pour l'honneur des lettres et pour son avantage. C'est, de tous nos jeunes gens, celui

[1] Voyez tome XLVII, page 257. B.
[2] Laus de Boissy; lettre 6526. B.
[3] Sabatier; voyez tome IX, page 284. B.
[4] *Menzicoff;* voyez lettre 6466. B.

qui fait le mieux des vers, qui écrit le mieux en prose, et qui a le goût le plus sûr.

6518. A MADAME LA MARQUISE DU DEFFAND.

29 mars.

Savez-vous bien, madame, pourquoi j'ai été si long-temps sans vous écrire[1]? c'est que j'ai été mort pendant près de trois mois, grace à une complication de maladies qui me persécutent encore. Non seulement j'ai été mort, mais j'ai eu des chagrins et des embarras; ce qui est bien pire.

Puisque vous avez lu *les Lois de Minos,* il est juste que je vous envoie les notes qu'une bonne ame a mises à la fin de cette pièce. Je pourrais même vous dire que cette tragédie n'a été faite que pour amener ces notes, qui paraîtront peut-être trop hardies à quelques fanatiques, mais qui sont toutes d'une vérité incontestable. Faites-vous-les lire; elles vous amuseront au moins autant qu'une feuille de Fréron.

Quelques personnes seront peut-être étonnées qu'on parle dans ces notes du chevalier de La Barre, et de ses exécrables assassins; mais je tiens qu'il en faut parler cent fois, et faire détester, si l'on peut, la mémoire de ces monstres appelés juges, à la dernière postérité.

Je sais bien que l'intérêt personnel d'un très grand nombre de familles, l'esprit de parti, la crainte des impôts et du pouvoir arbitraire, ont fait regretter dans Paris l'ancien parlement; mais, pour moi, ma-

---

[1] La dernière lettre est du 4 novembre 1772; voyez n° 6429. B.

dame, j'avoue que je ne pouvais qu'avoir en horreur des bourgeois, tyrans de tous les citoyens; qui étaient à-la-fois ridicules et sanguinaires. Je me suis déclaré hautement contre eux, avant que leur insolence ait forcé le roi à nous défaire de cette cohue. Je regardais la vénalité des charges comme l'opprobre de la France, et j'ai béni le jour où nous avons été délivrés de cette infamie. Je n'ai pas cru assurément m'écarter de la reconnaissance que je dois et que je conserve à un bienfaiteur, en m'élevant contre des persécuteurs qui n'ont rien de commun avec lui. Je n'ai fait ma cour à personne; je n'ai demandé aucune grace à personne. La satisfaction de manifester mes sentiments et de dire la vérité m'a tenu lieu de tout. Un temps viendra où les haines et les factions seront éteintes, et alors la vérité restera seule.

Il y a quelque chose d'aussi sacré pour moi que cette vérité, c'est l'ancienne amitié. Je compte sur la vôtre en vous répondant de la mienne; c'est ce qui fait ma consolation dans mes neiges et dans mes souffrances. Ma gaîté n'est pas revenue; mais elle reviendra avec les beaux jours, si mes maladies diminuent. Si je n'ai plus de gaîté, j'aurai du moins de la résignation et de la fermeté, un profond mépris pour toute superstition, et un attachement inviolable pour vous.

6519. A M. DE LA HARPE.

29 mars.

Oui, j'ai vu les vers sur la statue [1] : ils me font

---

[1] Je ne sais de quels vers veut parler Voltaire. B.

trop d'honneur, mais ils sont excellents. En voici[1] sur cette statue, qui ne valent pas les vôtres. Ce sont *levia carmina et faciles versus* qu'on fait *currente calamo*, et qui ne prétendent à rien. Cependant, si vous pouvez les glisser dans le *Mercure*, ce sera toujours un petit service rendu à Aliboron et à sa séquelle.

Je fais partir un ballot de livres de contrebande. Vous croyez bien qu'il y en a quelques exemplaires pour vous, qui êtes un peu de contrebande aussi, puisque vous êtes rempli de goût et de génie.

Le *Discours* de l'avocat *Belleguier*, en l'honneur de l'université, se trouve dans ce recueil. Il y a des pièces curieuses[2], et même importantes. Ce qu'il contient de moins bon, c'est la tragédie des *Lois de Minos*; mais du moins les vers dont Valade l'avait honorée n'y sont pas. Cette pièce n'avait été faite que pour amener des notes sur les sacrifices du temps passé et du temps présent. Ces notes ne seront approuvées ni par Riballier ni par *Coge pecus*, mais elles sont toutes dans la plus exacte vérité; ainsi elles peuvent faire du bien.

> Le vrai seul est aimable :
> Il doit régner partout.
>
> BOILEAU, ép. IX, v. 43.

Il y a une épître dédicatoire à M. le maréchal de Richelieu, bien longue et assez singulière. Il me semble que je vous ai assez bien désigné[3] à la page 10.

---

[1] L'*Épître à Pigalle*, qui est tome XIII, page 275, fut imprimée (sauf les quatre vers sur Fréron) dans le *Mercure* de 1773, t. II d'avril, p. 38. B.

[2] Plusieurs sont énumérées dans la lettre 6516. B.

[3] Tome IX, page 282 ; le passage est rapporté dans la lettre 6560. B.

Puissent les alguazils de la littérature, et les commis à la douane des pensées, laisser arriver mon petit ballot en sûreté!

6520. A M. MARMONTEL.

29 mars.

Votre ancien ami est revenu au monde, mais ce n'est pas pour long-temps. Ce qui est bien sûr, c'est qu'il vous sera tendrement attaché dans le petit nombre de minutes qu'il peut avoir encore à végéter sur ce globule.

Je vous plains, je plains le théâtre et le bon goût, puisque mademoiselle Clairon va en Allemagne; mais je ne puis la blâmer de quitter le pays de la frivolité et de l'ingratitude.

J'ai mis au coche un petit ballot de rogatons[1] qu'on vient enfin d'imprimer à Genève. On y trouve des pièces assez curieuses, et entre autres le *Discours* de l'avocat *Belleguier*, qui n'aura point le prix de l'université. Vous y verrez aussi *les Lois de Minos*, qui n'ont été faites que pour amener des notes très vraies et très insolentes, très dignes de l'avocat Belleguier, très dignes d'être lues par vous, et qui ne seront point du tout du goût de *Coge pecus* et de Ribaudier.

Vous voyez bien que Valade est un fripon, et un sot fripon, puisqu'il ose dire qu'il imprima son infâme rapsodie sur une édition de Genève, et que cette édition de Genève ne paraît que depuis huit jours.

[1] Le volume dont Voltaire parle dans la lettre 6516. B.

Voici une lettre à M. Pigalle; elle se sent un peu de ma maladie, mais aussi elle n'a point de prétention.

Adieu, mon très cher confrère; ma grande prétention est à votre amitié.

Présentez, je vous prie, mes regrets à mademoiselle Clairon.

6521. A M. LE CHEVALIER DU COUDRAY[1].

Pardonnez, monsieur, à un vieillard décrépit et malade, si du fond de ses abîmes de neiges il ne vous a pas remercié plus tôt de l'honneur que vous lui avez fait. J'ai de bien plus grandes grâces à vous rendre; c'est de mon plaisir. Tout ce que vous dites est naturel et vrai. Je suis de l'avis de Boileau[2] :

Le vrai seul est aimable.

Peut-être quelques gens d'un goût difficile vous reprocheront quelquefois de ne vous être pas assez servi de la lime; mais je trouve que cette aisance sied très bien à un mousquetaire.

Quant au luxe[3] dont vous parlez, vous faites très bien de déclamer contre lui, et d'en avoir un peu chez vous; le luxe est une fort bonne chose quand il ne va pas jusqu'au ridicule. Il est comme tous les autres plaisirs, il faut les goûter avec quelque sobriété pour en bien jouir. Vous savez tout cela mieux que moi, et vous en faites un bien meilleur usage. Je suis

---

[1] Alexandre-Jacques, chevalier Du Coudray, né à Paris en 1744. B.

[2] *Épître au marquis de Seignelay*, vers 42. B.

[3] Du Coudray venait de publier *le Luxe*, poëme en six chants, 1773, in-8°. B.

sur le bord de mon tombeau; c'est de là que je vous souhaite des jours remplis de gaîté.

J'ai l'honneur d'être, etc.

Le vieux Malade de Ferney.

6522. AU PRINCE HENRI DE PRUSSE.

Mars.

Monseigneur, une des plus douces consolations que j'aie reçues depuis plus de vingt ans a été la lettre [1] dont votre altesse royale m'a honoré; je vois que vous daignez toujours protéger les lettres, et que vous favorisez les Français après vous être amusé à les battre; ils sont dignes en effet de vos bontés. Cette nation, qui passe pour être un peu légère, ne l'a jamais été pour vous; elle vous a toujours aimé, et les gens sensés de chez nous ont rendu unanimement justice à vos grands talents militaires comme à vos graces.

Le jeune M. Mainissier, secrétaire du général de Brux, Écossais au service de l'impératrice de Russie, m'apporta hier dans mon lit, où mes maladies me retiennent, la lettre dont je remercie votre altesse royale; mon triste état, et la perte presque entière de mes yeux, ne me permettront guère de lire trois gros volumes de la *Politique morale* [2], dont ce jeune homme est l'auteur; mais je lui rendrai tous les services qui dépendront de moi, quoiqu'il soit très difficile de dire des choses neuves en morale, et peut-être dangereux d'en dire de vieilles en politique.

---

[1] 6502. B.

[2] Cet ouvrage m'est inconnu, ainsi que je l'ai déjà dit page 151. B.

Il est vrai qu'il y a eu de grands politiques à l'âge de vingt-cinq ans; mais ils n'imprimaient rien à cet âge sur le gouvernement.

Quoi qu'il en soit, si le jeune M. Mainissier est assez heureux pour penser et s'exprimer comme vous, il réussira. Je le trouve bien heureux d'avoir pu vous faire sa cour; mon âge et ma fin prochaine ne me laissent pas espérer un tel bonheur.

Je suis avec le plus profond respect, monseigneur, de votre altesse royale, etc.

6523. DE FRÉDÉRIC II, ROI DE PRUSSE.

A Potsdam, le 4 avril.

Vous savez que tous les princes ont des espions : j'en ai jusqu'au pied des Alpes, qui m'ont alarmé en m'apprenant les dangers dont vous avez été menacé. Je ne sais s'ils m'ont annoncé juste (car vous savez que les princes sont sujets à être trompés); mais ils soutiennent que votre mal est dégénéré en goutte : ce qui m'a doublement réjoui. Cette maladie, à votre âge, pronostique une longue vie, et je suis bien aise de vous associer à notre confrérie de goutteux.

Je vous fais des remerciements de la tragédie que vous m'avez envoyée[1]. Vous avez été frappé des événements arrivés en Pologne et des révolutions de Suède; et cela vous a fourni la matière d'un drame. Je crois que, si vous vouliez l'entreprendre, vous feriez des nouvelles de gazettes des sujets de tragédie.

Celle-ci est certainement très nouvelle, et ne ressemble à aucun des sujets que les tragiques anciens ou modernes ont traités. Je ne vous répéterai point l'étonnement que j'ai de vous voir rajeunir dans un âge où notre espèce cesse d'être; mais s'il est permis à un *dilettante*, ou, pour mieux nommer

---

[1] *Les Lois de Minos.* B.

les choses par leur nom, à un ignorant comme moi, de vous exposer mes doutes, il me paraît que la mort d'un prêtre ne peut toucher personne ; et que si Astérie ou Teucer avaient péri par les complots des pontifes, on aurait été plus remué et plus attendri.

Vous qui possédez les secrets de ce grand art d'émouvoir, vous qui avez plus approfondi cette matière qu'un *dilettante* tel que je suis, vous avez eu sans doute des raisons de préférer le dénouement qui se trouve dans la pièce à celui que je propose.

Ne vous attendez pas à recevoir de ma part des ouvrages de cette nature : nous aimons mieux dans ce pays n'avoir que des sujets comiques ; les autres, nous les avons eus par le passé : et nous aimons mieux voir représenter des tragédies que d'en être les acteurs.

Quelque âge que vous ayez, vous avez un doyen dans ce pays-ci ; c'est le vieux Poellnitz. Il a fait une grande maladie, et je vous envoie l'histoire de sa convalescence[1]. Il a actuellement quatre-vingt-cinq ans passés. Ce n'est pas une bagatelle d'avoir poussé sa carrière jusqu'à un âge aussi avancé, et de repousser les attaques de la mort comme un jeune homme.

L'autre pièce, qui commence par un badinage, finit par quelques réflexions morales[2]. J'ai fort recommandé qu'on eût soin d'en affranchir le port, parcequ'il n'est pas juste que vous payiez un fatras de fadaises qui vous ennuiera peut-être.

Vous me parlez de vos Welches et de leurs intrigues, elles me sont toutes connues. Il ne m'échappe rien de ce qui se passe à Stockholm ainsi qu'à Constantinople. Mais il faut attendre jusqu'au bout pour voir qui rira le dernier.

Votre impératrice a bien des ressources. Le Nord demeurera tranquille, ou ceux qui voudront le troubler, tout froid qu'il est, s'y brûleront les doigts.

---

[1] C'était une *Épître* (en vers) au baron de *Poellnitz sur sa convalescence.* Elle est dans les *OEuvres posthumes de Frédéric II.* B.

[2] Probablement l'épître dont Voltaire parle dans la lettre 6539. B.

Voilà ce que je prends la liberté de vous annoncer, et que vos Welches, pour trouver des souverains trop crédules, pourront peut-être les précipiter eux-mêmes dans de plus grands malheurs que ceux qu'ils ont courus jusqu'à présent.

Mais je ne sais de quoi je m'avise : les pronostics ne vont point à l'air de mon visage, et ce n'est pas à un incrédule à faire le voyant, aussi peu qu'à un échappé des Teutons à faire des vers welches. Je me sauverai de ceci comme Pilate, qui dit : *Quod scripsi, scripsi*[1].

On peut mal prévoir, on peut faire de mauvais vers : mais cela n'empêche pas qu'on ne soit sensible au destin des grands hommes, et que le philosophe de Sans-Souci ne prenne un vif intérêt à la conservation du patriarche de Ferney, pour lequel il conservera toute sa vie la plus grande admiration.

FÉDÉRIC.

6524. A M. LE COMTE D'ARGENTAL.

6 avril.

Il s'en faut bien, mon cher ange, que je sois guéri. Les apparences sont que j'irai bientôt trouver votre ami M. de Croismare[2], qui était mon cadet.

Permettez-moi de vous citer un vers de ces pauvres *Lois de Minos* :

> On voit périr les siens avant que de mourir. —
> Acte IV, scène 2.

Mais, à mesure qu'on est privé de ses anciens amis, on s'attache plus à ceux qui nous restent, et c'est ce que j'attends de votre cœur sensible : c'est moi qui ai plus que jamais besoin de consolation. La petite cabale qui me persécute fait débiter dans Paris deux

---

[1] Jean, XIX, 22. B.

[2] Jacques-René de Croismare, grand'croix de l'ordre de Saint-Louis, lieutenant général, gouverneur de l'École militaire, mort le 22 mars 1773, à soixante-quatorze ans. B.

volumes[1] d'horreurs affreuses qu'elle m'attribue, et qu'on a imprimées à la suite du *Dépositaire* et des *Pélopides*, afin de faire passer la calomnie à la faveur de la vérité. On a inséré dans ce recueil infame *le Catéchumène*, qui est, comme on le sait, d'un académicien de Lyon.

Outre ces infamies scandaleuses et punissables, on a inséré dans ce recueil je ne sais quel écrit fait contre les anciens parlements, et jusqu'à des pièces relatives à l'attentat commis contre le roi de Pologne, imprimées à Varsovie, et dans lesquelles il y a beaucoup de termes que je n'entends point.

Enfin il est bien démontré aux yeux de tout homme impartial et de tout esprit raisonnable que non seulement je n'ai pas plus de part à cette édition qu'à celle de Valade, mais qu'elle a été faite uniquement dans l'intention de me perdre, et de plonger dans le désespoir les derniers moments de ma vie. Voilà tout ce que les belles-lettres m'ont produit. Une statue ne console pas, lorsque tant d'ennemis conspirent à la couvrir de fange. Cette statue n'a servi qu'à irriter la canaille de la littérature. Cette canaille aboie, elle excite les dévots; ces dévots cabalent; et les honnêtes gens sont très indifférents.

Je ne sais comment faire pour vous faire parvenir

---

[1] Les onzième et douzième parties des *Nouveaux Mélanges*, publiées en 1772. On trouve dans la onzième partie *les Peuples aux parlements* (opuscule qui est de Voltaire; voyez tome XLVI, page 522, quoiqu'il le désavoue dans l'alinéa suivant), une *Relation de l'attentat commis contre la personne du roi de Pologne, envoyée de Varsovie*, un *Extrait de la réponse d'un Polonais, le Catéchumène;* cette dernière pièce est de Bordes. B.

un autre recueil[1] plus honnête à la suite des *Lois de Minos*. Je crains pour les recueils. On me dira : Si vous avez fait celui-ci, vous pouvez bien avoir fait l'autre, dont vous vous plaignez. Heureux qui vit et qui meurt inconnu ! *qui bene latuit, bene vixit*[2] : je n'ai pas eu ce bonheur.

Je n'ai point de nouvelles de M. le maréchal de Richelieu. Je lui ai pourtant dédié cette véritable édition des *Lois de Minos*. Elle réussit beaucoup chez l'étranger. Je ne suis toléré dans ma patrie qu'à la longue; mais, entre les Alpes et le mont Jura, a-t-on une patrie? un ami tel que vous en tient lieu.

Adieu. Non seulement je vous souhaite une vieillesse plus heureuse que la mienne, mais je suis sûr que vous l'aurez; j'en dis autant à madame d'Argental.

6525. A M. LE MARQUIS DE THIBOUVILLE.

A Ferney, 6 avril.

Oh! pour ces vers-là, je les trouve fort bons; mais je ne les mérite guère. Ma maladie m'a laissé des suites affreuses :

> La Renommée est vanité;
> Courir après elle est folie :
> Qu'importe l'immortalité,
> Quand on souffre pendant sa vie ?

Portez-vous bien ; tout le reste est bien peu de chose. Continuez-moi vos bontés; elles font ma consolation.

[1] Voyez lettre 6516. B.
[2] Ovide, livre III des *Tristes*, élégie IV, vers 25. B.

Madame Denis vous fait mille compliments par ce pauvre malade ; cela lui est plus aisé que d'écrire.

Pour moi, je n'ai pas le courage de vous parler de spectacles ni de plaisirs ; je ne puis vous parler que de mon attachement, de ma reconnaissance, et de la patience avec laquelle il faut que je supporte toutes les douleurs du corps, et de ce qu'on appelle ame.

6526. A M. LAUS DE BOISSY[1].

A Ferney, 6 avril.

Une très longue maladie, monsieur, m'a mis jusqu'à présent hors d'état de vous remercier et de vous témoigner toute mon estime, ainsi que ma reconnaissance. Je ne saurais me plaindre d'un ennemi tel que l'abbé Sabatier, puisqu'il m'a valu un défenseur tel que vous[2].

Je sais qu'on a payé cet abbé pour me nuire ; mais vous, monsieur, vous n'avez écouté que la noblesse de votre ame, et vous faites autant d'honneur aux belles-lettres que tous ces écrivains mercenaires et calomniateurs y jettent de honte et d'opprobre.

Je cherche à vous faire parvenir mon petit hommage[3] par M. Bacon, substitut de monsieur le procureur général. J'espère qu'il vous sera rendu, malgré

[1] A qui est adressée la lettre 6012 ; voyez tome LXVI, page 507. B.

[2] Boissy venait de publier : *Addition à l'ouvrage intitulé* les Trois Siècles de notre littérature, *ou Lettre critique adressée à M. l'abbé Sabatier de Castres, soi-disant auteur de ce dictionnaire*, 1773, in-8°. Il y prend le parti de Voltaire ; mais il demande à Sabatier pourquoi il a épargné Marin ; ce qui explique un passage de la lettre 6517. B.

[3] Probablement un exemplaire de l'édition des *Lois de Minos*, etc., dont il est parlé dans la lettre 6516. B.

la difficulté de la correspondance du pays où j'achève mes jours, avec votre belle et dangereuse ville de Paris.

J'ai l'honneur d'être avec les sentiments sincères que je vous dois, et j'ose dire même avec amitié, etc.

VOLTAIRE.

6527. DE M. DALEMBERT.

A Paris, ce 6 avril.

Mon cher et ancien et respectable ami, j'ai fait part de votre lettre [1] à tous ceux qui en sont dignes; ils en ont baisé les sacrés caractères, et souhaitent de les baiser long-temps; et ils espèrent que la Providence, quoique ce meilleur des mondes possibles ait si souvent à s'en plaindre, ne les frustrera pas de cette espérance. Pour moi, elle fait toute ma consolation, et il ne me restera quelque courage que tant que les lettres et la philosophie vous conserveront.

J'attends avec grande impatience le recueil dont vous me parlez. Vous pourriez me le faire parvenir par une des voies dont vous vous êtes servi pour m'envoyer les paquets de l'avocat Belleguier. Je suis très fâché que Cramer ait inséré dans cette collection mon *Dialogue de Descartes et de Christine* : c'est mal connaître mes intérêts que de me mettre à côté de vous. Ce qui me console, c'est qu'il est question de vous dans ce dialogue; car je ne sais par quelle fatalité vous vous trouvez toujours au bout de ma plume. Je n'ai presque point fait d'article dans mon *Histoire de l'académie* [2] où je n'aie eu occasion soit de parler de vous comme j'en pense, soit de vous citer en matière de goût. Je ne sais si cette rapsodie paraîtra jamais; mais, comme je suis très résolu d'y dire la vérité sans attaquer d'ailleurs les sottises reçues, je vous promets qu'elle ne sera pas imprimée en France. C'est bien assez de me châtrer moi-même à moitié, sans qu'un commis à la douane

---

[1] 6516. B.

[2] Voyez lettre 6476. B.

des pensées vienne me châtrer tout-à-fait. Vous savez que la destruction des chats est la besogne des chaudronniers. Ne trouvez-vous pas qu'on traite les gens de lettres comme des chats, en les livrant, pour être châtrés, aux chaudronniers de la littérature? Or le pauvre Bertrand pense comme Raton, et ne veut pas être livré aux chaudronniers.

Je suis persuadé, sur votre parole, que je serai content de la page 8 de votre épître dédicatoire des *Lois de Minos*[1]. Cette page contient apparemment les conseils dont vous m'avez parlé dans une autre lettre; mais je vous répondrai, mon cher maître, par un proverbe bien trivial, mais bien vrai : *Qu'à laver la tête d'un mort, ou d'un Maure, on y perd sa peine.* Ce que je puis vous assurer, c'est que l'*Histoire de l'académie*, qui ne vaudra pas *les Lois de Minos*, ne sera pas dédiée à votre Alcibiade ou à votre Childebrand, comme vous voudrez l'appeler. Je lui pardonnerais, s'il vous payait ou vous obligeait; mais j'entends dire qu'il ne fait ni l'un ni l'autre.

Je serai fort aise de voir les deux lettres de l'impératrice de Russie sur les deux puissances; quoique, à vous dire le vrai, je me défie d'une lettre sur les deux puissances écrite par l'une des deux. Chacune veut, comme l'on dit encore (car je suis en train de citer des maximes triviales), *tirer toute la couverture à soi*. L'intérêt de l'humanité demanderait, à la vérité, que la puissance spirituelle fût mise nue comme la main; mais il demanderait aussi que la puissance temporelle ne fût qu'honnêtement vêtue, et non pas affublée de couvertures.

A propos de Catau, je n'ai point de réponse à ma dernière lettre; je n'en suis pas trop surpris, car les circonstances ne sont pas trop favorables pour obtenir ce que je demande[2]. Vous devriez bien lui représenter quel service elle rendrait à la philosophie et aux lettres, en ayant égard à mon humble requête. Que dites-vous de tout ce qui se passe dans le Nord? ne croyez-vous pas que la guerre va s'allumer de plus belle?

---

[1] C'est l'alinéa qui commence par *C'est à vous de maintenir*, etc. (t. IX, p. 281). B.

[2] La liberté des Français faits prisonniers en Pologne. B.

et ne trouvez-vous pas étrange que trois ou quatre êtres, au fond du Nord, décident du malheur de cinquante ou soixante millions d'hommes qui veulent bien le souffrir? Ce phénomène-là est plus difficile à expliquer que la pesanteur ou le magnétisme.

Vous avez bien raison sur le pauvre La Harpe. Il y a bien long-temps que je lui ai rendu justice pour la première fois, et je suis indigné, comme vous, des persécutions et des injustices qu'il éprouve; mais la littérature est dans la plus déplorable situation où elle ait jamais été. Je ne saurais y penser sans fiel, et presque sans fureur. Je vous le répète, mon cher maître, il ne me restera de courage que tant que vous vivrez. Vivez donc long-temps, et aimez-moi comme je vous aime.

BERTRAND.

6528. A M. BORDES.

A Ferney, 10 avril.

Vraiment c'est bien vous, monsieur, qui avez plus d'un ton. Il s'en faut bien, à mon gré, que *Ver-Vert*, avec ses *b* et ses *f*, qui *voltigeaient sur son bec*[1], soit aussi agréable que *Parapilla*[2]. Quand vous aurez mis la dernière main à cet agréable ouvrage, il sera un des meilleurs que nous ayons dans ce genre, en italien et en français. Nous avons à Genève un homme dont le nom était précisément celui du premier héros du poëme : il a changé son nom en celui de *Planteamour*, comme l'ex-jésuite Fesse, de Lyon, qui m'a volé pendant trois ans de suite, avait changé son nom en celui de P. Fessi[3].

---

[1] Le vers 53 du chant IV du *Ver-Vert* de Gresset est:
    Les *b*, les *f*, voltigeaient sur son bec.   B.

[2] Poëme de Bordes. B.

[3] Voltaire, dans sa lettre à Maupeou, fin mars 1774, explique pourquoi ce jésuite prit le nom de Fessi. B.

Je crois que les notes à la suite des *Lois de Minos* ne vous auront pas déplu, et que vous serez content du *Discours* de l'avocat *Belleguier*, pour les prix de l'université. Que dites-vous du recteur, qui ne sait pas le latin, et qui a pris *magis* pour *minus?*

Je suis bien fâché qu'Aufresne ne puisse aller à Lyon; on dit que c'est un acteur qui a des moments et des éclairs admirables. Il me semble quelquefois que, si on pouvait représenter sur le beau théâtre de Lyon *les Lois de Minos* avec quelque succès, je pourrais faire un effort, et oublier assez mes maux pour venir vous embrasser. J'ai des raisons essentielles pour avoir un prétexte plausible de ce petit voyage. Que de choses j'aurais à vous dire, et que de choses à entendre!

Aimons-nous, mon cher philosophe, car les ennemis de la raison n'aiment guère ceux qui pensent comme nous.

6529. A M. DE LA HARPE.

10 avril.

Je viens de retrouver une lettre de Clément [1], qu'il est bon de faire connaître à mon cher successeur. Il n'y a pas six mois d'intervalle entre cette lettre tout-à-fait cordiale et les pouilles qu'il nous chante à tous deux. Cela prouve que les grands hommes changent d'opinion volontiers, et se rétractent comme saint Augustin.

Le *Mercure* me paraît le greffe où cette lettre

[1] La lettre de Clément est imprimée dans le *Mercure* de mai 1773, page 149: elle est du 5 décembre 1768, et fait partie des *Pièces justificatives*, tome Ier de la présente édition. B.

doit être déposée, avec quelques petites réflexions de votre part sur les progrès que font en peu de temps les hommes de génie, et sur la rapidité avec laquelle ils passent du pour au contre.

Je ne sais quand vous recevrez les *Lois de Minos*. La contrebande devient difficile. La pièce est suivie de notes fort édifiantes, du *Discours de l'avocat Belleguier*, et de plusieurs pièces dans ce goût, qui ne passeront jamais à la douane de la pensée. V.

6530. A M. DALEMBERT.

11 avril.

J'ai bien des choses à vous dire, mon cher et vrai philosophe. Je commencerai par les deux puissances. Figurez-vous que les évêques russes ne les connaissent pas, et qu'ils regardent cette opinion comme la plus grande des hérésies, tandis que chez vous autres la couronne elle-même reconnaît les deux puissances. A l'égard de la puissance de Catherine, je crois qu'elle boude Bertrand et Raton, car elle ne répond ni à l'un ni à l'autre sur la belle proposition qu'on lui avait faite d'exercer sa puissance bienfesante. Il faut qu'elle nous ait pris tous deux pour deux Welches.

Je viens à votre grand grief. Vous ne connaissez pas ma situation. Vous ne savez pas que de bonnes ames, dans le goût de Clément et de Savatier, ont fait imprimer sous mon nom deux gros diables de volumes[1] farcis de toutes les impiétés et de toutes les horreurs possibles; que la chose peut aller très loin, et qu'à mon âge il est dur d'être obligé de se

---

[1] Ceux dont il a parlé page 185. B.

justifier. Les scélérats ont mêlé leurs propres ordures à des choses indifférentes, qui sont en effet de moi; et, par ce mélange assez adroit, ils font croire que tout m'appartient. Cette nouvelle façon de nuire est mise à la mode depuis quelques années par la canaille de la littérature. C'est un brigandage affreux, c'est le comble de l'opprobre. Ces malheureux-là trouvent de la protection; il faut bien que j'en cherche aussi. Nommez-moi quelque autre [1] qui puisse me défendre auprès du roi dans de pareilles circonstances; et si je veux faire représenter *les Lois de Minos*, à qui m'adresserai-je? Je me flatte que quand vous aurez bien pesé les termes, vous serez content.

Il est bien plus difficile que vous ne le pensez de faire venir aujourd'hui par la poste des livres reliés. J'ai grand'peur que mon premier paquet ne soit actuellement entre les mains du syndic des libraires et de quelque exempt. On ne peut plus ouvrir son cœur à ses amis qu'en tremblant. Les consolations de l'absence nous sont ôtées; on empoisonne tout: mais, malgré cette triste situation, je vois qu'on est beaucoup plus malheureux en Pologne que chez vous. Pour moi, tout ce que je demande, c'est qu'on me laisse finir ma pauvre carrière sur les bords de mon lac, au pied du mont Jura. Ma véritable affliction est d'être loin de vous. Je vous embrasse bien tendrement, mon cher ami; ma santé est encore bien chancelante.

[1] Que le duc de Richelieu. B.

6531. A M. LE MARÉCHAL DUC DE RICHELIEU.

A Ferney, 11 avril.

Je m'imagine que mon héros fait ses pâques à Versailles, et que j'aurai tout le temps de disposer mon squelette à me rendre à ses ordres.

Votre Lazare ressuscité ne manquera pas de venir au rendez-vous, le plus secrètement que faire se pourra, dès que vous lui aurez marqué le jour où il devra partir; après quoi il retournera bien vite dans son ermitage.

On doit jouer incessamment *les Lois de Minos* à Lyon, et l'on fait pour cela de grands préparatifs; c'est précisément de quoi je ne veux pas être témoin. Comme vous êtes l'unique objet de mon voyage, je ne veux pas qu'aucune idée étrangère se mêle à mon idée dominante. Je compte d'ailleurs beaucoup plus sur les acteurs de Bordeaux que sur ceux de Lyon. Belmont fera ses efforts pour faire réussir une pièce que vous protégez, qui vous est dédiée, et qui vous appartient.

A l'égard de Paris, je pense qu'il ne faut pas se presser, et que vous pourriez attendre le voyage de Fontainebleau. Il n'est pas impossible que dans ce temps-là vous n'ayez quelques bons acteurs. Il y en a un[1] qui était à Lyon, et que j'envoie malheureusement à Pétersbourg. Je m'en repens du fond de mon cœur. Je crois qu'il serait devenu excellent à Paris.

La pièce d'ailleurs était fort mal arrangée par

[1] Aufresne. B.

Lekain, et les rôles ridiculement donnés. Monseigneur me permettra d'arranger tout cela différemment, selon son bon plaisir.

Il pleut de mauvais vers à Turin; c'est tout comme chez vous; et vous rembourserez plus d'un sonnet, quand vous viendrez dans ce pays-là. La troupe de l'impératrice-reine est revenue de Naples et de Venise, où elle a beaucoup réussi. C'est la première fois qu'on a vu des acteurs français au fond de l'Italie. Vous pourriez bien trouver parmi ces comédiens quelqu'un qui vous convînt. Je m'aperçois que je ne vous parle que de théâtre; mais vous êtes premier gentilhomme de la chambre, et les plaisirs de l'esprit sont faits pour vous être aussi chers que les autres.

Vous ne m'avez point mandé si l'on pouvait vous envoyer de gros paquets du côté de la Suisse. Je crains toujours de commettre quelque indiscrétion; mon ombre me fait peur : c'est apparemment depuis que j'ai été sur le point de n'être plus qu'une ombre.

Jouissez, monseigneur, de votre belle santé. Il n'y a de jeunes que ceux qui se portent bien. Daignez continuer à me faire oublier par vos bontés toutes les misères de ma décrépitude, et agréez toujours mon très tendre respect. V.

M. de Sartines m'a écrit qu'il ne doutait pas de la prévarication de Valade; qu'il aurait tout saisi, si tout n'avait pas été vendu, et qu'il me priait de ne pas exiger de lui qu'il poussât plus loin cette affaire. Je vous rends compte de tout comme à mon médecin.

A propos, je vous crois réellement le meilleur médecin du monde; car, par votre attention et votre régime, vous avez fortifié votre santé et prolongé vos plaisirs. Boerhaave, avec tous ses livres et un tempérament de fer, n'a pas su arriver à soixante-dix ans faits.

Vivez cent ans, et moquez-vous intérieurement des médecins, ainsi que du reste du monde.

6532. DE FRÉDÉRIC.

Cassel, 17 avril.

C'est d'un cœur pénétré de la plus vive reconnaissance que je vous remercie, mon cher ami, de l'intérêt que vous prenez à mon mariage [1]. Il est des plus heureux, et l'on ne saurait rien ajouter à mon bonheur. J'ai été passer deux mois à Berlin, et j'ai eu occasion d'entendre souvent les conversations de ce grand roi, qui m'a comblé de politesses et de faveurs. Quel charme pour moi de l'écouter! Les moments que l'on passe avec lui ne paraissent sûrement pas être longs et l'on voit à regret en arriver la fin. Vous avez très bien fait, mon cher ami, de ne m'avoir point envoyé une seconde lettre de la personne en question. Gardez-la, je vous prie, me voyant dans l'impossibilité d'y satisfaire.

Que je suis charmé que les cinquante accès de fièvre n'aient pas dérangé une santé aussi chère pour tous vos amis, et pour moi en particulier, qui vous aime au-delà de toute expression! Vivez, cher Nestor de la littérature, vivez encore long-temps pour le bien de l'humanité; conservez-moi toujours votre amitié, qui m'est si précieuse, et soyez persuadé de la parfaite considération avec laquelle je suis, monsieur, votre, etc.

FRÉDÉRIC.

[1] Voyez lettre 6478, pages 113-14. B.

6533. A M. DALEMBERT.

19 avril.

Il faut, mon cher et grand philosophe, que je vous fasse part d'une petite anecdote. Voici ce que la personne très singulière [1] me mande : « J'ai reçu de lui une « seconde et troisième lettre sur le même sujet ; l'é- « loquence n'y est pas épargnée : mais que ne plaide- « t-il aussi pour les Turcs et pour les Polonais ?... « Il est vrai que les vôtres ne sont pas à Paris ; mais « aussi pourquoi l'ont-ils quitté ?... J'ai envie de ré- « pondre que j'ai besoin d'eux pour introduire les « belles manières dans mes provinces. »

Je vous prie de me mander si on vous a écrit en effet sur ce ton. Je suis persuadé que dans toute autre circonstance on aurait fait ce que vous avez voulu. Votre projet était admirable [2] ; il vous aurait fait un honneur infini à vous et à la sainte philosophie. Vous voyez bien que ce n'est pas vous qu'on refuse, et que ce n'est pas aux philosophes qu'on s'en prend ; au contraire, ce sont les ennemis de la philosophie que l'on veut punir de leurs manœuvres. J'avais eu la même idée que vous il y a long-temps. Je consultai des gens au fait qui craignirent même de me répondre. Je craindrais aussi de vous écrire, si la pureté de vos intentions et des miennes ne me rassurait contre le danger que courent aujourd'hui toutes les lettres. On ne verra jamais dans notre commerce que l'amour du bien public, et des sentiments qui doivent

[1] Catherine II ; la lettre contenant les phrases rapportées par Voltaire manque. B.
[2] Voyez une note de la lettre 6527. B.

plaire à tous les honnêtes gens. Ce sont là les vrais marrons de Bertrand et de Raton.

Je vous ai mandé, mon cher et respectable ami, qu'il est très difficile actuellement de vous faire parvenir le petit recueil[1] où se trouve le très ingénieux *Dialogue de Christine et de Descartes*. On y a mis des lettres de la personne qui veut qu'on enseigne les belles manières chez elle[2]. Ces lettres ont alarmé des gens qui ont de fort mauvaises manières. Je trouverai pourtant un moyen de vous faire parvenir ce petit proscrit; mais songez que j'ai l'honneur de l'être moi-même, et de plus très malade, très embarrassé, très persécuté, mais vous aimant de tout mon cœur, et autant que je vous révère.

6534. A M. DE LA HARPE[3].

6535. A M. LE COMTE D'ARGENTAL.

19 avril.

Mon cher ange, votre lettre du 13 avril m'a bien consolé, mais ne m'a pas guéri, par la raison qu'à soixante-dix-neuf ans, avec un corps de roseau et des organes de papier mâché, je suis inguérissable. Toutes les chimères dont je me berçais sont sorties de ma tête. Vous savez que j'avais imaginé de partir de Crète[4] sur un vaisseau suédois, pour venir vous

---

[1] Voyez lettre 6516. B.

[2] Catherine; voyez ci-dessus page 197, et la lettre 6536. B.

[3] La lettre qu'un seul de mes prédécesseurs a placée au 19 avril 1773 est du 19 avril 1772, n° 6326. Si je la mentionne ici, c'est pour faciliter les recherches des lecteurs. B.

[4] Voltaire avait eu le projet de venir à Paris après la représentation des

embrasser ; la destinée en a ordonné autrement. Je vous avoue que j'en ai été au désespoir, et que mon chagrin n'a pas peu contribué à envenimer l'humeur qui rongeait ma déplorable machine.

On va représenter les Crétois à Lyon, à Bordeaux, à Bruxelles. A l'égard des comédiens de votre ville de Paris, je puis dire d'eux ce que saint Paul disait des Crétois de son temps : « Ce sont de méchantes bêtes « et des ventres paresseux[1]. » Je puis ajouter encore que ce sont des ingrats. Ils ont eu le mauvais procédé et la bêtise de préférer je ne sais quel *Alcydonis*; Dieu les en a punis en ne leur accordant qu'une représentation. J'espère que M. le maréchal de Richelieu pourra mettre quelque ordre dans ce *tripot*. Il était bien ridicule d'ailleurs que Lekain s'avisât de vouloir jouer le rôle d'un jeune homme, tandis que celui de Teucer était fait pour sa taille, et le rôle du vieillard pour Brizard. Si on ne peut pas réformer le *tripot*, je m'en lave les mains, et je me borne à mes bosquets et à mes fontaines.

On m'a mandé que la détestable copie sur laquelle le détestable Valade avait fait sa détestable édition venait d'une autre copie qui avait traîné dans l'antichambre de madame Du Barri ; mais cela est impossible, parceque l'exemplaire prêté par Lekain à madame Du Barri était absolument différent.

Vous saurez, s'il vous plaît, que *les Lois de Minos* sont suivies de plusieurs pièces très curieuses[2] qui

Lois de Minos, dont il espérait un grand succès ; mais la pièce ne fut pas jouée. B.

[1] *Épître à Titus*, I, 12. B.
[2] Voyez lettre 6516. B.

composent un assez gros volume ; c'est ce volume que je veux vous envoyer. Je cherche des moyens de vous le faire parvenir. Cela n'est pas si aisé que vous le pensez, surtout après l'aventure des deux tomes [1] très condamnables et très brûlables que de charitables ames m'ont fait la grace de m'imputer. Ce monde est un coupe-gorge, et il y a des gens qui, pour couper la mienne, se servent d'un long rasoir dont le manche est dans une sacristie. Est-il possible que vous n'ayez pas un moyen à m'indiquer pour vous faire parvenir le recueil crétois? Il ne part pas tous les jours des voyageurs de Genève pour Paris. D'ailleurs je n'en vois aucun; je fais fermer ma porte à tout le monde; mon triste état ne me permet pas de recevoir des visites.

Lekain m'a écrit sur ma maladie. Je le crois actuellement à Marseille. Je lui répondrai quand il sera de retour.

Vous me parlez de la *Sophonisbe* de Mairet rapetassée [2], et tellement rapetassée, qu'il n'y a pas un seul mot de Mairet. Vous aurez cette *Sophonisbe* dans le paquet de la Crète; mais quand et par où? Dieu le sait; car Marin ne peut plus recevoir de gros paquets.

J'ai répondu à tout; mais il me semble toujours que je n'ai pas répondu assez aux marques de l'amitié constante que vous daignez me conserver, vous et madame d'Argental. Mon corps souffre beaucoup; mon ame, s'il y en a une, ce qui est fort douteux,

---

[1] Voyez page 185. B.
[2] Tome IX, page 115. B.

vous est tendrement attachée jusqu'à la dissolution entière de mon individu, laquelle est fort prochaine.

6536. A CATHERINE II.
20 avril.

Madame, c'est à présent plus que jamais que votre majesté impériale est mon héroïne, et fort au-dessus de la majesté. Comment! au milieu de vos négociations avec Moustapha, au milieu de vos nouveaux préparatifs pour le bien battre, quand la moitié de votre génie doit être vers la Pologne, et l'autre vers Bucharest, il vous reste encore un autre génie qui en sait plus que les membres de votre académie des sciences, et qui daigne donner à mon ingénieur les leçons qu'il attendait d'eux! Combien avez-vous donc de génies? ayez la bonté de me faire cette confidence. Je ne vous demande pas de me dire si vous irez assiéger Andrinople, fort aisé à prendre, tandis que les troupes autrichiennes s'empareront de la Servie et de la Bosnie. Ces secrets-là ne sont pas plus de ma compétence que le renvoi de nos chevaliers errants. Je me borne à rire quand je lis dans une de vos lettres[1] que vous voulez les garder quelque temps dans vos états pour qu'ils enseignent les belles manières dans vos provinces.

Le portail voûté, élevé sur la glace, et subsistant sur elle depuis quatre ans, me paraît un des miracles de votre règne; mais c'est aussi un miracle de votre climat. Je doute fort qu'on pût, dans nos cantons, élever un monument pareil; pour la bombe

[1] Cette lettre manque; voyez n° 6533. B.

remplie d'eau, je pense qu'elle crèverait par une forte gelée, tout comme à Pétersbourg.

On dit que le thermomètre d'esprit-de-vin a été de cinquante degrés au-dessous de la congélation, cette année, dans votre résidence; nous péririons, nous autres Suisses, si jamais le thermomètre descendait chez nous à vingt : notre plus grand froid est à quinze et seize, et cette année il n'a pas atteint jusqu'à dix.

Je me flatte bien que vos bombes crèveront désormais sur les têtes des Turcs, et que M. le prince Orlof bâtira des arcs de triomphe, non pas sur la glace, mais dans l'Atmeidan de Stamboul; et c'est alors que vous ferez naître en Grèce des Phidias comme des Miltiades.

Je crois qu'Algarotti se trompe, s'il dit que les Grecs inventèrent les arts[1]. Ils en perfectionnèrent quelques uns, et encore assez tard.

Il y avait d'ailleurs un vieux proverbe que les Chaldéens avaient instruit l'Égypte, et que l'Égypte avait enseigné la Grèce.

Les Grecs avaient été civilisés si tard, qu'ils furent obligés d'apprendre l'alphabet de Tyr, quand les Phéniciens vinrent commercer chez eux et y bâtir des villes. Ces Grecs se servaient auparavant de l'écriture symbolique des Égyptiens.

Une autre preuve de l'esprit peu inventif des Grecs, c'est que leurs premiers philosophes allaient s'instruire dans l'Inde, et que Pythagore même y apprit la géométrie.

[1] Voyez lettre 6510. B.

C'est ainsi, madame, que des philosophes étrangers viennent déjà prendre des leçons à Pétersbourg. Le grand homme qui prépara les voies dans lesquelles vous marchez, et qui fut le précurseur de votre gloire, disait avec grande raison que les arts fesaient le tour du monde, et circulaient comme le sang dans nos veines. Votre majesté impériale paraît aujourd'hui forcée de cultiver l'art de la guerre, mais vous ne négligez point les autres.

Je ne croyais pas, il y a un mois, habiter encore le globe que vous étonnez. Je rends grace à la nature, qui a peut-être voulu que je vécusse jusqu'au temps où vous serez établie dans la patrie d'Orphée et de Mars, c'est-à-dire dans quelques mois; mais ne me faites pas attendre plus long-temps. Il faut absolument que je parte pour le néant. Je mourrai en vous conservant le culte que j'ai voué à votre majesté impériale. Que l'immortelle Catherine daigne toujours agréer mon profond respect, et conserver ses bontés au vieux malade de Ferney, qui l'idolâtre malgré son respect.

6537. A M. DIDEROT.

A Ferney, 20 avril.

J'ai été bien agréablement surpris, monsieur, en recevant une lettre signée Diderot, lorsque je revenais d'un bord du Styx à l'autre.

Figurez-vous quelle eût été la joie d'un vieux soldat couvert de blessures, si M. de Turenne lui avait écrit. La nature m'a donné la permission de passer encore quelque temps dans ce monde, c'est-à-dire une seconde entre ce qu'on appelle deux éternités, comme s'il pouvait y en avoir deux.

Je végéterai donc au pied des Alpes encore un instant, dans la fluente du temps qui engloutit tout. Ma faculté intelligente s'évanouira comme un songe, mais avec le regret d'avoir vécu sans vous voir.

Vous m'envoyez les fables d'un de vos amis [1]. S'il est jeune, je réponds qu'il ira très loin; s'il ne l'est pas, on dira de lui qu'il écrivit avec esprit ce qu'il inventa avec génie; c'est ce qu'on disait de La Motte. Qui croirait qu'il y eût encore une louange au-dessus de celle-là? et c'est celle qu'on donne à La Fontaine : *Il écrivit avec naïveté*. Il y a, dans tous les arts, un je ne sais quoi qu'il est bien difficile d'attraper. Tous les philosophes du monde, fondus ensemble, n'auraient pu parvenir à donner l'*Armide* de Quinault, ni les *Animaux malades de la peste*, que fit La Fontaine, sans savoir même ce qu'il fesait. Il faut avouer que, dans les arts de génie, tout est l'ouvrage de l'instinct. Corneille fit la scène d'Horace et de Curiace comme un oiseau fait son nid, à cela près qu'un oiseau fait toujours bien, et qu'il n'en est pas de même de nous autres chétifs. M. Boisard paraît un très joli oiseau du Parnasse, à qui la nature a donné, au lieu d'instinct, beaucoup de raison, de justesse, et de finesse. Je vous envoie ma lettre de remerciements pour lui [2]. Ma maladie, dont les suites me persécutent encore, ne me permet

---

[1] *Fables par M. Boisard*, de l'académie des belles-lettres de Caen, secrétaire du conseil de monseigneur le comte de Provence, 1773, in-8°. B.

[2] La lettre de Voltaire à Boisard manque. B.

guère d'être diffus. Soyez sûr que je mourrai en vous regardant comme un homme qui a eu le courage d'être utile à des ingrats, et qui mérite les éloges de tous les sages. Je vous aime, je vous estime, comme si j'étais un sage.

Le vieux Malade de Ferney.

6538. DE M. DALEMBERT.

A Paris, ce 20 avril.

Mon cher et ancien ami, mon cher maître, mon cher confrère, si je ne vous ai point écrit depuis quelques semaines, ce n'est pas faute d'avoir été occupé de vous : c'est au contraire parceque je l'étais trop douloureusement. Je croyais faire bien mon devoir de vous aimer; mais jamais je n'ai mieux senti qu'en ce moment combien vous êtes cher et nécessaire à mon cœur. J'ai écrit deux lettres à madame Denis pour savoir de vos nouvelles; elle ne m'en a point encore donné : mais je me flatte qu'elle vous aura bien dit le tendre intérêt que je prends à votre état. On nous assure que vous êtes beaucoup mieux, mais très faible : conservez-vous, mon cher maître; ménagez-vous, et songez que vous ne pouvez faire aux sots et aux fripons un meilleur tour que de vivre et de vous bien porter. Ne m'écrivez point : quelque chères que me soient vos lettres, elles vous fatigueraient; mais faites-moi donner en détail de vos nouvelles. Tous nos confrères de l'académie, aux Tartufe et Laurent [1] près, sont aussi tendrement occupés que moi de votre santé et de votre conservation. J'ai reçu votre nouvelle *Défense* de M. de Morangiés [2], et je l'ai lue avec plaisir : mais laissez là tous les Morangiés du monde, et portez-vous bien. Dédiez *les Lois de Minos* à qui vous voudrez [3], et portez-vous bien.

[1] Radonvilliers et Batteux; voyez lettre 6461. B.
[2] *Réponse à l'écrit d'un avocat*, tome XLVII, page 222. B.
[3] Voltaire avait expliqué à Dalembert (6530) pourquoi il avait dédié à Richelieu sa tragédie des *Lois de Minos*. B.

Vous avez bien raison dans tout ce que vous me dites de l'ouvrage de M. de Condorcet : le succès en a été unanime ; il y a long-temps que le sot public n'a été si juste. L'académie des sciences vient de lui donner l'adjonction et la survivance à la place de secrétaire, qui depuis trente ans était si mal remplie[1].

Adieu, mon cher et illustre ami ; portez-vous bien, portez-vous bien, portez-vous bien : voilà tout ce que je desire de vous. J'embrasse Raton de tout mon cœur. BERTRAND.

6539. A FRÉDÉRIC II, ROI DE PRUSSE.

A Ferney, 22 avril.

    J'allais passer les trois rivières,
    Phlégéthon, Cocyte, Achéron ;
    La triple Hécate et ses sorcières
    M'attendaient chez le noir Pluton ;
    Les trois fileuses de nos vies,
    Les trois sœurs qu'on nomme Furies,
    Et les trois gueules de leur chien,
    Allaient livrer ma chétive ombre
    Aux trois juges du séjour sombre,
    Dont ne revient aucun chrétien.

    Que ma surprise était profonde,
    Et que j'étais épouvanté
    De voir ainsi de tout côté
    Des trinités dans l'autre monde !
    Ce fut alors que j'invoquai
    Le héros qui s'est tant moqué
    Des trinités que l'on adore.
    En enfer il a du crédit ;
    On y craint son bras, son esprit :
    Il m'exauça, je vis encore.

Vous avez eu sans doute, sire, la même bonté pour le vieux baron de Poellnitz. L'enfer l'a respecté, et sans doute il vous respectera bien davantage ; vous

---

[1] Par Grandjean de Fouchy, successeur de Mairan en 1743. B.

vivrez assez long-temps pour augmenter encore vos états, car pour votre gloire je vous en défie : à l'égard de votre baron, il doit être bien glorieux d'être chanté par vous, et bien heureux de n'avoir point payé son passage à Caron.

Votre épître sur le globe des Petites-Maisons est charmante; vous connaissez parfaitement notre pays welche dont vous parlez, et ses banqueroutes passées, et ses banqueroutes présentes et futures.

Je remercie votre majesté de prendre toujours sous sa protection la majesté de Julien, qui était assurément une très respectable majesté, malgré l'insolent Grégoire et l'impertinent Cyrille.

Je ne crois pas que les Welches veuillent faire si tôt parler d'eux; il faut avoir beaucoup d'argent comptant à perdre actuellement pour s'amuser à ravager le monde; et ce n'est pas le cas de ces messieurs : mais, si jamais il arrivait malheur, je prendrais la liberté de vous recommander le sieur Morival, qui sert dans un de vos régiments à Vesel. Je vous supplierais de l'envoyer en Picardie dans Abbeville, pour y faire rouer les juges qui le condamnèrent il y a six ans, lui et le chevalier de La Barre, à la question ordinaire et extraordinaire, à l'amputation de la main droite et de la langue, et à être jetés tout vifs dans les flammes, parcequ'ils n'avaient pas ôté leur chapeau devant une procession de capucins. Le chevalier de La Barre subit une partie de cette petite pénitence chrétienne; Morival, plus heureux, alla servir un roi qui n'immole personne à des capucins, qui n'arrache point la langue aux jeunes gens, et qui se sert mieux que personne de sa langue, de sa plume, et de son épée.

Supposé que Thorn soit en votre puissance, j'ose vous demander justice de la sainte Vierge Marie, à laquelle on sacrifia[1] tant de jeunes écoliers en l'année 1724. Cette bonne femme de Bethléem ne s'attendait pas qu'un jour on ferait tant de sacrifices à elle et à son fils. Le sang humain a coulé pour eux mille fois plus que pour les dieux païens, et vous voyez que l'auteur des notes sur les *Lois de Minos* a bien raison; mais rien n'est si dangereux chez les Welches que d'avoir raison.

Je veux espérer que le roi de Pologne finira son rôle comme Teucer le sien, et que le *liberum veto*, qui n'est que le cri de la guerre civile, sera aboli sous son règne. Je veux l'estimer assez pour croire qu'il est entièrement d'accord avec le protecteur de Julien. Je sais qu'il pense comme ces deux grands hommes; comment pourrait-il être fâché contre ceux qui punissent ses assassins, et qui lui laissent un beau royaume, où il pourra être le maître?

Je ne verrai pas les troubles qui semblent se préparer, ma santé est trop délabrée; j'irai retrouver tout doucement Isaac d'Argens, et nous vous célébrerons tous deux sur le bord des trois rivières.

En attendant, je vous prie de me conserver vos bontés. Plaignez-moi surtout de mourir loin de votre majesté; mais ma destinée l'a voulu ainsi.

---

[1] Voyez tome XXXI, pages 333-34; et XLIII, 455-56. B.

6540. A MADAME NECKER.

A Ferney, 23 avril.

La lettre, madame, dont vous m'honorez m'est assurément plus précieuse que tous les sacrements de mon église catholique, apostolique, et romaine. Je ne les ai point reçus cette fois-ci. On s'était trop moqué à Paris de cette petite facétie; et le petit-fils de mon maçon, devenu mon évêque, ainsi qu'il se prétend le vôtre, avait trop crié contre ma dévotion. Il est vrai que je ne m'en porte guère mieux. Presque tout le monde a été malade dans nos cantons, vers l'entrée du printemps. Je n'avais point du tout mérité ma maladie. Les plaisanteries qui ont couru n'avaient, malheureusement pour moi, aucun fondement; et je vous assure que je mourais le plus innocemment du monde.

Je m'arrange assez philosophiquement pour ce grand voyage dont tout le monde parle sans connaissance de cause. Comme on n'a point voyagé avant de naître, on ne voyage point quand on n'est plus. La faculté pensante que l'éternel Architecte du monde nous a donnée se perd comme la faculté mangeante, buvante, et digérante. Les marionnettes de la Providence infinie ne sont pas faites pour durer autant qu'elle.

De toutes ces marionnettes, la plus sensible à vos bontés, c'est moi. Je vous regarde comme un des êtres les plus privilégiés que l'ordre éternel et immuable des choses ait fait naître sur ce petit globe. Je suis très fâché de ramper loin de vous sur un petit coin de terre où vous n'êtes plus; je ne vois plus personne, je ferme surtout ma porte à tout étranger: mais je compte que M. Moultou[1] viendra ce soir dans mon ermitage, et que nous nous consolerons l'un l'autre en parlant long-temps de vous.

Je remercie M. Necker de son souvenir avec la plus tendre reconnaissance. Madame Denis me charge de vous dire à quel point elle vous est attachée.

Agréez le sincère respect, la véritable estime, et l'amitié du vieux malade de Ferney.

6541. A M. DE CHABANON.

A Ferney, 26 avril.

Le vieux malade de Ferney, qui n'avait nullement mérité sa maladie, qui n'en est point rétabli, et qui traîne une vie assez misérable, a été très consolé en voyant un des trois frères. Il fait les plus tendres compliments à Pindare[2] et à Horace[3].

Le Martinicain[4] ne traduit point d'odes; mais il paraît fait pour réussir dans les deux mondes, et pour bien conduire la barque des trois frères. Il était accompagné d'un camarade de M. de La Borde. Ce sont deux voyageurs bien aimables que j'aurais voulu retenir plus long-temps. Mon état languissant me rend de bien mauvaise compagnie, et ne m'empêche pas d'aimer passionnément la bonne.

---

[1] A qui sont adressées les lettres 5628 et 6430; c'était un ami de J. J. Rousseau, qui l'avait choisi pour son exécuteur testamentaire. B.

[2] Chabanon lui-même; voyez tome LXVII, page 378. B.

[3] Chabanon de Maugris; voyez lettre 6385. B.

[4] Chabanon Des Salines, autre frère de Chabanon, était négociant à la Martinique. B.

Bonsoir, mon cher ami; mes compliments à Horace.

6542. DE M. DALEMBERT.

A Paris, ce 27 avril.

Mon cher maître; mon cher ami, je répondrai à ce que vous me mandez de Catau :

<small>Seigneur, s'il est ainsi, votre faveur est vaine[1].</small>

Je doutais fort, malgré toute l'éloquence de Bertrand, qu'il obtînt d'elle la délivrance des rats qui se sont allés jeter, assez mal à propos, dans sa ratière[2]. Les circonstances ne permettent peut-être pas que Catau leur donne la clef des champs, et Bertrand, tout philosophe qu'il est, est en même temps raisonnable : mais Bertrand pouvait au moins et devait même s'attendre à une réponse honnête et raisonnable, et non au persiflage que vous lui transcrivez[3]. Voilà une nouvelle note à ajouter à toutes celles que j'ai déjà sur les Catau et compagnie. Je ne sais de qui la philosophie a le plus à se plaindre en ce moment, ou de ses vils ennemis, ou de ses soi-disant protecteurs. Je sais du moins, et j'apprends tous les jours davantage, et à mon grand regret, qu'elle doit prendre pour sa devise : *Ne t'attends qu'à toi seule*[4]; bien entendu que ceux qui la persiflent n'attendront non plus d'elle que la justice et la vérité. Quoi qu'il en soit, je desirerais au moins de la personne que vous appelez singulière, et qui pourrait mériter un plus beau nom si elle le voulait, une réponse quelconque, honnête ou non, philosophique ou impériale, grave si elle le veut, ou plaisante si elle le peut; je la joindrai à mes deux lettres, et je mettrai au bas ces deux mots de Tacite, *per amicos oppressi*[5], qui me paraissent si bien convenir aux malheureux philosophes.

---

[1] *Zaïre*, acte II, scène I. B.
[2] Voyez lettre 6497. B.
[3] Lettre 6533. B.
[4] La Fontaine, livre IV, fable XXII. B.
[5] *Hist.*, lib. I, § 2.

Quant à Childebrand¹, je souhaite qu'il vous soit utile, et à cette condition je vous pardonnerais de l'amadouer, je vous y exhorterais même.

> Qu'importe de quel bras Dieu daigne se servir²?

Mais j'ai peur que vous n'en soyez pour vos caresses, et que Childebrand ne se moque de vous. Il est trop vil pour oser élever sa voix, dans le pays du mensonge, en faveur du génie calomnié et persécuté.

Quoi qu'il en soit, mon cher ami,

> O et præsidium et dulce decus meum³!

j'attends avec impatience le recueil proscrit⁴ que vous m'annoncez du bel-esprit genevois; j'y verrai la lettre sur les deux puissances, et je souhaite d'être convaincu, après cette lecture, que la puissance temporelle n'a rien à se reprocher. Ainsi soit-il! Mais ce que je désire bien davantage, c'est de vous savoir en meilleure santé, et de pouvoir dire aux ennemis de la philosophie qui me demanderont de vos nouvelles: Il se porte trop bien pour vous. Adieu, mon cher maître; conservez-vous, et aimez-moi comme je vous aime.

6543. A M. LE CHEVALIER DE LALLY-TOLENDAL⁵.

A Ferney, 28 avril.

J'avais eu l'honneur, monsieur, de connaître particulièrement M. de Lally⁶, et de travailler avec lui, sous les yeux de M. le maréchal de Richelieu, à une entreprise dans laquelle il déployait tout son zèle pour

---

¹ Le maréchal duc de Richelieu. B.
² *Zaïre*, acte II, scène 1. B.
³ Horace, livre I, ode 1, vers 2. B.
⁴ Celui dont il est parlé dans la lettre 6516. B.
⁵ Trophime-Gérard Lally-Tolendal, né à Paris le 5 mars 1751, mort pair de France le 11 mars 1830, dont j'ai parlé tome XLVII, page 296. B.
⁶ Voyez tome XXI, pages 317 et suivantes; et XLVII, 367 et suiv. B.

le roi et pour la France. Je lus avec attention tous les mémoires qui parurent au temps de sa malheureuse catastrophe. Son innocence me parut démontrée : on ne pouvait lui reprocher que son humeur aigrie par tous les contre-temps qu'on lui fit essuyer. Il fut persécuté par plusieurs membres de la compagnie des Indes, et sacrifié par le parlement.

Ces deux compagnies ne subsistent plus, ainsi le temps paraît favorable; mais il me paraît absolument nécessaire de ne faire aucune démarche sans l'aveu et sans la protection de monsieur le chancelier.

Peut-être ne vous sera-t-il pas difficile, monsieur, de produire des pièces qui exigeront la révision du procès; peut-être obtiendrez-vous d'ailleurs la communication de la procédure. Une permission secrète au greffier criminel pourrait suffire. Il me semble que M. de Saint-Priest, conseiller d'état, peut vous aider beaucoup dans cette affaire. Ce fut lui qui, ayant examiné les papiers de M. de Lally, et étant convaincu non seulement de son innocence, mais de la réalité de ses services, lui conseilla de se remettre entre les mains de l'ancien parlement. Ainsi la cause de M. de Lally est la sienne aussi bien que la vôtre : il doit se joindre à vous dans cette affaire si juste et si délicate.

Pour moi, je m'offre à être votre secrétaire, malgré mon âge de quatre-vingts ans, et malgré les suites très douloureuses d'une maladie qui m'a mis au bord du tombeau. Ce sera une consolation pour moi que mon dernier travail soit pour la défense de la vérité.

Je ne sais s'il est convenable de faire imprimer le manuscrit que vous m'avez envoyé; je doute qu'il puisse servir, et je crains qu'il ne puisse nuire. Il ne faut, dans une pareille affaire, que des démonstrations fondées sur les procédures mêmes. Une réponse à un petit libelle inconnu ne ferait aucune sensation dans Paris. De plus, on serait en droit de vous demander des preuves des discours que vous faites tenir à un président du parlement, à un avocat général, au rapporteur, à des officiers; et, si ces discours n'étaient pas avoués par ceux à qui vous les attribuez, on vous ferait les mêmes reproches que vous faites à l'auteur du libelle. Cette observation me paraît très essentielle.

D'ailleurs ce libelle m'est absolument inconnu, et aucun de mes amis ne m'en a jamais parlé. Il serait bon, monsieur, que vous eussiez la bonté de me l'envoyer par M. Marin, qui voudrait bien s'en charger.

Souffrez que ma lettre soit pour madame la comtesse de La Heuze comme pour vous. Ma faiblesse et mes souffrances présentes ne me permettent pas d'entrer dans de grands détails. Je lui écris simplement pour l'assurer de l'intérêt que je prends à la mémoire de M. de Lally. Je vous prie l'un et l'autre d'en être persuadés.

J'ai l'honneur d'être avec tous les sentiments que je vous dois, monsieur, votre, etc.

6544. A M. MARMONTEL.

A Ferney, 28 avril.

Mon cher ami, vous venez bien à propos au secours des libraires de Paris, qui, sans vous, n'auraient fait qu'une collection insipide [1]; et, grace aux soins dont vous voulez bien les honorer, je crois que l'ouvrage sera très intéressant et très instructif.

La tragédie de *Sophonisbe* n'est pas si bien réformée que celle de *Venceslas*. La raison en est qu'on n'a pas laissé subsister un seul vers de Mairet.

Il y a long-temps que je cherche une occasion de vous envoyer un petit recueil [2] pour mettre dans un coin de votre bibliothèque; mais la contrebande est devenue si difficile, que je ne sais comment m'y prendre.

Je vous remercie de demeurer dans un impasse, mais je ne vous pardonne pas d'écrire *français* par un *o*.

Je vous embrasse bien tendrement.

6545. A M. LE COMTE DE ROCHEFORT.

A Ferney, 28 avril.

Il y a près de trois mois, monsieur, que mon triste état ne m'a permis que d'écrire deux ou trois lettres à Paris, et c'était pour des affaires pressantes.

---

[1] *Chefs-d'œuvre dramatiques, ou Recueil des meilleures pièces du théâtre français, tragique, comique, et lyrique, avec des discours préliminaires sur les trois genres et des remarques sur la langue et le goût,* tome Ier (et unique), 1773, in-4°; ce volume contient la *Sophonisbe* de Mairet, le *Scévole* de Du Ryer, et le *Venceslas* de Rotrou, retouchés par Marmontel. Le *Venceslas* avait déjà été imprimé en 1759; voyez tome LXIV, page 520. B.

[2] Celui dont il est parlé dans la lettre 6516. B.

Quarante-huit caractères font vingt-quatre syllabes, à deux lettres par syllabe; et douze syllabes forment un vers alexandrin; en ce cas il faut deux vers; mais il y a nécessairement des syllabes qui ont trois ou quatre lettres; ainsi la chose devient impossible.

Pour exprimer une pensée bonne ou mauvaise, il faut deux vers ou quatre; c'est ce qui rend notre langue très peu susceptible du style lapidaire, qui demande une extrême précision : nos articles, nos verbes auxiliaires, joints à la gêne de nos rimes, font un effet souvent ridicule dans les inscriptions. Un vers latin dit plus que quatre vers français; j'oserais proposer celui-ci, en attendant qu'on en fasse un meilleur :

Arte manus regitur, genius prælucet utrique.

« L'art conduit la main, le génie les éclaire tous « deux. » Voilà toute la chirurgie exprimée en peu de mots.

Si on voulait absolument une inscription en français, on pourrait mettre :

D'où partent ces soins bienfesants?
Ils sont d'un monarque et d'un père :
Il veille sur tous ses enfants,
Il les soulage et les éclaire.

Mais voilà quatre-vingt-une lettres au lieu de quarante-huit. Il faudrait donc rendre les caractères de moitié plus petits, et alors l'inscription serait peut-être inlisible. Je trouverais cette inscription française assez passable; mais vous voyez que c'est une rude tâche de faire des vers à tant le pied, à tant le pouce.

Le pauvre malade vous est très tendrement et très inutilement attaché à vous et à madame Dix-neuf ans.

ANNÉE 1773.

6546. A M. MARET [1].

A Ferney, 28 avril.

Monsieur, je n'ai nul talent pour les inscriptions. Celles qu'on fait en vers français sont toujours languissantes, à cause de la rime, des articles, et des verbes auxiliaires. Le latin est bien plus propre au style lapidaire. Il faut toujours deux vers pour le moins en français, il n'en faut qu'un en latin. J'oserais proposer ce vers ïambe :

Musarum amicus, judex, patronus fuit [2].

Mais je ne le propose qu'avec une extrême défiance de moi-même. Il vous sera très aisé d'en faire un meilleur. Vous avez le bonheur de jouir de la société de M. de Gerland [3], vous serez mieux inspiré que moi. Le triste état où je suis influe, comme vous savez, sur les facultés de ce qu'on appelle âme ; le zèle ne donne point d'imagination. Je vous prie de l'assurer de mon très tendre attachement, et de croire que je suis avec les mêmes sentiments, monsieur, votre très humble et très obéissant serviteur, VOLTAIRE.

6547. A M. VASSELIER.

28 avril.

La neige a de nos champs fait blanchir la verdure,
  Et nous mangeons des petits pois !
  Ainsi donc vous changez les lois

---

[1] Voyez tome LXVII, page 350. B.

[2] Je ne sais si cette inscription fut composée pour le portrait ou le buste du président de La Marche, ou pour le président de Ruffei. Le premier mourut en 1768 ; le second, M. de Ruffei, vivait encore en 1777. CL.

[3] Legoux de Gerland ; voyez tome VII, page 215, note 5. B.

De l'aveugle et triste nature.
Si jamais quelque potentat
Veut achever par la justice
De changer les lois de l'état,
Il nous rendra plus d'un service.

Vous m'envoyez, mon cher ami, non seulement des petits pois et des artichauts, mais encore de jolis vers : je vous remercie des uns et des autres. Défaites-vous donc de votre goutte; il me semble que vous en êtes trop souvent attaqué. Pour moi, j'ai tous les maux ensemble; sans cela je serais actuellement avec vous. Le vieux Malade de Ferney.

6548. A M. LE MARÉCHAL DUC DE RICHELIEU.

A Ferney, 5 mai.

C'est toujours au premier gentilhomme de la chambre, au grand-maître des jeux et des plaisirs, que j'ai l'honneur de m'adresser. Je lui ai écrit en faveur de Patrat[1], que je crois très utile au théâtre que mon héros veut rétablir.

Je lui présente aujourd'hui requête pour La Borde, dont on prétend que la *Pandore*[2] est devenue un ouvrage très agréable. Je crois qu'il mourra de douleur, si mon héros ne fait pas exécuter son spectacle aux fêtes de madame la comtesse d'Artois[3]; et moi je reprendrais peut-être un peu de cette vie, si cette aventure pouvait me fournir une occasion de vous faire ma cour pendant quelques jours.

---

[1] Voyez lettre 6500. B.
[2] Opéra de Voltaire; voyez tome IV. B.
[3] Il avait déjà été question de donner cette pièce pour le mariage du dauphin; voyez tome LXV, page 527. B.

Je crois que cette *Pandore*, avec sa boîte, a été en effet la source de bien des maux, puisqu'elle fit mourir de chagrin ce pauvre Royer [1], et qu'elle est capable de jouer un pareil tour à La Borde. Les musiciens me paraissent encore plus sensibles que les poëtes.

Il y a long-temps, monseigneur, que je cherche le moyen de vous envoyer un recueil [2] qui contient *les Lois de Minos* et plusieurs petits ouvrages, en prose et en vers, assez curieux. Je vous demanderais une petite place pour ce livre dans votre bibliothèque; il est assez rare jusqu'à présent. Ne puis-je pas vous l'envoyer sous l'enveloppe de M. le duc d'Aiguillon? J'attends sur cela vos ordres.

On va jouer *les Lois de Minos* à Lyon ; le spectacle sera très beau, mais les acteurs sont bien médiocres. Je compte que la pièce sera mieux jouée dans votre capitale de la Guienne. Je n'irai point voir le spectacle de Lyon : les suites de ma maladie ne me le permettent pas ; mais, quand il s'agira d'obéir à vos ordres, je trouverai des ailes, et je volerai. Je vois qu'un certain voyage est un peu différé; tant mieux, car nous n'avons point encore de printemps, mais, en récompense, nous sommes entourés de neige.

Conservez vos bontés à ce pauvre malade qui ne respire que pour en sentir tout le prix.

N. B. On me mande que La Borde a beaucoup retravaillé sa *Pandore*, et qu'elle est très digne de votre protection.

[1] Voyez tome LVI, page 427. B.
[2] Voyez la lettre 6516. B.

6549. A M. LEKAIN.

A Ferney, 7 mai.

Je croyais, mon cher ami, que vous étiez à Marseille, que vous fesiez les délices de la Provence; et j'avais même espéré que ma malheureuse santé me permettrait de vous rencontrer à Lyon à votre retour. M. d'Argental m'a détrompé; mais je ne perds point cette espérance qui est toujours dans le fond de ma boîte de Pandore. On dit que vous pourriez, vers le mois d'août, revenir faire un tour à Chateleine : qui sait si je n'aurais pas la force d'aller à Lyon! j'ai juré de ne voir jamais aucun spectacle que ceux qui sont embellis par vous.

Le vieux malade vous embrasse de tout son cœur.

V.

6550. A M. LE COMTE D'ARGENTAL.

A Ferney, 8 mai.

Vous voulez que je vous écrive, mon cher ange; c'est à moi bien plutôt de vous supplier de m'écrire, et de me mander des nouvelles de madame d'Argental. Que puis-je vous mander du fond de ma retraite? vous amuserai-je beaucoup, quand je vous dirai que je suis en Sibérie, sous le quarante-sixième degré et demi de latitude, et que nous avons, au 8 de mai, plus de cent pieds de neige au revers du mont Jura; que tous nos fruits sont perdus; que ma pauvre colonie est sur le point d'être ruinée, et que je serais peut-être à Paris actuellement, auprès de vous, sans la friponnerie de Valade, et l'impertinente ingratitude des comédiens ? Mille contre-temps à-la-fois ont exercé ma patience ; ma mauvaise santé la met encore à de plus grandes épreuves.

Je ne sais point du tout comment m'y prendre pour vous envoyer ce recueil [1] à la tête duquel *les Lois de Minos* se trouvent : ce qu'on peut dans un temps, on ne le peut pas dans un autre : tous les envois de livres du pays étranger sont devenus plus difficiles que jamais. Je pourrais hasarder d'envoyer le petit paquet par le carrosse de Lyon, à la chambre syndicale de Paris. Voyez si vous pourriez le réclamer, et si M. de Sartines voudrait vous le faire rendre. Je suis étranger, je suis de contrebande ; je suis environné de chagrins, quoique je tâche de n'en point prendre. Je suis vieux, je suis malade ; j'ai la mort sur le bout du nez : si ce n'est pas pour cette année, c'est pour l'année prochaine. On ne meurt point comme on veut dans les heureux pays libres qu'on appelle papistes ou papaux. Rabelais dit qu'on y est toujours tourmenté par les clergaux et par les évesgaux. On ne sait où se fourrer ; j'espère pourtant que je m'en tirerai galamment : mais vous avouez que tout cela n'est pas joyeux. La philosophie fait qu'on prend son parti ; mais elle est trop sérieuse cette philosophie, et on ne rit point entre des peines présentes et un anéantissement prochain. Je gagerais que Démocrite n'est pas mort en riant.

Sur ce, mon cher ange, portez-vous bien, et vivez.

Je croyais Lekain à Marseille. Permettez que je

---

[1] Voyez lettre 6516. B.

vous adresse un petit mot[1] de réponse que je dois à une lettre qu'il m'écrivit il y a plus d'un mois.

Pour mademoiselle Daudet[2], je lui en dois une depuis le mois de janvier; il y a prescription. Je vous supplie de lui dire que mon triste état m'a mis dans l'impossibilité de lui répondre : rien n'est si inutile qu'une lettre de compliments. Je lui souhaite fortune et plaisirs, et surtout qu'elle reste à Paris le plus qu'elle pourra. Quoique je n'aime point Paris, je sens bien qu'on doit l'aimer.

Que mes anges me conservent un peu d'amitié, je serai consolé dans mes neiges et dans mes tribulations; je leur serai attaché tant que mon cœur battra dans ma très faible machine.

6551. A M. DALEMBERT.

8 mai.

Mon très cher et très intrépide philosophe, Dieu veuille que cette fois-ci ma petite offrande arrive à votre autel! Il y a trois volumes[3] de rapsodies, l'un pour vous, l'autre pour M. le marquis de Condorcet, et un troisième dans lequel M. de La Harpe est intéressé à la page 10[4].

Ce qu'il y a de meilleur assurément dans ce recueil, que le gros Cramer s'est avisé de faire pendant ma maladie, est un certain dialogue entre l'illustre fou

[1] C'est le n° 6549. B.
[2] Fille de mademoiselle Lecouvreur; voyez tome LVI, page 341. B.
[3] C'est-à-dire trois exemplaires du volume dont il est parlé dans la lettre 6516, contenant *les Lois de Minos* et d'autres écrits. B.
[4] La phrase qui concerne La Harpe est répétée dans la lettre 6560. B.

de la matière subtile, et la cruelle folle qui assassina Monaldeschi [1].

Que vous dirai-je sur une personne plus illustre [2] et qui n'est point folle? elle garde sans doute ses reclus dans un pays qui fut grec autrefois, pour en faire un beau présent aux Welches, quand elle se sera raccommodée avec eux. Elle a pensé, sans doute, que vous aviez pénétré ce dessein; et je la crois très embarrassée à vous faire réponse, d'autant plus que vous êtes à Paris, et que toutes les lettres sont ouvertes.

Vous êtes trop juste pour être mécontent des conseils honnêtes que je donne vers la page 8 [3]. Vous êtes trop éclairé pour ne pas voir dans quel esprit on fit *les Lois de Minos*, qui n'ont pas, en vérité, coûté plus de huit jours pour le travail, dans le temps qu'on proscrivait les *Druides* [4]. Le détestable Valade, par sa friponnerie, et un autre homme par ses vers encore plus détestables, ont empêché la promulgation de ces *Lois* sur le théâtre. On est exposé à mille contre-temps quand on est loin de Paris. Je n'avais pas besoin de ces nouvelles anicroches pour être fâché de mourir sans vous embrasser. La vie est pleine de misères, on le sait bien; mais peu de gens savent qu'une des plus grandes est de mourir loin de ses amis. Je ne reçois aucune des visites qu'on me fait, mais j'aurais voulu vous en faire une. Je suis réduit

---

[1] *Le Dialogue entre Descartes et Christine*, qui est de Dalembert. B.
[2] Catherine II. B.
[3] Voyez, tome IX, pages 281-82, l'alinéa commençant par *C'est à vous*, etc. B.
[4] Tragédie de Leblanc de Guillet; voyez tome LXVII, page 372. B.

à vous embrasser de loin, et c'est avec tous les sentiments que je vous ai voués.

6552. A M. MARIN.

8 mai.

Mon cher monsieur, je crois, Dieu me pardonne, que je suis encore en vie : en ce cas, je vous prie d'envoyer un exemplaire de ce petit ouvrage à M. de La Harpe. Pourriez-vous me faire parvenir le nouveau mémoire de La Croix? je sais qu'il écrit plutôt contre M. Linguet que contre M. de Morangiés. C'est une chose déplorable qu'on se déchaîne si universellement contre un avocat qui ne fait que son devoir. On dit qu'on ne jugera ce procès que sur les probabilités qui frappent tout le monde ; mais je n'en crois rien. Les juges sont astreints à suivre les lois. L'ancien parlement se mettait au-dessus : celui-ci n'est pas encore assez puissant pour prendre de telles libertés. La détention de M. de Morangiés, et le refus d'entendre de nouveaux témoins, me font trembler pour lui. Je le regarderai toujours comme un homme très innocent. Dieu veuille qu'il n'augmente pas mon catalogue des innocents condamnés!

Avez-vous vu M. de Tolendal[1]? son oncle est une terrible preuve de ce que peut la cabale. Le roi de Prusse a, parmi ses officiers, le jeune d'Étallonde, qui fut condamné, avec le chevalier de La Barre, à la question ordinaire et extraordinaire, à l'amputation de la main droite et de la langue, et à être brûlé vif

[1] M. le comte de Lally. M. de Voltaire le croyait alors neveu et non fils de celui dont il cherchait à faire réhabiliter la mémoire. K.

pour n'avoir pas ôté son chapeau devant des capucins, pour avoir chanté je ne sais quelle chanson que personne ne connaît. C'est un exemple qu'il faut toujours avoir devant les yeux : il nous prouve que notre siècle est aussi abominable que frivole. Il y a bientôt quatre-vingts ans que je suis au monde, et je n'ai jamais vu que des injustices. Je crois que Mathusalem aurait pu en dire autant.

6553. DE M. DALEMBERT.

A Paris, ce 13 de mai; je ne voudrais pas dater du 14 [1].

Je me hâte, mon cher et illustre ami, de vous faire part d'une nouvelle qui ne peut manquer de vous être agréable : M. le duc d'Albe, un des plus grands seigneurs d'Espagne, homme de beaucoup d'esprit, et le même qui a été ambassadeur en France, sous le nom de duc d'Huescar, vient de m'envoyer vingt louis pour votre statue. La lettre qu'il m'écrit à ce sujet est pleine des choses les plus honnêtes pour vous. « Condamné, me dit-il, à cultiver en secret ma raison, je sai-
« sirai avec transport cette occasion de donner un témoignage
« public de ma gratitude et de mon admiration au grand
« homme qui le premier m'en a montré le chemin. » M. le chevalier de Magalon, qui est ici chargé des affaires d'Espagne, m'a mandé, en m'envoyant la souscription de M. le duc d'Albe, que cet amateur éclairé des lettres et de la philosophie me priait d'être auprès de vous l'interprète de tous ses sentiments. Vous ne feriez pas mal, mon cher maître, d'écrire un mot de remerciement à M. le duc d'Albe, à Madrid. Vous pourriez lui parler, dans votre réponse, d'une traduction espagnole de Salluste [2], faite par l'infant don Gabriel, que peut-

---

[1] Sans doute parceque le 14 mai est l'anniversaire de l'assassinat de Henri IV. B.

[2] *La Conjuracion de Catilina y la Guerra de Jugurtha, por Cayo Salustio Crispo*; Madrid, Ibarra, 1772, in-folio; chef-d'œuvre typographique. B.

être l'infant vous aura déjà envoyée, et qui est, à ce que disent les Espagnols, très bien écrite. On dit ce jeune prince fort instruit, et passionné pour les lettres. Elles ont grand besoin de trouver quelques princes qui les aiment; il s'en faut bien que tous pensent ainsi.

Votre Childebrand[1] (car je ne puis me résoudre à lui donner un autre nom) n'en agit pas à votre égard comme M. le duc d'Albe, qui aurait mieux mérité que lui la dédicace des *Lois de Minos*. Il a demandé à Lekain (le fait n'est que trop vrai, et M. d'Argental pourra vous l'assurer si vous en doutez) une liste de douze tragédies, pour être jouées aux fêtes de la cour et à Fontainebleau. Lekain lui a porté cette liste, dans laquelle il avait mis, comme de raison, quatre ou cinq de vos pièces, et entre autres *Rome sauvée* et *Oreste*. Childebrand les a effacées toutes, à l'exception de *l'Orphelin de la Chine*, qu'il a eu la bonté de conserver : mais devinez ce qu'il a mis à la place de *Rome sauvée* et d'*Oreste!* *Catilina* et *Électre* de Crébillon. Je vous laisse, mon cher maître, faire vos réflexions sur ce sujet, et je vous invite à dédier à cet amateur des lettres votre première tragédie. Vous voyez qu'il a bien profité des leçons que vous lui avez données. Vous pourrez au moins lui faire vos remerciements du zèle qu'il témoigne pour vous servir.

En vérité, mon cher maître, je suis navré que vous soyez dupe à ce point, et que vous le soyez d'un homme si vil. Si vous cherchez de l'appui à la cour, vous avez cent personnes à choisir, dont la moindre aura plus de crédit et de considération que lui. Vous vous dégoûteriez de votre confiance, si vous pouviez voir à quel point il est méprisé, même de ses valets. C'est pour l'acquit de ma conscience, et par un effet de mon tendre attachement pour vous, que je crois devoir vous instruire de ce qui vous intéresse, agréable ou fâcheux; car *interest cognosci malos*. Plus je relis l'extrait que vous m'avez envoyé de la lettre de Pétersbourg[2], plus j'en suis affligé. Il

---

[1] Le maréchal de Richelieu. B.
[2] Voyez lettre 6533. B.

était si facile à cette personne de faire une réponse honnête, satisfesante, et flatteuse pour la philosophie, sans se compromettre en aucune manière, et sans accorder ce qu'on lui demandait, comme j'imagine aisément que les circonstances peuvent l'en empêcher. Je vous aurais, mon cher ami, la plus grande obligation de me procurer cette réponse, que je desire. Vous voyez par vous-même combien la cause commune en a besoin. Le déchaînement contre la raison et les lettres est plus violent que jamais. Faudra-t-il donc que la philosophie dise à la personne dont elle se croyait aimée : *Tu quoque, Brute*[1] *!* Adieu, mon cher maître; la plume me tombe des mains, de douleur du mal qu'on lui fait en moi, et d'indignation des trahisons qu'elle éprouve en vous. *Interim tamen vale, et nos ama.*

6554. DE FRÉDÉRIC II, ROI DE PRUSSE.

A Potsdam, le 17 mai.

Si je n'étais pas surchargé d'affaires, j'aurais répondu à votre charmante lettre[2] de toutes les trinités infernales, auxquelles vous avez heureusement échappé; ce dont je vous félicite. Il faudra attendre le retour de mes voyages; ce qui sera expédié à peu près vers le milieu du mois prochain.

Quelque pressé que je sois, je ne saurais pourtant m'empêcher de vous dire que la médisance épargne les philosophes aussi peu que les rois. On suppose des raisons à votre dernière maladie qui font autant d'honneur à la vigueur de votre tempérament que vos vers en font à la fraîcheur, ou, pour mieux dire, à l'immortalité de votre génie. Continuez de même, et vous surpasserez Mathusalem en toute chose. Il n'eut jamais telle maladie à votre âge, et je réponds qu'il ne fit jamais de bons vers.

Le philosophe de Sans-Souci salue le patriarche de Ferney.

FÉDÉRIC.

[1] C'est le mot de César à Brutus, qui était au nombre de ses assassins, et que Voltaire a mis dans la 3ᵉ scène de l'acte Iᵉʳ de sa *Mort de César;* voyez tome IV. B.

[2] 6539. B.

6555. A M. DALEMBERT.

19 mai.

S'il est coupable de la petite infamie dont vous me parlez[1], j'avoue que je suis une grande dupe; mais vous, qui parlez, vous l'auriez été tout comme moi. Si vous saviez tout ce qui s'est passé, vous seriez bien étonné. Un jeune homme n'a jamais été trahi plus indignement par sa maîtresse. On dit que c'est l'usage du pays. Comme il y a environ trente ans que j'y ai renoncé, il m'est pardonnable d'en avoir oublié la langue. Je devais me souvenir que, dans ce jargon : *Je vous aime*, signifiait : *Je vous hais*, et que : *Je vous servirai*, voulait dire positivement : *Je vous perdrai*.

Il se peut encore que l'on ait été choqué des conseils qui, au fond, ne sont que des reproches.

Il se peut aussi qu'un certain histrion ait fait ce qu'on impute à un autre, car il y a bien des histrions. Quand on est à cent lieues de Paris, il est difficile de prévoir et de parer les effets des petites cabales, des petites intrigues, des petites méchancetés qu'on y ourdit sans cesse pour s'amuser.

Le seul fruit que je tirerai de ma duperie sera de n'avoir plus aucune espérance; mais on dit que c'est le sort des damnés[2].

Il faut, mon cher philosophe, que je me sois trompé en tout; car j'ai cru que ces conseils, assez délicatement apprêtés, auraient dû vous plaire, at-

---

[1] Second alinéa de la lettre 6553. B.
[2] Dante, dans son *Enfer*, chant III, vers 9, a dit :
Lasciate ogni speranza, voi ch' intrate.   B.

tendu qu'un conseil qui n'a pas été suivi est un reproche, et que c'était au fond lui dire à lui-même ce que vous dites de lui.

Je dois vous faire à vous-même un reproche que vous méritez, c'est que vous traitez de déserteur le martyr de la philosophie. Bertrand doit employer Raton, mais il ne faut pas qu'il lui morde les doigts.

Au bout du compte, je suis sensible, et je vous avouerai que la perfidie dont vous m'instruisez m'afflige beaucoup, parcequ'elle tient à des choses que je suis obligé de taire, et qui pèsent sur le cœur.

Je m'aperçois que ma lettre est une énigme; mais vous en déchiffrerez la plus grande partie. Soyez bien sûr que le mot de l'énigme est mon sincère attachement pour vous, et mon dégoût pour tout ce qui n'est que vanité, faux air, affectation de protéger, plaisir secret d'humilier et de nuire, orgueil, et mauvaise foi. Je vois qu'actuellement nous ne devons être contents ni des Esclavons ni des Welches, et qu'il faut se rejeter du côté des Ibères. J'écrirai donc en Ibérie [1]; mais ce que j'ai de mieux à faire, c'est de m'arranger pour l'autre monde, et de ne pas laisser périr ma colonie, quand il faudra la quitter.

Jugez de toutes mes tribulations par celle que je vais vous confier, qui est assurément la plus petite de toutes.

Ma colonie avait fourni des montres garnies de diamants pour le mariage de monsieur le dauphin : elles n'ont point été payées, et cela retombe sur moi.

---

[1] Au duc d'Albe (voyez n⁰ˢ 6553 et 6618); mais on n'a aucune lettre de Voltaire à ce seigneur espagnol. B.

Il me paraît qu'en Espagne on est plus généreux. Ce que j'éprouve des beaux messieurs de Paris, en ce genre, est inconcevable. Ces beaux messieurs ont bien raison de détester la philosophie, qui les condamne et qui les méprise.

Adieu; je ne vous dis pas la vingtième partie des choses que je voudrais vous dire; mais, encore une fois, que Bertrand ne gronde point Raton; que Bertrand au contraire encourage Raton à s'endurcir les pattes sur la cendre chaude; que plusieurs Bertrands et plusieurs Ratons fassent un petit bataillon carré bien serré et bien uni.

6556. A MADAME DE SAINT-JULIEN.

A Ferney, 19 mai.

Ce que madame Denis veut vous dire, madame, c'est que M. le maréchal de Richelieu, votre ami, vient de m'affliger d'une manière bien sensible pour un cœur qui lui est si tendrement attaché depuis plus de cinquante ans. Il m'accable d'abord de bontés au sujet des *Lois de Minos*; il n'a jamais été si empressé avec moi; et le moment d'après il m'accable de dégoûts, il me traite comme ses maîtresses. Voici le fait: dans la chaleur de nos tendresses renaissantes, je lui dédie *les Lois de Minos*, et je me livre dans cette dédicace à toute ma passion pour lui; il me promet et me donne sa parole d'honneur qu'il fera représenter *les Lois de Minos* à Fontainebleau, au mariage de M. le comte d'Artois. Sur cette parole, je retire la pièce des mains des comédiens qui allaient la jouer, et je n'ai de confiance qu'en ses bontés.

Quelque temps après, Lekain vient lui présenter la liste des pièces qu'on doit donner à Fontainebleau ; il met dans cette liste plusieurs de mes pièces, et surtout *les Lois de Minos*. Monsieur le maréchal les raie toutes[1], et substitue à leur place le *Catilina* de Crébillon, et je ne sais quelles autres pièces barbares. Voilà ce qu'on me mande, et ce que j'ai peine à croire ; je l'aime et je le respecte trop pour croire qu'il en ait usé ainsi avec moi, dans le temps même qu'il me prodiguait les marques les plus flatteuses de l'amitié dont il m'a honoré depuis si long-temps.

Nous avons recours, ma nièce et moi, madame, à celle qui connaît si bien le prix de l'amitié, à celle dont la bienveillance et l'équité sont si actives, à celle qui a tiré notre ami Racle du profond bourbier où il était plongé, à celle qui n'entreprend rien dont elle ne vienne à bout. Vous allez à la chasse des perdrix ; allez à la chasse de M. de Richelieu : trouvez-le, parlez-lui, faites-le rougir, s'il est coupable ; faites-le rentrer en lui-même, ramenez-moi mon infidèle. Il n'appartient qu'à vous de faire de tels miracles. Vous connaissez ma position : cette petite aventure tient à des choses qui sont essentielles pour moi, et même pour ma famille.

Nous vous prions de vouloir bien ajouter aux bons offices que nous vous demandons celui de parler de vous-même à mon perfide ; d'ignorer avec lui que nous vous avons écrit ; de lui dire que vous ne venez lui représenter son inconstance que sur le bruit public,

---

[1] Voyez le second alinéa de la lettre 6553. B.

et que vous ne sauriez souffrir qu'on attaque ainsi sa gloire.

Franchement, madame, rien n'est plus cruel que de se voir abandonné et trahi sur la fin de sa vie par les personnes sur lesquelles on avait le plus compté, et dans qui on avait mis toutes ses affections. Il n'y a que vos bontés qui puissent me consoler, et me tenir lieu de ce que je perds.

J'ai l'honneur de vous envoyer un exemplaire de la pièce en question, avec des notes que je vous prie de lire quand vous n'irez point à la chasse.

Agréez, madame, mon respect et mon attachement inviolable.

6557. A M. DALEMBERT.

A Ferney, 20 mai.

Ce que vous m'avez mandé, mon cher ami, est très vrai, et beaucoup plus fort qu'on ne vous l'avait dit. Ces conseils et ces souhaits ont été regardés comme une injure. Il vaudrait beaucoup mieux se corriger que de se fâcher. Il arrive fort souvent que ce qui devrait faire du bien ne produit que du mal. Que vous dirai-je, mon cher philosophe?

> Monsieur l'abbé et monsieur son valet
> Sont faits égaux tous deux comme de cire [1].

Il n'y a d'autre parti à prendre que celui de cultiver librement les lettres et son jardin, et surtout l'amitié d'un cœur aussi bon que le vôtre, et d'un esprit aussi éclairé.

Je ris des folies des hommes et des miennes.

[1] Marot, épigramme LXXXV. B.

A propos de folies, on m'a mandé que la moitié de Paris croyait fermement que, ouï le rapport de M. de La Lande, une comète[1] passerait aujourd'hui, 20 de mai, au bord de notre globule, et le mettrait en miettes. Il y a bien long-temps que les hommes font ce qu'ils peuvent pour le détruire, et ils n'ont pu en venir à bout. Je vous avoue que je soupçonne un peu de ridicule dans l'idée de Newton, que la comète de 1680 avait acquis, en passant à un demi-diamètre du soleil, un embrasement deux mille fois plus fort que celui du fer ardent.

Il me semble d'ailleurs que messieurs de Paris jugent de toutes choses comme de la prétendue comète, que M. de La Lande n'a point annoncée.

Je vous prie, quand vous le verrez, de lui faire mes très sincères compliments sur le gain de son procès contre l'ami Coger[2]. Ce Coger n'a pas fait grand bien, à ce que je vois, au *pecus* de l'université.

Je suis toujours bien malade : j'égaie mes maux par les sottises du genre humain. Je vous aime et vous révère.

Mon cher ami, mon cher philosophe, vous n'aviez pas pu soupçonner le motif de cette méchanceté; mais vous avez fort bien connu le caractère de la personne. Vous connaissez aussi celui de son maître; donc il faut cultiver son jardin, et se taire.

---

[1] Voyez l'opuscule de Voltaire à ce sujet, tome XLVII, page 238. B.
[2] Voyez tome XXXIV, page 84; et XLIII, 411. B.

6558. A M. CHRISTIN.

20 mai.

Vous êtes, mon cher ami, meilleur citoyen que les anciens Romains; ils étaient dispensés d'aller à la guerre pour le service de la république, et vous, à peine êtes-vous marié, que vous faites la campagne la plus vive en faveur du genre humain contre les bêtes puantes appelées moines. Tout ce que je peux faire à présent est de lever les mains au ciel pendant que vous vous battez.

Il y a des choses qui m'ont paru fort équivoques dans le mémoire de l'avocat de Besançon. Je tremblerai toujours jusqu'au jour de la décision. Ce serait au roi à terminer ce grand procès dans toute la France. L'abolissement du droit barbare de mainmorte serait encore plus nécessaire que l'abolissement des jésuites. Puisse le roi jouir de la gloire de nous avoir délivrés de ces deux pestes! Bonsoir, mon cher philosophe; soyez le plus heureux des maris et des avocats.

6559. A MADAME CHRISTIN.

20 mai.

Vous m'avez prévenu, madame; c'était à moi de faire mon compliment à la femme de mon meilleur ami. Je me serais sans doute acquitté de ce devoir, si les suites de ma maladie ne m'en avaient empêché.

Je vous souhaite tout le bonheur que vous méritez, et je suis sûr que vous l'aurez. On ne peut être plus sensible que je le suis à la bonté que vous avez eue de m'écrire : si j'avais eu de la santé, j'aurais été un des garçons de la noce.

J'ai l'honneur d'être, etc.

6560. A M. DE LA HARPE.

24 mai.

« Je souhaite que la calomnie ne députe point quel-
« ques uns de ses serpents à la cour, pour perdre ce
« génie naissant, en cas que la cour entende parler
« de ses talents. » (Page 10 de l'*Épitre*[1] *morale et
instructive* de Guillaume Vadé.)

Vous voyez, mon cher ami, que Guillaume était
très instruit qu'il y avait des préjugés contre celui
qui a donné quelquefois de si bonnes ailes aux talons
de Mercure, et dont le génie alarme ceux qui n'en
ont pas.

J'ai ouï dire que Guillaume Vadé, avant sa mort,
avait essuyé quelques injustices un peu plus fortes;
qu'un commentateur avait interprété fort mal ses
discours auprès d'un satrape de Perse[2], lorsque
Guillaume était à la campagne, à quelques lieues
d'Ispahan; mais ce n'est point de cela que Guillaume
mourut; il était accoutumé à tous ces orages, et il
en riait. On s'était imaginé qu'il était fort sensible à
toutes ces misères : on se trompait beaucoup.

Sa nièce, Catherine Vadé, que vous avez connue,
vous dira qu'il avait le plus profond mépris pour les
tracasseries persanes. Il était quelquefois un peu malin, soit quand il écrivait à Nicolas[3], soit quand il

---

[1] *Épitre dédicatoire* des *Lois de Minos*, tome IX, page 282. B.
[2] A Richelieu, tome IX, page 284. B.
[3] *Épitre à Boileau*, tome XIII, page 257. B.

écrivait à Flaccus ¹ ; mais il fut très sensible et reconnaissant pour le secrétaire intime de Flaccus ², lequel avait l'esprit et les graces de son maître : il m'a même chargé, en mourant, de dire à ce secrétaire intime qu'il ne l'oubliait point, quoiqu'il allât boire les eaux du fleuve de l'oubli. Il me le recommandait en présence de Catherine sa nièce. Je vous exhorte, lui disait-il souvent, à ne point craindre vos envieux, à marcher toujours dans le sentier épineux de la gloire, entre le général d'armée Warwick ³ et le ministre Barmécide ⁴; comptez, quand on a la gloire pour soi, que le reste vient tôt ou tard.

Je pense comme Guillaume. Je vous suis très sincèrement dévoué, et j'en prends à témoin Catherine; j'espère trouver l'occasion de vous le prouver. Il y a long-temps que je vous ai dit :

Macte *animo, generose* puer.
VIRG., *Æn.*, lib. IX, v. 641.

6561. A M. LE CHEVALIER DE LALLY-TOLENDAL.

24 mai.

Vous avez, monsieur, du courage dans l'esprit comme dans le cœur; et une chose à laquelle vous ne faites peut-être pas attention, c'est que votre mémoire est de l'éloquence la plus forte et la plus touchante.

On m'a mandé que le roi vous avait accordé une grande grace, il y a quelques mois. Vous ne pouviez

¹ *Épître à Horace*, tome XIII, page 317. B.
² La Harpe avait composé une réponse d'Horace à l'épitre de Voltaire; voyez tome XIII, page 324. B.
³ Une tragédie de La Harpe est intitulée *le Comte de Warwick*. B.
⁴ La Harpe a fait une tragédie intitulée *les Barmécides*. B.

mieux lui en marquer votre reconnaissance qu'en manifestant l'injustice des juges qui ont trempé dans le sang de votre oncle leurs mains teintes du sang du chevalier de La Barre. Ces tuteurs des rois étaient les ennemis du roi : vous le servez en demandant justice contre eux.

Je pense que c'est un devoir indispensable à M. de Saint-Priest¹ de se joindre à vous. Je ne sais pas comment il est votre parent ou votre allié; je ne sais pas même ce que vous est madame la comtesse de La Heuze, si elle est votre tante ou votre sœur. Je vous prie de vouloir bien mettre au fait un solitaire si ignorant, en cas que vous lui fassiez l'honneur de lui écrire.

J'ai peur que l'homme puissant à qui vous vous êtes adressé ne vous ait donné des paroles, et non pas une parole; mais il ne vous empêchera pas de tenter toutes les voies de venger la mort et la mémoire de votre oncle ².

Je présume que madame Du Barri vous protégerait dans une entreprise si juste et si décente. J'ose croire encore que M. le maréchal de Richelieu, que j'ai vu l'ami de M. de Lally, ne vous abandonnerait pas.

Enfin on peut faire un mémoire au nom de la famille. Il me semble qu'il faudrait que ce mémoire fût signé d'un avocat au conseil. La requête la plus juste n'aura aucun succès, si elle n'est pas dans la forme légale, et ne sera regardée tout au plus que comme une plainte inutile.

¹ Voyez tome LXVII, page 179. B.
² Voyez la note sur la lettre 6552. B.

J'ajoute, et avec chagrin, qu'il faudra se résoudre à épargner, autant qu'on le pourra, les ennemis qui ont déposé contre leur général. Ils sont en grand nombre ; et on doit songer, ce me semble, plutôt à justifier le condamné qu'à s'emporter contre les accusateurs. Sa mémoire réhabilitée les couvrira d'opprobre.

Il me paraît que vous avez un juste sujet de présenter requête en révision, si vous prouvez que plusieurs pièces importantes n'ont point été lues. Il n'y a point, en ce cas, d'avocat au conseil qui refuse de signer votre mémoire. Alors vous aurez la consolation d'entendre la voix du public se joindre à la vôtre, et ce cri général éveillera la justice.

Je suis plus malade encore que je ne suis vieux ; mais mon âge et mes souffrances ne peuvent diminuer l'intérêt que je prends à cette cruelle affaire, et les sentiments que vous m'inspirez.

6562. A M. VASSELIER.

Mai.

Vous êtes donc mon confrère en fait de goutte, mon cher ami ? Pour moi, je n'ai la goutte que comme un accessoire à tous mes maux. On sait bien qu'il faut mourir ; mais, en conscience, il ne faudrait pas aller à la mort par de si vilains chemins. Je desire bien vivement de guérir pour venir vous voir ; mais je commence à en désespérer.

Je ne suis point du tout étonné de l'évêque[1] dont

---

[1] Montazet, archevêque de Lyon ; voyez tome IX, page 6 ; et LVIII, 566. B.

vous me parlez. Les comédiens sont toujours jaloux les uns des autres[1]. Nous allons avoir une troupe en Savoie, à la porte de Genève, qui fera sans doute crever de dépit celle que nous avons déjà à l'autre porte en France. Chacun joue la comédie de son côté; je ne la joue pas, mon cher correspondant, en vous disant combien je vous aime.

Mille graces de la belle branche de palmier. *Quid retribuam Domino*[2]?

P. S. Il y a, dans le Bugey, un brave officier qui aime la lecture, qui est philosophe, et qui m'a demandé des livres[3]. Je crois ne pouvoir mieux remplir mon devoir de missionnaire qu'en m'adressant à vous. Je vous envoie le paquet que je vous supplie instamment de faire tenir à ce digne officier, à qui le roi ne donne pas de quoi acheter des livres.

Faites un philosophe, et Dieu vous le rendra. Je ne puis faire une meilleure action dans le triste état où je suis.

6563. A M. DALEMBERT.

2 juin.

Je suis tenté, mon très cher philosophe, de croire, avec messieurs de l'antiquité, qu'il y a des jours, des mois, et des années, malheureux. Mon étoile est en effet très désastreuse cette année. Je ne sais pas ce que sont devenus les quatre exemplaires que je vous annonçais; mais j'ai reçu un ordre, en forme de con-

---

[1] Voltaire avait déjà dit en d'autres termes : *Le monologue fut en tout temps jaloux du dialogue;* voyez tome XL, page 285. B.

[2] Psaume cxv, verset 12. B.

[3] C'était Vasselier lui-même. B.

seil, de ne plus en envoyer par la voie que j'avais choisie, et qui seule me restait.

Mon étoile s'est encore chargée de la singulière ingratitude d'un homme[1] de qui je devais attendre de bons offices; il m'avait tout promis, et vous savez ce qu'il m'a tenu. Vous ne savez pas tout, je ne puis dire tout. Mon étoile est devenue une comète qui annonce un peu ma destruction. S'il est vrai qu'une comète puisse incendier la terre, je serai sûrement un des premiers brûlés.

Le maraud qui s'est avisé de vous écrire est un fripon de Normand, formé autrefois par l'abbé Desfontaines, autre Normand. Je ne sais qui des deux était le plus impudent; je crois pourtant que c'était l'abbé Desfontaines, parcequ'il était prêtre. J'ai eu la bêtise de lui faire des aumônes considérables, dont j'ai même les reçus. Il ressemble comme deux gouttes d'eau à Nonotte, qui voulait me vendre son libelle deux mille écus. Voilà comme la basse littérature est faite. Le malheureux dont vous me parlez vend du baume dans les pays étrangers, et m'arrache de l'argent par toutes sortes de moyens.

Pour les vendeurs ou vendeuses d'orviétan, qui tantôt vous préviennent, et tantôt font les difficiles, il est bien clair qu'ils ne valent pas mieux que nos fripons subalternes. Que faire à cela? encore une fois, se cacher dans un antre, et cultiver les laitues qui croissent dans son ermitage. Tous ces fléaux du genre humain mourront comme nous; c'est une petite consolation.

[1] Richelieu; voyez lettre 6553. B.

Je n'aime point du tout Ovide *De Ponto*[1], mais j'estime assez Chéréas[2]. J'estime encore plus ceux qui daignent instruire les hommes et leur plaire; c'est votre lot. Celui de Raton est d'aimer Bertrand de tout son cœur.

6564. A M. LE MARÉCHAL DUC DE RICHELIEU.

A Ferney, 4 juin.

En vérité, monseigneur, je ne sais si je dois pleurer ou rire de ce que vous me mandez dans votre lettre du 28 de mai; mais, quand un comédien fait une tracasserie à M. le maréchal de Richelieu, il faut rire; et c'est sans doute ce que vous avez fait.

J'admire seulement votre bonté de daigner m'écrire, lorsque les autres tracasseries de Bordeaux pour du pain, qui ont été, dit-on, suivies d'une sédition meurtrière, attiraient toute votre attention. Si cet orage est passé, permettez-moi de vous parler d'abord d'une chose qui m'intéresse beaucoup plus que tous les spectacles de Fontainebleau et de Versailles; c'est du petit voyage dont vous m'aviez flatté. L'état cruel où je suis ne m'aurait certainement pas empêché d'être à vos ordres; il n'y a que la mort qui eût pu me retenir à Ferney; mais je vois que tout est rompu, et c'est là ce qui me fait pleurer. J'avais tout arrangé pour cette petite course; il ne m'appartient pas d'avoir une dormeuse, mais j'avais une voiture que j'appelais une commode. Il faut s'atten-

---

[1] C'est le titre d'un ouvrage d'Ovide; il est en quatre livres. B.
[2] Centurion qui tua Caligula. B.

dre aux contre-temps jusqu'au dernier moment de sa vie.

Quant à l'article des spectacles, mon héros est engagé d'honneur à protéger mon histrionage. J'ignore quel est le goût de la cour, j'ignore l'esprit du temps présent; mais je compterai toujours sur votre indulgence pour moi, et sur votre protection nécessaire à ma jeunesse.

Je vous ai supplié, et je vous supplie encore, d'honorer d'une place dans votre liste le roi de Suède, sous le nom de *Teucer*, malgré toutes les différences qui se trouvent entre ces deux personnages.

Je vous demande votre protection pour Mairet, qui est mort il y a environ six-vingts ans, et qui était protégé par votre grand-oncle: il ne tient qu'à vous de le ressusciter. *Minos* et *Sophonisbe* sont deux pièces nouvelles; toutes deux, et surtout *les Lois de Minos*, forment des spectacles où il y a beaucoup d'action. On dit que c'est ce qu'il faut aujourd'hui, car tout le monde a des yeux, et tout le monde n'a pas des oreilles.

Je vous réitère donc ma très humble et très instante prière de vouloir bien ordonner à nosseigneurs les acteurs de jouer ces deux pièces sur la fin de votre année. J'aurai le temps de les rendre moins indignes de vous, si je suis en vie.

Je quitte le cothurne pour vous parler de ma colonie. Vous qui gouvernez une grande province, vous sentez quelles peines a dû éprouver un homme obscur, sans pouvoir, sans crédit, avec une fortune assez médiocre, en établissant des manufactures qui demandaient un million d'avances pour être bien affermies. Il a fallu changer un misérable hameau en une espèce de ville florissante, bâtir des maisons, prêter de l'argent, faire venir les artistes les plus habiles, qui font les montres que les plus fameux horlogers de Paris vendent sous leur nom. Il a fallu leur procurer des correspondances dans les quatre parties du monde : je vous réponds que cela est plus difficile à faire que la tragédie des *Lois de Minos*, qui ne m'a pas coûté huit jours. Les plus petits objets, dans une telle entreprise, ne sont pas à négliger. Ma colonie était perdue, et expirait dans sa naissance, si M. le duc de Choiseul n'avait pas pris et payé, au nom du roi, plusieurs de nos ouvrages, et si l'impératrice de Russie n'en avait pas fait venir pour environ vingt mille écus.

Les deux montres que M. le duc de Duras voulut bien accepter pour le roi, au mariage de madame la dauphine, avaient un grand défaut. Un misérable peintre en émail, qui croyait avoir un portrait ressemblant de madame la dauphine, la peignit fort mal sur les boîtes de ces montres. Je n'ose vous proposer de les renvoyer. Si vous pouvez pousser vos bontés jusqu'à faire payer les sieurs Ceret et Dufour de ces deux montres, je vous aurai beaucoup d'obligation ; ils sont les moins riches de la colonie. Daignez faire dire un mot à M. Hébert ; et un frère de Céret, qui est son correspondant à Paris, ira chercher l'argent.

Je vous demande bien pardon d'entrer dans de tels détails avec le vainqueur de Mahon et le défenseur de Gênes ; mais enfin mon héros daigne quelquefois s'amuser de bagatelles. On n'est pas toujours à la tête d'une armée; il faut bien descendre quelquefois aux niaiseries de la vie civile.

A propos de niaiseries, souvenez-vous bien, je vous en prie, que je vous ai envoyé dans Patrat un acteur qui deviendrait en trois mois égal à Lekain en bien des choses, et très supérieur à lui par le don de faire répandre des larmes. Je m'y connais, je suis du métier. J'ai joué Cicéron et Lusignan avec un prodigieux succès; mais ce n'était pas le Cicéron du barbare Crébillon.

J'envoie Patrat à l'impératrice de Russie, avec un autre comédien assez bon[1], dont on n'a point voulu à Paris. Je suis fâché que le Nord l'emporte sur le Midi en tant de choses.

Quand je songe à cette lettre prolixe dont j'importune mon héros, je suis tout honteux. Cependant je le conjure de la lire tout entière, et de conserver ses bontés à son vieux courtisan, tout ennuyeux qu'il peut être.

Certainement il lui sera attaché jusqu'au dernier moment de sa vie avec le respect le plus tendre.

6565. A MADAME DE SAINT-JULIEN.

A Ferney, 4 juin.

La protectrice réussit à tout ce qu'elle entreprend, et ses entreprises sont toujours de faire du bien. Je me jette à ses pieds, et je les baise avec mes lèvres de

---

[1] Aufresne; voyez tome LIX, page 386; et LXII, 375. B.

quatre-vingts ans, en la priant seulement de détourner les yeux.

Mon doyen de l'académie, qui est fort mon cadet, a eu la bonté de m'écrire une lettre très consolante. Je lui écris aujourd'hui sur nos histrions qui sont à ses ordres, et je le supplie, comme je l'ai toujours supplié, et comme il me l'a toujours promis, de faire jouer, sur la fin de son année, *les Lois de Minos*, d'un jeune auteur, et la *Sophonisbe* de Mairet, qui est mort il y a environ cent trente ans; le tout sans préjudice des autres faveurs qu'il peut me faire, et sur lesquelles vous avez insisté avec votre générosité ordinaire.

J'aurais bien voulu vous envoyer des *Lois de Minos* pour vos amis, et surtout pour monsieur votre frère[1]; mais M. d'Ogny me mande qu'il ne peut plus se charger de paquets de livres. Il veut bien faire passer toutes les montres de ma colonie, dont il est le protecteur; mais, pour la littérature, on dit qu'elle est aujourd'hui de contrebande, et que les commis à la douane des pensées n'en laissent entrer aucune. Je crois pourtant que si jamais vous rencontrez M. d'Ogny, vous pourriez lui demander grace pour *les Lois de Minos*, et alors vous en auriez tant qu'il vous plairait.

A propos de lois, madame, je ne suis point surpris de la sentence portée contre M. de Morangiés; j'ai toujours dit qu'ayant eu l'imprudence de faire des billets, il serait obligé de les payer, quoiqu'il soit évident qu'il n'en ait jamais touché l'argent.

[1] Commandant de la province de Bourgogne. B.

J'ai toujours dit encore que les faux témoins qui ont déposé contre lui, ayant eu le temps de se concerter et de s'affermir dans leurs iniquités, triompheraient de l'innocence imprudente.

Voilà une affaire bien singulière et bien malheureuse. Elle doit apprendre à toute la noblesse de France à n'avoir jamais affaire avec les usuriers, et à ne jamais connaître madame de la Ressource : mais on ne corrigera point nos officiers du bel air. J'ai peur qu'il ne soit difficile de faire modérer la sentence par le parlement, et impossible d'en changer le fond, à moins que quelqu'un des fripons qui ont gagné leur procès ne meure incessamment, et ne demande pardon à Dieu et à la justice de ses manœuvres criminelles. Toute cette aventure sera longtemps un grand problème. Il ne faut compter dans ce monde que sur votre belle ame et sur votre amitié courageuse; mais daignez compter aussi, madame, sur la très tendre et très respectueuse reconnaissance de ce pauvre malade du mont Jura.

6566. A M. LE COMTE D'ARGENTAL.

5 juin.

Je n'ai jamais, mon cher ange, rien entendu aux affaires de ce monde. Le maître des jeux[1] m'écrit de son côté, et dit que le grand acteur en a menti, et qu'il y est fort sujet. D'un autre côté, je recevais plusieurs lettres qui m'affligeaient infiniment; elles me peignaient, comme mon ennemi déclaré, un

[1] Richelieu. B.

homme à qui je suis attaché depuis cinquante ans, et à qui je venais de donner des marques publiques [1] d'une estime et d'une vénération qu'on me reprochait. A toutes ces tracasseries se joignait la détestable édition de mon ami Valade, et la petite humiliation qui résulte toujours d'avoir affaire à mon ami Fréron.

Je ne sais pas trop quel est le goût de la cour, je ne sais pas même s'il y a un goût en France. J'ignore ce qui convient, et ce qui ne convient pas ; mais je sais très certainement que j'avais écrit au maître des jeux plusieurs fois, pour le prier de donner une place dans sa liste à mes pauvres Crétois pour le mois de novembre, et il a oublié sans doute qu'il me l'avait promis formellement. Il voulait même ressusciter Mairet. Il m'avait demandé quelques changements à l'habit de Sophonisbe ; j'y travaillai sur-le-champ, il en fut content ; apparemment qu'il ne l'est plus. Je vous enverrai incessamment cette vieille *Sophonisbe*, la mère du théâtre français, dont j'ai replâtré les rides. Elle aurait été bien reçue à la cour du temps du cardinal de Richelieu ; mais les choses pourraient bien avoir changé du temps du maréchal. Je lui écrirai encore pour le faire souvenir qu'en qualité de premier gentilhomme de la chambre, il m'a promis de présenter *Astérie* et *Sophonisbe* comme de nouvelles mariées. Je ne demande point qu'elles soient baisées, mais seulement qu'elles fassent la révérence.

---

[1] C'est à Richelieu que Voltaire venait de dédier *les Lois de Minos*. B.

C'est assez parler du *tripot*; voici maintenant bien des graces que je vous demande.

Premièrement, c'est de vouloir bien assurer madame de Saint-Julien, M. le duc de Duras, et M. le comte de Bissy, de ma reconnaissance, que vous exprimerez bien mieux que moi, et que vous ferez bien mieux valoir quand vous les verrez.

Je pense qu'il faut attendre le mois de novembre et la présentation de ces deux dames, avant de faire la moindre démarche sur ce que vous savez [1].

Je vous supplie ensuite de me dire si vous avez entendu parler d'un neveu du comte de Lally [2], qui a obtenu du roi je ne sais quelle grace, concernant la petite fortune que son malheureux oncle pouvait avoir laissée. Il est aux Mousquetaires sous le nom de M. de Tolendal; le connaissez-vous? en avez-vous entendu parler? Je vois quelquefois dans mes rêves, à droite et à gauche, le comte de Lally et le chevalier de La Barre, et je me dis : Quiconque a du pain et une retraite assurée doit se croire heureux. Ma retraite cependant est bien troublée; ma vieillesse languissante ne peut supporter les peines que ma colonie me donne; elle a été jusqu'ici très utile à l'état. Si monsieur le contrôleur général avait pu la protéger, et me faire payer de ce qu'il me devait, je ne serais pas dans le cruel embarras où je me trouve. J'ai fondé une espèce de petite ville fort jolie; mais j'ai peur que bientôt elle ne soit déserte. Il faut s'attendre à tout, et mourir.

[1] Le retour de Voltaire à Paris. B.
[2] Voyez lettres 6543 et 6552. B.

Que madame d'Argental vive heureuse et pleine de santé avec vous : voilà, encore une fois, ma consolation.

6567. A M. DALEMBERT.

7 juin.

Il[1] me mande, mon cher ami, que c'est un malentendu et un mensonge infâme débité par un histrion. Il y a d'ailleurs dans cette affaire de petits secrets très intéressants pour ce pauvre vieillard qui vous aime de tout son cœur.

Je vous ai déjà dit que je devais me taire, et je me tais.

La grande femme[2] est très irritée contre certains prisonniers[3] qui ont dit d'elle des choses affreuses. Ils sont courageux, mais ils ne sont pas discrets. Voilà tout ce qu'elle me fait entendre sur cette affaire, qui aurait fait un honneur infini à la philosophie et à vous.

Le jugement de ce pauvre Morangiés me paraît une de ces contradictions dont le monde est plein. S'il n'était pas suborneur de témoins, pourquoi le mettre en prison? Si les juges sont assez romanesques pour croire qu'il a reçu les cent mille écus, pourquoi ne l'ont-ils pas condamné comme calomniateur, et comme ayant voulu faire pendre ceux dont il a volé l'argent? Le feu et l'eau, dont les comètes nous menacent, ne sont pas plus contradictoires.

Encore une fois, il faut cultiver son jardin. Ce

---

[1] Le duc de Richelieu; voyez la lettre 6553. B.
[2] Catherine II; sa lettre manque. B.
[3] Les Français faits prisonniers en Pologne. B.

monde est un chaos d'absurdités et d'horreurs, j'en ai des preuves. J'ai tâché au moins de ne me point contredire dans ma manière de penser. Soyez sûr que je ne me contredirai jamais dans ma tendre amitié pour vous, et dans ma vénération pour vos grands talents et pour votre caractère ferme et inébranlable.

Mes compliments, je vous en prie, à ceux qui se souviennent de moi dans l'académie. J'espère trouver un moyen d'envoyer des Crétois[1].

6568. A M. DALEMBERT.

16 juin.

Mais pourtant, mon cher philosophe, vous m'avouerez que je dois être un peu embarrassé, et que vous ne devez point l'être du tout. Vous conviendrez que je suis dans une position gênante. Je cultive mon jardin; mais le fils de mon maître maçon, devenu évêque, a voulu m'en chasser. Jean-Jacques, décrété de prise de corps, est tranquille à Paris, en qualité de charlatan étranger; et moi je suis dans le pays où il devrait être. Quatre ou cinq abbés m'ont maudit dans leurs livres, pour avoir des bénéfices; et ces malédictions, portées aux oreilles de l'arrière-petit-fils de Henri IV, ont été un peu funestes au chantre de Henri IV. Mes pensions, qu'on ne me paie point, et dont je ne me soucie guère, en sont une preuve. J'abrège la kyrielle, pour ne vous pas ennuyer.

Je supporte assez gaîment toutes ces tribulations attachées à mon métier; mais je vous avoue qu'il fau-

---

[1] *Les Lois de Minos.* B.

drait plus de force que je n'en ai, pour être insensible à la trahison d'une amitié de plus de cinquante années, dans le temps même qu'on me témoignait la confiance la plus intime. On nie fortement cette trahison. Je n'ai point le mot de cette énigme. Puis-je faire autre chose que de mettre toutes mes angoisses aux pieds de mon crucifix?

On dit qu'il y a dans l'Inde une caste toujours persécutée par les autres; c'est apparemment la caste des philosophes.

Vous avez sans doute le livre posthume d'Helvétius[1], que M. le prince Gallitzin vient de faire imprimer en Hollande. Cela ressemble un peu au *Testament de Jean Meslier*[2], qui débute par dire naïvement qu'il n'a voulu être brûlé qu'après sa mort. Ce livre m'a paru du fatras, et j'en suis bien fâché. Il faut faire de grands efforts pour le lire; mais il y a de beaux éclairs. Que vous dirai-je? cela m'a semblé audacieux, curieux en certains endroits, et en général ennuyeux. Voilà peut-être le plus grand coup porté contre la philosophie. Si les gens en place ont le temps et la patience de lire cet ouvrage, ils ne nous pardonneront jamais. Nous sommes comme les apôtres, suivis par le petit nombre, et persécutés par le grand. Vous voyez qu'on arrive au même but par des chemins contraires.

Bonsoir, mon cher ami; soutenez *pusillum gre-*

---

[1] *De l'Homme et de ses facultés*, deux volumes in-8°. Il s'agit de la seconde édition, que le prince Gallitzin avait dédiée à Catherine II. B.

[2] Voyez tome XL, page 389. B.

gem [1]. Je ne suis plus de ce monde; je m'en vas, ou je m'en vais. Restez long-temps pour instruire ceux qui en sont dignes, et pour faire rougir tant de fripons persécuteurs de la vérité, à laquelle ils rendent hommage au fond de leur cœur.

A propos, Helvétius cite un nommé Robinet comme auteur du *Système de la Nature* [2], page 161; du moins il attribue à Robinet des paroles qui ne se trouvent que dans ce *Système*, à l'article *Déiste*. Ce Robinet est encore du fatras. Je ne connais que Spinosa qui ait bien raisonné; mais personne ne le peut lire. Ce n'est point par de la métaphysique qu'on détrompera les hommes; il faut prouver la vérité par les faits. Nous avons quantité de bons livres en ce genre depuis environ trente ans : ils font nécessairement beaucoup de bien. Le progrès de la raison est rapide dans nos cantons; mais dans votre pays, et dans l'Espagne, et dans l'Italie, les gens vous répondent : Nous avons cent mille écus de rente et des honneurs, nous ne voulons pas les perdre pour vous faire plaisir : nous sommes de votre avis; mais nous vous ferons brûler à la première occasion, pour vous apprendre à dire votre avis.

Adieu encore une fois, mon cher ami.

---

[1] Luc, XII, 32. B.

[2] *Le Système de la Nature* est différent du livre intitulé *De la Nature*; voyez tome XXVIII, page 376; et LX, 87. B.

6569. A M. LE CHEVALIER HAMILTON,

AMBASSADEUR A NAPLES[1].

A Ferney, 17 juin.

Monsieur, le public vous a l'obligation de connaître le Vésuve et l'Etna beaucoup mieux qu'ils ne furent connus du temps des cyclopes, et ensuite de celui de Pline. Les montagnes que vous avez vues de mes fenêtres à Ferney sont d'un goût tout opposé. Votre Vésuve et votre Etna sont pleins de caprices : ils ressemblent aux petits hommes trop vifs, qui se mettent souvent en colère sans raison ; mais nos montagnes de glaciers, qui sont dix fois plus hautes et quarante fois plus étendues, ont toujours le même visage, et sont dans un calme éternel. Des lacs toujours glacés, de six milles de longueur, sont établis dans la moyenne région de l'air, entre des rochers blancs, au-dessus des nuages et du tonnerre, sans qu'il y ait eu de l'altération depuis des milliers de siècles.

Il n'y a pas bien loin de la fournaise où vous êtes aux glaciers de la Suisse ; et cependant quelle énorme différence entre les terrains, entre les hommes, entre les gouvernements, entre Calvin et San-Gennaro[2] !

J'ai vu avec douleur que vous n'avez pu faire rajuster un thermomètre en Sicile. Que dirait Archimède, s'il revenait à Syracuse ? mais que diraient les Trajan et les Antonin, s'ils revenaient à Rome ?

---

[1] William Hamilton, né en 1730, mort en 1803, avait fait imprimer à Londres des *Observations sur le mont Vésuve, le mont Etna, et d'autres volcans*, 1772, in-8°; voyez tome XXXIV, page 442. B.

[2] Saint Janvier. B.

Je trouve tout simple que les éruptions des volcans produisent des monticules; ceux que les fourmis élèvent dans nos jardins sont bien plus étonnants. Ces petites montagnes, formées en huit jours par des insectes, ont deux ou trois cents fois la hauteur de l'architecte. Mais pour nos vénérables montagnes, seules dignes de ce nom, d'où partent le Rhin, le Danube, le Rhône, le Pô, ces énormes masses paraissent avoir plus de consistance que Monte-Nuovo, et que la prétendue nouvelle île de Santorin. La grande chaîne des hautes montagnes qui couronnent la terre en tous sens m'a toujours paru aussi ancienne que le monde; ce sont les os de ce grand animal; il mourrait de soif s'il n'y avait pas de fleuves, et il n'y aurait aucun fleuve sans ces montagnes, qui en sont les réservoirs perpétuels. On se moquera bien un jour de nous, quand on saura que nous avons eu des charlatans qui ont voulu nous faire croire que les courants des mers avaient formé les Alpes, le mont Taurus, les Pyrénées, les Cordilières.

Tout Paris, en dernier lieu, était en alarme; il s'était persuadé qu'une comète viendrait dissoudre notre globe le 20 ou le 21 de mai[1]. Dans cette attente de la fin du monde, on manda que les dames de la cour et les dames de la halle allaient à confesse; ce qui est, comme vous savez, un secret infaillible pour détourner les comètes de leur chemin. Des gens, qui n'étaient pas astronomes[2], prédirent autrefois la fin du monde pour la génération où ils vivaient. Est-ce

---

[1] Voyez tome XLVII, page 238. B.
[2] Saint Paul et saint Luc; voyez tome XXIX, pages 423-424. B.

par pitié ou par colère que cette catastrophe a été différée?

To be, or not to be; that is the question[1], etc.

6570. A M. LE PRINCE DE GALLITZIN,
AMBASSADEUR A LA HAYE.

A Ferney, 19 juin.

Monsieur le prince, vous rendez un grand service à la raison, en fesant réimprimer le livre de feu M. Helvétius[2]. Ce livre trouvera des contradicteurs, et même parmi les philosophes. Personne ne conviendra que tous les esprits soient également propres aux sciences, et ne diffèrent que par l'éducation. Rien n'est plus faux, rien n'est plus démontré faux par l'expérience. Les ames sensibles seront toujours fâchées de ce qu'il dit de l'amitié, et lui-même aurait condamné ce qu'il en dit, ou l'aurait beaucoup adouci, si l'esprit systématique ne l'avait pas entraîné hors des bornes.

On souhaitera peut-être, dans cet ouvrage, plus de méthode et moins de petites historiettes, la plupart fausses; mais il me semble que tout ce qu'il dit sur la superstition, sur les abominations de l'intolérance, sur la liberté, sur la tyrannie, sur le malheur des hommes, sera bien reçu de tout ce qui n'est pas un sot ou un fanatique. Quelque philosophe aurait pu

---

[1] Voltaire a donné de ce morceau de Shakespeare une imitation en vers (voyez tome XXXVII, page 222) et une traduction littérale (voyez tome XXXVII, page 223). B.

[2] Voyez page 251. B.

corriger son premier livre; mais persécuter l'auteur, comme on a fait, cela est aussi barbare qu'absurde, et digne du quatorzième siècle. Tout ce que des fanatiques ont anathématisé dans cet homme si estimable se trouvait au fond dans le petit livre du duc de La Rochefoucauld, et même dans les premiers chapitres de Locke. On peut écrire contre un philosophe, en cherchant comme lui la vérité par des routes différentes; mais on se déshonore, on se rend exécrable à la postérité, en le persécutant. Il s'en fallut peu que des Mélitus et des Anytus ne présentassent un gobelet de ciguë à votre ami.

Je dois encore des remerciements à votre excellence, pour cette histoire[1] de la guerre de la sublime Catherine contre la sublime Porte du peu sublime Moustapha. Vous savez que je m'intéresse à cette guerre presque autant qu'à la tolérance universelle qui condamne toutes les guerres. Il faut bien quelquefois se battre contre ses voisins, mais il ne faut pas brûler ses compatriotes pour des arguments. On dit que le pape est aussi tolérant qu'un pape peut l'être; je le souhaite pour l'amour du genre humain; j'en souhaite autant au mufti, au schérif de la Mecque, au grand-lama, et au daïri.

Je suis possesseur d'un tas de boue, grand comme la patte d'un ciron, sur ce misérable globe; il y a chez moi des papistes, des calvinistes, des piétistes,

---

[1] Le prince de Gallitzin avait fait imprimer, en y ajoutant des notes, l'*Histoire de la guerre entre la Russie et la Turquie, et particulièrement de la campagne de 1759* (par le chevalier de Kéralio); Saint-Pétersbourg (Amsterdam), 1773, in-4° et in-8°. B.

quelques sociniens, et même un jésuite : tout cela vit ensemble dans la plus grande concorde, du moins jusqu'à présent. Il en est ainsi dans votre vaste empire, sous les auspices de Catherine. On goûte depuis long-temps de ce bonheur en Angleterre, en Hollande, en Brandebourg, en Prusse, et dans plusieurs villes d'Allemagne; pourquoi donc pas dans toute la terre? pourquoi n'adoucirait-on pas un peu cette maxime [1] : « Que celui qui n'est pas de notre avis soit « comme un commis des fermes et comme un païen? » pourquoi jetterions-nous dans un cachot [2] le convive qui n'aurait pas mis son bel habit pour souper avec nous? pourquoi ferait-on aujourd'hui mourir d'apoplexie un père de famille [3] et sa femme, qui, ayant donné presque tout leur bien aux jacobins, garderaient quelques florins pour dîner? pourquoi...? pourquoi...? pourquoi...? Si on me demande pourquoi je vous suis si attaché, je réponds : C'est que vous êtes tolérant, juste, et bienfaisant.

Que dites-vous du barbare énergumène [4] qui a cru que j'étais l'ennemi de votre ami, et qui m'a écrit une philippique? Agréez, monsieur le prince, ma très sensible et très respectueuse reconnaissance.

---

[1] Matthieu, XVIII, 17. B.
[2] Id., XXII, 13. B.
[3] Ananias; voyez le chapitre V des *Actes des Apôtres*. B.
[4] Le Roy (Ch.-G.), dans ses *Réflexions sur la jalousie;* voyez t. XLVII, p. 23. B.

6571. A MADAME LA COMTESSE DU BARRI.

20 juin.

Madame, M. de La Borde m'a dit que vous lui aviez ordonné de m'embrasser des deux côtés de votre part.

>   Quoi ! deux baisers sur la fin de ma vie !
>   Quel passeport vous daignez m'envoyer !
>   Deux ! c'est trop d'un, adorable Égérie ;
>   Je serais mort de plaisir au premier.

Il m'a montré votre portrait : ne vous fâchez pas, madame, si j'ai pris la liberté de lui rendre les deux baisers.

>   Vous ne pouvez empêcher cet hommage,
>   Faible tribut de quiconque a des yeux.
>   C'est aux mortels d'adorer votre image ;
>   L'original était fait pour les dieux.

J'ai entendu plusieurs morceaux de la *Pandore* de M. de La Borde ; ils m'ont paru bien dignes de votre protection. La faveur donnée aux véritables beaux-arts est la seule chose qui puisse augmenter l'éclat dont vous brillez.

>   Votre portrait va me suivre sans cesse,
>   Et je lui rends vos baisers ravissants,
>   Oui, tous les deux ; et, dans ma douce ivresse,
>   Je voudrais voir renaître mon printemps.

Daignez agréer, madame, le profond respect d'un vieux solitaire dont le cœur n'a presque plus d'autre sentiment que celui de la reconnaissance.

6572. A M. DALEMBERT.

26 juin.

L'œuvre posthume de ce pauvre Helvétius, ou plutôt de ce riche Helvétius, est-elle ou est-il parvenu jusqu'à vous, mon très cher philosophe? M. le prince Gallitzin, qui en est l'éditeur, veut le dédier à la sublime Catau. Il est bon de la mettre en commerce avec les morts, car elle ne répond point aux vivants. Je m'imagine que les impératrices n'aiment pas plus les conseils que les généraux d'armée et les gouverneurs de province ne les aiment.

Dulcis inexpertis cultura potentis amici [1].

Quoi qu'il en soit, on sera fort étonné, si on lit ce livre, de voir le papisme traité de religion abominable, qui ne peut se soutenir que par des bourreaux, le despotisme traité à peu près comme le papisme, et le tout dédié à la puissance la plus despotique qui soit sur la terre.

Je ne sais plus comment faire pour vous envoyer de ces petits recueils [2] dont le principal mérite est dans le *Dialogue de René et de Christine*. Les commis à la douane des pensées sont impitoyables.

Ne m'oubliez pas, je vous en prie, auprès de l'éloquent M. Thomas, que je préfère sans contredit à Thomas d'Aquin, et surtout à Thomas Didyme, comme je vous préfère à tous les charlatans qui réussissent dans les cours, et qui même réussissent pour un temps auprès d'un public ignorant et sans goût.

---

[1] Horace, livre I, épître xviii, vers 86. B.
[2] Voyez la lettre 6516. B.

Adieu, mon cher philosophe ; consolons-nous tous deux du siècle.

6573. A M. LEJEUNE DE LA CROIX.

A Ferney, 28 juin.

Un vieux malade de quatre-vingts ans a retrouvé dans ses papiers une lettre du 12 de mai, dont M. Lejeune de La Croix l'a honoré. Il y parle du mot *idiotisme*. Puisque *idiot* signifiait autrefois *solitaire*, le vieillard avoue qu'il est un grand idiot ; et, comme les organes de l'ame s'affaiblissent avec ceux du corps, il avoue encore qu'il est idiot dans le sens qu'on attache aujourd'hui à ce terme. Il pense que l'idiotisme est l'état d'un idiot, comme le pédantisme est l'état d'un pédant ; le jansénisme est l'état d'un janséniste, le fanatisme celui d'un fanatique, comme le purisme est le défaut d'un puriste, comme le népotisme était autrefois l'habitude des neveux de gouverner Rome, comme le newtonianisme est la vérité qui a écrasé les fables du cartésianisme.

Le vieillard n'a pas le fatuisme de croire avoir raison, il s'en faut beaucoup ; mais, comme il a embrassé depuis long-temps le tolérantisme, il espère qu'en faveur de l'analogisme, M. de La Croix voudra bien, malgré son atticisme, permettre à un homme qui est depuis vingt ans en Suisse un solécisme ou un barbarisme.

> Multa renascentur quæ jam cecidere, cadentque
> Quæ nunc sunt in honore, vocabula, si volet usus,
> Quem penes arbitrium est, et jus et norma loquendi.
> 			Hor., *de Art. poet.*, v. 70.

Comme estime est due à un homme estimable, le vieillard assure M. de La Croix de sa respectueuse estime.

6574. A M. LE COMTE D'ARGENTAL.

28 juin.

Vous aurez incessamment, mon cher ange, une nouvelle édition de la *Sophonisbe* de Mairet; et si Cramer n'était pas un paresseux trop occupé de son plaisir, je vous l'enverrais dès aujourd'hui; mais il faudra que j'attende encore plus de quinze jours, et peut-être un mois. Mairet est revenu exprès de l'autre monde, pour profiter d'une critique très judicieuse et très fine de M. le maréchal de Richelieu. Il a de bien beaux éclairs quand la rapidité des affaires et des plaisirs lui laisse des moments pour tirer en volant aux choses de littérature et de goût, et pour daigner s'en occuper une minute. Mairet a refait plus de cent vers dans cette pièce, qui est la première en date du théâtre français. Il faut qu'il ait l'honneur de rappeler ce Lazare de son tombeau ; cela est digne du petit-neveu du cardinal de Richelieu : le tout, s'il vous plaît, sans préjudice de la Crète.

Vous avez bien raison sur Lally et sur La Barre. Vous verrez incessamment un ouvrage concernant l'Inde et ce Lally [1]. Je le crois curieux, intéressant, hardi, et sage, surtout très vrai dans tous ses points; vous en jugerez. Il est très certain qu'un mort n'est

---

[1] *Fragments historiques sur l'Inde et sur le général Lally*, tome XLVII, page 295. B.

bon à rien; que le chevalier de La Barre serait devenu un des meilleurs officiers de France, puisqu'il s'appliquait à son métier, au milieu des dissipations et des débauches de la jeunesse. Son camarade, le fils du président d'Étallonde, est un des meilleurs officiers qu'ait le roi de Prusse; il en est extrêmement content, car il connaît jusqu'au dernier capitaine de ses armées.

Vous m'offrez vos bons offices, mon cher ange, pour ma colonie; en voici une belle occasion. Un marquis génois, nommé Vial ou Viale, s'est adressé à un de nos comptoirs, et malheureusement au plus pauvre; il lui a commandé des montres et des bijoux pour la cour de Maroc. Je me défiais beaucoup des Maroquains et des marquis. Le noble Génois Viale n'en a pas usé noblement : il a fait une banqueroute complète, et n'a pas daigné seulement répondre aux lettres que mes artistes lui ont écrites. Cette triste aventure retombe entièrement sur moi, et elle n'est pas la seule. Je ne suis point marquis, mais j'ai bâti des maisons pour toutes mes fabriques, et je leur ai avancé des sommes considérables, sans être secouru d'un denier par le ministère. J'ai vaincu cent obstacles, j'ai tout fait, j'ai tout combattu, et je combats encore. Vous connaissez monsieur l'envoyé de Gênes, il est votre ami. Les artistes auxquels le marquis a fait banqueroute s'appellent Servand et Boursault : ce sont deux très honnêtes gens, ils sont pères de famille, ils méritent votre protection.

J'ai écrit à M. Boyer[1], ministre du roi à Gênes.

[1] Cette lettre manque. K.

Je n'ose fatiguer M. le duc d'Aiguillon de cette affaire particulière; il est assez occupé de celles du Nord; mais je voudrais savoir quel est le premier commis qui a la correspondance de Gênes; je lui demanderais une recommandation auprès de M. Boyer, et je lui enverrais un mémoire détaillé sur cette banqueroute, qui est certainement frauduleuse.

Je vous jure que la santé de madame d'Argental m'intéresse plus que cette banqueroute : cela est tout simple; la santé est préférable à des montres et à des diamants. Je mourrai bientôt; mais je travaille jusqu'au dernier moment; je fais des vers et de la prose, bien ou mal; je bâtis une espèce de ville florissante, où il n'y avait qu'un hameau abominable; je sème du blé dans des terres qui n'avaient point été cultivées depuis la création; je fais travailler trois cents artistes; je suis persécuté et honni; je vous aime très tendrement : voilà un compte exact de mon existence.

6575. DE CATHERINE II.

A Pétershof, ce 19-30 juin.

Monsieur, je prends la plume pour vous donner avis que le maréchal de Romanzof a passé le Danube avec son armée le 11 juin, v. st. Le général baron Weissmann lui nettoya le chemin en culbutant, le premier, un corps de douze mille Turcs. Les lieutenants généraux Stoupichin et Potemkin en firent autant de leur côté. Ceux-ci eurent affaire à dix-huit ou vingt mille musulmans, dont ils envoyèrent bon nombre dans l'autre monde, pour en porter la nouvelle à ces dames polies[1] de la part desquelles vous m'avez dit tant de choses flatteuses

---

[1] Voyez lettre 6515. B.

après les cinquante-deux accès de fièvre dont vous vous êtes, à mon très grand contentement, tiré aussi heureusement qu'un jeune homme de vingt ans.

Chaque corps turc nous a laissé son camp, son artillerie, ses bagages. Voilà donc notre cher Moustapha en train d'être joliment tapé de nouveau, après avoir négocié et rompu deux congrès consécutifs, et avoir joui de divers armistices pendant près d'un an. Cet honnête homme-là ne sait point profiter des circonstances. Il n'est pas douteux que vous serez témoin oculaire de la fin de cette guerre. J'espère que le passage du Danube y contribuera, il nous donnera la joie de rendre le sultan plus traitable, et nous laisserons bavarder les Welches. Leurs nouvelles méritent bien peu d'attention : ils ont débité que j'avais demandé trente mille Tartares au kan, et qu'il me les avait refusés. Je n'ai jamais pensé à pareille absurdité, et je doute fort que M. de Saint-Priest l'ait mandé à sa cour, comme on l'assure, parceque ordinairement les ambassadeurs sont réputés avoir au moins le sens commun.

Le froid qu'on a senti cet hiver a été moindre que celui de la Sibérie, qu'on fait monter à un degré fabuleux, surtout à Irkutska. Je suis tentée de n'y pas ajouter plus de foi qu'aux sentiments d'Algarotti sur la Grèce. Vous m'avez tirée d'erreur en quatre mots : me voilà convaincue que ce n'est pas en Grèce que les arts ont été inventés. J'en suis fâchée pourtant, car j'aime les Grecs malgré tous leurs défauts.

Portez-vous bien, conservez-moi votre amitié, et soyez assuré de tous mes sentiments pour vous. Réjouissons-nous ensemble du passage du Danube : il ne sera pas si célèbre que celui du Rhin par Louis XIV, mais il est plus rare, les Russes ne l'ayant franchi de huit cents ans, à ce que disent nos antiquaires.

6576. A M. LE DUC DE CHOISEUL.

Juin.

S'il y a dans cet ouvrage[1] un petit nombre de vers heureux qui vous plaisent, ce dont je doute beaucoup, je vous dirai comme Horace à Mécène :

Principibus placuisse viris non ultima laus est[2].

Ce n'est pas un petit avantage de plaire aux premiers hommes de sa nation.

Cela est beaucoup plus vrai qu'on ne pense. La raison est que les hommes élevés au-dessus des autres sont distraits par tant d'affaires importantes, qu'ils n'ont ni le temps ni la volonté d'écouter des choses triviales. Ils sont si accoutumés, dans toutes les discussions qui se font en leur présence, à proscrire tous les lieux communs de rhétorique, toutes les pensées fausses mal exprimées, tout ce qui est inutile, qu'ils se font, sans même s'en apercevoir, des règles du bon goût au-dessus de celles qu'on trouve dans les livres. Il faut toujours du vrai et du naturel ; mais ce vrai doit être intéressant, et ce naturel doit être noble. Monseigneur le duc d'Orléans, régent du royaume, me fesant un jour réciter le second chant de *la Henriade*, me dit : « Il faut que le vers me « subjugue. »

J'ignore s'il y aura dans *les Lois de Minos* quelque morceau qui puisse vous subjuguer.

---

[1] *Les Lois de Minos ;* voyez la dernière phrase de cette lettre. B.
[2] Livre I, épitre xvii, vers 33. B.

6577. A M. L'ABBÉ DE CURSAY[1].

A Ferney, 3 juillet.

Je vois bien, monsieur, que vous descendez d'un homme qui ne voulait pas assassiner ses frères pour plaire au duc de Guise[2]. On ne les assassinait, il y a quelques années, dans Abbeville, que par arrêt de l'ancien banc du roi, nommé parlement; aujourd'hui on se contente de les calomnier. Ainsi le monde est tout le contraire de ce que disait Horace[3], il se corrige au lieu d'empirer. Je vais le quitter bientôt, et je suis bien aise de le laisser dans ces bonnes dispositions.

Plus il y aura d'hommes qui vous ressemblent, monsieur, moins il faudra dire de mal de son siècle. M. Dalembert, qui m'a envoyé votre lettre et votre livre, est un de ceux qui me réconcilient le plus avec le genre humain. Il est encore un peu sot ce genre humain; mais à la fin la lumière pénétrera chez tous les honnêtes gens. Vous contribuerez à les éclairer, comme votre ancêtre à les laisser vivre.

[1] Jean-Marie-Joseph Thomasseau de Cursay, né à Paris le 24 novembre 1705, mort en 1781, avait envoyé à Voltaire ses *Anecdotes sur des citoyens vertueux de la ville d'Angers, mises au jour à l'occasion de Jean Hennuyer, évêque de Lizieux, drame* (de Mercier), 1773, in-4°. La lettre d'envoi de l'abbé de Cursay est du 22 juin 1773, et avait été adressée par l'entremise de Dalembert. B.

[2] Thomasseau de Cursay refusa d'exécuter les ordres du duc de Guise, pour le massacre des protestants d'Angers, le jour de la Saint-Barthélemi. K.

[3] Horace a dit, livre III, ode VI, vers 46 et suiv.:

  Ætas parentum pejor avis tulit
  Nos nequiores, mox daturos
  Progeniem vitiosiorem. B.

6578. A M. DALEMBERT.

3 juillet.

Voici, mon cher et grand philosophe, ma réponse à l'abbé philosophe[1].

N'êtes-vous pas bien content de ces petits mots d'Helvétius, tome I, page 107?

« Nous sommes étonnés de l'absurdité de la reli-
« gion païenne, celle de la religion papiste étonnera
« bien davantage la postérité[2]. »

Et page 102 : « Pourquoi faire de Dieu un tyran
« oriental?... pourquoi mettre ainsi le nom de la
« Divinité au bas du portrait du diable?... ce sont les
« méchants qui peignent Dieu méchant. Qu'est-ce que
« leur dévotion? un voile à leurs crimes[3]. »

C'est dommage que ce ne soit pas un bon livre; mais il y a de très bonnes choses : c'est une arme qui tiendra son rang dans l'arsenal où nous avons déjà tant de canons qui menacent le fanatisme. Il est vrai que les ennemis ont aussi leurs armes : elles sont d'une autre espèce, elles ont tué le chevalier de La Barre, elles ont blessé à mort Helvétius : mais le sang de nos martyrs fait des prosélytes. Le troupeau des sages grossit à la sourdine.

Bonsoir, mon sage! bonsoir, mon cher Bertrand! il ne me reste plus qu'un doigt pour tirer les marrons du feu, mais il est à votre service.

[1] L'abbé de Cursay; voyez lettre 6577. B.
[2] *De l'Homme*, section I, chapitre xv, note 2. B.
[3] Id., id., chap. xiv. B.

6579. A M. LE MARÉCHAL DUC DE RICHELIEU.

A Ferney, 3 juillet.

Le gros La Borde m'apporte une lettre de mon héros. Il va en Italie, comme vous savez, tandis que, moi misérable, je suis dans mon lit, fort peu en état d'aller en France.

Vous m'apprenez la jolie niche que vous vouliez me faire. Vous pensez bien, monseigneur, que je la trouve charmante; attrapez-moi toujours de même. Mon cœur est bien sensible à cette bonne plaisanterie. J'ai bien peur que ce ne soit donner des gouttes d'Angleterre à un homme qui est mort. Je ressemble un peu au Lazare, à qui vous avez dit : *Viens-t'en dehors*[1]; mais je vois qu'on ne ressuscite plus : le bon temps est passé, et c'est bien dommage..

Après avoir remercié mon protecteur du fond de mon ame, je vais parler à monsieur le doyen. Il ne se souvient plus de m'avoir donné un très bon conseil, très judicieux, très fin, très digne de monsieur le doyen. C'était pour la *Sophonisbe* de Mairet, c'était pour la fin du quatrième acte. Je crois avoir exécuté pleinement ce que vous m'avez prescrit. J'ai tâché d'ailleurs de garnir d'un peu d'embonpoint ce squelette de Mairet; je l'ai travaillé de la tête aux pieds. Je le fais réimprimer, et, dès qu'il sera sorti de la presse, je l'enverrai à monsieur le doyen et à monsieur le premier gentilhomme de la chambre. Ce premier monument de la scène française mérite assurément d'être rajeuni : c'est le premier ouvrage où les

[1] Saint Jean, *Évangile*, xi, 43. B.

trois unités aient été observées. Corneille ne les connaissait pas encore, et c'est une obligation que nous avons à M. le cardinal de Richelieu. La pièce même de Mairet était beaucoup plus intéressante que la *Sophonisbe* de Corneille, bien plus naturelle et bien plus tragique. Elle était plus correctement écrite, quoique antérieure de près de quarante ans; et si elle n'avait pas été entièrement infectée d'une familiarité comique, souvent poussée jusqu'à la bassesse, elle se serait soutenue toujours au théâtre.

Je pense donc, et j'ose dire que je pense avec mon héros, qu'en donnant à la *Sophonisbe* un ton plus noble, on peut la ressusciter pour jamais. Il fera ce miracle quand il le voudra et quand il le pourra. J'aurai l'honneur de lui envoyer quelques exemplaires de la ressuscitée, et je le supplierai d'en faire parvenir un à Lekain, afin qu'il apprenne son rôle de Massinisse, supposé que monsieur le doyen soit content de l'ouvrage.

Je n'ose lui parler de *Minos* et de la Crète, parceque je sais qu'il ne faut courir ni deux lièvres ni deux tragédies à-la-fois, et surtout qu'il ne faut point fatiguer son héros, qui a autre chose à faire qu'à écouter mes balivernes.

N. B. Une très belle dame de votre connaissance [1], et qui, par son portrait, me paraît ce que j'ai jamais vu de plus beau, a chargé La Borde de m'embrasser des deux côtés, à ce qu'il prétend; je lui en ai témoigné ma reconnaissance par une lettre un peu

---

[1] Madame Dubarri; voyez la lettre 6571. B.

insolente, qu'elle pourrait vous montrer avant de la jeter au feu.

Pardonnez à la longueur de celle que je vous écris, en faveur de ma bavarde vieillesse et de mon tendre et profond respect.

6580. A M. DE CHABANON.

. 7 juillet.

Je reçois votre lettre du 30 juin, mon cher élève de Pindare et de Théocrite. Vous allez donc être des fêtes de Versailles[1] au mois de novembre! Vous allez prodiguer tout l'esprit et toute l'harmonie de la Grèce; la gloire et les plaisirs vont vous suivre; monsieur votre frère, de son côté, va donner son *Horace*. Il faut avouer que vous rassemblez chez vous bonne compagnie.

Je suis bien flatté du souvenir de M. de Chamilly. Je suppose qu'en envoyant à M. d'Ogny vos neuf louis, vous étiez sûr qu'il voudrait bien avoir la bonté de s'en charger, et qu'il en était convenu avec M. de Chamilly, sans quoi je craindrais qu'il ne fût un peu étonné de cette commission. Il est le seul protecteur de notre colonie, et sans lui elle aurait été perdue.

Nous sommes en faute, madame Denis et moi. Nous ne nous souvenions point du tout des deux petites statues[2]; nous en demandons bien pardon à M. de Chamilly. Je suis excusable d'avoir perdu, dans ma vieillesse décrépite, la mémoire avec la santé;

---

[1] *Sabinus*, tragédie-opéra de Chabanon, musique de Gossec, fut joué à la cour le 4 décembre 1773, puis à Paris le 22 février 1774. B.

[2] Deux bustes de Voltaire. B.

mais madame Denis, qui est grasse comme une abbesse, et qui se porte bien, est inexcusable. Nous allons réparer nôtre tort dans l'instant; nous écrivons au sculpteur du village qu'il fasse deux statues excellentes, et qu'il les fasse vite. Il en fait une en six semaines. Je ne sais s'il en a de commande; mais nous lui demandons la préférence pour M. de Chamilly.

Nous avons à Ferney votre ami M. de La Borde et monsieur son frère, qui s'en vont en Italie, et qui reviendront pour le mariage de monseigneur le comte d'Artois, pour votre opéra. Pour moi, qui ai renoncé au plaisir, je ne vous applaudirai que de loin, mais je n'en serai pas moins sensible à tous les succès de votre famille.

Adieu, mon cher ami; je vous embrasse très tendrement.

6581. A Mme LA DUCHESSE DE WURTEMBERG.

10 juillet.

Madame, on me dit que votre altesse sérénissime a daigné se souvenir que j'étais au monde. Il est bien triste d'y être sans vous faire sa cour. Je n'ai jamais ressenti si cruellement le triste état où la vieillesse et les maladies me réduisent.

Je ne vous ai vue qu'enfant, mais vous étiez assurément la plus belle enfant de l'Europe. Puissiez-vous être la plus heureuse princesse, comme vous méritez de l'être! J'étais attaché à madame la margrave[1] avec autant de dévouement que de respect,

---
[1] La margrave de Bareuth, sœur de Frédéric, roi de Prusse, morte en 1758; voyez tome XII, page 474. B.

et j'avais l'honneur d'être assez avant dans sa confidence, quelque temps avant que ce monde, qui n'était pas digne d'elle, eût perdu cette princesse adorable. Vous lui ressemblez; mais ne lui ressemblez point par une faible santé. Vous êtes dans la fleur de votre âge : que cette fleur ne perde rien de son éclat; que votre bonheur puisse égaler votre beauté ; que tous vos jours soient sereins ; que les douceurs de l'amitié leur ajoutent un nouveau charme! Ce sont là mes souhaits; ils sont aussi vifs que le sont mes regrets de n'être point à vos pieds. Quelle consolation ce serait pour moi de vous parler de votre tendre mère et de tous vos augustes parents! Pourquoi faut-il que la destinée vous envoie à Lausanne, et m'empêche d'y voler!

Que votre altesse sérénissime daigne agréer du moins le profond respect du vieux philosophe mourant de Ferney.

6582. A M. LE CHEVALIER DE LISLE,

CAPITAINE DE DRAGONS [1], ETC.

A Ferney, 12 juillet.

Si vous voyagez, monsieur, pour les belles divinités de la France, vous faites bien d'aller où est madame la comtesse de Brionne [2]. Si vous voulez,

---

[1] Auteur de la *Prophétie turgotine*, chanson imprimée dans le tome III de *l'Espion anglais*, et qui commence ainsi :
  Vivent tous nos bons esprits
    Encyclopédistes ! B.

[2] A Lausanne. K.

chemin fesant, voir des ombres, comme fesait le capitaine de dragons Ulysse dans ses voyages, vous ne pouvez mieux vous adresser que chez moi. Je suis la plus chétive ombre de tout le pays, ombre de quatre-vingts ans ou environ, ombre très légère et très souffrante. Je n'apparais plus aux gens qui sont en vie. Mon triste état m'interdit tout commerce avec les humains; mais, quoique vous n'ayez point traduit *les Géorgiques*[1], hasardez de venir à Ferney quand il vous plaira. Madame Denis, qui est le contraire d'une ombre, vous fera les honneurs de la chaumière. Nous avons aussi un neveu[2], capitaine de dragons tout comme vous, qui demeure dans une autre chaumière voisine. Et moi, si je ne suis pas mort absolument, je vous ferai ma cour comme je pourrai, dans les intervalles de mes anéantissements. Si je meurs pendant que vous serez en route, cela ne fait rien; venez toujours, mes mânes en seront très flattés; ils aiment passionnément la bonne compagnie. J'ai l'honneur d'être avec respect, monsieur, votre très humble et très obéissante servante, L'OMBRE DE VOLTAIRE.

6583. A M. DALEMBERT.

14 juillet.

Je trouve une occasion, mon cher ami, de vous faire parvenir, s'il est possible, trois exemplaires d'un

---

[1] La traduction des *Géorgiques* est d'un homonyme, du chevalier (l'abbé Delille). B.
[2] Le marquis de Florian; voyez tome LVII, page 262. B.

petit recueil[1] dont un de vos petits ouvrages[2] fait tout l'ornement. Il me semble que nous n'en avons point donné à M. Saurin, à qui je dois cet hommage plus qu'à personne.

Il n'y a plus de correspondance, plus de confiance, plus de consolation; tout est perdu, nous sommes entre les mains des barbares. Je vous ai écrit deux lettres[3] concernant l'œuvre posthume d'Helvétius, imprimée par les soins du prince Gallitzin. Je tremble qu'elles ne vous soient pas parvenues. Les *curiosi* sont en grand nombre; ils furent les précurseurs des inquisiteurs, comme vous savez.

Catau a bien autre chose à faire qu'à nous répondre. Je me flatte pourtant que les bruits qui courent ne sont pas vrais, et qu'elle n'ira point passer le carnaval à Venise avec Diderot.

Il faut cultiver les lettres ou son jardin.

A propos, plus j'y pense, et plus j'ose trouver que le calcul de la densité des planètes, la comète deux mille fois plus chaude qu'un fer rouge, l'élasticité d'une matière déliée qui serait la cause de la gravitation, la création expliquée en rendant l'espace solide, et le commentaire sur l'*Apocalypse*, sont à peu près de même espèce. *Magis magnos clericos non sunt magis magnos sapientes.*

Ne m'oubliez pas, je vous en prie, auprès de M. de Condorcet et de vos autres amis qui soutiennent tout doucement la bonne cause.

---

[1] *Les Lois de Minos*, etc.; voyez la lettre 6516. B.

[2] Le *Dialogue entre Descartes et Christine;* voyez lettre 6516. B.

[3] 6568 et 6572. B.

6584. A M. BORDES.

À Ferney, 14 juillet.

Mon cher confrère, mon cher philosophe, il est bien triste pour votre belle ville de Lyon qu'il y ait de si mauvais acteurs sur un théâtre si magnifique. Adieu les beaux-arts dans le siècle où nous sommes. Nous avons des vernisseurs de carrosses, et pas un grand peintre; cent feseurs de doubles croches, et pas un musicien; cent barbouilleurs de papier, et pas un bon écrivain. Les beaux jours de la France sont passés. Nous voilà comme l'Italie après le siècle des Médicis; il faut prendre son mal en patience, et être tranquille sur nos ruines.

Vous m'aviez mandé l'année passée que vous iriez à Chanteloup. Je ne sais si vous êtes encore dans le même dessein; je suis bien fâché que Ferney ne soit pas sur la route; je vous aurais dit:

Mecum una in sylvis imitabere Pana canendo.
VIRG., ecl. II, v. 31.

Conservez-moi une amitié qui peut seule me consoler de votre absence.

6585. A M. LE MARÉCHAL DUC DE RICHELIEU.

À Ferney, 19 juillet.

C'est uniquement pour ne point fatiguer les yeux de mon héros que j'ai fait réimprimer quelques exemplaires de cette *Sophonisbe* de Mairet. J'y ai mis tout ce que je sais, et ma petite palette n'a plus de couleurs pour repeindre ce tableau. Il se peut bien faire que les arts étant aujourd'hui perfectionnés, le public étant enthousiasmé des spectacles de M. Audinot et des comédiens de bois[1], se soucie fort peu de juger entre la *Sophonisbe* de Mairet et celle de Corneille ; mais il y a toujours un petit nombre d'honnêtes gens qui ont du goût et du bon sens, et qu'il ne faut pas absolument abandonner. Il est nécessaire qu'il y ait à la cour un homme qui empêche la prescription, et qui ne souffre pas que l'Europe se moque toujours de nous. Le seul vice du sujet, c'est que Massinisse, qui en est le héros, est toujours un peu avili, soit que les Romains lui ordonnent de quitter sa femme, étant vainqueur, soit qu'ils le prennent prisonnier dans un combat, soit qu'ils le désarment dans son propre palais. On a tâché de remédier à ce défaut essentiel en fesant de Massinisse un jeune héros emporté et imprudent, parceque tout se pardonne à la jeunesse ; mais on ne sait si on a réussi à corriger, par quelques beautés de détail, un vice si capital.

Quoi qu'il en soit, il y a quelque apparence que Lekain fera beaucoup valoir le rôle de Massinisse. J'ignore à qui monseigneur donnera celui de Sophonisbe et celui de Scipion. La disette des héros et des héroïnes est fort grande.

Je vous envoie quatre exemplaires sous le couvert de M. le duc d'Aiguillon. Vous en donnerez un à

---

[1] Nicolas-Médard Audinot n'avait d'abord que des comédiens de bois. Dès 1770 il leur substitua des enfants. Il donnait alors ses représentations sur le théâtre qu'il avait fait construire sur le boulevart du Temple, et qu'on appelait l'Ambigu-Comique. B.

M. d'Argental, si vous voulez; et, si vous voulez aussi, vous ne lui en donnerez pas : vous êtes le maître absolu.

J'écris à Cramer, et je lui mande qu'il mette les autres exemplaires sous la clef; c'est d'ailleurs une précaution assez inutile. La pièce est imprimée de l'année passée, et court tout le monde. Personne ne s'embarrasse ni ne s'embarrassera de savoir s'il y a une édition nouvelle dans laquelle il y a quelques vers de changés. Nous sommes dans un temps où rien ne fait une grande sensation. Tous les objets, de quelque nature qu'ils soient, sont effacés les uns par les autres.

Je vous ai toujours supplié, et je vous supplie encore, de vouloir bien ordonner qu'on représente *les Lois de Minos* dans les fêtes du mariage[1]. Les comédiens avaient déjà appris cette pièce, et les lois de la comédie sont qu'on la représente. Je ne vous ai donc demandé, et je ne vous demande encore, que l'exécution littérale des lois de votre empire, soutenues de votre protection. *Les Lois de Minos* sont à moi, et la *Sophonisbe* est à Mairet. *Les Lois de Minos* forment un spectacle magnifique, et un contraste très pittoresque de Crétois civilisés, méchamment superstitieux, et de vertueux sauvages. Une fille dont on va faire le sacrifice est plus intéressante qu'une femme qui épouse son amant deux heures après la mort de son mari.

La détestable édition[2] que la mauvaise foi et le

---

[1] Du comte d'Artois, depuis roi sous le nom de Charles X. B.
[2] Des *Lois de Minos*; voyez tome IX, page 275. B.

mauvais goût firent chez Valade me causa, je vous l'avoue, un extrême chagrin. On n'aime point à voir mutiler ses enfants. Je retirai cette pièce, qu'on allait représenter, et je vous conjurai d'avoir la bonté de ne la donner qu'au mois de novembre. J'ai toujours persisté dans cette idée et dans mes supplications. J'ai pensé que je pourrais même avoir le temps d'ôter quelques défauts à cet ouvrage, et de le rendre moins indigne d'être protégé par vous.

J'ai imaginé encore que si *les Lois de Minos* et la *Sophonisbe* réussissaient, ce succès pourrait être un prétexte pour faire adoucir certaines lois [1] dont vous savez que je ne parle jamais. Il faudrait un peu plus de santé que je n'en ai pour profiter de l'abrogation de ces lois arbitraires.

J'avais long-temps imaginé d'aller aux eaux de Barèges comme Lekain, quand vous seriez dans votre royaume ; et il n'y a pas loin de Barèges à Bordeaux : c'était là l'espérance dont je me berçais. Vos bontés me présentent une autre perspective [2] : je doute un peu de la réussite. Vous savez qu'il y a des gens opiniâtres sur les petites choses, et à qui le terme *non* est beaucoup plus familier dans de certaines occasions que le terme *oui*.

Au reste, il me paraît que chacun s'en va tout le plus loin qu'il peut. Il y a, de compte fait, plus de soixante personnes de considération à Lausanne, venues toutes de votre pays, et on en attend encore.

---

[1] La défense de venir à Paris. B.
[2] L'espoir de revenir à Paris. B.

Pour moi, il y a vingt ans que je n'ai changé de lieu, et je n'en changerai jamais que pour vous.

La Borde a fait exécuter à Ferney quelques morceaux de sa *Pandore.* Si tout le reste est aussi bon que ce que j'ai entendu, cet ouvrage aura un très grand succès. Le sujet n'est pas si funeste, puisque l'amour reste au genre humain ; et d'ailleurs, qu'importe le sujet, pourvu que la pièce plaise ? Le grand point, dans toutes ces fêtes, est d'éviter la fadeur de l'épithalame. Je devrais éviter la fadeur des longues et ennuyeuses lettres ; mais la consolation de m'entretenir avec mon héros, et de lui renouveler mon tendre respect, m'emporte toujours trop loin.

6586. A M. LE COMTE D'ARGENTAL.

19 juillet.

J'ai attendu long-temps, mon cher ange, que cette édition de la *Sophonisbe* de Mairet fût finie, pour vous l'envoyer ; et actuellement qu'elle est faite, je ne vous l'envoie pas. En voici la raison : le maître des jeux veut qu'on ne l'envoie qu'à lui seul ; il me dénonce expressément cette volonté despotique ; et, si je suis réfractaire, la pièce ne sera pas jouée. Cela est fort plaisant, et si plaisant que vous tâcherez de n'en rien savoir.

Il ne sera pas moins plaisant que vous lui disiez, quand vous le verrez, que j'ai refusé de vous donner l'ouvrage, et qu'il faut une lettre de cachet de sa part pour que vous l'ayez en votre possession, comme lorsque le roi fit saisir à Versailles toutes les *Encyclopé-*

dies, et ne les rendit qu'aux gens qui avaient une bonne réputation.

J'aurais dû commencer par vous remercier de votre négociation génoise; mais l'aventure de *Sophonisbe* m'a paru si drôle, que je lui ai donné la préférence.

M. de Spinola se trompe ou veut tromper sur une chose qui n'en vaut pas la peine. Le marquis Vial ou Viale est marchand et banqueroutier en son propre nom de marquis. C'est lui qui écrivit à mes artistes, c'est lui seul qui se chargea des effets à lui seul envoyés; et, s'il a fait banqueroute avec quelques associés, il en est seul la véritable cause. M. de Spinola s'est encore trompé en vous disant que le marquis ne s'était point absenté; le marquis est à Naples, et c'est notre ministre à Gênes qui me mande tout cela. C'est une affaire dans laquelle on ne peut agir ni par conciliation, ni par la voie de l'autorité; on ne peut y employer que la vertu de la résignation. J'exhorte à présent mes pauvres artistes à la patience, et je tâche de profiter moi-même de mon sermon dans plus d'une affaire. Ceux qui disent que la patience n'est que la vertu des ânes ont grand tort; elle doit être, surtout à présent, la vertu des philosophes et de ceux qui aiment les bons vers.

Vous savez que nous avons à présent à Lausanne la moitié de la France et la moitié de l'Allemagne. M. l'évêque de Noyon[1] est dans la maison qui m'a appartenu neuf ans.

---

[1] Au lieu de Noyon, un seul éditeur a mis Nyon; il n'y a jamais eu d'évêque dans les villes de ce nom. L'évêque de Noyon, en 1773, était Charles de Broglie, celui-là même qui avait présenté au roi la requête de

> Monsieur l'évêque de Noyon
> Est à Lausanne en ma maison,
> Avec d'honnêtes hérétiques.
> Il en est très aimé, dit-on,
> Ainsi que des bons catholiques.
> Petits embryons frénétiques
> De Loyola, de Saint-Médard,
> Qui troublâtes long-temps la France,
> Apprenez tous, quoique un peu tard,
> A connaître la tolérance.

Comment se porte madame d'Argental ? a-t-elle besoin de la vertu de la patience ? J'embrasse mon cher ange le plus tendrement du monde.

Dieu veuille que l'homme à qui vous avez prêté *la Crète* n'ait point donné la chose à examiner à des gens qui auront été effrayés de tout ce qui l'accompagne !

Mes notes, et certains petits traités subséquents, pourraient bien éveiller les Cerbères.

6587. A M. DALEMBERT.

24 juillet.

Raton sera toujours prêt à tirer les marrons du feu pour le déjeuner des Bertrands. Raton ne craint point de brûler ses pattes. Le temps approche où il n'aura bientôt ni pieds ni pattes ; il faut qu'il s'en serve jusqu'au dernier moment pour l'édification du prochain. Donnez donc, mon cher ami, cette lettre[1] à Marmontel-Bertrand, second du nom. Il faut absolument

---

la noblesse contre les prétentions de mademoiselle de Lorraine au mariage du dauphin ; voyez tome LXVI, page 438. B.

[1] La lettre suivante. B.

que j'aie la correspondance du bienheureux abbé Sabatier[1]. En attendant, priez Dieu pour moi. Le vieux RATON.

6588. A M. MARMONTEL.

A Ferney, 24 juillet.

Soit que les commentaires des anciennes tragédies vous occupent, mon cher confrère, soit que vous donniez des lois aux Incas (qui, par parenthèse, sont vengés aujourd'hui[2] par messieurs du Chili), soit que vous instruisiez nos jeunes princesses par quelque conte moral, où vous mêlez l'*utile dulci*[3], je vous prie instamment de répondre le plus tôt que vous pourrez à ma requête; la voici:

Vous savez qu'un Père de l'Église, nommé l'abbé Sabatier, nous accuse, vous, M. Dalembert, M. Thomas et moi, *e tutti quanti*, d'être un peu hérétiques, ou du moins tombés dans des erreurs qui sentent l'hérésie. Des gens de bien se sont laissé séduire par cette horrible accusation. L'intérêt de la religion exige qu'on démasque nos ennemis, qui sont hérétiques eux-mêmes.

J'ai entre les mains le système de Spinosa[4], éclairci et commenté par M. l'abbé Sabatier, écrit tout entier de sa main, et signé Bathesabit, ce qui est à peu près l'anagramme de son nom. Vous avez plusieurs de ses lettres; je vous prie de me les envoyer; *oportet*

---

[1] La pièce dont je donne le titre dans une note de la lettre 6594. B.
[2] Voyez le premier alinéa de la lettre 6594. B.
[3] Horace, *Art poétique*, vers 344. B.
[4] Voyez, tome XIV, une note du *Dialogue de Pégase et du Vieillard*. B.

cognosci malos. Confiez ce petit paquet à M. Marin, qui me le fera tenir sur-le-champ.

Mes occupations et mes souffrances ne me permettent pas de vous en dire davantage; je me borne à vous assurer que je serai toujours fidèle à la bonne cause autant qu'à votre amitié.

6589. A MADAME LA MARQUISE DU DEFFAND.

30 juillet.

Vous avez sans doute, madame, trouvé fort mauvais que je ne vous aie point écrit[1], et que je ne vous aie point remerciée de m'avoir fait connaître M. de Lisle, qui, par son esprit et son attachement pour vous, méritait bien que je me hâtasse de vous faire son éloge. Ce n'est pas que la foule des princes et des princesses de Savoie et de Lorraine, ou de Lorraine et de Savoie, qui étonnent la Suisse par leur affluence, m'ait pris mon temps; ce n'est pas que Genève, encore plus étonnée que le reste de la Suisse, m'ait vu à ses bals et à ses fêtes : vous sentez bien que tout ce fracas n'est pas fait pour moi ; mais je n'ai pas eu un instant dont je pusse disposer, et je veux vous dire de quoi il est question.

Les parents de M. de Lally, qui se trouvent dans une situation très équivoque et très désagréable, se sont imaginé que je pourrais rendre quelques services à sa mémoire. Ils m'ont envoyé leurs papiers : il m'a fallu étudier ce procès énorme, qui a duré trois ans, et qui a fini enfin d'une manière si funeste.

[1] La dernière lettre est du 29 mars (n° 6518). B.

J'ai trouvé qu'il n'y avait pas plus de preuves contre lui que contre les Calas, et que les assassins du chevalier de La Barre avaient à se reprocher le sang de Lally, tout autant que celui de cet infortuné jeune homme.

Mais, sachant très bien que le public ne se soucierait point du tout aujourd'hui du procès de Lally, que tout s'oublie, qu'on ne s'intéresse ni à Louis XIV ni à Henri IV, et qu'il faut toujours piquer la curiosité de nos Welches par quelque chose de nouveau, j'ai fait un petit précis des révolutions de l'Inde, à la fin duquel la catastrophe de Lally s'est trouvée naturellement[1].

Voilà, madame, ce qui m'a occupé jour et nuit; et, quoique j'aie près de quatre-vingts ans, c'est le travail qui m'a le plus coûté dans ma vie.

Peut-être, dans l'indifférence où vous paraissez être pour les choses de ce monde, vous ne vous intéressez point du tout à ce qui s'est passé dans l'Inde et dans le parlement; nos sottises et nos désastres à Pondichéri et dans Paris peuvent fort bien ne vous pas toucher; aussi je me garderai bien de vous envoyer cette petite histoire, que j'ai composée pourtant pour le petit nombre de personnes qui ont le sens droit comme vous, et qui aiment, comme vous, la vérité.

Je me suis mis à juger les vivants et les morts. J'ai fait un *Précis* historique *du procès*[2] *de M. de Morangiés*, et je ne suis pas plus de l'avis du bailli du pa-

---

[1] *Fragments historiques sur l'Inde et sur le général Lally;* voyez t. XLVII, p. 295. B.

[2] Voyez tome XLVII, page 245. B.

lais que je n'ai été de l'avis du parlement dans tout ce qu'il a fait depuis le temps de la Fronde, excepté quand il a renvoyé les jésuites. Mais soyez bien sûre que vous n'aurez ni *Morangiés* ni *Lally*, à moins que vous ne l'ordonniez positivement.

J'oserais mettre encore dans mon marché que je voudrais que vous pensassiez comme moi sur ces deux objets; mais ce serait trop demander. Il faut laisser une liberté tout entière aux personnes qu'on prend pour juges, et ne les point révolter par trop d'enthousiasme.

Il est bon d'avoir votre suffrage, mais je veux l'avoir par la force de la vérité; et je ne vous prierai pas même d'avoir la plus légère complaisance. Tout ce que je crains, c'est de vous ennuyer; mais, après tout, les objets que je vous présente valent bien tous les rogatons de Paris, et tous les misérables journaux que vous vous faites lire pour attraper la fin de la journée.

Il me semble qu'il y a un roman intitulé *les Journées amusantes* [1]; ce ne peut être en effet qu'un roman. Les journées heureuses seraient une fable encore plus incroyable. Vous les méritiez, ces journées heureuses; mais on n'a que des moments. J'aurais du moins des moments consolants, si je pouvais vous faire ma cour.

---

[1] C'est en effet le titre d'un recueil de nouvelles par madame de Gomez. B.

6590. A M. PARFAICT[1].

A Ferney, 31 juillet.

On ne peut être, monsieur, plus sensible que je le suis au mérite de votre ouvrage, à celui d'un travail si long et si pénible, et à la bonté que vous avez eue de m'en faire part. Je vois que vous avez déterré trente mille pièces de théâtre, sans compter celles qui paraîtront et disparaîtront avant que votre ouvrage soit achevé d'imprimer. Votre livre sera également utile aux amateurs des anciens et des modernes. On dira peut-être que parmi environ quarante mille ouvrages dramatiques, il n'y en a pas cent de véritablement bons; mais il faut que le bon soit rare. Peut-être dans quarante mille tableaux n'y a-t-il pas plus de cent chefs-d'œuvre.

Quoi qu'il en soit, vous rendez service aux lettres, et je vous en remercie de tout mon cœur, en mon particulier.

J'ai l'honneur d'être avec tous les sentiments que je vous dois, monsieur, votre très humble et très obéissant serviteur, VOLTAIRE.

6591. A M. DALEMBERT.

2 auguste.

Je crois, mon cher et illustre Bertrand, qu'il faudra bientôt vous pourvoir d'un autre Raton. Vous

---

[1] Claude Parfaict, né vers 1701, mort le 26 juin 1777, avait, le 16 juillet 1773, écrit à Voltaire une très longue lettre accompagnée de quelques articles d'un ouvrage intitulé *Dramaturgie générale*, qui n'a pas vu le jour. Claude Parfaict était frère de François; voyez tome XLII, page 1. B.

n'en trouverez guère dont les pattes vous soient plus dévouées, et plus faites pour être conduites par votre génie.

J'ai reçu M. de Saint-Remi avec la cordialité d'un frère rose-croix. Il est encore chez moi. Je jouis de sa conversation dans les intervalles de mes souffrances ; quelquefois même je soupe avec lui, ou je fais semblant de souper.

Vous savez sans doute quelle foule de princes et de princesses de Savoie et de Lorraine est venue à Lausanne et à Genève, les uns pour Tissot, les autres pour se promener. Les évêques, ne sachant que faire dans leurs diocèses, y viennent aussi. L'évêque de Noyon loge à Lausanne dans une maison que j'avais achetée, et que j'ai revendue ; il y donne à souper aux ministres du saint Évangile et aux dames [1].

On fait actuellement à La Haye une seconde édition de l'ouvrage posthume d'Helvétius. Elle est dédiée à l'impératrice de toutes les Russies ; cela est curieux.

Je vous embrasse bien tendrement, mon cher ami.

6592. A M. LE MARÉCHAL DUC DE RICHELIEU.

A Ferney, 7 auguste.

Si mon héros a un moment de loisir à Compiègne, je le supplie de daigner lire un petit précis [2] très vrai et très exact du meurtre de M. de Lally, lieutenant général, et un précis très court de l'affaire de M. de

---

[1] Voyez des vers de Voltaire à cette occasion, dans la lettre 6586. K.
[2] Tome XLVII, page 396, etc. B.

Morangiés, maréchal de camp. Il peut être sûr de ne trouver dans ces deux mémoires aucun fait qui ne soit appuyé sur des papiers originaux qu'on a entre les mains.

On a joué *les Lois de Minos* à Lyon avec beaucoup de succès. Un acteur nommé Larive a emporté tous les suffrages dans le rôle de Datame, et la ville a prié Lekain de jouer le rôle de Teucer à son retour au mois de septembre.

Pour moi, je vous supplie instamment, monseigneur, d'avoir la bonté d'ordonner aux comédiens de Paris de jouer les tragédies de *Sophonisbe* et de *Minos*. Je compte sur vos promesses autant que je suis pénétré de vos bontés. Je ne demande, après tout, que ce qu'on ne pourrait refuser à MM. Lemierre et Portelance.

J'ai encore une passion plus forte que celle des tragédies, ce serait de vous faire ma cour au moins deux jours avant de mourir, au premier voyage que vous feriez dans votre royaume de Guienne. Il ne faut nulle permission pour cela, les chemins sont libres; je mourrais content.

J'envoie ce paquet sous le couvert de M. le duc d'Aiguillon, ne sachant pas si vous avez vos ports francs pour les gros paquets qui ne viennent point de votre gouvernement. Vous ne m'avez jamais répondu sur cet article.

Daignez me conserver vos bontés; elles sont la première des consolations d'un homme qui bientôt n'aura plus besoin d'aucune.

6593. A M. LEKAIN.

7 auguste.

L'acteur unique de la France, et mon ancien ami, est parti de Lyon sans qu'on ait entendu parler de lui à Ferney. On ferait le voyage de Ferney à Lyon s'il voulait apprendre le rôle de Teucer[1], et le jouer à son passage.

On aurait la consolation de l'embrasser en l'admirant. Tout ce qui est à Ferney lui fait les plus sincères compliments.   VOLTAIRE.

6594. A M. MARMONTEL.

9 auguste.

Mon cher historiographe, vous voilà donc entré dans ce chemin semé d'épines : mais vous le couvrirez de fleurs convenables au sujet. Voilà d'ailleurs les *Incas* qui vous appellent. On prétend que les *Indios bravos*, après avoir détruit leurs vainqueurs, ont enfin mis sur le trône un homme de la race des anciens Incas. Ce n'est pas là vraiment une affaire de roman, c'est matière d'historiographerie. Vous en avez assez honnêtement dans le Nord et dans le Midi.

J'ai vu M. de Garville, et je ne l'ai point assez vu. J'étais très malade, mais j'espère qu'il me donnera ma revanche.

J'ai reçu une brochure imprimée chez Valade.

---

[1] Dans *les Lois de Minos*. B.

C'est une *Épître à Sabatier et compagnie*[1]. J'ignore à qui j'en suis redevable. Je soupçonne M. l'abbé Du Vernet, et encore un autre abbé dont j'ignore la demeure. Je ne m'attendais pas, je l'avoue, à être défendu par des gens d'église. Ceux-ci me paraissent de la petite église des gens d'esprit, et du petit nombre des élus.

Dans l'embarras où je suis de savoir à quel saint je dois des actions de graces, je m'adresse à vous, mon cher ami; je vous envoie ma réponse tout ouverte; je vous supplie d'y mettre l'adresse, et de l'envoyer à l'auteur, qui sans doute est connu de vous ou de M. Dalembert. Il ne serait pas mal que l'on connût un peu à fond ce M. Sabatier. Ses protecteurs sauront au moins qu'ils sont fort mal servis par les gens qu'ils emploient.

Je me flatte que vous recevrez dans quelques jours un petit essai sur quelques révolutions de l'Inde, sur la perte de Pondichéri, et sur la mort funeste de Lally[2]. Cela est du ressort de feu l'historiographe et de l'historiographe vivant[3]. Je puis vous assurer de la vérité de tous les faits. La plupart sont curieux, et peuvent même être intéressants six ans après l'événe-

---

[1] *Épître à MM. La Beaumelle, Fréron, Clément, et Sabatier, suivie de la Profession de foi, autre épître du même auteur, par M. de V****, 1773, in-8° de 22 pages, commençant par ce vers:

Bravo, messieurs! quatre contre un, etc.   B.

[2] *Fragments historiques sur l'Inde et sur le général Lally;* tome XLVII, page 295. B.

[3] Après la mort de Duclos, Marmontel avait obtenu le titre d'historiographe de France, qu'avait eu Voltaire. B.

ment. L'auteur est un peu l'avocat des causes perdues; mais vous serez convaincu que M. de Lally était innocent, et que l'ancien parlement n'était pas infaillible.

Je suis enchanté que La Harpe ait remporté un nouveau prix [1]. Je souhaite qu'il en ait deux cette année : à la fin, sa gloire forcera le gouvernement à lui rendre justice.

Adieu, mon très cher et illustre confrère; continuez toujours à veiller sur notre petit troupeau, qui est toujours près d'être mangé des loups.

6594 bis. A M. L'ABBÉ DU VERNET.

A Ferney, le 9 auguste [2].

On m'a envoyé une épître [3] qui commence par ce vers :

> Bravo, messieurs! quatre contre un.

Je la crois de vous, monsieur, parcequ'il y a une foule de très jolis vers, pleins de facilité et de naturel. Je peux oublier les injures de ces pauvres gens, mais je me souviendrai toujours de vous avoir eu pour défenseur [4].

---

[1] Le prix de poésie. Sa pièce était intitulée *Ode sur la navigation*. B.

[2] Cette lettre, que les éditeurs précédents avaient placée ou laissée à l'année 1774, est évidemment de 1773; c'est Auger qui a mis à cette lettre le nom de Du Vernet, dans le *Supplément au Recueil des lettres de Voltaire*, 1808, deux volumes in-8° ou in-12. Des copies que j'ai vues ne donnent pas le nom de la personne à qui elle est adressée. B.

[3] Voyez ma note sur la lettre qui précède. B.

[4] L'abbé Du Vernet avait publié des *Réflexions critiques et philosophiques sur la tragédie, au sujet des Lois de Minos*, 1773, in-8°; voyez tome IX, page 277. B.

J'ai ouï dire que l'abbé Sabatier de Castres m'avait loué plus que je ne méritais dans une espèce de *Dictionnaire*[1] que je ne connais point; mais qu'il avait bien réparé son erreur dans un autre livre intitulé *les Trois Siècles*[2]. On m'a assuré que dans ce livre il avait la cruauté de m'accuser d'avoir écrit contre des vérités respectables. Voici, monsieur, ma réponse à cet abbé.

J'ai une analyse de Spinosa, faite par lui-même, écrite tout entière de sa main[3], et adressée à feu Helvétius. J'ai aussi plusieurs pièces de vers de sa façon. Je ne crois pas que, dans notre langue, il y ait de plus mauvais vers et de plus mauvaise prose que ces ouvrages de M. l'abbé Sabatier; mais, en même temps, je puis vous assurer qu'il n'y a rien de plus effronté et de plus scandaleux.

Voilà pourtant l'homme qu'on a choisi pour m'accuser, moi et mes amis, d'avoir des sentiments suspects. Je prévois qu'on sera forcé d'instruire ses protecteurs de la turpitude et de la scélératesse de ce personnage. Ils ont trop de vertu pour soutenir le crime, et trop de raison pour excuser ce crime, dénué de tous les talents. Il importe à la société de faire connaître des pervers qui n'ont rien d'utile ni d'agréable pour faire pardonner leurs iniquités. Il y a des ames honnêtes et sensibles comme la vôtre qui prendront soin d'éclairer le public sur ces amas d'a-

---

[1] *Dictionnaire de littérature, dans lequel on traite de tout ce qui a rapport à l'éloquence, à la poésie, et aux belles-lettres*, 1770, trois vol. in-8°. B.

[2] Voyez tome IX, page 284. B.

[3] C'est ce qu'il a déjà dit dans sa lettre 6588. B.

trocités si plates et si dégoûtantes. C'est tout ce que je puis vous dire aujourd'hui, en rendant hommage à votre vertu courageuse, qui a déjà confondu l'imposture [1].

6595. A CATHERINE II.

- A Ferney, 10 auguste.

Madame, il faudrait que les jours eussent à Pétersbourg plus de vingt-quatre heures, pour que votre majesté impériale eût seulement le temps de lire tout ce qu'on lui écrit de l'Europe et de l'Asie. Pour la fatigue de répondre à tout cela, je ne la conçois pas.

Je voulais, moi chétif, moi mourant, prendre la liberté de vous écrire touchant les fausses nouvelles qu'on nous débite sur votre guerre renouvelée avec ce Moustapha, de vous parler du mariage de monseigneur votre fils [2], du voyage de madame la princesse de Darmstadt [3], qui est, après vous, ce que l'Allemagne a vu naître de plus parfait; j'allais même jusqu'à vous dire que Diderot, qui n'est pas Welche, est le plus heureux des Français, puisqu'il va à votre cour. Je voulais vous parler des dernières volontés d'Helvétius, dont on dédie l'ouvrage posthume [4] à votre majesté. Je poussais mon indiscrétion jusqu'à vous dire que je ne suis point du tout de son avis sur

---

[1] Dans les *Réflexions* déjà citées. B.
[2] Devenu Paul Ier. B.
[3] Christine-Caroline de Deux-Ponts, née en 1721, mariée, en 1741, à Louis, landgrave de Hesse-Darmstadt, plus âgé qu'elle de deux ans, morte le 30 mars 1774. B.
[4] Voyez lettre 6619, page 333. B.

le fond de son livre. Il prétend que tous les esprits sont nés égaux ; rien n'est plus ridicule. Quelle différence entre certaine souveraine et ce Moustapha, qui a fait demander à M. de Saint-Priest si l'Angleterre est une île !

Je voulais être assez hardi pour parler à fond du passage du Danube. Je voulais demander si Falconet-Phidias placera la statue de Catherine II, la seule vraie Catherine, ou sur une des Dardanelles, ou dans l'Atmeidan de Stamboul ; mais considérant qu'elle n'a pas un moment à perdre, et craignant de l'importuner, je n'écris rien.

Je me borne à lever les mains vers l'étoile du Nord ; je suis de la religion des sabéens : ils adoraient une étoile. LE VIEUX MALADE DE FERNEY.

6596. A CATHERINE II.

A Ferney, 12 auguste.

Madame, que votre majesté impériale me laisse d'abord baiser votre lettre[1] de Pétershof, du 19 juin de votre chronologie grecque, qui n'est pas meilleure que la nôtre ; mais, de quelque manière que nous supputions les temps, vous comptez vos jours par des victoires ; vous savez combien elles me sont chères. Il me semble que c'est moi qui ai passé le Danube. Je monte à cheval dans mes rêves, et je vais le grand galop à Andrinople. Je ne cesserai de vous dire qu'il me paraît bien étonnant, bien inconséquent, bien triste, bien mal de toute façon, que vos amis, l'im-

[1] 6575. B.

pératrice-reine, et l'empereur des Romains, et le héros du Brandebourg, ne fassent pas le voyage de Constantinople avec vous. Ce serait un amusement de trois ou quatre mois tout au plus, après quoi vous vous arrangeriez ensemble comme vous vous êtes arrangés en Pologne.

Je demande bien pardon à votre majesté; mais cette partie de plaisir sur la Propontide me paraît si naturelle, si facile, si agréable, si convenable, que je suis toujours stupéfait que les trois puissances aient manqué une si belle fête. Vous me direz, madame, que je pourrai jouir de cette satisfaction avec le temps; mais permettez-moi de vous représenter que je suis très pressé, que je n'ai que deux jours à vivre, et que je veux absolument voir cette aventure avant de mourir. L'auguste Catherine ne peut-elle pas dire amicalement à l'auguste Marie-Thérèse : « Ma chère Marie, songez donc que les Turcs sont « venus deux fois assiéger Vienne [1]; songez que vous « laissez passer la plus belle occasion qui se soit pré- « sentée depuis *Ortogul* ou *Ortogrul*, et que, si on « laisse respirer les ennemis du saint nom chrétien et « de tous les beaux-arts, ces maudits Turcs devien- « dront peut-être plus formidables que jamais? Le « chevalier de Tott, qui a beaucoup de génie, quoi- « qu'il ne soit point ingénieur, fortifiera toutes leurs « places sur la mer Égée et sur le Pont-Euxin; quoi- « que Moustapha et son grand-vizir ignorent que ces « deux petites mers se soient jamais appelées Pont- « Euxin et mer Égée. Les janissaires et les levantis

[1] En 1529 et en 1683. B.

« se disciplineront. Voilà notre ami Ali-Bey mort,
« Moustapha va être maître absolu de ce beau pays
« de l'Égypte qui adorait autrefois des chats, et qui
« ne connaît point saint Jean-Népomucène. »

« Profitons d'un moment favorable qui reste encore,
« Russes, Autrichiens, Prussiens; fondons sur ces
« ennemis de l'église grecque et latine. Nous accor-
« derons au roi de Prusse, qui ne se soucie d'aucune
« église, une ou deux provinces de plus, et allons
« souper à Constantinople. »

Certainement l'auguste Catherine fera un discours plus éloquent et plus pathétique; mais y a-t-il rien de plus raisonnable et de plus plausible? cela ne vaut-il pas mieux que mes chars de Cyrus? Hélas! l'idée de cette croisade ne réussira pas mieux que celle de mes chars; vous ferez la paix, madame, après avoir bien battu les Turcs; vous aurez quelques avantages de plus, mais les Turcs continueront d'enfermer les femmes, et d'être les amis des Welches, tout galants que sont ces Welches.

Je ne suis donc qu'à moitié satisfait.

Mais ce n'est pas à moitié que je suis l'adorateur de votre majesté impériale, c'est avec la fureur de l'enthousiasme; qu'elle pardonne ma rage à mon profond respect.   LE VIEUX MALADE DE FERNEY.

6597. DE FRÉDÉRIC II, ROI DE PRUSSE.

A Potsdam, le 12 auguste.

Puisque les trinités sont si fort à la mode[1], je vous citerai trois raisons qui m'ont empêché de vous répondre plus tôt :

---

[1] Voyez lettre 6539. B.

mon voyage en Prusse, l'usage des eaux minérales, l'arrivée de ma nièce la princesse d'Orange[1].

Je n'en prends pas moins de part à votre convalescence, et j'aime mieux que vous me rendiez compte en beaux vers de ce qui se passe sur les bords de l'Achéron, que si vous aviez fixé votre séjour dans cette contrée d'où personne encore n'est revenu.

Le vieux baron[2] a été de toutes nos fêtes, et il ne paraissait pas qu'il eût quatre-vingt-six ans. Si le vieux baron s'est échappé de la fatale barque faute de payer le passage, vous avez, à l'exemple d'Orphée, adouci par les doux accords de votre lyre la barbare dureté des commis de l'enfer; et en tous sens vous devez votre immortalité aux talents enchanteurs que vous possédez.

Vous avez non seulement fait rougir votre nation du cruel arrêt porté contre le chevalier de La Barre, et exécuté; vous protégez encore les malheureux qui ont été englobés dans la même condamnation. Je vous avouerai que le nom même de ce Morival dont vous me parlez est inconnu. Je m'informerai de sa conduite; s'il a du mérite, votre recommandation ne lui sera pas inutile.

Je vois que le public se complaît à exagérer les événements. Thorn ne se trouve point dans la partie qui m'est échue de la Pologne. Je ne vengerai point le massacre des innocents, dont les prêtres de cette ville ont à rougir; mais j'érigerai dans une petite ville de la Warmie un monument sur le tombeau du fameux Copernic, qui s'y trouve enterré. Croyez-moi, il vaut mieux, quand on le peut, récompenser que punir; rendre des hommages au génie, que venger des atrocités depuis long-temps commises.

Il m'est tombé entre les mains un ouvrage de défunt Hel-

---

[1] Guillaume V, prince d'Orange, né en 1748, mort en 1806, avait épousé, en 1767, Frédérique-Sophie Wilhelmine, née en 1751 d'Auguste-Guillaume, frère de Frédéric. B.

[2] Pollnitz; voyez lettre 6523, et aussi la lettre de Frédéric, du 13 auguste 1775. B.

vétius sur l'*Éducation*[1]; je suis fâché que cet honnête homme ne l'ait pas corrigé, pour le purger de pensées fausses et de *concetti* qui me semblent on ne saurait plus déplacés dans un ouvrage de philosophie. Il veut prouver, sans pouvoir en venir à bout, que les hommes sont également doués d'esprit, et que l'éducation peut tout. Malheureusement l'expérience, ce grand maître, lui est contraire et combat les principes qu'il s'efforce d'établir. Pour moi, je n'ai qu'à me louer de l'idée trop avantageuse qu'il avait de ma personne[2]. Je voudrais la mériter.

Je ne sais comment pense le roi de Pologne, encore moins quand la diète finira. Je vous garantirai toujours, à bon compte, qu'il n'y aura pas de nouveaux troubles occasionés par ce qui se passe dans ce royaume.

Vous vivrez encore long-temps, l'honneur des lettres et le fléau de l'*inf*...[3]; et si je ne vous vois pas *facie ad faciem*[4], les yeux de l'esprit ne détournent point leurs regards de votre personne, et mes vœux vous accompagnent partout.

LE SOLITAIRE DE SANS-SOUCI.

6598. A MADAME LA MARQUISE DU DEFFAND.

Ferney, 13 auguste.

J'ai peur, madame, que vous ne vous intéressiez pas plus à nos Indiens qu'à la plupart de nos Welches. Vous m'avez mandé que vous aviez jeté votre bonnet par-dessus les moulins, mais il ne sera pas arrivé jusqu'à l'Inde. Pour moi, je vous l'avoue, je considère avec quelque curiosité un peuple à qui nous devons nos chiffres, notre trictrac, nos échecs, nos

---

[1] *De l'Homme et de son éducation*; voyez lettres 6469 et 6568. B.
[2] Section I, chapitre IX, note 5, Frédéric est mis au nombre des grands rois. B.
[3] « Et le fléau du fanatisme. » (*Édit. de Berlin.*)
[4] *Genèse*, XXXII, 30. B.

premiers principes de géométrie, et des fables qui sont devenues les nôtres; car celle sur laquelle Milton a bâti son singulier poëme[1] est tirée d'un ancien livre indien, écrit il y a près de cinq mille ans.

Vous sentez combien cela élargit notre sphère. Il me semble que, quand on rampe dans un petit coin de notre Occident, et quand on n'a que deux jours à vivre, c'est une consolation de laisser promener ses idées dans l'antiquité, et à six mille lieues de son trou.

Cependant il se pourra très bien que la description des pays où le colonel Clive a pénétré plus loin qu'Alexandre ne vous amusera pas infiniment. Ce qui était si essentiel pour notre défunte compagnie des Indes sera peut-être pour vous très insipide. En tout cas, il ne tient qu'à vous de ne pas vous faire lire le commencement de cet ouvrage, et d'aller tout d'un coup aux aventures de ce pauvre Lally, à son procès criminel, à son arrêt, et à son bâillon.

Nous donnons de temps en temps à l'Europe de ces spectacles affreux qui nous feraient passer pour la nation la plus sauvage et la plus barbare, si d'ailleurs nous n'avions pas tant de droits à la réputation de l'espèce la plus frivole et la plus comique.

J'ai un petit avertissement à vous donner sur cet envoi que je vous fais, c'est qu'il n'est pas sûr que vous le receviez. M. d'Ogny, qui a des bontés infinies pour ma colonie, et qui veut bien faire passer jusqu'à Constantinople et à Maroc les travaux de nos manu-

---

[1] Voyez, tome X, à la suite de *la Henriade*, le chapitre ix de l'*Essai sur la poésie épique*. B.

factures, m'a mandé qu'il ne voulait pas se charger d'une seule brochure pour Paris.

Mon village de Ferney envoie tous les ans pour cinq cent mille francs de marchandises au bout du monde, et ne peut pas envoyer une pensée à Paris. Le commerce des idées est de contrebande.

Je ne peux donc pas vous répondre, madame, que mes idées vous parviennent. Cependant c'est un ouvrage dans lequel il n'y a rien que de vrai et d'honnête. Le plus rude commis à la douane de l'entendement humain ne pourrait y trouver à redire. Je ne sais si nous ne devons pas cette rigueur qu'on exerce aujourd'hui contre tous les livres à messieurs les athées. Ils ont fort mal fait, à mon avis, de faire imprimer tant de sermons contre Dieu; cette espèce de philosophie ne peut faire aucun bien, et peut faire beaucoup de mal. Notre terre est un temple de la Divinité. J'estime fort tous ceux qui veulent nettoyer ce temple de toutes les abominables ordures dont il est infecté; mais je n'aime pas qu'on veuille renverser le temple de fond en comble.

Je languis au milieu des souffrances continuelles, dans un petit coin de ce temple, et j'attends chaque jour le moment d'en sortir pour jamais. Vous n'avez perdu qu'un de vos sens, et je perds mes cinq.

Je n'ai pu faire ma cour ni à madame de Brionne ni à madame la princesse de Craon, sa fille, quoiqu'elles soient toutes deux philosophes; madame la duchesse de V..... l'est aussi. Une centaine d'êtres pensants de la première volée sont venus dans nos cantons. On prétend que tous les dieux se réfugièrent autrefois en Égypte; ils se sont donné cette fois-ci rendez-vous en Suisse.

Si vous aviez pu y venir, j'aurais été consolé. Je fais mille vœux pour vous, madame; mais à quoi servent-ils? Je vous suis attaché tendrement et inutilement. Nous sommes tous condamnés aux privations, suivies de la mort. Je l'attends sur mon fumier du mont Jura, et je vous souhaite du moins de la santé dans votre Saint-Joseph.

Adieu, madame; contre nature, bon cœur.

6599. A M. VILLEMAIN D'ABANCOURT[1].

19 auguste.

Le vieux malade de Ferney vous remercie, monsieur, avec la plus grande sensibilité. Il ressemble à ces vieux chevaliers qui ne pouvaient plus combattre en champ clos; ils étaient *exoines*[2], comme dit la chronique; et un jeune chevalier plein de courage prenait leur défense.

Je n'aurais jamais si bien combattu que vous, monsieur; je rends grace à ma vieillesse, qui m'a valu un si brave champion. Vous êtes entré dans la lice accompagné des Graces. Le bon roi René dit que, quand « li preux chevalier se desmene si gentiment, il ren- « grege l'amitié de sa dame. » Je ne doute pas que vous ne plaisiez fort à la vôtre. Pour moi, je ne sais si les agréments de votre style ne m'ont pas fait

---

[1] Sur sa fable intitulée *le Cygne et les Hiboux*, qui n'est qu'une allusion à M. de Voltaire et à ses ennemis. K.

[2] C'est encore un terme du palais. B.

encore plus de plaisir que votre combat ne m'a fait d'honneur.

Agréez, monsieur, la reconnaissance très sincère de votre, etc.

6600. A M. DE GAMERRA[1],

LIEUTENANT DES GRENADIERS

DANS LE RÉGIMENT GAISRUGG AU SERVICE DE S. M. I.

A Ferney, 20 auguste.

Un vieillard de quatre-vingts ans, bien malade, vous remercie de votre *Cornéide*[1]: il vous doit le seul plaisir dont il soit capable, celui d'une lecture agréable. L'histoire des cornes n'est pas de son âge, il ne peut ni en donner ni en porter, n'étant point marié ; mais on doit toujours aimer les jolis vers, et la gaîté, jusqu'au tombeau. Il vous trouve bien discret de n'avoir fait qu'un volume sur un sujet qui en pouvait fournir plus de vingt. Vous auriez pu surtout apaiser les dévots, en plaçant dans le royaume de Cornouilla les infidèles musulmans, et surtout Mahomet à leur tête. Vous savez que la belle Aïshé orna la tête du grand prophète de la plus belle paire de cornes qu'on eût jamais vue en Asie, et que Mahomet, au lieu de s'en plaindre, comme aurait fait quelque sot prince chrétien, fit descendre du ciel un chapitre de l'*Alcoran*, pour apprendre aux vrais croyants que les favoris du Très-Haut ne peuvent jamais être cocus.

Au reste, monsieur, votre ouvrage montre une par-

---

[1] Cet ouvrage m'est inconnu. B.

faite connaissance de l'antiquité et des mœurs modernes. Je ne sais pas ce que pensent les cocus d'Italie ; mais je crois que tous ceux qui en font, depuis Rome jusqu'à Paris, vous ont une grande obligation.

J'ai l'honneur d'être avec une estime infinie, etc.

VOLTAIRE.

6601. A M. LE MARÉCHAL DUC DE RICHELIEU.

A Ferney, 26 auguste.

Je mets aux pieds de mon héros une troisième lettre à la noblesse de son ancien gouvernement. Quand le parlement condamnerait M. de Morangiés par les formes, je le croirais toujours innocent dans le fond. Vous êtes maréchal de France et juge de l'honneur ; vous êtes pair du royaume et juge de tous les citoyens, prononcez.

Si j'osais demander une autre grace à notre doyen, je le conjurerais de ne pas flétrir une *Électre* composée avec quelque soin d'après celle de Sophocle, sans épisode, sans un ridicule amour, écrite avec une pureté qu'un doyen de l'académie, un Richelieu doit protéger, représentée avec tant de succès par mademoiselle Clairon, et qu'enfin mademoiselle Raucourt pourrait encore embellir ; je vous conjurerais de me raccommoder avec elle, puisque vous m'avez attiré sa colère.

Je vous supplierais de ne me point donner le dégoût de préférer une partie carrée[1] d'amours insipides en vers allobroges ; une Électre qui s'écrie :

---

[1] L'*Électre* de Crébillon ; voyez tome XL, page 476. B.

Je ne puis y souscrire; allons trouver le roi;
Fesons tout pour l'amour, s'il ne fait rien pour moi[1].

Une Iphianasse qui dit :

J'ignore quel dessein vous a fait révéler
Un amour que l'espoir semble avoir fait parler.
Act. II, sc. 2.

Un Itys qui fait ce compliment à Électre :

Pénétré du malheur où mon cœur s'intéresse,
M'est-il enfin permis de revoir ma princesse?...
Je ne suis point haï. Comblez donc tous les vœux
Du cœur le plus fidèle et le plus amoureux, etc., etc.
Act. V, sc. 2.

Enfin j'espérerais que vous ne donneriez point cette préférence humiliante à un mort sur un mourant qui vous a été attaché pendant plus de cinquante ans.

Vous savez que mon unique ressource, dans la situation où je suis, serait d'adoucir des personnes prévenues contre moi, en leur inspirant quelque indulgence pour mes faibles talents.

Je suis désespéré de vous importuner de mes plaintes. Je n'ai de consolation qu'en vous parlant de mon respect et de mon attachement inviolable.

6602. A M. KEATE[2].

A Ferney, 27 auguste.

Et in Arcadia ego!

He was dead, and I am a dying; and what is worse,

---

[1] Ces vers, qui terminent le premier acte d'*Électre*, sont dans la bouche d'Iphianasse. B.

[2] George Keate, né vers 1729, mort en 1797, venait de publier *le Tombeau de l'Arcadie*, poëme dramatique, d'après le tableau du Poussin. B.

I am a suffering. But my torments are allayed by your Arcadian musick[1].

> Tale tuum carmen nobis, divine poeta,
> Quale sopor fessis in gramine; quale per æstum
> Dulcis aquæ saliente sitim restinguere rivo.
>
> VIRG., ecl. V, v. 45.

My stormy life at last sinks to a calm. Come death when it will, I'll meet it smiling.

Dear sir, enjoy the happiness you deserve[2].

6603. A M. LE COMTE D'ARGENTAL.

27 auguste.

Mon cher ange, les côtes de Malabar et de Coromandel, l'Indus et le Gange, la mauvaise tête et le triste cou du pauvre Lally, le procès pitoyable de M. de Morangiés, l'absurdité de M. Pigeon, mes craintes qu'il n'y ait quelques Pigeons dans le parlement, les embarras multipliés que me donne ma colonie, les cruautés de M. l'abbé Terray, ma détestable santé, etc., etc., etc., etc., tout cela m'a empêché de vous écrire. Je ne vous parle point des caprices du maître des jeux[3] : il y a de petites malices qui me confondent.

Je vous envoie par M. Sabatier, qui n'est point l'abbé Sabatier, la première partie des affaires des

---

[1] TRADUCTION : Il était mort, et je suis mourant; et ce qui est pire, je suis souffrant; mais mes douleurs sont allégées par votre musique d'Arcadie.

[2] TRADUCTION : Ma vie orageuse à la fin devient calme. Vienne la mort quand elle voudra, je la recevrai en souriant.

Cher monsieur, jouissez du bonheur que vous méritez.

[3] Le duc de Richelieu. B.

brachmanes et de Lally¹, en attendant la seconde, en attendant tout le reste.

Si vous voulez que, pour ranimer vos bontés, je vous parle de comédie, je vous dirai que j'ai vu trois comédiens auxquels il manque peu de chose pour devenir excellents; mais les maîtres des jeux ne les prendront pas.

Adieu, mon cher ange; croirait-on que, dans ma profonde retraite, je n'ai pas un seul moment à moi? mais vous savez, mes deux anges, si mon cœur est à vous.

6604. A M. L'ABBÉ MIGNOT.

29 auguste.

Vous sentez, mon cher ami, que le déchaînement d'une faction nombreuse en faveur des Du Jonquai a été produit principalement par l'horreur que l'administration nécessaire de la police inspire à la basse bourgeoisie de Paris. Les ennemis du gouvernement et les vôtres se sont joints à cette multitude. On s'est imaginé que M. de Morangiés était protégé par la cour, et, sur cela seul, bien des gens l'ont jugé coupable. On revient enfin de cette monstrueuse idée. Toute la noblesse de France, qui avait été long-temps en suspens, commence à prendre fait et cause pour M. de Morangiés.

Si les faits allégués par Linguet sont vrais, comme il n'est guère permis d'en douter, il est démontré que M. de Morangiés est innocent, et qu'il est opprimé

---

¹ La première partie des *Fragments sur l'Inde*, etc., contenant vingt chapitres; voyez mon *Avis*, tome XLVII, page 296. B.

par la plus insolente et la plus artificieuse canaille qu'on ait vue depuis les convulsions.

Le roi a senti tout le ridicule et toute l'horreur du roman des cent mille écus portés à pied en treize voyages. M. Pigeon n'a pas eu autant de bon sens que le roi.

Si quelques esprits du parlement sont encore préoccupés, quel homme est plus capable que vous de les éclairer? Je suis attaché dès mon enfance à la maison de Morangiés; mais je ne prends son parti que parceque je suis attaché mille fois davantage à la vérité. Je ne vous sollicite point; je vous dis seulement: Voyez, je m'en rapporte à vous.

Si on pouvait espérer de ramener d'Hornoy à ses vrais intérêts, je me joindrais à vous; je ferais le voyage, tout mourant que je suis. On pourrait lui procurer un établissement bien honorable; mais je vous embrasse de tout mon cœur.

6605. A M. DE SAINT-LAMBERT.

A Ferney, 1er septembre.

Je reçois de vous, monsieur, deux beaux présents à-la-fois; il est vrai que je les reçois tard. C'est la cinquième édition du très beau poëme des *Saisons*, avec une de vos lettres; elle est du 12 de mai, et nous sommes au mois de septembre. Le paquet est resté environ quatre mois à Lyon dans les mains des commis. Le poëme des *Saisons* ne restera jamais si long-temps chez les libraires.

Je trouve à l'ouverture du livre, page 104:

J'entends de loin les cris d'un peuple *infortuné*
Qui court le thyrse en main, de pampre couronné, etc.

Les premières éditions portaient d'un peuple *fortuné*. Vous seriez-vous ravisé cette fois-ci? voudriez-vous dire qu'un peuple infortuné, chargé de corvées et d'impôts, ne laisse pas pourtant de s'enivrer, de danser, et de rire? Cette seconde leçon vaudrait bien la première; mais, en ce cas, il eût fallu exprimer que la vendange fait oublier la misère, *et addit cornua pauperi*: j'aime mieux croire que c'est une faute d'impression [1].

J'ignore si vous avez reçu *les Lois de Minos*. Vous vous doutez bien dans quel esprit j'ai fait cette rapsodie: il ne faut jamais perdre de vue le grand objet de rendre la superstition exécrable. J'aurais dû y mettre un peu plus de *vim tragicam* [2]; mais un malade de quatre-vingts ans ne peut rien faire de ce qu'il voudrait en aucun genre.

Si j'ai rendu à une belle dame [3] deux baisers qu'elle m'avait envoyés par la poste, personne ne doit m'en blâmer: la poésie a cela de bon qu'elle permet d'être insolent en vers, quoiqu'on soit fort misérable en prose. Je suis un vieillard très galant avec les dames, mais plein de reconnaissance pour des hommes éternellement respectables qui m'ont accablé de bontés.

---

[1] Ce n'était en effet qu'une faute d'impression; dans les autres éditions du poëme des *Saisons*, chant III, vers 13, on lit:

J'entends de loin les cris d'un peuple fortuné.   B.

[2] Allusion au *vis comica* dont parle César dans les vers rapportés t. XLII, p. 632-33. B.

[3] Madame Du Barri; voyez lettre 6571. B.

Voici deux petites lettres[1] sur l'affaire de M. de Morangiés qui vous sont probablement inconnues. Comment pourrais-je vous faire tenir les *Fragments sur l'Inde*, dans lesquels je crois avoir démontré l'injustice et l'absurdité de l'arrêt de mort contre Lally? Il me semble que j'ai combattu toute ma vie pour la vérité. Ma destinée serait-elle de n'être que l'avocat des causes perdues? Je fus certainement l'avocat d'une cause gagnée, quand je fus si charmé du poëme des *Saisons*; soyez sûr que cet ouvrage restera à la postérité comme un beau monument du siècle. Les polissons[2] qui l'ont voulu décrier sont retombés bien vite dans le bourbier dont ils voulaient sortir. Que dites-vous de ce malheureux abbé Sabatier qui a sauté de son bourbier dans une sacristie, et qui a obtenu un bénéfice? J'ai en ma possession des lettres de ce coquin à Helvétius, qui ne sont pleines à la vérité que de vers du Pont-Neuf et d'ordures de bord...; mais j'ai aussi un commentaire de sa main sur Spinosa[3], dans lequel ce drôle est plus hardi que Spinosa même. Voilà l'homme qui se fait père de l'Église à la cour; voilà les gens qu'on récompense. Ce galant homme est devenu un confesseur, et mériterait assurément d'être martyr à la Grève. Ce sont là de ces choses qui font aimer la retraite. Votre poëme des *Saisons*, que je vais relire pour la vingtième fois, la fait aimer bien davantage.

[1] Les lettres *première* et *seconde à la noblesse du Gévaudan*; voyez tome XLVII, pages 263 et 273. B.

[2] Entre autres Clément, auteur des *Observations critiques*, etc.; voyez tome LXVII, page 34. B.

[3] Voyez lettre 6594 *bis*. B.

M. de Lisle, le très aimable dragon, qui est venu dans nos cantons suisses avec madame de Brionne, m'a communiqué *l'Art d'aimer*[1] de Bernard. Ce pauvre Bernard était bien sage de ne pas publier son poëme : c'est un mélange de sable et de brins de paille avec quelques diamants très joliment taillés.

Le livre posthume d'Helvétius[2] est bien pire; on a rendu un mauvais service à l'auteur et aux sages en le fesant imprimer; il n'y a pas le sens commun.

Adieu, monsieur; il faut que je vous prie, avant de mourir, d'ajouter un jour à vos *Saisons*, dans quelque nouvelle édition, l'image d'un vieux fou de poëte mangeant, dans sa chaumière assez belle, le pain dont il a semé le blé dans des landes qui n'en avaient jamais porté depuis la création, et établissant une colonie très utile et très florissante dans un hameau abominable, où il n'y avait d'autre colonie que celle de la vermine. Cela vaut mieux que *les Lois de Minos* : ce sont vos leçons que je mets en pratique. Je suis votre vieil écolier, votre admirateur, et votre ami *hasta la muerte*.

6606. A M. DE LA HARPE.

2 septembre.

Je suis plus heureux, mon cher ami, en odes qu'en ombres. Jamais l'*Ombre de Duclos*[3] ne m'a apparu; mais j'ai vu avec grand plaisir le fantôme du cap de

---

[1] La première édition de ce poëme est de 1775; voy. aussi lettre 6633. B.
[2] *De l'Homme et de son éducation;* voyez lettres 6469 et 6568. B.
[3] Titre d'une satire de La Harpe. B.

Bonne-Espérance[1], plus majestueux et plus terrible dans vous que dans Camoëns. Vous faites frémir le lecteur sur les dangers de la navigation, et le moment d'après vous lui donnez envie de s'embarquer.

Pectus inaniter angis[2].

Le grand point est de remuer l'ame en l'étonnant. Rien n'est plus difficile aujourd'hui que le public; fatigué des arts véritables, il court à l'Opéra-Comique et aux marionnettes.

J'ai vu M. de Schomberg; il vous aime, il connaît votre mérite.

Quel est donc ce M. André[3] qui embrasse et qui félicite son vainqueur avec un si grand air de vérité? Si tous ceux que vous surpassez vous embrassaient, vous seriez las de baisers. Je ne sais si M. André est *l'Homme aux quarante écus*[4]: il m'a envoyé son ouvrage: je vais le remercier[5] et l'embrasser de tout mon cœur, quoique ma misérable santé et mon âge ne me permettent guère d'écrire.

Qui vous a donc parlé du *Taureau blanc*[6]? n'est-ce pas une traduction du syriaque par un professeur du Collége royal?

---

[1] Dans l'*Ode sur la navigation*, pièce de La Harpe, qui venait d'être couronnée par l'académie française. B.

[2] Horace, livre II, épître 1, vers 211. B.

[3] Ce doit être P.-N. André, connu sous le nom de Murville; né en 1754, il est mort vers 1815. Il avait envoyé au concours du prix de poésie une *Épître d'un jeune poëte à un jeune guerrier*, 1773, in-8°. B.

[4] Voyez tome XXXIV, pages 83 et suiv. B.

[5] Cette lettre manque. B.

[6] Voyez tome XXXIV, page 275. B.

Je n'ai point lu l'ouvrage[1] de M. Necker. S'il blâme les économistes d'avoir dit du mal du grand Colbert, il me paraît qu'il a grande raison. A l'égard des autres messieurs, il serait fort aisé de s'accorder, si on voulait s'entendre. Baruch Spinosa admet une intelligence suprême; et Virgile a dit :

Mens agitat molem.
Æneid., lib. VI, v. 727. B.

J'aurais voulu que le parlement eût commencé par faire sortir de prison M. de Morangiés. Le fond du procès est aussi ridicule que révoltant. On sera un jour étonné d'avoir pu croire une fable aussi absurde que celle des Verron. C'est le sort de notre nation de traiter sérieusement des extravagances, et légèrement les plus sérieuses affaires.

Adieu, mon cher successeur, qui vaudrez mieux que moi. Faites bien mes compliments au digne secrétaire d'une académie dont vous devriez être, et à ceux de mes confrères que vous voyez.

Madame Denis est comme moi, son amitié et son estime pour vous augmentent tous les jours.

6607. A M. BORDES.

3 septembre.

Mon cher confrère, je ne doute pas que vous n'ayez instruit M. de Saint-Lambert de l'empressement de messieurs les commis de la douane à vous remettre votre paquet au bout de trois mois. Le proverbe : *Il*

---

[1] *Éloge de Colbert.* Il avait remporté le prix d'éloquence à l'académie française. B.

vaut mieux tard que jamais, n'a pas encore été mieux appliqué.

Je ne connais point cette *Histoire des Deux-Indes*[1], dans laquelle vous dites qu'on a tant prodigué l'enthousiasme. Y a-t-il un livre nouveau intitulé l'*Histoire des Deux-Indes?* ou entendez-vous par-là le fatras du jésuite Catrou sur l'Indoustan, et les impertinences du jésuite Lafiteau sur l'Amérique?

Lally était un grand étourdi, j'en conviens; et il se peut fort bien faire qu'il ait eu tort avec votre officier, qui se met assez mal-à-propos à pleurer pour si peu de chose. Il ne faut pleurer que sur Lally, sur le chevalier de La Barre, sur d'Étallonde[2] son camarade, et sur tous ceux dont l'ancien parlement de Paris a été l'assassin, pour faire croire qu'il était bon chrétien. Nous pleurerons encore, si vous voulez, sur la compagnie des Indes et sur l'état; mais mes yeux sont si vieux et si secs, qu'ils n'ont plus de larmes à fournir. J'aime mieux rire tout malade que je suis, quoi qu'en dise M. Tessier, qui me suppose de la santé, parcequ'il est jeune et qu'il se porte bien. Il ne lui reste plus qu'à dire que je suis très amusant, parceque sa société m'a très amusé et très consolé à Ferney; mais je lui pardonne son injustice.

Adieu, mon cher confrère; jouissez de la vie; moi je la supporte.

---

[1] Dans sa lettre à Condorcet, du 11 mai 1772 (n° 6337), Voltaire dit avoir fait venir l'*Histoire de l'établissement du commerce dans les deux Indes*. Il la connaissait donc depuis long-temps en septembre 1773. L'alinéa où Voltaire en parle doit donc appartenir à une autre lettre; ou la lettre est mal classée. B.

[2] Voyez tome LXIII, page 559, et la lettre qui suit. B.

6608. A FRÉDÉRIC II, ROI DE PRUSSE.

A Ferney, le 4 septembre.

Sire, si votre vieux baron[1] a bien dansé à l'âge de quatre-vingt-six ans, je me flatte que vous danserez mieux que lui à cent ans révolus. Il est juste que vous dansiez long-temps au son de votre flûte et de votre lyre, après avoir fait danser tant de monde, soit en cadence, soit hors de cadence, au son de vos trompettes. Il est vrai que ce n'est pas la coutume des gens de votre espèce de vivre long-temps. Charles XII, qui aurait été un excellent capitaine dans un de vos régiments; Gustave-Adolphe, qui eût été un de vos généraux; Walstein, à qui vous n'eussiez pas confié vos armées; le grand-électeur, qui était plutôt un précurseur de grand : tout cela n'a pas vécu âge d'homme. Vous savez ce qui arriva à César, qui avait autant d'esprit que vous, et à Alexandre, qui devint ivrogne n'ayant plus rien à faire : mais vous vivrez long-temps, malgré vos accès de goutte, parceque vous êtes sobre, et que vous savez tempérer le feu qui vous anime, et empêcher qu'il vous dévore.

Je suis fâché que Thorn n'appartienne point à votre majesté, mais je suis bien aise que le tombeau de Copernic soit sous votre domination[2]. Élevez un gnomon sur sa cendre, et que le soleil, remis par lui à sa place, le salue toûs les jours à midi de ses rayons joints aux vôtres.

[1] De Pollnitz; voyez lettre 6597. B.
[2] C'est à Frauenburg, dans le diocèse de Warmie, qu'est enterré Copernic, qui était né à Thorn. B.

Je suis très touché qu'en honorant les morts, vous protégiez les malheureux vivants qui le méritent. Morival doit être à Vesel lieutenant dans un de vos régiments : son véritable nom n'est point Morival, c'est d'Étallonde ; il est fils d'un président d'Abbeville. Copernic n'aurait été qu'excommunié s'il avait survécu au livre où il démontra le cours des planètes et de la terre autour du soleil ; mais d'Étallonde, à l'âge de quinze ans, a été condamné par des Iroquois d'Abbeville à la torture ordinaire et extraordinaire, à l'amputation du poing et de la langue, et à être brûlé à petit feu avec le chevalier de La Barre, petit-fils d'un lieutenant général de nos armées, pour n'avoir pas salué des capucins, et pour avoir chanté une chanson ; et un parlement de Paris a confirmé cette sentence, pour que les évêques de France ne leur reprochassent plus d'être sans religion : ces messieurs du parlement se firent assassins afin de passer pour chrétiens [1].

Je demande pardon aux Iroquois de les avoir comparés à ces abominables juges, qui méritaient qu'on les écorchât sur leurs bancs semés de fleurs de lis, et qu'on étendît leur peau sur ces fleurs. Si d'Étallonde, connu dans vos troupes sous le nom de Morival, est un garçon de mérite, comme on me l'assure, daignez le favoriser. Puisse-t-il venir un jour dans Abbeville, à la tête d'une compagnie, faire trembler ses détestables juges, et leur pardonner !

Le jugement que vous portez [2] sur l'œuvre posthume d'Helvétius ne me surprend pas ; je m'y attendais :

---

[1] C'est ce qu'on lit déjà dans la lettre précédente. B.
[2] Voyez lettre 6597. B.

vous n'aimez que le vrai. Son ouvrage est plus capable de faire du tort que du bien à la philosophie; j'ai vu avec douleur que ce n'était que du fatras, un amas indigeste de vérités triviales et de faussetés reconnues. Une vérité assez triviale, c'est la justice que l'auteur vous rend [1]; mais il n'y a plus de mérite à cela. On trouve d'ailleurs dans cette compilation irrégulière beaucoup de petits diamants brillants semés çà et là. Ils m'ont fait grand plaisir, et m'ont consolé des défauts de tout l'ensemble.

Je ne sais si je me trompe sur le roi de Pologne, mais je trouve qu'il a bien fait de se confier à votre majesté. Il a bien justifié l'ancien proverbe des Grecs : *La moitié vaut mieux que le tout;* il lui en restera toujours assez pour être heureux. Où en serions-nous s'il n'y avait de félicité dans ce monde que pour ceux qui possèdent trois cents lieues de pays en long et en large? Moustapha en a trop; je voudrais toujours qu'on le débarrassât de la fatigue de gouverner une partie de l'Europe. On a beau dire qu'il faut que la religion mahométane contre-balance la religion grecque, et que la religion grecque soit un contrepoids à la religion papiste, je voudrais que vous servissiez vous-même de contre-poids. Je suis toujours affligé de voir un bacha fouler aux pieds la cendre de Thémistocle et d'Alcibiade. Cela me fait autant de peine que de voir des cardinaux caresser leurs mignons sur le tombeau de Marc-Aurèle.

Sérieusement, je ne conçois pas comment l'impératrice-reine n'a pas vendu sa vaisselle, et donné son

---

[1] Voyez ma note 2, page 298. B.

dernier écu à son fils l'empereur, votre ami (s'il y a des amis parmi vous autres), pour qu'il aille à la tête d'une armée attendre Catherine II à Andrinople. Cette entreprise me paraissait si naturelle, si aisée, si convenable, si belle, que je ne vois pas même pourquoi elle n'a pas été exécutée; bien entendu qu'il y aurait eu pour votre majesté un gros pot-de-vin dans ce marché. Chacun a sa chimère, voilà la mienne.

Après quoi je rentre en moi-même,
Et suis Gros-Jean comme devant.
La Fontaine, liv. VIII, fab. x.

Gros-Jean, dans sa retraite, plantant, défrichant, bâtissant, établissant une petite colonie, travaillant, ruminant, doutant, radotant, souffrant, mourant, vous regrettant très sincèrement, se met à vos pieds en vous admirant.

6609. A MADAME DE SAINT-JULIEN.

A Ferney, 9 septembre.

Je dérobe un moment, madame, à mes souffrances continuelles, et à mille affaires qui m'accablent, pour me jeter à vos pieds, pour vous remercier de vos bontés, dont mon cœur est pénétré.

Je commence par vous dire que l'innocence de M. de Lally m'est aussi démontrée que celle de M. de Morangiés; la seule différence que je trouve entre eux, c'est que l'un était le plus brutal des hommes, et que l'autre est le plus doux. J'ai entrepris d'écrire sur ces deux affaires, par des motifs qu'une ame comme la vôtre approuve. J'avais passé une partie de ma jeunesse avec la mère de M. de Morangiés, le lieutenant général, qui voulait bien m'honorer de sa bienveillance. J'avais été lié avec M. de Lally [1], par un hasard singulier, dans l'affaire du monde la plus importante; et, en dernier lieu, sa famille m'avait demandé le faible service que je lui ai rendu.

Puisque vous voulez, madame, vous occuper un moment des *Fragments sur l'Inde*[2], qui contiennent la justification de M. de Lally, donnez-moi vos ordres sur la manière de vous les faire parvenir. M. d'Ogny, qui a la générosité de se charger des ouvrages de nos manufactures, ne peut faire passer par la poste rien qui sorte de la manufacture des libraires : cela est expressément défendu.

Vous faites assurément une bien bonne action, madame, en déterminant M. le maréchal de Richelieu à faire représenter à la cour une pièce qui lui est dédiée, et qui a été faite pour cette cour même. Vous croyez bien que je sens toutes les conséquences de cette indulgence que monsieur le maréchal aurait pour moi, et dont j'aurais l'obligation à votre belle ame. Elle ne se lasse pas plus de rendre de bons offices et de faire du bien, que votre légère figure de nymphe ne se lasse de tuer des perdrix.

Ce n'est point moi, assurément, madame, qui ai donné des copies de ce petit billet que j'écrivis par

---

[1] En 1745; voyez tome XLVIII, page 347. B.
[2] Voyez ma note sur la lettre 6603. B.

M. de La Borde; il sait que je n'en avais pas de copie moi-même. Je ne devinais pas que cette petite galanterie pût jamais être publique¹.

Quant aux plaisanteries entre M. le maréchal de Richelieu et M. d'Argental, comme je ne suis pas absolument au fait, je ne sais qu'en dire; je dois me borner à leur être tendrement attaché à tous les deux; et, si j'avais encore quelques talents, je ne les emploierais qu'en m'efforçant de mériter les suffrages de l'un et de l'autre. J'ai su tout ce qui s'était passé au sujet d'un de vos amis, dont je respecte le mérite; j'en ai été bien affligé. Je m'intéresserai, jusqu'au dernier moment de ma vie, à tout ce qui pourra vous toucher. M. Dupuits, qui viendra vous faire sa cour incessamment, vous en dira davantage; il vous dira surtout combien vos sujets de Ferney vous adorent. Ma reconnaissance n'a point de bornes, et mon cœur n'a point d'âge. Agréez, madame, mon tendre respect.

6610. A MADAME LA MARQUISE DU DEFFAND.

A Ferney, 10 septembre.

Eh bien! madame, que dites-vous à présent de la cabale abominable qui poursuivait M. de Morangiés? Que dites-vous en tout genre de ce monstre énorme qu'on appelle le public, et qui a tant d'oreilles et de langues, étant privé des yeux? Si vous avez perdu la vue du corps, et si je suis à peu près dans le

---

¹ La lettre 6571 avait été imprimée dans le *Mercure* de septembre 1773, sauf le troisième quatrain. B.

même état quand l'hiver approche, il me semble que nous avons conservé du moins les yeux de l'entendement. Avouez que le parlement d'aujourd'hui répare les crimes que l'ancien a commis en assassinant juridiquement Lally et le chevalier de La Barre.

J'ignore si M. D... vous a fait tenir les *Fragments sur l'Inde* et sur le malheureux Lally[1]. Ce petit ouvrage a quelque succès : il est fondé du moins sur la vérité. Mais il vous faut des vérités intéressantes, et je voudrais que celles-là pussent vous occuper quelques moments.

Je voudrais surtout qu'une bonne santé vous rendît la vie supportable, si mes ouvrages ne le sont pas. Ma santé est horrible; et, quand j'écris, ce n'est qu'au milieu des souffrances. Soyez bien sûre, madame, que mes maux ne dérobent rien aux sentiments qui m'attachent à vous jusqu'au dernier moment de ma vie.

6611. A M. D'OIGNY DU PONCEAU.

12 septembre.

L'octogénaire de Ferney, monsieur, tout malade et tout languissant qu'il est, n'en est pas moins sensible à vos beaux vers, à votre jolie lettre, et à toutes les choses flatteuses que vous voulez bien me dire. Je vois que vous joignez la philosophie aux graces; vous êtes du petit nombre des élus, et il faut laisser crier ceux qui ne sont ni philosophes ni aimables; ce sont là les véritables damnés. Si mon triste état

---

[1] Voyez tome XLVII, page 295. B.

me le permettait, je vous en dirais davantage. Prêt à quitter la vie, je ne puis que vous exhorter à cultiver les arts qui la rendent agréable.

J'ai l'honneur d'être avec tous les sentiments que je vous dois, monsieur, votre très humble et très obéissant serviteur. LE VIEUX MALADE DE FERNEY.

6612. A M. LE COMTE D'ARGENTAL.

14 septembre.

Voici le fait, mon cher ange. Il y a long-temps que je donnai à M. de Garville un petit paquet pour vous, dans lequel il y avait aussi quelque chose pour M. de Thibouville, et principalement des exemplaires de ces *Lettres* [1] pour M. de Morangiés, lesquelles sont devenues très inutiles. M. de Garville m'avait dit qu'il partait pour Paris, et en effet il monta dans son carrosse en sortant de souper à Ferney. Mais j'apprends aujourd'hui qu'au lieu de retourner à Paris, il est allé se réjouir dans une maison de campagne, avec mes inutiles paquets. Il y avait, autant qu'il m'en souvient, du Lally [2] et du *Minos* [3]. Cela vous parviendra peut-être à Noël. Ce M. de Garville est un philosophe instruit et aimable, qui est fort bien avec M. le duc d'Aiguillon, votre grand correspondant en affaires étrangères.

J'ai voulu être fidèle au serment qu'on a exigé de

---

[1] Les quatre *Lettres à la noblesse du Gévaudan,* tome XLVII, pages 263, 273, 284, 292. B.

[2] *Fragments historiques sur l'Inde et sur le général Lally,* tome XLVII, page 295. B.

[3] L'édition des *Lois de Minos,* dont je parle t. IX, p. 276, note 10. B.

moi. Je n'ai envoyé de *Sophonisbe* à personne, pas même à vous. Nous verrons si les dieux de théâtre me récompenseront de ma piété et de ma résignation, ou s'ils me persécuteront malgré mon innocence. Au reste, tous ces petits dégoûts que j'essuie tous les jours depuis la belle aventure de M. Valade [1] ont servi beaucoup à m'instruire; ils ont amorti le feu de ma jeunesse, et j'ai senti le néant des vanités du monde.

J'avoue que j'avais un peu de passion pour la scène française; mais les choses sont tellement changées qu'il faut y renoncer. Je veux avoir au moins le mérite de dompter une passion si dangereuse, qui pourrait bien m'empêcher de prendre un parti honnête dans le monde, quand il faudra m'établir. Les affaires sérieuses ne s'accommodent pas trop de la poésie. Je commençais à bâtir une petite ville assez propre, j'allais même y élever un petit obélisque; mais je me suis aperçu à la fin que les pierres de taille ne venaient pas s'arranger d'elles-mêmes au son de la lyre, comme du temps d'Amphion.

Mon cher ange, je n'ai plus de parti à prendre que celui de finir mes jours en philosophe obscur, et d'attendre la mort tout doucement, au milieu des souffrances du corps et des chagrins de ce petit être fantasque, et probablement très fantastique, qu'on appelle ame.

L'affaire de ce marquis génois [2] n'est pas la seule qui ait dérangé ma colonie. Je vois qu'il faut être

---

[1] Qui avait donné une édition des *Lois de Minos*. B.
[2] Voyez lettre 6586. B.

prince ou fermier général pour entreprendre de tels établissements. J'aurais pu réussir si M. l'abbé Terray ne m'avait pas pris mes rescriptions entre les mains de M. Magon. Il n'a point voulu réparer cette cruauté. Je n'ai point trouvé de Mécène qui m'ait fait rendre mon bien. Je ne sais enfin si on pourra me dire :

> Fortunate senex! ergo tua rura manebunt!
> Virg., ecl. I, v. 47.

Je ne vous ennuie point de mes autres misères. Il ne faut pas appesantir son fardeau sur les épaules de l'amitié, mais savoir le porter avec un peu de courage.

Je vois que tous les honnêtes gens auraient souhaité que l'infame cabale des Verron eût été plus rigoureusement punie; mais nous avons été encore bien heureux d'obtenir ce que nous avons obtenu. Vous savez qu'il y avait deux partis dans le parlement; car où n'y a-t-il pas deux partis? Nous avons eu plusieurs voix absolument contre nous; et ce qui est bien étrange, c'est que l'avocat de M. de Morangiés avait indisposé une partie du parlement contre sa partie. M. de Morangiés lui-même ne sait pas ce que cette affaire m'a coûté de peine. Ma situation est singulière; je sers les autres, et je ne me sers pas moi-même.

Adieu, mon cher ange; votre amitié me console. Que madame d'Argental se porte mieux, et je me porterai moins mal.

6613. A M. LE Bᵒⁿ DE CONSTANT DE REBECQUE.

Le...

Vous combattez vaillamment pour la Vulgate, mon brave colonel! Je ne lui connaissais point d'aimables défenseurs comme vous. On dit que Fra-Paolo ne voulut pas jeter les yeux sur le livre d'un de ses amis qui démontrait la vérité des dogmes, *pour ne pas perdre le mérite de la foi* : je vous lis pour rendre hommage à votre mérite, dans une affaire où la défensive est plus difficile que l'attaque.

Votre esprit et vos vertus doivent vous faire estimer par les sages de tous les rites et de toutes les croyances; mais savez-vous qu'en Sorbonne et devant le saint-office je ne répondrais pas que vous fussiez mieux traité que Socrate par les prêtres de Cérès?

Cette foi, qui peut transporter les montagnes, ne me paraît pas être la vôtre. Vous n'écrivez point d'injures, vous parlez raison. Hérésie! hérésie! si j'étais orthodoxe, comme vous le voulez, je vous dénoncerais pour la plus grande gloire de Dieu.

Venez être notre missionnaire : je me suis confessé entre vos mains il y a long-temps; je ne hais que l'intolérance et le fanatisme. Nous vous attendons à bras ouverts. Vous connaissez le tendre respect avec lequel je vous suis attaché.

6614. A M. LE MARÉCHAL DUC DE RICHELIEU.

A Ferney, 20 septembre.

Selon ce que vous daignâtes me mander, monseigneur, par votre dernière lettre, j'envoie aujourd'hui à madame la comtesse Du Barri une montre de ma colonie. Si vous en êtes content, j'espère qu'elle en sera satisfaite; car ce n'est pas seulement dans les ouvrages d'esprit que mon héros a du goût.

Il n'a pas daigné répondre à mes justes plaintes sur la partie carrée de l'*Électre* de Crébillon [1]; mais j'ose présumer que, dans le fond de son cœur, il est assez de mon avis. Je compte toujours sur ses bontés pour l'Afrique et pour la Crète, pour l'impudente *Sophonisbe*, et pour *les Lois de Minos*; car, quoique je sente parfaitement le néant de toutes ces choses, j'y suis pourtant bien attaché, attendu que je suis néant moi-même. J'ai été sur le point, ces jours passés, d'être parfaitement néant, c'est-à-dire de mourir; il ne s'en est pas fallu l'épaisseur d'un cheveu; et je disais : Je ne saurai pas dans un quart d'heure si mon héros a encore de la bonté pour moi.

Vivez, mon héros; vivez, et vivez gaîment. Je suis très sûr que vous vivrez long-temps; car vous êtes très bien constitué, et vous êtes votre médecin à vous-même. Daignez, dans la multitude de vos occupations ou de vos plaisirs, vous souvenir qu'il existe encore, entre les Alpes et le mont Jura, le plus ancien de vos courtisans, et le plus pénétré de respect pour vous. LE VIEUX MALADE DE FERNEY.

[1] Voyez page 303, lettre 6601. B.

6615. A FRÉDÉRIC II, ROI DE PRUSSE.

A Ferney, 22 septembre.

Sire, il faut que je vous dise que j'ai bien senti ces jours-ci, malgré tous mes caprices passés, combien je suis attaché à votre majesté et à votre maison. Madame la duchesse de Wurtemberg, ayant eu comme tant d'autres la faiblesse de croire que la santé se trouve à Lausanne, et que le médecin Tissot la donne à qui la paie, a fait, comme vous savez, le voyage de Lausanne : et moi, qui suis plus véritablement malade qu'elle, et que toutes les princesses qui ont pris Tissot pour Esculape, je n'ai pas eu la force de sortir de chez moi. Madame de Wurtemberg, instruite de tous les sentiments que je conserve pour la mémoire de madame la margrave de Bareuth sa mère, a daigné venir dans mon ermitage et y passer deux jours. Je l'aurais reconnue, quand même je n'aurais pas été averti; elle a le tour du visage de sa mère, avec vos yeux.

Vous autres héros qui gouvernez le monde, vous ne vous laissez pas subjuguer par l'attendrissement; vous l'éprouvez tout comme nous, mais vous gardez votre décorum. Pour nous autres chétifs mortels, nous cédons à toutes les impressions : je me suis mis à pleurer en lui parlant de vous, et de madame la princesse sa mère; et quoiqu'elle soit la nièce du premier capitaine de l'Europe, elle ne put retenir ses larmes. Il me paraît qu'elle a l'esprit et les graces de votre maison, et que surtout elle vous est plus attachée qu'à son mari. Elle s'en retourne, je crois, à Bareuth, où elle trouvera une autre princesse d'un genre différent; c'est mademoiselle Clairon, qui cultive l'histoire naturelle, et qui est la philosophe de monsieur le margrave.

Pour vous, sire, je ne sais où vous êtes actuellement; les gazettes vous font toujours courir. J'ignore si vous donnez des bénédictions dans un des évêchés de vos nouveaux états, ou dans votre abbaye d'Oliva : ce que je souhaite passionnément, c'est que les dissidents se multiplient sous vos étendards. On dit que plusieurs jésuites se sont faits sociniens : Dieu leur en fasse la grace! il serait plaisant qu'ils bâtissent une église à saint Servet; il ne nous manque plus que cette révolution.

Je renonce à mes belles espérances de voir les mahométans chassés de l'Europe, et l'éloquence, la poésie, la musique, la peinture, la sculpture, renaissantes dans Athènes : ni vous, ni l'empereur, ne voulez courir au Bosphore; vous laissez battre les Russes à Silistrie, et mon impératrice s'affermir pour quelque temps dans le pays de Thoas et d'Iphigénie. Enfin vous ne voulez point faire de croisade. Je vous crois très supérieur à Godefroi de Bouillon : vous auriez eu par-dessus lui le plaisir de vous moquer des Turcs en jolis vers, tout aussi bien que des confédérés polonais; mais je vois bien que vous ne vous souciez d'aucune Jérusalem, ni de la terrestre, ni de la céleste : c'est bien dommage.

Le vieux malade de Ferney est toujours aux pieds de votre majesté; il est bien fâché de ne plus s'entretenir de vous avec madame la duchesse de Wurtemberg, qui vous adore. LE VIEUX MALADE.

6616. A M. LE CHEVALIER DE SAUSEUIL[1].

Ferney, 24 septembre.

Un octogénaire très malade, monsieur, et qui bientôt ne parlera plus aucune langue, vous remercie bien sensiblement du profond ouvrage que vous avez eu la bonté de lui envoyer sur la langue française. Il paraît que ce n'est pas le seul langage que vous connaissiez à fond. Vous trouverez peu de lecteurs aussi instruits que vous. Tout le monde s'en tient à la routine et à l'usage. Votre livre ramène à des principes puisés dans la nature, et qui pourtant exigent une attention suivie. On ne peut lire votre ouvrage sans concevoir pour vous beaucoup d'estime, et sans être étonné des peines que vous avez prises.

L'état où je suis ne me permet pas de donner plus d'étendue à mes réflexions, et aux sentiments avec lesquels, etc.

6617. A MADAME DE SAINT-JULIEN.

A Ferney, 25 septembre.

J'écris rarement, madame, à mon papillon philosophe, et philosophe très bienfesant, pour qui j'ai l'attachement le plus respectueux et le plus tendre. Que pourrait vous dire d'agréable un octogénaire

[1] Jean-Nicolas Jouin de Sauseuil, né en 1731, avait publié *An analysis of the french orthography*, 1772, trois volumes in-12. B.

languissant entre les Alpes et le mont Jura? Cependant il faut bien que je vous parle de vos bontés et de ma reconnaissance.

Vous avez fait rentrer en lui-même M. le maréchal de Richelieu, au sujet de l'Afrique et de la Crète[1]. Du moins vous l'avez convaincu, si vous ne l'avez pas entièrement converti. Je ne sais pas où les choses en sont ; mais je sais que je vous ai beaucoup d'obligations. Il est depuis long-temps dans la douce habitude de se moquer de toutes mes idées. Je me souviendrai toujours que mon héros me prit pour un extravagant, quand j'osai entreprendre l'affaire des Calas ; et, en dernier lieu, dans l'affaire de M. de Morangiés, il ne me regardait que comme un avocat de causes perdues. J'ignore si j'ai perdu les causes des Carthaginois et des Crétois. Mon temps est passé ; la faveur n'est plus pour moi. Il faut que je subisse le sort attaché à la vieillesse. Vos bontés me consolent. Ma colonie, que vous avez protégée, prospère et m'amuse. Mon ami Racle réussit, et vous doit tous ses succès. Vous faites du bien à cent cinquante lieues de vous. Jamais ni philosophe ni papillon n'en a fait autant.

Je m'imagine que, malgré votre acharnement à tuer toutes les perdrix du roi, vous voyez quelquefois M. d'Argental. Je ne lui écris pas plus qu'à vous. Les souffrances de mon âge, ma solitude, m'ont un peu découragé. Quoique ma colonie prospère, elle a essuyé de violentes secousses. J'en essuie de même, et ne prospère guère.

---

[1] *Sophonisbe* et les *Lois de Minos* ; voyez lettre 6614. B.

Madame Denis est bien plus heureuse que moi. Elle n'est point chargée des affaires de la Crète auprès de M. le maréchal de Richelieu; elle est tranquille, elle vous est attachée comme moi; mais elle ne vous écrit pas davantage. Nous sommes de grands paresseux l'un et l'autre.

Je me mets à vos pieds, madame, avec bien du respect et la plus vive reconnaissance.

6618. A M. LE COMTE D'ARGENTAL.

26 septembre.

Et moi, mon cher ange, je me hâte de me justifier de l'obscurité que vous me reprochez par votre lettre du 20. L'obscurité est assurément dans la conduite du maître des jeux. Je lui ai toujours présenté mes humbles requêtes très nettement et très constamment. Je ne lui ai pas écrit une seule lettre où je ne l'aie fait souvenir de la parole d'honneur qu'il avait donnée au bon roi Teucer, au petit sauvage, et à son amoureuse. Je me suis même plaint douloureusement de la préférence qu'il donnait à la partie carrée d'Iphianasse avec Oreste, et d'Électre avec le petit Itys.

J'ai toujours insisté sur la nécessité absolue de faire un peu valoir un ancien serviteur. Je lui ai représenté que c'était peut-être la seule manière de venir à bout d'une chose dont il m'avait flatté. Il m'a toujours répondu des choses vagues et ambiguës. Il y a deux affaires que je n'ai jamais comprises, c'est cette conduite du maître des jeux[1], et l'édition de Valade[2].

Il y en a une troisième que je comprends fort bien, c'est le changement d'avis du maître des choses. Je conçois que des hypocrites ont parlé à ce maître des choses, et qu'ils ont altéré ses bonnes dispositions. Les tartufes sont toujours très dangereux. A l'égard de *Sophonisbe*, comment puis-je distribuer les rôles, moi qui depuis trente ans ne connais d'autre acteur que Lekain? c'est au maître des jeux à en décider.

J'ai écrit ces jours-ci à madame de Saint-Julien, et je l'ai remerciée de toutes ses bontés, en comptant même qu'elle en aurait encore de nouvelles; mais voici le voyage de Fontainebleau, et je n'ai plus le temps de rien espérer. Celle[3] qui a lu si bien ma petite lettre à mon successeur l'historiographe[4] aurait pu se mêler un peu des affaires de la Crète et de l'Afrique; mais je n'ai pas osé seulement lui faire parvenir cette proposition, j'ai craint de faire une fausse démarche. On voit rarement les choses telles qu'elles sont, avec des lunettes de cent trente lieues.

J'ai donc tout remis, en dernier lieu, entre les mains de la Providence.

Vous daignez entrer, mon cher ange, dans toutes mes tribulations. Vous me parlez de ma malheureuse affaire des rescriptions : elle est très désagréable, et

---

[1] Richelieu; voyez lettre 6553. B.
[2] Voyez page 322. B.
[3] Madame de Saint-Julien. B.
[4] Marmontel; voyez lettre 6594. B.

elle a beaucoup nui à ma colonie. C'est encore une affaire de la Providence qui demande une grande résignation.

Quant à M. de Garville, qui est si lent dans ses voyages, je crois qu'il s'était chargé de deux *Minos;* l'un pour vous, et l'autre pour M. de Thibouville.

Il ne me reste plus qu'à répondre à vos semonces d'écrire à M. le duc d'Albe[1]. Il me semble qu'il y a trop long-temps que j'ai laissé passer l'occasion de lui écrire. Je dois d'ailleurs ignorer la chose, et ne me point mêler de ce que des gens de lettres ont bien voulu faire pour moi, tandis que des gens d'église me persécutent un peu. Et puis il faut vous dire que je suis découragé, affligé, malade, vieux comme un chemin, que je crains les nouvelles connaissances, les nouveaux engagements, et les nouveaux fardeaux.

Pardonnez-moi; il y a des temps dans la vie où l'on ne peut rien faire, des temps morts; et je me trouve dans cette situation. Vous me demanderez pourquoi j'écris des fariboles à mon successeur l'historiographe, et que je ne puis écrire des choses raisonnables à M. le duc d'Albe : c'est précisément parceque ce sont des fariboles; on retombe si aisément dans son caractère! mais je me sens bien plus à mon aise quand je vous écris, parceque c'est mon cœur qui vous parle. Je suis bien consolé par ce que vous me dites de madame d'Argental : si elle se porte bien, elle est heureuse; il ne lui manquait que cela.

[1] Qui avait envoyé à Dalembert vingt louis pour la souscription à la statue de Voltaire. B.

Madame Denis et moi nous lui en marquons toute notre joie. Vous savez à quel point nous vous sommes attachés.

Adieu, mon cher ange; je vous aimerai jusqu'à ce que mon corps soit rendu aux quatre éléments, et l'ame à rien du tout, ou peu de chose.

Pour répondre à tout, je vous dirai que *le Taureau blanc* est entre les mains de M. de Lisle, et qu'il faut le faire transcrire.

6619. DE CATHERINE II.

Le 15-26 septembre.

Monsieur, je vais satisfaire aux demandes que vous ne m'avez point faites, mais que vous m'indiquez dans votre lettre du 10 auguste; je répondrai aussi à celle du 12 de ce mois, que j'ai reçue en même temps. Cela vous annonce une dépêche longue à faire bâiller, en réponse à vos charmantes, mais très courtes lettres; jetez la mienne au feu si vous voulez; mais souvenez-vous que l'ennui est de mon métier, et qu'il se trouve ordinairement à la suite des rois. Pour le raccourcir donc, j'entre en matière.

M. de Romanzof, au lieu d'établir ses foyers dans l'Atmeidan de Stamboul, selon vos souhaits, a jugé à propos de rebrousser chemin, parceque, dit-il, il n'a pas trouvé à dîner aux environs de Silistrie, et que la marmite du vizir était encore à Schiumla. Cela se peut, mais il devait prévoir au moins qu'il devait dîner sans compter sur son hôte. Je range ce fait parmi les fautes d'orthographe, et je m'en console par la conversation de madame la landgrave de Darmstadt, qui est douée d'une ame forte et mâle, d'un esprit élevé et cultivé. La quatrième de ses filles va épouser mon fils[1]; la cérémonie des noces est fixée au 29 septembre, vieux style.

---

[1] Le fils de Catherine, qui lui succéda en 1796, sous le nom de Paul Ier, né le 1er octobre 1754; il fut étranglé dans la nuit du 11 au 12 mars 1801. B.

Comme chef de l'église grecque, je ne puis vous laisser ignorer la conversion de cette princesse, opérée par les soins, le zèle, et la persuasion de l'évêque Platon, qui l'a réunie au giron de l'église catholique-universelle-grecque, seule vraie croyante établie en Orient. Réjouissez-vous de notre joie, et que cela vous serve de consolation dans un temps où votre église latine est affligée, divisée, et occupée de l'extinction mémorable de la compagnie de Jésus.

A la suite du prince héréditaire de Darmstadt, j'ai eu le plaisir de voir arriver M. Grimm. Sa conversation est un délice pour moi; mais nous avons encore tant de choses à nous dire, que jusqu'ici nos entretiens ont eu plus de chaleur que d'ordre et de suite. Nous avons beaucoup parlé de vous. Je lui ai dit (ce que vous avez oublié peut-être) que vos ouvrages m'avaient accoutumée à penser.

J'attendais Diderot d'un moment à l'autre; mais je viens d'apprendre, à mon grand regret, qu'il est tombé malade à Duisbourg. L'*Histoire politique et philosophique du commerce des Indes* me donne une très grande aversion pour les conquérants du Nouveau-Monde, et m'a empêchée, jusqu'à ce moment, de lire l'ouvrage posthume d'Helvétius[1]. Je n'en ai pas l'idée; mais il est bien difficile d'imaginer que Pierre-le-Sauvage, porte-faix dans les rues de Londres, dont j'ai le tableau peint par le fils de Phidias-Falconet, soit né avec les mêmes facultés des premiers hommes de ce siècle.

Je n'oserais citer le seigneur Moustapha, mon ennemi et le vôtre, parceque M. de Saint-Priest, qui a vécu à Paris, et qui par conséquent a de l'esprit comme quatre, prétend qu'il en a prodigieusement. Mais, à propos de Moustapha, j'ai à vous dire que Lameri, votre protégé, a débuté, dans le tragique, par Orosmane, et, dans le comique, par le rôle du fils du *Père de Famille*, avec un égal succès.

Je vous rends mille graces de la belle harangue que vous me composez pour inviter les cours coopérantes dans les affaires de Pologne à souper au sérail. Je l'emploierai volon-

---

[1] Voyez lettres 6469 et 6568. B.

tiers; mais je sais d'avance que la dame¹ à qui vous voulez
que je l'adresse a un chérubin indomptable², assis sur le tré-
pied de la politique, et qui, par sa lenteur et l'obscurité de ses
oracles, détruirait l'effet des plus belles harangues du monde,
quelque grandes que fussent les vérités qu'elles pussent con-
tenir. D'ailleurs il y a des gens qui n'aiment que ce qu'ils ont
inventé, et qui sacrifient tout aux idées reçues.

Je souhaite sans doute la paix, et pour y parvenir il ne me
reste qu'à faire la guerre aussi long-temps que les choses resteront en cet état : vous aurez au moins l'espérance de voir
finir la captivité des dames turques.

C'est avec tous les sentiments que vous me connaissez, et
avec la plus vive reconnaissance de tout ce que votre amitié
vous dicte pour moi, que je ne cesserai de vous souhaiter
l'âge de Mathusalem, ou du moins celui de cet Anglais qui fut
gai et bien portant jusqu'à cent soixante-seize ans³. Imitez-le,
vous qui êtes inimitable. CATERINE.

6620. A M. DALEMBERT.

1er octobre.

Mon cher et grand philosophe, il faut mourir en
servant la raison et la vertu, et en les vengeant des
abbés Sabatier. Je me flatte que si ce petit ouvrage⁴
peut parvenir à l'évêque protecteur d'un Sabatier,
il connaîtra du moins le personnage, et il est bien
nécessaire que ce coquin soit connu. Faites passer, je
vous prie, un exemplaire à M. Saurin, et mettez les
autres dans d'aussi bonnes mains. Si vous jugez que

---

¹ Marie-Thérèse, impératrice d'Allemagne. B.
² Le prince de Kaunitz. B.
³ Il s'appelait Jenkins; voyez lettre 6442. B.
⁴ Il doit être ici question du *Dialogue de Pégase et du Vieillard* (voyez
tome XIV). B.

le petit écrit puisse faire du bien, on vous en fera tenir dans l'occasion.

Il y a de très honnêtes athées, d'accord; mais un Sabatier, ennemi de Dieu et des hommes, ne doit point être ménagé. Raton tire hardiment les marrons du feu en cette occasion. Raton recommande ses pattes à son cher et illustre Bertrand, qu'il aimera tendrement jusqu'au dernier moment de sa vie.

6621. A M. LE MARQUIS DE XIMENÈS.

Ferney, 1er octobre.

L'imprimeur dont vous vous plaignez, monsieur, a beaucoup de goût et a très bien servi les gens qui en ont, en imprimant votre juste et bel ouvrage sur Louis XIV [1].

Vous faites des vers comme on en fesait de son temps.

J'ignore depuis long-temps ce que vous faites. Je voudrais bien que l'acquisition que vous fîtes autrefois, dans mon voisinage, eût été à Ferney. Il est devenu un lieu moins indigne de vous. Il y a plusieurs maisons jolies. J'y ai établi une colonie d'horlogers assez considérable. Elle prospère; c'est ma consolation dans les souffrances continuelles qui tourmentent ma vieillesse: mais ma consolation la plus chère

---

[1] Dans le volume intitulé *les Lois de Minos, tragédie, avec les notes de M. de Morza, et plusieurs pièces curieuses détachées*, 1773, in-8° de xv et 395 pages (voyez tome IX, page 276, et ci-dessus, lettre 6516), on trouve, page 277, le poëme de M. de Ximenès, intitulé *les Lettres ont autant contribué à la gloire de Louis XIV qu'il avait contribué à leurs progrès*. B.

est le souvenir dont vous honorez votre très humble, très vieux, et très malade serviteur, VOLTAIRE.

6622. A M. LE MARÉCHAL DUC DE RICHELIEU.

A Ferney, 8 octobre.

On me charge de faire un abrégé des principales choses qui distinguent mon héros. Cela doit s'imprimer avec votre estampe dans un grand *in-folio* intitulé *la Galerie française*[1] : monseigneur le maréchal peut juger si cette commission m'enchante. Je crois vous savoir assez par cœur; mais je pourrais, dans mon désert, me tromper sur les dates.

Permettez donc que j'aie recours à vous. Vous pouvez faire mettre par un secrétaire, sur une feuille de papier, les jours où vous fûtes fait colonel, brigadier, maréchal de camp, lieutenant général, maréchal de France; les dates des Fourches-Caudines du duc de Cumberland, de Gênes sauvée[2], etc.

Je me charge de l'enluminure du tableau, et je vous supplie de vouloir bien me faire tenir le paquet contre-signé.

J'ai reçu votre *ultimatum* de Trianon, du 27 septembre. Je vois bien qu'il y a quelque chose dans le *Code de Minos* qui ne plaît pas à des Français ou à des Françaises. La vieillesse est faite pour recevoir des dégoûts; mais elle doit être assez sage pour les supporter avec une entière résignation. Les Anglais

---

[1] L'article fut fait par Moline; voyez lettre 6644. B.
[2] Voyez tome XXI, pages 299 et 189. B.

sont fous d'une tragédie des *Scythes*[1] que mes bons
amis avaient tâché de faire échouer à Paris. On la
joue continuellement à Londres, et on en a fait trois
éditions coup sur coup. Nul n'est prophète en son
pays[2]. J'ai d'ailleurs un ennemi assez violent auprès
de la personne[3] dont vous avez eu la bonté de m'envoyer une lettre. Il est fortement protégé par mademoiselle sa belle-sœur, avec laquelle il est venu à
Paris. C'est originairement un petit huguenot[4] d'un
petit village auprès de Castres, qui a été ministre du
saint Évangile à Genève et en Danemark. Je vous le
livre pour le plus déterminé scélérat qui soit dans
l'église de Calvin. Il a obtenu par cette demoiselle
la place qu'avait l'abbé Alary à la Bibliothèque du roi.
Cela est juste, c'est à sa place. J'espère que l'abbé
Sabatier aura le premier évêché vacant. Pour moi, qui
ai renoncé aux dignités ecclésiastiques, je ne prétends qu'à la continuation de vos bontés. Ce sera ma
consolation au bord de mon lac et au pied de mes
montagnes, en attendant que je puisse venir vous faire
ma cour dans votre royaume[5] du prince Noir.

Au reste, le billet de cette belle dame était plein
de grace comme elle ; et, en me l'envoyant vous-même,
vous me l'avez rendu encore plus précieux. La moitié
de votre cour était à Lausanne en Suisse ; mais j'imagine que vous aurez plus de monde à Fontainebleau.

[1] Tome VIII, page 183. B.
[2] Luc, iv, 24. B.
[3] Madame Du Barri. B.
[4] La Beaumelle. B.
[5] L'Aquitaine ou Guyenne, dont Richelieu était gouverneur. B.

Que mon héros daigne agréer toujours mes très respectueux et très tendres sentiments.

Le vieux Malade.

6623. DE FRÉDÉRIC II, ROI DE PRUSSE.

A Potsdam, le 9 octobre.

Je m'aperçois avec regret qu'il y a près de vingt ans que vous êtes parti d'ici : votre mémoire me rappelle à votre imagination tel que j'étais alors; cependant si vous me voyiez, au lieu de trouver un jeune homme qui a l'air à la danse, vous ne trouveriez qu'un vieillard caduc et décrépit. Je perds chaque jour une partie de mon existence, et je m'achemine imperceptiblement vers cette demeure dont personne encore n'a rapporté de nouvelles.

Les observateurs ont cru s'apercevoir que le grand nombre de vieux militaires finissent par radoter, et que les gens de lettres se conservent mieux. Le grand Condé, Marlborough, le prince Eugène, ont vu dépérir en eux la partie pensante avant leur corps. Je pourrai bien avoir un même destin, sans avoir possédé leurs talents. On sait qu'Homère, Atticus, Varron, Fontenelle, et tant d'autres, ont atteint un grand âge sans éprouver les mêmes infirmités. Je souhaite que vous les surpassiez tous par la longueur de votre vie et par les travaux de l'esprit, sans m'embarrasser du sort qui m'attend, de quelques années de plus ou de moins d'existence, qui disparaissent devant l'éternité.

On va inaugurer l'église catholique de Berlin. Ce sera l'évêque de Warmie qui la consacrera. Cette cérémonie, étrangère pour nous, attire un grand concours de curieux. C'est dans le diocèse de cet évêque que se trouve le tombeau de Copernic[1], auquel, comme de raison, j'érigerai un mausolée. Parmi une foule d'erreurs qu'on répandait de son temps, il s'est trouvé

---

[1] A Frauenburg. B.

le seul qui enseignât quelques vérités utiles. Il fut heureux : il ne fut point persécuté.

Le jeune d'Étallonde, lieutenant à Vesel, l'a été : il mérite qu'on pense à lui. Muni de votre protection et du bon témoignage que lui rendent ses supérieurs, il ne manquera pas de faire son chemin.

J'en reviens à ce roi de Pologne dont vous me parlez. Je sais que l'Europe croit assez généralement que le partage qu'on a fait de la Pologne est une suite de manigances politiques qu'on m'attribue; cependant rien n'est plus faux. Après avoir proposé vainement des tempéraments différents, il fallut recourir à ce partage, comme à l'unique moyen d'éviter une guerre générale. Les apparences sont trompeuses, et le public ne juge que par elles. Ce que je vous dis est aussi vrai que la quarante-huitième proposition d'Euclide[1].

Vous vous étonnez que l'empereur et moi ne nous mêlions pas des troubles de l'Orient : c'est au prince Kaunitz de vous répondre pour l'empereur; il vous révélera les secrets de sa politique. Pour moi, je concours depuis long-temps aux opérations des Russes par les subsides que je leur paie, et vous devez savoir qu'un allié ne fournit pas des troupes et de l'argent en même temps. Je ne suis qu'indirectement engagé dans ces troubles par mon union avec l'impératrice de Russie. Quant à mon personnel, je renonce à la guerre, de crainte d'encourir l'excommunication des philosophes.

J'ai lu l'article GUERRE[2], et j'ai frémi. Comment un prince, dont les troupes sont habillées d'un gros drap bleu, et les chapeaux bordés d'un fil blanc, après les avoir fait tourner à droite et à gauche, peut-il les faire marcher à la gloire sans mériter le titre honorable de chef de brigands, puisqu'il n'est suivi que d'un tas de fainéants que la nécessité oblige à devenir des bourreaux mercenaires pour faire sous lui l'honnête métier de voleurs de grand chemin? Avez-vous oublié que la guerre est un fléau qui, les rassemblant tous, leur ajoute en-

---

[1] « Que les quarante-huit propositions d'Euclide. » (*Édit. de Berlin.*)
[2] Dans les *Questions sur l'Encyclopédie*; voyez t. XXX, p. 147. B.

core tous les crimes possibles? Vous voyez bien qu'après avoir lu ces sages maximes, un homme, pour peu qu'il ait sa réputation à cœur, doit éviter les épithètes qu'on ne donne qu'aux plus vils scélérats.

Vous saurez d'ailleurs que l'éloignement de mes frontières de celles des Turcs a jusqu'à présent empêché qu'il n'y eût de discorde entre les deux états, et qu'il faut qu'un souverain soit condamnable (à mort s'il était particulier) pour qu'en conscience un autre souverain ait le droit de le détrôner. Lisez Puffendorf et Grotius, vous y ferez de belles découvertes.

Il y a cependant des guerres justes, quoique vous n'en admettiez point; celles qu'exige sa propre défense sont incontestablement de ce genre. J'avoue que la domination des Turcs est dure, et même barbare : je confesse que la Grèce surtout est de tous les pays de cette domination le plus à plaindre; mais souvenez-vous de l'injuste sentence de l'aréopage contre Socrate, rappelez-vous la barbarie dont les Athéniens usèrent envers leurs amiraux, qui, ayant gagné une bataille navale, ne purent dans une tempête enterrer leurs morts.

Vous dites vous-même que c'est peut-être en punition de ces crimes qu'ils sont assujettis et avilis par des barbares. Est-ce à moi de les en délivrer? Sais-je si le terme posé à leur pénitence est fini, ou combien elle doit durer? Moi, qui ne suis que cendre et poussière, dois-je m'opposer aux arrêts de la Providence?

Que de raisons pour maintenir la paix dont nous jouissons! il faudrait être insensé pour en troubler la durée. Vous me croyez épuisé par ce que je vous ai dit ci-dessus : ne le pensez pas. Une raison aussi valable que celles que je viens d'alléguer est qu'on est persuadé en Russie qu'il est contre la dignité de cet empire de faire usage de secours étrangers, lorsque les forces des Russes sont seules suffisantes pour terminer heureusement cette guerre.

Un léger échec [1] qu'a reçu l'armée de Romanzof ne peut

---

[1] Un détachement russe s'étant présenté devant le poste de Rokavah avait été repoussé avec perte. B.

entrer en aucune comparaison avec une suite de succès non interrompus qui ont signalé toutes les campagnes des Russes. Tant que cette armée se tiendra sur la rive gauche du Danube, elle n'a rien à craindre. La difficulté consiste à passer ce fleuve avec sûreté. Elle trouve à l'autre bord un terrain excessivement coupé, une difficulté infinie de subsister : ce n'est qu'un désert et des montagnes hérissées de bois qui mènent vers Andrinople. La difficulté d'amasser des magasins, de les conduire avec soi, rend cette entreprise hasardeuse. Mais, comme jusqu'à présent rien n'a été difficile à l'impératrice, il faut espérer que ses généraux mettront heureusement fin à une aussi pénible expédition.

Voilà des raisonnements militaires qui m'échappent; j'en demande pardon à la philosophie. Je ne suis qu'un demi-quaker jusqu'à présent; quand je le serai comme Guillaume Penn[1], je déclamerai comme d'autres contre ces assassins privilégiés qui ravagent l'univers.

En attendant, donnez-moi mon absolution d'avoir osé nommer le nom de *projet de campagne* en vous écrivant. C'est dans l'espoir de recevoir votre indulgence plénière que le philosophe de Sans-Souci vous assure qu'il ne cesse de faire des vœux pour le patriarche de Ferney. *Vale.* FÉDÉRIC.

6624. A M. LE CHEVALIER DE LISLE.

A Ferney, 13 octobre.

Que je vous suis obligé, monsieur, de m'écrire du séjour de la gloire et du bonheur[2]! Ces deux personnes sont rarement ensemble; mais, quand on les trouve, il semble qu'il soit permis d'oublier tout le monde. Vous n'avez pourtant point oublié un pauvre vieux solitaire : nous vous remercions tendrement, madame Denis et moi.

[1] Voyez tome XXXVII, page 131. B.
[2] De Chanteloup. K.

Grand merci de cette lettre d'un évêque de Picardie[1]. Ce pays-là fut autrefois le berceau de la Ligue; le fanatisme s'y est conservé. J'ai peine à croire que cette lettre soit d'un évêque né à Carpentras, et par conséquent sujet du pape. Ce n'est pas qu'il n'eût pu penser tout ce qui est dans la lettre, mais il y a long-temps que le pauvre diable ne pense plus : il est tombé en enfance, et vous verrez que quelque ex-jésuite lui aura fait signer cette lettre, également injurieuse au roi et au pape. Il serait plaisant que nous eussions un schisme et des anti-papes pour la compagnie de Jésus. Il ne nous manque plus que cela pour nous achever de peindre.

On dit que tout est factions et cabales à Paris, depuis les petites marionnettes jusqu'aux grandes. Je ne m'attendais pas qu'il dût se trouver un parti qui soutînt le crime absurde des Du Jonquai contre l'innocence de M. de Morangiés, après l'arrêt du parlement. La folie a établi son trône dans Paris, comme la raison a mis le sien dans le beau séjour où vous êtes. Cependant je ne sais comment on aime toujours cette ville, qui est le centre de toutes les erreurs et de toutes les sottises; il faut apparemment qu'il y ait aussi du plaisir. Les singes font des gambades très plaisantes, quoiqu'ils se mordent. Pour moi, j'achève mes jours en paix, malgré mon ami Fréron et mon ami l'abbé Sabatier.

Je serais fâché que *le Taureau blanc*[2] parût en

---

[1] De l'évêque d'Amiens (d'Orléans de La Motte) sur la bulle de destruction des jésuites; il y blâme hautement le pape. K.

[2] Tome XXXIV, page 275. B.

public, et me frappât de ses cornes. Je prierai M. le chevalier de Chastellux de vouloir bien ne le mettre que dans des écuries bien fermées, dont les profanes n'aient point la clef. On le traiterait comme le bœuf gras : on courrait après lui, et ensuite on le mangerait, et moi aussi, quoique je ne sois pas gras.

Quand vous serez à Paris, je vous demanderai deux graces: la première, c'est de vous souvenir de moi; la seconde, c'est d'en faire souvenir madame du Deffand, à qui je n'écris point, parceque je n'ai rien à lui envoyer qui puisse l'amuser, mais à qui j'ai la plus grande obligation du monde, puisque c'est à elle que je dois votre connaissance, et, j'ose même dire, l'honneur de votre amitié. Je ne sais si vous l'amuserez avec votre bœuf; car il faut être un peu familiarisé avec le style oriental et les bêtises de l'antiquité, pour se plaire un peu avec de telles fadaises; et madame du Deffand ne se plaît guère avec cette antiquité respectable. Je n'ai jamais pu lui persuader de se faire lire l'*Ancien Testament*, quoiqu'il soit, à mon gré, plus curieux qu'Homère.

Vous aurez incessamment une suite des *Fragments sur l'Inde*[1]. Figurez-vous qu'il y a, par-delà Lahor, une république qui possède plus de cent lieues de pays, et qui n'a d'autre religion que l'adoration d'un dieu, sans aucune cérémonie. C'est la république des Seïques; elle est alliée des Anglais, qui ne sont pas cérémonieux, et qui possèdent actuellement tout le Bengale en souveraineté. Il est assez singulier que

---

[1] Formant aujourd'hui les chapitres xxi à xxxvi, tome XLVII, pages 419-493. B.

je m'occupe en Suisse de ce qui se passe dans l'Inde; mais je ne trouverais pas mauvais qu'une fourmi, à un bout de sa fourmilière, s'intéressât à ce qui arrive à l'autre bout.

Adieu, monsieur; je suis une vieille fourmi qui vous est bien véritablement dévouée.

6625. A M. LE CARDINAL DE BERNIS.

A Ferney, 14 octobre.

Ceci n'est pas, monseigneur, une affaire d'académie : ce ne sont pas *levia carmina et faciles versus*. Pourquoi m'envoie-t-on, à moi solitaire, à moi octogénaire malade, cette lettre attribuée à l'évêque d'Amiens? Je ne puis croire qu'elle soit de lui; mais elle est sûrement de la faction, et je crois bien faire de l'envoyer à votre éminence.

S'il arrivait que vous la fissiez lire au pape, je vous supplierais de lui dire que j'obéis parfaitement à un article de sa bulle; je ne parle, ni en bien ni en mal, des jésuites, ni du diable. Je trouve le pape très sage, très habile, très digne de gouverner. Tous nos Genevois et tous nos Suisses, gens plus difficiles qu'on ne pense, l'estiment et le révèrent, et je pense comme eux.

J'ai eu le bonheur de contribuer un peu au gain du singulier procès de M. le comte de Morangiés. Je le crois une de vos ouailles ; c'était une brebis qui était poursuivie par des renards et des loups qu'il fallait pendre.

Nota bene que ce petit billet que je prends la liberté de vous écrire est tout entier de ma main : cela n'est pas mal pour un vieillard de quatre-vingts ans qui n'en peut plus. Si jamais j'en ai cent, je serai attaché à votre éminence comme aujourd'hui.

Conservez-moi vos bontés, si vous voulez que j'aille jusqu'à la centaine.

Baccio umilmente il lembo di sua porpora, ovvero purpura. LE VIEUX DE LA MONTAGNE.

6626. A M. CHRISTIN.

A Ferney, 15 octobre.

Mon cher philosophe humain, défenseur des opprimés, je vous adresse une infortunée, dépouillée de tous ses biens, en vertu de cette abominable mainmorte. Un ancien conseiller du parlement de Besançon, exilé à Gray, a fait condamner cette femme. On lui a pris jusqu'à ses nippes et ses habits : on a fouillé dans ses poches; il ne lui reste que ses papiers, qu'elle vous remettra.

Le fond de son affaire ne me paraît pas bien clair; mais il est plus clair que la rapacité du conseiller exilé est bien barbare. Dieu veuille que le malheur de cette femme n'influe pas sur le sort de nos douze mille esclaves !

Cette pauvre femme est venue de Gray dans ma retraite : que puis-je pour elle, que de lui donner le couvert et quelque argent? Je vous prie de lire ses mémoires, et de lui donner un conseil.

Elle dit qu'il y a, en dernier lieu, une sentence du bailliage de Besançon qui lui adjuge la possession d'un cotillon et de ses chemises, et qui lui permet de prouver que l'argent qu'on lui a saisi lui appartient en propre.

Vous remarquerez que cet ancien conseiller, contre lequel elle plaide, se nomme Brody, et est fils de votre grand-juge de Saint-Claude.

Si cette affaire pouvait s'accommoder, vous feriez une action charitable; vous y êtes accoutumé.

Peut-être une autre femme, mon cher ami, adoucirait la cruauté d'un autre homme; mais cette pauvre diablesse n'est pas faite pour toucher le cœur, et on dit que ce M. Brody n'est pas tendre. *Vale, amice.*

6627. A M. LE MARQUIS DE XIMENÈS.

A Ferney, 15 octobre.

Vous allez donc enfin, monsieur, mêler *utile dulci*[1] ! Vous me ferez grand plaisir assurément de vouloir bien m'envoyer votre miniature de l'Europe. Je vous garderai fidèlement le secret, et je serai digne de votre confiance, quoiqu'on m'accuse de n'être pas de votre parti. On me reproche d'être devenu un peu Russe dans mes déserts, et d'avoir souhaité un peu de mal aux Turcs, qui abrutissent le pays d'Alcibiade, d'Homère, et de Platon. Mais comment veut-on que je fasse? Un Russe[2] vient de m'envoyer une épître en vers à Ninon, que je croirais faite par vous, si elle ne m'avait pas été envoyée de Pétersbourg.

---

[1] Horace, *Art poét.*, vers 343. B.
[2] Voyez la lettre 6628. B.

J'attendrai que les Turcs fassent d'aussi jolis vers français pour prendre leur parti.

Je vous avouerai encore que vos factions de toute espèce qui partagent Paris me dégoûtent un peu des Welches. Il faudra bien qu'à la fin toutes ces cabales se dissipent. On a beau protéger les Du Jonquai, et mettre dans toutes les gazettes que le conseil du roi va casser l'arrêt du parlement ; ni le conseil, ni le public éclairé, ne le casseront, et monsieur le premier président jouira de la gloire d'avoir découvert la vérité et de l'avoir fait connaître. Je ne sais rien de plus absurde et de plus criminel que toute la manœuvre de ces coquins. Il me paraît clair qu'il y a cinq ou six coupables qui ont voulu partager le gâteau des cent mille écus; que le testament de la Verron ressemble à celui de Crispin dans *le Légataire universel;* que le tapissier usurier Aubourg[1], qui a acheté ce procès, et qui l'a conduit, est un fripon digne des galères, malgré les éloges que l'avocat Vermeil lui a prodigués; que le cocher Gilbert est un des plus insolents fourbes qui aient jamais bravé la justice.

J'oserais même espérer que ce cocher Gilbert, fait pour mener la charrette qui doit le conduire à la Grève, pourrait, puisqu'il est en prison, découvrir toute l'intrigue de cette canaille, et attirer enfin sur elle les peines qu'elle a méritées. C'est une chose trop honteuse pour notre nation que cette bande de scélérats trouve encore des protecteurs, après le jugement si doux du parlement.

[1] Voyez tome XLVII, page 57. B.

Je suis très attaché à madame de Sauvigny, dont vous me faites l'honneur de me parler. Je n'ai monsieur son frère depuis deux ans chez moi que par considération pour elle, et pour le préserver de sa ruine entière, où il courait de toutes ses forces. Il a besoin d'être un peu contenu, quoiqu'il soit assurément dans l'âge d'être sage. Madame de Sauvigny s'est conduite en dernier lieu avec la générosité la plus noble.

Adieu, monsieur; conservez-moi un peu d'amitié. Madame Denis vous fait ses compliments.

6628. A M. LE COMTE DE SCHOWALOW,

CHAMBELLAN DE L'IMPÉRATRICE DE RUSSIE, ET PRÉSIDENT DE LA LÉGISLATION.

A Ferney, 15 octobre.

L'Amour, Épicure, Apollon,
Ont dicté vos vers que j'adore[1].
Mes yeux ont vu mourir Ninon;
Mais Chapelle respire encore.

Je ne reviens point, monsieur, de ma surprise que Chapelle ait perfectionné[1] son style à Pétersbourg. Quelques Français me demandent pourquoi je prends le parti des Russes contre les Turcs. Je leur réponds que quand les Turcs auront une impératrice comme Catherine II, et qu'il y aura à la Porte ottomane des

---

[1] Le comte André de Schowalow s'exerçait depuis long-temps à la poésie; il avait, en 1767, adressé des vers à Voltaire; voyez t. LXIV, p. 380. Il composa une *Épître à Ninon de Lenclos*, que quelques personnes ont attribuée à Voltaire, qui la fit imprimer en 1774; voyez lettres 6712 et 6714. B.

chambellans comme M. le comte de Schowalow, alors je me ferai Turc; mais je ne puis être que Grec tant que vous ferez des vers comme Théocrite. Il y a même dans votre épître une philosophie qu'on ne trouve ni dans Théocrite, ni dans aucun des anciens poëtes grecs.

 Profitez de votre printemps;
 Chantez, baisez votre bergère;
 Faites des vers et des enfants.
 Ma triste muse octogénaire,
 Qui cède aux outrages du temps,
 Doit vous admirer et se taire.

6629. A M. LEKAIN.

A Ferney, 20 octobre.

Le vieux malade de Ferney, monsieur, a été sensible à votre souvenir et à votre lettre; s'il ne vous a pas remercié plus tôt, c'est qu'il a été dans un état déplorable.

Il a su que vos grands talents se sont déployés plus que jamais à Fontainebleau; il a fait son petit profit des choses que vous avez bien voulu lui mander, et M. d'Argental peut vous en instruire.

Il n'a été à aucun spectacle depuis que vous avez quitté le petit pays de Gex. On ne peut entendre personne, quand on a eu le plaisir de vous entendre.

Madame Denis vous fait bien des compliments, et l'inutile vieillard vous embrasse de tout son cœur. V.

6630. A M. CHRISTIN.

A Ferney, 22 octobre.

Avez-vous vu, mon cher ami, une pauvre femme franc-comtoise, à qui un conseiller de votre ancien parlement a voulu persuader qu'elle était son esclave, et à qui on a enlevé tout, jusqu'à sa chemise?

J'ai recours à vous, mon cher philosophe, en plus d'un genre. Je voudrais trouver, dans les *Institutes* de Justinien, l'endroit où il est parlé de l'ancienne loi des Douze Tables, qui permet aux pères de vendre leurs enfants deux fois, loi abolie par l'humanité de Dioclétien, qu'on fait passer parmi nous pour un monstre, et rétablie par Constantin, qu'on nous donne pour un saint. Si vous pouvez trouver ces deux lois du méchant Dioclétien et du bon Constantin, vous me rendrez un grand service, car il n'y a point, dans mon Justinien, de grande table de matières. Mon édition est de 1756, chez les Cramer.

Mandez-moi un peu de vos nouvelles. Je vous embrasse bien tendrement. LE VIEUX MALADE.

6631. DE FRÉDÉRIC II, ROI DE PRUSSE.

A Potsdam, le 24 octobre.

S'il m'est interdit de vous revoir à tout jamais, je n'en suis pas moins aise que la duchesse de Wurtemberg vous ait vu. Cette façon de converser par procuration ne vaut pas le *facie ad faciem*[1]. Des relations et des lettres ne tiennent pas lieu de Voltaire, quand on l'a possédé en personne.

[1] *Genèse*, XXXII, 30. B.

J'applaudis aux larmes vertueuses que vous avez répandues au souvenir de ma défunte sœur. J'aurais sûrement mêlé les miennes aux vôtres, si j'avais été présent à cette scène touchante. Soit faiblesse, soit adulation outrée, j'ai exécuté pour cette sœur ce que Cicéron projetait pour sa Tullie. Je lui ai érigé un temple dédié à l'amitié; sa statue se trouve au fond, et chaque colonne est chargée d'un mascaron contenant le buste des héros de l'amitié. Je vous en envoie le dessin. Ce temple est placé dans un des bosquets de mon jardin. J'y vais souvent me rappeler mes pertes, et le bonheur dont je jouissais autrefois.

Il y a plus d'un mois que je suis de retour de mes voyages. J'ai été en Prusse abolir le servage, réformer des lois barbares, en promulguer de plus raisonnables; ouvrir un canal qui joint la Vistule, la Netze, la Varte, l'Oder, et l'Elbe; rebâtir des villes détruites depuis la peste de 1709; défricher vingt milles de marais, et établir quelque police dans un pays où ce nom même était inconnu. De là j'ai été en Silésie consoler mes pauvres ignatiens [1] des rigueurs de la cour de Rome, corroborer leur ordre, en former un corps de diverses provinces où je les conserve, et les rendre utiles à la patrie en dirigeant leurs écoles pour l'instruction de la jeunesse, à laquelle ils se voueront entièrement. De plus, j'ai arrangé la bâtisse de soixante villages dans la Haute-Silésie, où il restait des terres incultes : chaque village a vingt familles. J'ai fait faire des grands chemins dans les montagnes pour la facilité du commerce, et rebâtir deux villes brûlées : elles étaient de bois; elles seront de briques, et même de pierres de taille tirées des montagnes.

Je ne vous parle point des troupes : cette matière est trop prohibée à Ferney pour que je la touche.

Vous sentirez qu'en fesant tout cela, je n'ai pas été les bras croisés.

[1] Le bref de Clément XIV, du 21 juillet 1773, ayant supprimé la société des jésuites, Frédéric leur donna asile dans ses états. Ils furent aussi conservés en Russie; voyez tome XXV, page 75. B.

A propos de croisés, ni l'empereur ni moi ne nous croiserons contre le Croissant; il n'y a plus de reliques à remporter de Jérusalem. Nous espérons que la paix se fera peut-être cet hiver; et d'ailleurs nous aimons le proverbe qui dit : Il faut vivre et laisser vivre. A peine y a-t-il dix ans que la paix dure; il faut la conserver autant qu'on le pourra sans risque, et, ni plus ni moins, se mettre en état de n'être pas pris au dépourvu par quelque chef de brigands conducteur d'assassins à gages.

Ce système n'est ni celui de Richelieu, ni celui de Mazarin; mais il est celui de bien des peuples, objet principal des magistrats qui les gouvernent.

Je vous souhaite cette paix accompagnée de toutes les prospérités possibles, et j'espère que le patriarche de Ferney n'oubliera pas le philosophe de Sans-Souci, qui admire et admirera son génie jusqu'à extinction de chaleur humaine. *Vale.* Frédéric.

6632. A FRÉDÉRIC II, ROI DE PRUSSE.

A Ferney, 28 octobre.

Monsieur Guibert, votre écolier
Dans le grand art de la tactique[1],
A vu ce bel-esprit guerrier
Que tout prince aujourd'hui se pique
D'imiter sans lui ressembler,
Et que tout héros, germanique,
Espagnol, gaulois, britannique,
Vainement voudrait égaler.
Monsieur Guibert est véridique;
Il dit qu'il a lu dans vos yeux
Toute votre histoire héroïque,
Quoique votre bouche s'applique
A la cacher aux curieux.

---

[1] Le comte de Guibert venait de publier un *Essai général de Tactique;* voyez tome IX, page 371. B.

Vous vous obstinez à vous taire
Sur tant de travaux glorieux ;
Et l'Europe fait beaucoup mieux,
Car elle fait tout le contraire.

Ce M. Guibert, sire, fait comme l'Europe; il parle de votre majesté avec enthousiasme. Il dit qu'il vous a trouvé en état de faire vingt campagnes; Dieu nous en préserve! mais accordez-vous donc avec lui; car il dit que vous avez un corps digne de votre ame, et vous prétendez que non : il est vrai qu'il vous a contemplé principalement des jours de revue; et ces jours-là vous pourriez bien vous rengorger et vous requinquer comme une belle à son miroir.

Je ne vous proposais pas, sire, vingt campagnes, je n'en proposais qu'une ou deux ; et encore c'était contre les ennemis de Jésus-Christ et de tous les beaux-arts. Je disais : Il protége les jésuites, il protégera bien la vierge Marie contre Mahomet, et la bonne Vierge lui donnera sans doute deux ou trois belles provinces à son choix, pour récompense d'une si sainte action.

Je viens de relire l'article *Guerre*, dont votre majesté pacifique a la bonté de me parler[1] : il est vraiment un peu insolent par excès d'humanité; mais je vous prie de considérer que toutes ces injures ne peuvent tomber que sur les Turcs, qui sont venus du bord oriental de la mer Caspienne jusqu'auprès de Naples, et qui, chemin fesant, se sont emparés des lieux saints, et même du tombeau de Jésus-Christ, qui ne fut jamais enterré. En un mot, je ressemblais

[1] Lettre 6623. B.

comme deux gouttes d'eau à ce fou de Pierre l'ermite, qui prêchait la croisade. L'empereur des Romains, que vous aimez, et qui se regarde comme votre disciple, ne pouvait se plaindre de moi; je lui donnais d'un trait de plume un très beau royaume. On aurait pu, avant qu'il fût dix ans, jouer un opéra grec à Constantinople. Dieu n'a pas béni mes intentions, toutes chrétiennes qu'elles étaient; du moins les philosophes vous béniront d'ériger un mausolée à Copernic, dans le temps que votre ami Moustapha fait enseigner la philosophie d'Aristote à Stamboul. Vous ne voulez point rebâtir Athènes, mais vous élevez un monument à la raison et au génie.

Quand je vous suppliais d'être le restaurateur des beaux-arts de la Grèce, ma prière n'allait pas jusqu'à vous conjurer de rétablir la démocratie athénienne; je n'aime point le gouvernement de la canaille. Vous auriez donné le gouvernement de la Grèce à M. de Lentulus, ou à quelque autre général qui aurait empêché les nouveaux Grecs de faire autant de sottises que leurs ancêtres. Mais enfin j'abandonne tous mes projets. Vous préférez le port de Dantzick à celui du Pirée: je crois qu'au fond votre majesté a raison, et que, dans l'état où est l'Europe, ce port de Dantzick est bien plus important que l'autre.

Je ne sais plus quel royaume je donnerai à l'impératrice Catherine II; et franchement je crois que dans tout cela vous en savez plus que moi, et qu'il faut s'en rapporter à vous. Quelque chose qui arrive, vous aurez toujours une gloire immortelle. Puisse votre vie en approcher!

6633. A MADAME LA MARQUISE DU DEFFAND.

A Ferney, 1er novembre.

Eh bien, madame, je commence par les diamants brillants[1]. Page 102, tome I*er* : « Pourquoi faire de Dieu un tyran oriental? pourquoi lui faire punir des fautes légères par des châtiments éternels? Pourquoi mettre le nom de la Divinité au bas du portrait du diable? »

Page 107 : « Nous sommes étonnés de l'absurdité de la religion païenne; celle de la religion papiste étonnera bien davantage la postérité. »

Page 121 : « Pour être philosophe, dit Malebranche, il faut voir évidemment; et, pour être fidèle, il faut croire aveuglément. Malebranche ne s'aperçoit pas que de son fidèle il en fait un sot. »

Page 321 : « Pourquoi tout moine, qui défend avec un emportement ridicule les faux miracles de son fondateur, se moque-t-il de l'existence des vampires? c'est qu'il n'a point d'intérêt à le croire. Otez l'intérêt, reste la raison, et la raison n'est pas crédule. »

Je prends ces petits diamants au hasard, madame; il y en a mille dans ce goût, dont l'éclat m'a frappé. Cela n'empêche pas que le livre ne soit très mauvais. Je passe ma vie à chercher des pierres précieuses dans

---

[1] Madame du Deffand avait écrit à Voltaire le 24 octobre : « On dit que vous avez trouvé des perles et des diamants dans la petite brochure de quatorze cents pages de M. Helvétius. Comme ma vie ne serait pas assez longue pour une telle lecture.... indiquez-moi les pages qui renferment ces belles pierres précieuses. » L'ouvrage dont il s'agit est celui qui est intitulé *De l'Homme et de son éducation*. B.

du fumier; et, quand j'en rencontre, je les mets à part, et j'en fais mon profit; c'est par-là que les mauvais livres sont quelquefois très utiles.

J'ai lu, il n'y a pas long-temps, *l'Art d'aimer*, de Bernard[1]. C'est un des plus ennuyeux poëmes qu'on ait jamais faits; cependant il y a, dans ce long poëme, une trentaine de vers admirables et dignes d'être éternels, comme le sujet du poëme le sera.

Pour faire un bon livre, il faut un temps prodigieux et la patience d'un saint; pour dire d'excellentes choses dans un plat livre, il ne faut que laisser courir son imagination. Cette folle du logis a presque toujours de beaux éclairs : voilà pour Helvétius.

A l'égard de l'*Éloge de Colbert*, c'était un ouvrage qu'on ne pouvait faire qu'avec de l'arithmétique : aussi est-ce un excellent banquier[2] qui a remporté le prix. J'avoue que je ne saurais souffrir qu'un homme qui porte un habit de drap de Van-Robais ou de velours de Lyon, qui a des bas de soie à ses jambes, un diamant à son doigt, et une montre à répétition dans sa poche, dise du mal de Jean-Baptiste Colbert, à qui on doit tout cela.

La mode est aujourd'hui de mépriser Colbert et Louis XIV : cette mode passera ; et ces deux hommes resteront à la postérité avec Racine et Boileau.

Après vous avoir confié mes inutiles idées sur ces objets de curiosité, je viens à l'essentiel, c'est-à-dire à vous, à votre santé, à votre situation, qui m'inté-

[1] Voyez page 310. B.
[2] Necker (Jacques), né à Genève en 1732, ministre sous Louis XVI, mort le 9 avril 1804. B.

ressent véritablement. L'âge avance, je le sens bien, et mes quatre-vingts ans m'en avertissent rudement. Notre faculté de penser s'en ira bientôt, comme notre faculté de manger et de boire. Nous rendrons aux quatre éléments ce que nous tenons d'eux, après avoir souffert quelque temps par eux, et après avoir été agités de crainte et d'espérance pendant les deux minutes de notre vie. Vous êtes plus jeune que moi; ainsi, selon la règle ordinaire, je dois passer avant vous.

M. de Lisle se moque de moi de dire qu'il m'a trouvé de la santé. Je n'en ai jamais eu, je ne sais ce que c'est que par ouï-dire. Je n'ai pas passé un jour de ma vie sans souffrir beaucoup. J'ai peine même à concevoir ce que c'est qu'une personne dans une santé parfaite; car on ne peut jamais avoir de notion juste de ce qu'on n'a point éprouvé; voilà pourquoi je suis très persuadé qu'il est impossible qu'un médecin ait la moindre connaissance de la fièvre et des autres maladies, à moins qu'il n'en ait été attaqué lui-même.

Vous me citez deux beaux vers de M. de Saint-Lambert. Ils vous ont fait plus d'impression que les autres, parcequ'ils vous rappellent votre état et celui de vos amis. Le grand secret des vers, c'est qu'ils puissent s'ajuster à toutes les conditions et à toutes les situations où l'on se trouve. Ces deux vers de l'abbé de Chaulieu[1] :

---

[1] Voltaire a plusieurs fois cité ce passage de l'ode de Chaulieu sur sa première attaque de goutte. B.

Bonne ou mauvaise santé
Fait notre philosophie,

resteront éternellement, parcequ'il n'y a personne qui n'en éprouve la vérité.

Ce que vous me mandez de madame de La Vallière m'étonne et m'afflige; mais si elle n'est que faible, il y a du remède. Le vin n'a été inventé que pour donner de la force. Je conçois que son état vous attriste; vous n'avez point, dites-vous, de courage; cela veut dire que vous êtes sensible; car le courage de voir périr autour de soi, sans s'émouvoir, toutes les personnes avec lesquelles on a vécu, est la qualité d'un monstre ou d'un bloc de pierre de roche. Je fais grand cas de votre faiblesse; tant qu'on est sensible, on a de la vie. Puissiez-vous, madame, avoir longtemps cette faiblesse d'ame dont vous vous plaignez! Je mourrai sans avoir eu la consolation de m'entretenir avec vous; c'est là ma grande douleur et ma grande faiblesse.

Mon ame (s'il y en a une) aime tendrement la vôtre; mais à quoi cela sert-il?

6634. A CATHERINE II.

A Ferney, 1er novembre.

Madame, je vois par la lettre du 26 septembre, dont votre majesté impériale m'honore, que Diderot est tombé malade sur les frontières de la Hollande. Je me flatte qu'il est actuellement à vos pieds; vous avez plus d'un Français enthousiaste de votre gloire. S'il y en a quelques uns qui sont pour Moustapha, j'ose croire que ceux qui sont dévots à sainte Catherine valent bien ceux qui se sont faits Turcs. Il est vrai que Diderot et moi nous n'entrons point dans des villes par un trou[1] comme des étourdis; nous ne nous fesons point prendre prisonniers comme des sots; nous ne nous mêlons point de l'artillerie, où nous n'entendons rien. Nous sommes des missionnaires laïques qui prêchons le culte de sainte Catherine, et nous pouvons nous vanter que notre église est assez universelle.

J'avoue, à ma honte, que j'ai échoué dans le projet de ma croisade. J'aurais voulu que madame la grande-duchesse eût été rebaptisée dans l'église de Sainte-Sophie, en présence du prophète Grimm, et que votre auguste alliée eût établi des tribunaux de chasteté tant qu'elle aurait voulu dans la Bosnie et dans la Servie. Pierre l'ermite était pour le moins aussi chimérique que moi, et cependant il réussit; mais il faut considérer qu'il était moine; la grace de Dieu l'assistait, et elle m'a manqué tout net. Si je n'ai point la grace, j'ai du moins la raison en ma faveur.

Sérieusement, madame, il me paraît absurde qu'on ait eu un si beau coup à faire, et qu'on l'ait manqué; je suis persuadé que la postérité s'en étonnera. N'ai-je pas entendu dire qu'avant la campagne du Pruth un ambassadeur demandant à Pierre Ier où il prétendait établir le siége de son empire, il répondit : *A Constantinople?* Sur ce pied-là, je disais : Catherine-la-Grande, ayant réparé si bien le malheur de Pierre-le-Grand, accomplira sans doute son dessein,

---

[1] Voyez lettre 6298, tome LXVII, page 375. B.

et l'auguste Marie-Thérèse, dont la capitale a été assiégée deux fois par les Turcs, contribuera de tout son pouvoir à cette sainte entreprise. Je me suis trompé en tout; elle a pardonné aux Turcs en bonne chrétienne; et le roi de Prusse, roi des calvinistes, a été le seul prince qui ait protégé les jésuites, lorsque le bon homme saint Pierre a exterminé le bon homme saint Ignace : que peut dire à cela le prophète Grimm?

Il faut que M. de Saint-Priest ait bien raison, et que Moustapha ait un esprit bien supérieur, puisqu'il a su engager les meilleurs chrétiens du monde dans ses intérêts, et réunir à-la-fois en sa faveur les Français et les Allemands.

Le roi de Prusse dit toujours que vous battrez Moustapha toute seule; que vous n'avez besoin de personne, je le veux croire; mais vos états ne sont pas tous aussi peuplés qu'ils sont immenses; le temps, la fatigue, et les combats diminuent les armées; et avant que la population soit proportionnée à l'étendue des terres, il faut des siècles. C'est là ce qui fait ma peine; je vois que le temps est toujours trop court pour les grandes ames. Ce n'est pas à un barbouilleur inutile qu'il faut de longues années, c'est à une héroïne née pour changer la face du monde. Elle est encore dans la fleur de son âge; je voudrais que Dieu lui envoyât des lettres-patentes contre-signées Mathusalem, pour mettre ses états au point où elle les veut. On dit que des corps de Turcs ont été battus; c'est une grande consolation pour Pierre l'ermite.

Je me mets aux pieds de votre majesté impériale

avec le plus profond respect et l'attachement le plus inviolable.

6635. A M. DE CHABANON.

1er novembre.

L'octogénaire de Ferney est très affligé de n'avoir pu se ranimer au feu de M. de Chamfort. Il m'a envoyé de Strasbourg la lettre de M. de Chabanon, et je le crois à présent à Paris. Je prie l'intime ami de Pindare et de Chamfort de leur dire que je suis bien leur serviteur à tous deux, mais que je suis sûr que le dernier, qui fait les vers les plus naturels, n'imitera jamais le galimatias du premier.

Je crois qu'il a enfin retrouvé de la santé. Je lui souhaite bien sincèrement les autres ingrédients qui entrent dans la composition du bonheur. Si ce bonheur dépendait des talents, il deviendrait un des plus heureux hommes du monde. Je lui ai écrit[1] par votre ami M. de La Borde, qui sans doute voudra bien lui faire parvenir ma lettre.

Réjouissez-vous, mon cher ami, soit à la ville, soit à la campagne; remplissez votre agréable carrière dans le temps que je finis la mienne; jouissez de la vie, moi je la tolère. Je m'anéantis, mais ce n'est pas tout doucement; c'est avec des souffrances continuelles : il faut même qu'elles soient bien fortes, puisque je vous écris une si courte lettre.

Madame Denis est très sensible à votre souvenir. Nous n'avons plus, elle et moi, que des souvenirs.

---

[1] La lettre à Chamfort manque. B.

6636. A M. LE COMTE D'ARGENTAL.

6 novembre.

Je remercie bien tendrement mon cher ange d'avoir songé à m'écrire au milieu des fêtes et du fracas de la cour. Ce qu'il y a de mieux, à mon avis, dans *Sophonisbe*, c'est qu'elle est la plus courte de toutes les tragédies; et que, si elle a ennuyé de belles dames auxquelles il faut des opéra comiques, elle ne les a pas ennuyées long-temps.

Les Lois de Minos auraient du moins produit un plus beau spectacle pour les yeux; mais ces *Lois de Minos* sont malheureuses. Je ne veux pas croire que, parmi les grandes intrigues qui agitent quelquefois votre cour, il y en ait eu une contre *Astérie*. Je n'ai jamais rien entendu à tout ce qui s'est passé dans cette affaire, et j'ai fini par me résigner à la Providence, qui dispose de la scène française.

J'ai écrit un petit mot au maître des jeux sur la mort de sa fille[1], mais je ne lui ai rien dit cette fois-ci sur la mort des miennes. J'ai eu tant d'enfants qu'il faut bien que j'en perde quelques uns.

J'ai entendu à Ferney la tragédie du *Connétable de Bourbon*, que M. de Guibert ne récite pas trop bien, mais qui étincelle de beaux vers : il a bien de l'esprit ce M. Guibert! S'il commande jamais une armée, il sera le premier général qui ait fait une

[1] Jeanne-Sophie-Élisabeth-Louise-Armande-Septimanie Du Plessis de Richelieu, épouse de Casimir, comte d'Egmont-Pignatelli, morte le 14 octobre au château de Braine en Picardie, dans la trente-troisième année de son âge. B.

tragédie. Il est déjà le premier en France qui soit l'auteur d'une *Tactique* et d'une pièce de théâtre; je dis en France, car Machiavel en avait fait avant lui tout autant en Italie; et, par-dessus tout cela, il avait fait une conspiration.

Puisque mon cher ange se réjouit à Fontainebleau, j'en conclus que les affaires du Parmesan vont très bien, et que toutes les affaires sont heureusement arrangées. Je lui en fais mon compliment, et je l'exhorte à jouir gaîment de la vie, pendant que je la supporte assez tristement; car, à la fin, l'extrême vieillesse et les extrêmes souffrances rendent un peu sérieux; et il faudrait avoir un orgueil insupportable pour n'en pas convenir. Je fais contre fortune et contre nature bon cœur; et je souhaite, mon cher ange, que vous n'en soyez jamais logé là. Conservez-moi toujours votre amitié, elle fera ma consolation.

6637. A FRÉDÉRIC II, ROI DE PRUSSE.

A Ferney, le 8 novembre.

Sire, la lettre dont votre majesté m'a honoré le 24 octobre est, depuis vingt ans, celle qui m'a le plus consolé; votre temple aux mânes de votre sœur, *Wilhelminæ sacrum*, est digne de la plus belle antiquité, et de vous seul dans le temps présent; madame la duchesse de Wurtemberg versera bien des larmes de tendresse, en voyant le dessin de ce beau monument.

Le canal, les villes rebâties, les marais desséchés, les villages établis, la servitude abolie, sont de Marc-

Aurèle ou de Julien. Je dis de Julien, car je le regarde comme le plus grand des empereurs, et je suis toujours indigné contre La Bletterie, qui ne l'a justifié qu'à demi, et qui a passé pour impartial, parcequ'il ne lui prodigue pas autant d'injures et de calomnies que Grégoire de Nazianze et Théodoret.

Je vous bénis dans mon village de ce que vous en avez tant bâti : je vous bénis au bord de mon marais de ce que vous en avez tant desséché : je vous bénis avec mes laboureurs de ce que vous en avez tant délivré d'esclavage, et que vous les avez changés en hommes. Gengis-Kan et Tamerlan ont gagné des batailles comme vous, ils ont conquis plus de pays que vous; mais ils dévastaient, et vous améliorez. Je ne sais s'ils auraient recueilli les jésuites; mais je suis sûr que vous les rendrez utiles, sans souffrir qu'ils puissent jamais être dangereux. On dit qu'Antoine fit le voyage de Brindes à Rome dans un char traîné par des lions; vous attelez des renards au vôtre, mais vous leur mettez un frein dans la gueule; et, quand il le faudra, vous leur mettrez le feu au derrière comme Samson[1], après les avoir attachés par la queue. Tout ce qui me fâche, c'est que vous n'établissiez pas une église de sociniens comme vous en établissez plusieurs de jésuites; il y a pourtant encore des sociniens en Pologne. L'Angleterre en regorge, nous en avons en Suisse; certainement Julien les aurait favorisés; ils haïssent ce qu'il haïssait, ils méprisent ce qu'il méprisait, et ils sont honnêtes gens

[1] *Juges*, xv, 5. B.

comme lui. De plus, ayant été tant persécutés par les Polonais, ils ont quelque droit à votre protection.

Après tout le mal que j'ai osé dire des Turcs à votre majesté, je ne vous propose pas une mosquée; cependant Barberousse en eut une à Marseille; mais vous n'êtes pas fait pour nous imiter : tout ce que je sais, c'est que votre nom sera bien grand de Dantzick jusqu'en Turquie, et de l'abbaye d'Oliva à Sainte-Sophie. Nous donnons nous autres beaucoup d'opéra comiques.

Que votre majesté daigne conserver ses bontés au vieux malade Libanius!

6638. DU CARDINAL DE BERNIS.

Rome, le 10 novembre.

Le pape a été fort édifié de votre obéissance à son bref, mon cher confrère, et très content que vos Suisses et vos Genevois soient satisfaits de sa conduite; il sait bien que vous n'êtes pas si aisé à satisfaire. Je ne lui ai point parlé de la lettre fanatique, faussement attribuée à l'évêque d'Amiens : sa sainteté doit être rassasiée de libelles.

Vos quatre-vingts ans ne vous ont rien fait perdre du côté du style, ni même du côté de l'écriture. Votre caractère est celui d'un homme de vingt ans bien élevé. Il vous sera plus facile aujourd'hui d'arriver jusqu'à cent ans, qu'il ne vous l'a été d'être parvenu à quatre-vingts.

J'imagine que ni le jeu, ni les femmes, ni même la gourmandise, ne sont plus pour vous des passions, et que vous connaissez trop les hommes pour vous inquiéter de leurs jalousies et de leurs malices. Votre âge vous donne une aussi grande supériorité que vos talents. Aimez-moi toujours, et ne doutez jamais de la fidélité de l'attachement que je vous ai voué pour la vie.

6639. A M. LE COMTE D'ARGENTAL.

15 novembre.

Si, dans le fracas de ces fêtes, mon cher ange a un quart d'heure de loisir, je lui envoie un rogaton [1] pour passer ce quart d'heure. Il convient, ce me semble, à un ministre pacifique.

Je ne sais s'il a lu la *Tactique* de M. Guibert [2], ou du moins le discours préliminaire. Ce livre est plein de grandes idées, comme sa tragédie du *Connétable de Bourbon* est pleine de beaux vers. J'ai eu l'auteur chez moi; je ne sais s'il sera un Corneille ou un Turenne, mais il me paraît fait pour le grand, en quelque genre qu'il travaille.

Oserais-je vous prier de lui faire parvenir une copie de la satire ou de l'éloge que je viens de faire [3] de son métier de la guerre? Vous saurez aisément sa demeure. Il n'est pas juste qu'il soit des derniers à voir cette petite plaisanterie, qui le regarde si personnellement; et vous me pardonnerez aisément la liberté que je prends avec vous.

J'en prends encore une autre, c'est de vous prier d'engager Lekain à jouer à Paris la *Sophonisbe* qui n'est ni de Mairet ni de Corneille. Il me doit, ce me semble, ses bons offices dans cette petite affaire.

Après ces deux requêtes, je vous en présente une troisième bien plus importante; c'est de me mander comment se porte madame d'Argental.

---

[1] *La Tactique;* voyez cette satire, tome XIV. B.
[2] *Essai général de Tactique,* en deux volumes; voyez t. IX, p. 371. B.
[3] La pièce intitulée *la Tactique,* tome XIV. B.

Souvenez-vous, mon cher ange, du vieux malade de Ferney, qui n'est pas encore tout-à-fait mort.

6640. A MADAME LA MARQUISE DU DEFFAND.

16 novembre.

Vous voulez absolument, madame, que je vous dise si je suis content d'un ouvrage[1] où il y a autant de mauvais que de bon, autant de phrases obscures que de claires, autant de mots impropres que d'expressions justes, autant d'exagérations que de vérités. Que voulez-vous que je vous réponde? Je m'imagine que vous pensez comme moi, et j'ai la vanité de croire penser comme vous. On dit que c'est le meilleur ouvrage de tous ceux qui ont été composés sur le même sujet; je n'en suis pas surpris. Ce sujet était très difficile, et n'était pas favorable à l'éloquence.

Quant aux diamants qu'on a trouvés dans la cassette d'un homme qui n'est plus[2], je vous avoue qu'ils sont très mal enchâssés; je crois vous l'avoir dit[3]. Il faut avoir ma persévérance et la passion que j'ai de m'instruire sur la fin de ma vie, pour chercher, comme je fais, des pierres précieuses dans des tas d'ordures. C'est peut-être le seul avantage que ce siècle a sur le siècle passé, que nos plus mauvais livres soient toujours semés de quelques beautés. Du temps de Pascal, de Boileau, et de Racine, les mauvais livres ne valaient rien du tout; au lieu que les

---

[1] *Éloge de Colbert*, par Necker. B.
[2] *De l'Homme*, ouvrage posthume d'Helvétius. B.
[3] Voyez lettre 6633. B.

plus détestables livres de nos jours brillent toujours par quelque endroit.

J'ai trouvé encore plus de génie dans la *Tactique* de M. de Guibert que dans sa tragédie, et même encore un peu plus de hardiesse. Ce qui m'a charmé, c'est que ce docteur en l'art d'assassiner les gens m'a paru, dans la société, le plus poli et le plus doux des hommes.

Vous me parlez de cailloux : eh bien, madame, je vous envoie un petit caillou de mon jardin [1], qui ne vaut pas assurément les pierreries de M. de Guibert. J'ai été étonné que le même homme ait pu faire deux ouvrages si différents l'un de l'autre [2].

Les Saxe, les Turenne, n'auraient pas fait assurément des tragédies. Je devais naturellement donner la préférence à la tragédie, sur l'art de tuer les hommes : je crois même qu'en la travaillant un peu, on pourrait en faire un ouvrage régulier et intéressant dans toutes ses parties. Je déteste cordialement l'art de la guerre, et j'admire pourtant sa tactique. L'admiration, dit-on, est la fille de l'ignorance : c'est ce qui fait que vous admirez peu de chose en fait d'esprit. Je ne prétends point du tout que vous accordiez votre suffrage à mon caillou ; vous serez tentée de le jeter par la fenêtre : mais songez que je n'ai voulu vous amuser qu'un moment, et que je vous envoie ma *Tactique* avant de l'envoyer à M. de Guibert lui-même.

---

[1] *La Tactique ;* voyez cette satire, tome XIV. B.
[2] Guibert avait fait une tragédie du *Connétable de Bourbon*, et un *Essai général de Tactique ;* voyez tome IX, page 371. B.

Je vous prie de vouloir bien, madame, me mander des nouvelles de la santé de madame de La Vallière. Il est bien juste que la vôtre soit bonne. La nature vous a fait assez de mal pour qu'elle vous laisse en repos. Elle me persécute horriblement, mais je tiens bon.

6641. A M. LE MARQUIS DE CONDORCET.

16 novembre.

Je ne sais quelles nouvelles à la main, monsieur, m'avaient donné des alarmes sur une de vos amies. Je vois que je me suis trompé. A l'égard de Brama, ou du Chang-Ti, ou d'Oromase, ou d'Isis, je ne crois pas encore me tromper tout-à-fait. Il faut les admettre quand on a affaire avec des fripons, et crier plus haut qu'eux.

De plus, il m'est évident qu'il y a de l'intelligence dans la nature, et que les lois imposées aux planètes, à la lumière, aux animaux, et aux végétaux, ne sont pas inventées par un sot.

Mens agitat molem.
VIRG., *Æneid.*, lib. VI, v. 727.

Ce sont les Sabatier qui sont sots et méchants; mais je crois la nature bonne et sage; il est vrai qu'elle fait quelquefois des pas de clerc, mais je ne la crois ni impeccable ni infinie. Je pense que son intelligence a tout fait pour le mieux, et que dans ce mieux il y a encore bien du mal. Tout cela est une affaire de métaphysique qui n'a rien à faire avec la morale, et qui n'empêche pas que les Verron, les Clément, les

Sabatier, etc., ne soient la plus méprisable canaille de Paris.

Comme je sais que vos mathématiques ne vous empêchent point de cultiver les belles-lettres, permettez-moi de vous demander si vous avez lu *le Connétable de Bourbon* de M. de Guibert. Sa *Tactique* n'est pas un ouvrage de belles-lettres, mais elle m'a paru un ouvrage de génie. Il y a une autre sorte de génie dans *le Connétable*. Je ne sais si notre frivole Paris est digne de deux ouvrages excellents qui parurent l'année passée; c'est *la Tactique*, et *la Félicité publique*. Je ne me connais ni à l'un ni à l'autre de ces sujets, mais je voudrais que ceux qui sont à la tête du gouvernement eussent le temps de bien examiner si M. de Chastellux et M. de Guibert ont raison.

Il m'est tombé entre les mains un petit manuscrit[1] sur le livre de M. de Guibert; ce n'est qu'une plaisanterie. J'aurai l'honneur de vous la faire tenir sous l'enveloppe de M. de Sartines. Vous la ferez lire à M. Dalembert, ou je l'enverrai à M. Dalembert afin que vous la lisiez, supposé que cela puisse vous amuser un moment. Vous êtes tous deux les vrais secrétaires d'état dans le royaume de la pensée. Vos lettres sont assurément plus instructives et plus agréables que toutes les lettres de cachet.

Conservez toujours, monsieur, un peu de bonté pour le vieux malade.

[1] *La Tactique;* voyez cette satire, tome XIV. B.

6642. A M. DALEMBERT.

19 novembre.

Mon cher philosophe, aussi intrépide que circonspect, et qui avez grande raison d'être l'un et l'autre, voici une petite assiette de marrons que Raton envoie à son Bertrand. Je les avais adressés à M. de Condorcet; mais je crois qu'il est toujours à la campagne, et je vous les fais parvenir en droiture. Ces marrons sont comme les livres de *mon libraire Caille;* ils ne valent *rien qui vaille*[1], mais il est juste que je vous fasse lire ma satire contre M. de Guibert, qui m'a d'ailleurs paru un homme plein de génie, et, ce qui n'est pas moins rare, un homme très aimable. Je m'intéresse à son *Connétable de Bourbon*[2], d'autant plus que ce grand homme passa par Ferney en se réfugiant chez les Espagnols. Tous les jésuites aujourd'hui, qui ne sont pas de si grands hommes, veulent se réfugier en Silésie et dans la Prusse polonaise, chez le révérend père Frédéric. Riez donc, et riez bien fort.

La dédicace d'une église catholique a été faite, comme vous savez, à Berlin. Je ne sais si les sociniens en obtiendront une.

Ne croyez-vous pas lire *les Mille et une Nuits,* quand vous voyez combien de millions Catherine II donne aux princesses de Darmstadt et au comte Panin? Où prend-elle tant d'argent, après quatre ans

---

[1] Voyez les deux premiers vers de *la Tactique*, tome XIV. B.
[2] Titre d'une tragédie de Guibert. B.

d'une guerre si vive et si dispendieuse, tandis que M. l'abbé Terray ne me paie pas, après dix ans de paix, un pauvre petit argent qu'il m'avait pris chez M. Magon?

Mon cher philosophe, vous seriez actuellement aussi riche que M. Necker, si vous aviez été en Russie. C'était à la cour de France de récompenser dignement votre noble désintéressement; mais vous en êtes dédommagé par les bontés de l'abbé Sabatier : c'est toujours quelque chose.

Je ne sais où est Diderot; il était tombé malade à Duisbourg, en partant de La Haye pour aller chez l'impératrice des *Mille et une Nuits*.

Nous avons actuellement à Ferney l'ancien empereur Schowalow[1]; c'est un des hommes les plus polis et les plus aimables que j'aie jamais vus. Tout ce que je vois de Russes me persuade toujours qu'Attila était un homme charmant, et que la sœur d'Honorius fit très bien de partir en poste pour aller l'épouser. Si malheureusement elle ne s'était pas fait faire en chemin un enfant par un de ses valets de chambre, nous pourrions avoir aujourd'hui de la race d'Attila sur quelque trône de l'Europe, et peut-être sur la chaire de Saint-Pierre.

Bonsoir, mon très cher et très illustre Bertand.

Le vieux malingre RATON.

6643. A M. L'ABBÉ DE VOISENON.

A Ferney, 19 novembre.

Vous étiez autrefois mon grand-vicaire de Mont-

---

[1] Voyez lettre 6683. B.

rouge, mon très aimable et très cher confrère : vous êtes actuellement ministre. Vous m'avez envoyé une fort jolie patente qui me flattait de l'honneur de recevoir madame Darnay et madame de Chanorier. Elles ont eu la bonté de venir à Ferney; mais, malheureusement pour moi, dans le temps que j'avais une fièvre très violente. Madame Denis leur a fait les honneurs de la chaumière le mieux qu'elle a pu. Je suis inconsolable de n'avoir pu faire ma cour à ces deux dames, qui méritent tous mes hommages, puisque vous êtes leur ami.

Il y avait dans votre lettre de très jolis vers pour monsieur le contrôleur général; mais ils étaient en trop petit nombre. Je vous envoie en revanche une longue rapsodie [1] qui ne regarde que le ministre de la guerre. Je fis cette sottise il y a environ quinze jours, après avoir eu chez moi M. de Guibert et *le Connétable de Bourbon*. J'étais dans un des intervalles que me laissent quelquefois mes souffrances habituelles. Vous savez ce que c'est, mon cher confrère, que de faire des vers en sortant de l'agonie; mais vous étiez jeune, et votre muse aussi; les Graces vous accompagnaient avant et après l'extrême-onction. Vous ferez de meilleurs vers que moi quand vous aurez quatre-vingts ans. En attendant, voici les miens : vous y trouverez de la vérité, si vous n'y trouvez pas de poésie.

Madame votre sœur m'avait flatté que j'aurais l'honneur de voir chez moi monsieur votre neveu; mes espérances ont été trompées : j'en suis encore

---

[1] *La Tactique;* voyez cette satire, tome XIV. B.

plus fâché que de ma triste aventure avec madame Darnay et son amie.

Adieu, mon illustre confrère; portez-vous mieux que moi, et vivez encore plus long-temps.

LE VIEUX MALADE.

6644. A M. MOLINE¹.

Ferney, 22 novembre.

Agréez, monsieur, les remerciements que je vous dois de votre lettre obligeante, et de la Notice des services rendus à la France par M. le maréchal duc de Richelieu, notice dont vous ornez *la Galerie française*². Il est vrai qu'on m'avait proposé de travailler à cet article³; mais je ne m'en serais jamais acquitté si bien que vous. D'ailleurs les justes éloges que vous lui donnez, monsieur, seront mieux reçus de votre part que de la mienne : j'aurais pu paraître suspect à quelques personnes par un attachement de près de soixante ans à M. le maréchal de Richelieu.

Mon portrait, que vous me faites l'honneur de m'envoyer, m'est un témoignage de votre bonté. Moins je mérite une place dans *la Galerie française*, plus je vous dois de reconnaissance. C'est avec ces sentiments bien véritables que j'ai l'honneur d'être, etc.

VOLTAIRE.

---

¹ Pierre-Louis Moline, né à Montpellier ou à Avignon, mort le 2 mars 1820, auteur d'un grand nombre de pièces de théâtre. B.

² La *Galerie française* paraissait par livraison de cinq portraits avec texte. La collection forme deux volumes petit in-folio. B.

³ Voyez lettre 6622. B.

6645. A M. LE COMTE DE MILLY.

A Ferney, 25 novembre.

Un vieux malade octogénaire reçoit la lettre dont M. le comte de Milly l'honore. Je me souviens en effet, monsieur, d'avoir fait autrefois la plaisanterie de *l'Homme aux quarante écus* [1]. Il ne serait pas étonnant que cette idée fût tombée aussi dans la tête de quelque autre. On dit un jour à un nommé Autreau : *Voilà monsieur qui se dit l'auteur de votre pièce. — Pourquoi ne l'aurait-il pas faite?* répondit-il : *je l'ai bien faite, moi.*

Si la personne dont vous me parlez, monsieur, a aussi ses *quarante écus*, cela fait quatre-vingts avec les miens. Il n'y a pas là de quoi aller au bout de l'année; mais aussi il faut avoir un métier, et c'est à quoi ne pensent pas assez ceux qui n'ont point de fortune, et qui ont beaucoup de vanité.

C'est tout ce que je puis vous dire sur cette petite affaire dont vous me parlez. J'ai l'honneur d'être, etc.

Le vieux Malade de Ferney,
votre confrère à l'académie de Lyon.

6646. DE FRÉDÉRIC II, ROI DE PRUSSE.

Le 26 novembre.

Faut-il écrire en mauvais vers
Au dieu qui préside au Parnasse ?
C'est aux orgueilleux non experts
A s'armer d'une telle audace.
Moi, né sous un ciel de frimas,

---

[1] Tome XXXIV, page 1. B.

> Loin des bords fleuris de la Seine,
> Vieux, cassé, sans feu, sans haleine,
> Si je tentais dans mes ébats
> De rimer encor pour Voltaire,
> Je mériterais pour salaire
> Le traitement de Marsyas.

M. Guibert m'a vu avec des yeux jeunes qui m'ont rajeuni. Mes cheveux blanchissent, ma force se dissipe, et ma chaleur s'éteint. Il n'est donné qu'à Voltaire de rajeunir. Les protégés d'Apollon sont plus favorisés que ceux de Mars. Au lieu de vingt campagnes que M. Guibert me donne libéralement, il ne m'en reste qu'une à faire : c'est celle du dernier décampement.

Dans cette situation, on ne pense pas à chercher des combats dans la Thrace et en Scythie. Soyez sûr que l'impératrice de Russie, jalouse de la gloire de sa nation, saura bien faire la paix sans secours étrangers. Vous, qui êtes, je crois, immortel, vous voudriez être spectateur d'une de ces grandes révolutions qui changent la face de l'Europe ; prenez-vous-en à la modération de l'impératrice de Russie si cette révolution n'arrive pas. Cette princesse ne pense pas, comme Charles XII, qu'il n'y a de paix avec ses ennemis qu'en les détrônant dans leur capitale. Les Grecs, pour lesquels vous vous intéressez si vivement, sont, dit-on, si avilis, qu'ils ne méritent pas d'être libres.

Mais, dites-moi, comment pouvez-vous exciter l'Europe aux combats, après le souverain mépris que vous[1] et les encyclopédistes avez affiché contre les guerriers ? Qui sera assez osé pour encourir l'excommunication majeure du patriarche de Ferney et de toute la séquelle encyclopédique ? Qui voudra gagner le beau titre de conducteur de brigands, et de brigand lui-même ? Croyez qu'on laissera la Grèce esclave, et qu'aucun prince ne commencera la guerre avant d'en avoir obtenu indulgence plénière des philosophes.

Désormais ces messieurs vont gouverner l'Europe comme

---

[1] Voyez le septième alinéa de la lettre 6623. B.

les papes l'assujettissaient autrefois. Je crois même que M. Guibert aura fait abjuration de son art meurtrier entre vos mains, et qu'il se fera capucin ou philosophe pour trouver en vous un puissant protecteur. Il faut que les philosophes aient des missionnaires pour augmenter le nombre de pareilles conversions; par ce moyen, ils déchargeront imperceptiblement les états de ces grosses armées qui les abîment, et successivement il ne restera plus personne pour se battre. Tous les souverains et les peuples n'auront plus ces malheureuses passions, dont les suites sont si funestes; et tout le monde aura la raison aussi parfaite qu'une démonstration géométrique.

Je regrette bien que mon âge me prive d'un aussi beau spectacle, dont je ne jouirai pas même de l'aurore : et l'on plaindra mes contemporains d'être nés dans un siècle de ténèbres, sur la fin duquel a commencé le crépuscule du jour de la raison perfectionnée.

Tout dépend, pour l'homme, du temps où il vient au monde. Quoique je sois venu trop tôt, je ne le régrette pas : *j'ai vu Voltaire ;* et si je ne le vois plus, je le lis, et il m'écrit.

Continuez long-temps de même, et jouissez en paix de toute la gloire qui vous est due, et de tous les biens que vous souhaite le philosophe de Sans-Souci. Fédéric.

6647. A M. MARMONTEL.

29 novembre.

Je prie instamment Bélisaire de faire succéder M. Gaillard au jeune Moncrif, que j'irai trouver incessamment.

A l'égard de l'empereur Kien-long, je crois qu'il faut lui donner une place d'honoraire à l'Académie des inscriptions, qu'il enrichira de soixante espèces de caractères.

Croyez-vous, mon cher confrère, que M. Riballier se présente cette fois-ci pour remplir la place vacante ?

6648. A M. LE MARQUIS DE CONDORCET.

5 décembre.

C'est bien vous qui êtes mon maître, monsieur le marquis, et qui l'auriez été de Bernard de Fontenelle. C'est vous qui êtes un vrai philosophe, et un philosophe éloquent. On m'a parlé d'un éloge de M. Fontaine [1], qui est un chef-d'œuvre. Vous ne sauriez croire quel plaisir vous me feriez de me le faire parvenir.

Je ne connais guère que vous et M. Dalembert qui sachiez présenter les objets dans leur jour, et écrire toujours d'un style convenable au sujet. J'ai cherché dans mes paperasses la mauvaise plaisanterie sur les comètes [2], je ne l'ai point trouvée. On dit qu'il y en a deux; l'une de moi, l'autre que je ne connais pas : mais, dans l'état où je suis, souffrant continuellement, et près de quitter ce petit globe, je dois prendre peu d'intérêt à ceux qui roulent comme nous dans l'espace, et avec qui probablement je ne serai jamais en liaison.

Il est vrai que, dans les intervalles que mes maladies me laissent quelquefois, je m'amuse à la poésie, que j'aime toujours, quand ce ne serait que pour donner un os à ronger à Clément et à Sabatier; mais j'aime mieux votre prose que tous les vers du monde.

---

[1] Par Condorcet. Il fait partie des cinq volumes publiés en 1799; voyez page 132. B.

[2] *Lettre sur la prétendue comète;* voyez tome XLVII, page 238. B.

Ce que j'aime autant que votre prose, c'est votre personne. Jamais les belles-lettres et la philosophie n'ont été si honorées que par vous.

Agréez, monsieur, le très tendre respect du vieux malade de Ferney.

6649. A M. DALEMBERT.

5 décembre.

Votre lettre[1], mon cher philosophe, vaut beaucoup mieux que ma *Tactique*. Nous en avons bien ri, madame Denis et moi. Raton avale sans aucune répugnance la pilule que lui présente Bertrand. Ce n'est point une pilule, c'est une dragée du bon feseur : et sur-le-champ nous fesons venir les deux tomes[2], pour lire au plus vite la page 101 ; c'est du moins une consolation. Il y a certaines petites ingratitudes, certains petits caprices, certaines niches qu'il faut savoir supporter en silence, surtout lorsqu'on a quatre-vingts ans ; et lorsqu'on n'a pas vécu toujours tranquille, il faut tâcher au moins de mourir tranquille.

J'écris à M. de Condorcet, et je le supplie de vouloir bien m'envoyer son *Fontaine*[3] ; car, en vérité, je trouve qu'il est le seul qui écrive comme vous, qui emploie toujours le mot propre, et qui ait toujours le style de son sujet.

[1] Cette lettre est perdue ; la dernière de Dalembert est du 27 avril, n° 6542. B.

[2] Voltaire en reparle encore dans la lettre 6655 ; mais je ne sais quels sont ces volumes. B.

[3] Voyez la lettre précédente. B.

Madame Necker dit qu'elle craint que le roi de Prusse ne soit mécontent[1] de ce que je le donne au diable; et à qui donc veut-elle que je le donne? et puis, s'il vous plaît, peut-on donner quelqu'un au diable plus honnêtement?

J'ai un autre scrupule que je vous prie de me lever. Je ne sais si j'ai reçu une lettre de M. le chevalier de Chastellux, et je ne sais si je lui ai répondu[2]. Je n'ai pas un grand ordre dans mes paperasses. Si j'avais manqué de répondre à M. de Chastellux, je serais bien fâché contre moi; c'est un des hommes que j'estime le plus. J'aime à voir un brave officier qui ne croit pas que son métier soit absolument le plus propre à faire la félicité publique. J'apprends que son ouvrage n'est pas aussi connu à Paris qu'il devrait l'être. Je pense en savoir la raison, c'est qu'il est au-dessus de son siècle.

A propos, je ne vous ai pas envoyé une copie correcte de ma petite *Tactique*; mais qu'importe? J'ai envie de l'envoyer à votre Rominagrobis[3], pour voir s'il se fâchera que je l'envoie où il doit aller[4]. Il n'a rien fait de si plaisant en sa vie que de se déclarer général des jésuites. Il faudrait, pour lui répondre, que le pape se déclarât huguenot. Je ne désespère pas

---

[1] Il le fut en effet; il en eut une attaque de goutte; voy. lettre 6690. B.
[2] La dernière de Voltaire à Chastellux qui soit imprimée est du 1er février, n° 6489. Voltaire lui écrivit le 24 décembre; voyez lettre 6664. B.
[3] Le roi de Prusse. B.
[4] Dans le vers 78 de sa *Tactique* (voyez t. XIV), Voltaire déclare s'enfuir loin des héros, et qu'il
Les donne au diable. B.

de voir cette facétie, et celle que vous proposez entre Diderot et Catau.

Adieu, mon très cher secrétaire perpétuel, qui vivrez perpétuellement.

6650. A FRÉDÉRIC II, ROI DE PRUSSE.

A Ferney, 8 décembre.

Sire, une belle dame de Paris[1] (dont vous ne vous souciez guère) prétend que vous serez fâché contre moi de ce que je donne votre majesté au diable[2]; et moi je lui soutiens que vous me le pardonnerez, et que Belzébuth même en sera fort content, attendu qu'il n'y a jamais eu personne plus diable que vous à la tête d'une armée, soit pour arranger un plan de campagne, soit pour l'exécuter, soit pour réparer un accident.

Je n'aime point du tout, il est vrai, votre métier de héros, mais je le révère; ce n'est point à moi de juger de *la Tactique* de M. Guibert. Je ne m'entends point à ces belles choses; je sais seulement qu'il vous regarde, avec raison, comme le premier tacticien: et moi j'ajoute, comme le premier politique; car vous venez d'acquérir un beau royaume, sans avoir tué personne; et non seulement vous voilà pourvu d'évêchés et d'abbayes, non seulement vous voilà général des jésuites, après avoir été général d'armée, mais vous faites des canaux comme à la Chine, et vous enrichissez le royaume que vous vous êtes donné par

[1] Madame Necker. B.
[2] Vers 78 de *la Tactique*. B.

un trait de plume. Que vous reste-t-il à faire? rien autre chose que de vivre long-temps pour jouir.

Comme votre majesté recevra probablement mon petit paquet aux bonnes fêtes de Noël, et que le dieu de paix va naître avant qu'il soit trois semaines, je me recommande à lui, afin qu'il obtienne ma grace de vous, et que vous me pardonniez toutes les pouilles que j'ai dites à votre majesté, et la haine cordiale que j'ai pour votre métier de César. Ce César, comme vous savez, pardonnait à ses ennemis quand il les avait vaincus; et vous aurez pour moi la même clémence, après vous être bien moqué de moi.

Le vieux malade de Ferney, qui s'égaie quelquefois dans les intervalles de ses souffrances, se met à vos pieds avec cinq ou six sortes de vénérations pour vos cinq ou six sortes de grands talents, et pour votre personne qui les réunit.

6651. A M. COLINI.

A Ferney, 8 décembre.

Je vous adresse, mon cher ami, la lettre que je dois à celui [1] qui m'a fait l'honneur de traduire *la Henriade* en italien. J'écris bien rarement; mais quand j'écris mes dernières volontés, je pense à vous.

[1] On n'a pas cette lettre de Voltaire à Nenci, académicien de Rome, qui, dès 1739, avait traduit en vers italiens le premier chant de *la Henriade*. B.

6652. DE FRÉDÉRIC II, ROI DE PRUSSE.

Le 10 décembre.

Il était bien juste qu'un pays qui avait produit un Copernic ne croupît pas plus long-temps dans la barbarie en tout genre où la tyrannie des puissants l'avait plongé. Cette tyrannie allait si loin, que les grands, pour mieux exercer leurs caprices, avaient détruit toutes les écoles, croyant les ignorants plus faciles à opprimer qu'un peuple instruit.

On ne peut comparer les provinces polonaises à aucun état de l'Europe; elles ne peuvent entrer en parallèle qu'avec le Canada. Il faudra par conséquent de l'ouvrage et du temps pour leur faire regagner ce que leur mauvaise administration a négligé pendant tant de siècles.

Vos vœux ont été exaucés : les Turcs ont été battus par les Russes, Silistrie prise, et le vizir fugitif du côté d'Andrinople. Moustapha apprendra à trembler dans son sérail, et peut-être que ses malheurs le rendront plus souple à signer une paix que les conjonctures rendent nécessaire. Si les armes victorieuses des Russes pénètrent jusqu'à Stamboul, je prierai l'impératrice de vous envoyer la plus jolie Circassienne du sérail, escortée par un eunuque noir, qui la conduira droit au sérail de Ferney. Sur ce beau corps vous pourrez faire quelque expérience de physique, en animant par le feu de Prométhée quelque embryon qui héritera de votre beau génie.

Madame la landgrave de Darmstadt[1] est de retour de Pétersbourg. Elle ne tarit point sur les éloges de l'impératrice et des choses utiles qu'elle a exécutées, et des grands projets qu'elle médite encore. Diderot et Grimm y passeront l'hiver. Cette cour réunit le faste, la magnificence, et la politesse; et l'impératrice surpasse tout le reste par l'accueil gracieux qu'elle fait aux étrangers.

Après vous avoir parlé de cette cour, comment vous entretenir des jésuites? Ce n'est qu'en faveur de l'instruction de

---

[1] Voyez lettre 6595. B.

la jeunesse que je les ai conservés. Le pape leur a coupé la queue; ils ne peuvent plus servir, comme les renards de Samson, pour embraser les moissons des Philistins. D'ailleurs la Silésie n'a produit ni de P. Guignard, ni de Malagrida. Nos Allemands n'ont pas les passions aussi vives que les peuples méridionaux.

Si toutes ces raisons ne vous touchent point, j'en alléguerai une plus forte: j'ai promis, par la paix de Dresde, que la religion demeurerait *in statu quo* dans mes provinces. Or j'ai eu des jésuites, donc il faut les conserver. Les princes catholiques ont tout à propos un pape à leur disposition, qui les absout de leurs serments par la plénitude de sa puissance: pour moi, personne ne peut m'absoudre, je suis obligé de garder ma parole, et le pape se croirait pollué s'il me bénissait; il se ferait couper les doigts avec lesquels il aurait donné l'absolution à un maudit hérétique de ma trempe.

Si vous ne me reprochez point mes jésuites, je ne vous dirai pas le mot de vos picpus. Nous sommes à deux de jeu. Mes jésuites ont produit de grands hommes, en dernier lieu encore le P. Tournemine, votre recteur: les capucins se targuent de saint Cucufin, dont ils peuvent s'applaudir à leur aise. Mais vous protégez ces gens, et vous seul valez tout ce qu'Ignace a produit de meilleur: aussi j'admire et je me tais, en assurant le patriarche de Ferney que le philosophe de Sans-Souci l'admirera jusqu'à la fin de l'existence dudit philosophe. *Vale.* Fédéric.

6653. A M. LE MARÉCHAL DUC DE RICHELIEU.

A Ferney, 10 décembre.

Le vieux malingre de Ferney, monseigneur, a toujours le cœur très jeune et très sensible. Soyez bien sûr qu'il est profondément touché de votre perte[1], et qu'il n'aurait désiré d'être à Paris que pour vous

---

[1] Voyez lettre 6636. B.

demander la permission de s'enfermer avec vous dans les premiers jours de votre douleur; mais je regarde comme un bonheur pour vous les assujettissements de votre place à la cour, qui font nécessairement une diversion qui vous arrache à vous-même; votre cœur se serait rongé, si vous n'aviez pas été rejeté malgré vous dans un fracas dont vous ne pouvez vous dispenser. Ce fracas ne console point, mais il empêche que l'esprit ne se livre continuellement à la contemplation de ce que l'on regrette; c'est une espèce de petit mal qui en guérit un grand. Vous savez que Louis XIV, dont quelques uns de nos beaux-esprits se plaisent aujourd'hui à dire tant de mal, allait à la chasse le jour qu'il avait perdu ses enfants [1]. Il fesait fort bien : il faut secouer son corps quand l'ame est abattue.

J'espère encore me traîner à Bordeaux quand vous y serez, car je ne voulais aller à Paris que pour vous; et pourvu que je vous fasse ma cour incognito, dans vos moments de loisir, il m'importe peu que ce soit à Paris ou à Bordeaux.

Je ne vous ai point envoyé je ne sais quelle petite *Tactique* qui a couru dans Paris; elle avait été faite dans le premier temps de votre affliction; et, lorsque j'appris cette triste nouvelle, je fus bien loin de vous parler d'amusements. Je vous en enverrais une copie, si vous me donniez vos ordres, et si tous les détails importants dans lesquels vous êtes obligé d'entrer vous laissaient un moment pour jeter un coup d'œil sur ces misères. Il y a dans cette *Tac-*

---

[1] Voyez tome XXXVII, pages 60-61. B.

tique un petit mot qui vous regarde¹; et, quoiqu'on m'ait mandé² que M. le baron d'Espagnac m'a contredit dans son *Histoire de M. le maréchal de Saxe*, je crois pourtant que j'ai raison. Il y a toujours des contradicteurs qui croient disposer des places dans le temple de la gloire; mais il n'y a que la vérité qui les donne. Cette gloire, que vous avez si justement acquise, doit être votre plus grande consolation : c'est votre bien propre, et que personne ne peut vous ravir.

Conservez vos bontés, monseigneur, pour le plus ancien de vos serviteurs, qui vivra et qui mourra plein de l'attachement et du respect qu'il vous a voués.

6654. A MADAME NECKER.

De Ferney, 11 décembre.

Vous m'avez écrit, madame, une lettre charmante, une lettre qui m'enivrerait d'amour-propre, si l'amour-propre n'était pas étouffé par tous les sentiments que vous inspirez; et cependant vous n'avez eu de nouvelles de moi que par je ne sais quelle *Tactique* assez informe et assez mal copiée. Je ne crois pas que la tactique soit votre art favori; votre art est précisément tout le contraire. Si je ne vous ai pas remerciée plus tôt, madame, ce n'est pas assurément par indifférence : c'est un sentiment que personne n'a pour vous; mais c'est que je passe la fin de ma vie

---

¹ Les deux vers où il parle des quatre canons qui firent gagner la bataille de Fontenoy. B.

² Dans la lettre 6683, Voltaire reconnait qu'on l'avait mal informé. B.

dans les souffrances, et, quand j'ai un petit moment de relâche, je fais des *Tactiques*, ou je vous écris.

J'apprends que vous êtes liée depuis peu avec madame du Deffand ; je vous en fais mon compliment à toutes deux. Je voudrais bien me trouver en tiers, mais j'en suis très indigne. La privation des yeux n'ôte rien à l'esprit de société, rend l'ame plus attentive, et augmente même l'imagination. Vous avez tout cela, et, qui plus est, vous avez des yeux ; mais qui souffre n'est bon à rien.

Nous avons très peu de neige cette année dans votre ancienne patrie. Cette bonté fort rare de la Providence, dans ce climat, me conserve la vue ; mais le reste va bien mal : je suis obligé de fermer ma porte à tout le monde ; la nature m'a mis en prison dans ma chambre.

Savez-vous, madame, une aventure de votre pays, qu'il faut que vous contiez à madame du Deffand ? savez-vous que mademoiselle Lullin, fille de votre petit secrétaire d'état Lullin, et plus petite que lui, s'était éprise, à l'âge de seize ans, du fils d'Huber, le grand découpeur, et que, dès que ce jeune homme est revenu de Paris entièrement aveugle, elle a été au plus vite le demander en mariage à son père, et lui a déclaré qu'elle n'aurait jamais un autre mari, et que, dès qu'elle aurait vingt-cinq ans, elle consommerait cette belle affaire ? Ce serait Psyché amoureuse de l'Amour, si ces deux enfants étaient plus jolis.

Pour moi, si je n'étais point hors de combat, je demanderais madame du Deffand en mariage, attendu que vous êtes pourvue, et la mieux pourvue du monde.

Le sage panégyriste de Jean-Baptiste Colbert [1] avait bien raison de dire que le commerce des Indes ne valait pas grand'chose; j'éprouve qu'il n'est pas meilleur pour les particuliers qu'il ne l'a été pour la compagnie. Ce grave auteur, quel qu'il soit, a le nez fin. Je lui présente mon respect, ainsi qu'à vous, madame, du fond de mon cœur.

6655. A M. DALEMBERT.

15 décembre.

Vraiment Raton s'est brûlé les pattes jusqu'aux os. L'auteur de la page 101 dit [2] précisément les mêmes choses que moi, et il les répète encore à la page 105. Cher Bertrand, ayez pitié de Raton; vous sentez qu'il est dans une position critique. Il a tant tiré de marrons du feu, que les maîtres des marrons, dont il a plus d'une fois gâté le souper, ont juré de l'exterminer à la première occasion; et il n'y a point de chat que ces drôles-là ne se promettent de prendre, fût-il réfugié dans la cuisine ou dans le grenier. Il faut donc absolument que Raton fasse patte de velours.

Je trouve la manière dont on traite La Harpe bien injuste et bien dure. Il a du génie, et il est, à mon gré, le seul qui pourrait soutenir le théâtre tragique.

J'ai supplié M. le marquis de Condorcet de vouloir

---

[1] Necker; voyez page 357. B.
[2] Voyez ma note, page 380. B.

bien m'envoyer l'*Éloge de Fontaine*, en cas que ma demande ne soit pas indiscrète. Ce Fontaine, autant qu'il peut m'en souvenir, était un compilateur d'*ana*, tout farci d'idées creuses. M. de Condorcet me paraît bien au-dessus de tous ceux dont il fait l'éloge

N'est-ce pas vous, mon illustre Bertrand, qui m'avez adressé M. de Lisle, capitaine de dragons? En ce cas, il faut que je vous en remercie; car il a bien de l'esprit, bien du goût, et il est, de plus, un des meilleurs cacouacs que nous ayons.

La nouvelle édition de l'*Encyclopédie* va paraître à Genève.

On y imprime in-4° un *Corneille*, avec un commentaire de Raton. Ce commentaire est plus ample de moitié. On se prosterne devant les belles tirades, à qui on doit d'autant plus de respect, que ce sont des beautés dont on n'avait pas d'idée dans notre langue; mais on donne des coups de griffe épouvantables à tout le reste. On ne doit de respect qu'à ce qui est beau. C'est se moquer du monde que de dire : Admirez des sottises, parceque l'auteur a fait autrefois de bonnes choses.

Je vous embrasse bien tendrement. Miaau.

6656. A M. LE CHEVALIER DE LISLE.

A Ferney, 15 décembre.

Je vous dois, monsieur, quatre remerciements pour vos quatre faveurs, qui sont deux lettres charmantes, votre hymne sur saint Nicolas, qui devrait être chanté dans toutes les églises, et vos douze perroquets de la cour d'Auguste[1].

A l'égard de saint Nicolas, par lequel il faut commencer, puisqu'il est votre patron, il mérite sans doute tout le bien que vous dites de lui, car pendant sa vie il ressuscitait tous les matelots qui s'avisaient de mourir sur mer; et, après sa mort, son portrait étant tombé entre les mains d'un Vandale qui ne croyait pas en Dieu, ce Vandale allant en voyage pria le portrait de lui garder son argent comptant. A peine fut-il parti, que des voleurs vinrent prendre le magot. Le Vandale de retour battit l'image de Nicolas, et la jeta dans la rivière. Nicolas descendit du haut du ciel, repêcha son image, la rapporta au Vandale avec son argent : Apprenez, lui dit-il, à ne plus battre les saints. Le cousin[2] qui baptisa le cousin n'a jamais rien fait de plus beau.

Madame la maréchale de Luxembourg me paraît avoir raison. *Emporter le chat* signifie à peu près *faire un trou à la lune.* Les savants pourront y trouver quelques petites différences : ils diront qu'emporter le chat signifie simplement partir sans dire adieu, et faire un trou à la lune veut dire s'enfuir de nuit pour une mauvaise affaire. Un ami qui part le matin de la maison de campagne de son ami a emporté le chat; un banqueroutier qui s'est enfui a fait un trou à la lune. Voilà tout ce que je sais sur cette grande question.

---

[1] Cette dernière pièce est imprimée dans l'*Almanach des Muses* de 1774, page 35; elle est intitulée *Avis aux princes.* B.

[2] Saint Jean-Baptiste. B.

L'étymologie du *trou à la lune* est toute naturelle pour un homme qui s'est évadé de nuit; à l'égard du chat, cela souffre de grandes difficultés. Madame de Moncornillon, à qui Dieu fesait voir toutes les nuits un trou à la lune, ce qui marquait évidemment qu'il manquait une fête à l'Église, n'emporta point le chat. C'est bien dommage que le grand Moncrif, favori de la reine et des chats[1], soit mort à mon âge; il aurait assurément éclairci cette question importante..

Je vois, monsieur, que vous êtes dans le temple de Cérès[2] aussi bien que dans celui de l'honneur et de la félicité. Vingt charrues à-la-fois sont sans doute un plus beau spectacle que vingt opéra médiocres qui auraient fait bâiller Cérès et Triptolème. J'ai eu une fois l'insolence de faire marcher sept charrues de front dans un champ de mes déserts, d'où je n'écris point de *Tristes de Ponto*. Il n'appartient point à Naso d'avoir autant de charrues que Pollio.

Je sais qu'il y a quelques Juifs dans les colonies anglaises. Ces marauds-là vont partout où il y a de l'argent à gagner, comme les Guèbres, les Banians, les Arméniens, courent toute l'Asie, et comme les prêtres isiaques venaient, sous le nom de Bohêmes, voler des poules dans les basses-cours, et dire la bonne aventure. Mais que ces déprépucés d'Israël, qui vendent de vieilles culottes aux sauvages, se disent de la tribu de Nephthali ou d'Issachar, cela est fort peu im-

---

[1] Il a été leur historien. Son *Histoire des chats* a eu plusieurs éditions; la première est de 1727. B.
[2] Chanteloup. K.

portant; ils n'en sont pas moins les plus grands gueux qui aient jamais souillé la face du globe.

Il me reste à vous dire ce que je pense du procès de Beaumarchais; je crois ne m'être pas trompé sur le procès du comte de Morangiés, du général Lally, de Calas, de Sirven, et de Montbailli. Je me suis fait Perrin Dandin; je juge les procès au coin de mon feu, et j'ai jugé celui de Beaumarchais dans ma tête; mais je me garderai bien de prononcer tout haut mon jugement. Je prévois déjà que *messieurs* ne seront pas tout-à-fait de mon avis tout haut, quoique dans le fond du cœur ils en soient tout bas.

Je crois, monsieur, avoir répondu tant bien que mal à tous vos articles; mais il y en a un qui me tient bien plus au cœur, c'est celui de l'espérance que j'ai de vous revoir, si jamais vous allez consulter Tissot, ou si votre régiment est en Franche-Comté.

Conservez vos bontés pour le vieux bavard malingre.

6657. A M. LE BARON D'ESPAGNAC[1],

GOUVERNEUR DE L'HÔTEL ROYAL DES INVALIDES.

A Ferney, 15 décembre.

La première chose que j'ai faite, monsieur, en recevant votre livre, c'a été de passer presque toute la nuit à le lire avec mes yeux de quatre-vingts ans; et le premier devoir dont je m'acquitte en m'éveillant

---

[1] Jean-Baptiste Damazet de Sahuguet, baron d'Espagnac, né en 1713, mort en 1783, est auteur d'une *Histoire de Maurice, comte de Saxe*, 1773, trois volumes in-4°, ou deux volumes in-12. B.

est de vous remercier de l'honneur et du plaisir extrême que vous m'avez faits.

J'ai déjà lu ce qui regarde la guerre de Bohême, et je n'ai pu m'empêcher d'aller vite à la bataille de Fontenoy, en attendant que je relise tout l'ouvrage d'un bout à l'autre. On m'avait dit que vous donniez d'autres idées que moi de cette mémorable journée de Fontenoy[1] : je me préparais déjà à me corriger ; mais j'ai vu avec une grande satisfaction que vous daignez justifier le petit précis que j'en avais donné sous les yeux de M. le comte d'Argenson. Il n'appartient qu'à un officier tel que vous, monsieur, qui avez servi avec tant de distinction, d'entrer dans tous les détails intéressants que mon ignorance de l'art de la guerre ne me permettait pas de développer. Je regarde votre histoire comme une instruction à tous les officiers, et comme un grand encouragement à bien servir l'état. Vous rendez justice à chacun, sans blesser jamais l'amour-propre de personne. Vous faites seulement sentir très sagement, par les propres lettres du maréchal de Saxe, combien il était supérieur aux généraux de Charles VII, électeur de Bavière. Il n'y a guère d'officier blessé ou tué dans le cours de cette guerre, dont la famille ne trouve le nom soit dans vos notes, soit dans le corps de l'histoire.

Votre ouvrage sera lu par toute la nation, et principalement par ceux qui sont destinés à la guerre.

Vous êtes très exact dans toutes les dates, c'est le

---

[1] En ce qui concernait Richelieu ; voyez ci-dessus, lettre 6653 ; et tome XXI, 142 ; LVI, 736. B.

moindre de vos mérites; mais il est nécessaire, et c'est ce qui manque aux *Commentaires* de César, et même à Polybe.

Vous ne pouviez, monsieur, employer plus dignement le noble loisir dont vous jouissez qu'en instruisant la nation pour laquelle vous avez combattu.

Agréez ma reconnaissance de l'honneur que vous m'avez fait, et le respect avec lequel je serai, tant qu'il me restera un peu de vie, monsieur, votre très humble et très obéissant serviteur.

P. S. Je viens de lire le portrait du maréchal de Saxe, qui est à la fin du second volume; il est de main de maître, et écrit comme il convient. J'ose espérer qu'on fera bientôt une nouvelle édition in-4°, avec des planches qui me paraissent absolument nécessaires pour l'instruction de tout le militaire.

6658. A M. LE COMTE D'ARGENTAL.

A Ferney, 18 décembre.

Je crois, mon cher ange, vous avoir dit dans ma dernière lettre [1] combien j'étais touché de la mort de M. de Chauvelin. Voilà donc les trois Chauvelin anéantis. Celui-là était le plus aimable des trois et le plus raisonnable. Tout ce que nous voyons périr fait faire des réflexions qui ne sont pas plaisantes. Je suis presque honteux de vivre, et je ne sais pas trop pourquoi j'aime encore la vie.

[1] Elle est perdue. Chauvelin (François-Claude, marquis de) était mort subitement à Versailles en novembre; la dernière lettre à d'Argental est du 15 novembre (n° 6639); Voltaire n'y parle pas de Chauvelin. B.

Je sens que je suis un mauvais père, et tout le contraire des bons vieillards. Je me détache de mes enfants à mesure que j'avance en âge, et que mes souffrances augmentent.

Voici pourtant la manière dont je voudrais finir *Sophonisbe*, à laquelle vous daignez vous intéresser :

> ....Ils sont morts en Romains.
> Grands dieux! puissé-je un jour, ayant dompté Carthage,
> Quitter Rome et la vie avec même courage[1] !

Il me semble qu'il serait trop sec de finir par ce petit mot: *Ils sont morts en Romains*. L'étriqué me déplaît autant que le trop d'ampleur. D'ailleurs c'est une espèce d'avant-goût de ce qui arriva depuis à ce Scipion l'Africain.

Je ne puis rien pour la scène du mariage, et la tête me fend.

Portez-vous bien, vous et madame d'Argental. C'est à vous de vivre, car je vous crois heureux autant que faire se peut; pour moi, il n'importe.

Respect et tendresse.

6659. DU CARDINAL DE BERNIS.

A Rome, ce 19 décembre.

J'ai fait ce que j'ai pu, mon cher confrère, pour établir ici avec sûreté pour vos horlogers la branche de commerce que vous m'aviez proposée. Cela n'est pas possible. Vous sentez que je ne veux pas et que je ne dois pas répondre de la bonne foi des correspondants. Ce pays-ci est sans commerce. Le pape paraît avoir envie d'y protéger les arts, et de suivre dans les choses essentielles les traces et les principes

---

[1] C'est en effet ainsi que se termine la pièce; voyez t. IX, p. 183. B.

de Benoît XIV. Il ne saurait mieux faire pour sa gloire et pour la tranquillité publique. Il y a un siècle que je n'ai reçu de vos nouvelles. On m'a envoyé une épître au roi de la Chine, pleine de fautes, et où il y a des vers heureux; un testament que vous n'avez écrit ni dicté, et quelques brochures. Le bon goût se perd; vos écrits le soutiennent. Puissiez-vous le guider encore long-temps! Vous aurez regretté le président Hénault. Sa maison manquera à Paris. Les gens aimables et sociables y deviendront toujours plus rares.

Adieu, mon cher confrère; je vous aimerai toute ma vie, sans préjudice à l'admiration qui vous est due, et dont je fais profession.

6660. A M. DE MAUPEOU,
CHANCELIER DE FRANCE.

A Ferney, 20 décembre.

Monseigneur, je commence par vous demander pardon de ce que je vais avoir l'honneur de vous écrire.

Vous avez méprisé, avec tous les honnêtes gens du royaume, plus d'un libelle écrit par la canaille et pour la canaille. L'abbé Mignot, outragé comme vous dans ces libelles écrits probablement par quelque laquais d'un ancien parlementaire, a suivi votre exemple; et peut-être même ni vous, monseigneur, ni lui, n'avez daigné jeter les yeux sur ces misérables écrits. Cependant il y a des calomnies qui ne laissent pas de faire quelque tort à la magistrature; et, quand on en connaît les auteurs, quand ils mettent eux-mêmes leur nom à la tête d'une brochure, j'ose croire qu'il est permis de vous en demander la suppression.

On avait dit, dans deux libelles contre vous et contre votre parlement, que l'abbé Mignot est le petit-fils du pâtissier Mignot, dont Boileau dit, dans ses *Satires*, que

Dans le monde entier
Jamais empoisonneur ne sut mieux son métier.
Sat. III, v. 67.

Je ne sais pas si en effet cet homme était un si mauvais cuisinier, ni même si ces vers de Boileau sont si bons; mais je sais que mon neveu est le fils d'un correcteur des comptes, petit-fils et arrière-petit-fils de secrétaires du roi, et que sa famille, anoblie depuis plus de cent cinquante ans, établit la manufacture des draps de Sedan, et fut par conséquent plus utile au royaume que le feseur de petits pâtés.

Cependant un nommé Clément, fils d'un procureur de Dijon, qui n'exerce plus depuis 1771, s'avise de répéter cette sottise dans une brochure littéraire à moi adressée, intitulée *Quatrième Lettre à M. de Voltaire*, par M. Clément. A Paris, chez Moutard, libraire de madame la dauphine, rue du Hurepoix, à Saint-Ambroise. Ce Clément, chassé de Dijon, et demeurant à Paris, a été déjà mis en prison par la police.

Il dit, page 83, que le pâtissier Mignot est mon oncle. Je ne serais pas fâché d'avoir eu pour oncle un traiteur, si on avait fait bonne chère chez lui; mais, dans un ouvrage de littérature, imprimé avec permission, et que tout le monde lit, cette petite calomnie jette un très grand ridicule sur la tête à cheveux blancs d'un conseiller de grand'chambre, et avilit un corps que vous avez voulu honorer.

Les libelles contre les grands sont des grains de sable qui ne peuvent aller jusqu'à eux; mais les libelles contre de simples citoyens sont des cailloux qui leur cassent quelquefois la tête.

Je finis, comme j'ai commencé, par vous demander pardon de vous importuner pour cette misère.

Je suis avec le plus profond respect et le plus sincère attachement, monseigneur, etc.

6661. A M. D'ÉTALLONDE DE MORIVAL.

20 décembre.

Je commence par vous assurer, monsieur, que le mot de flétrissure dont vous vous servez en parlant de cette malheureuse affaire ne convient qu'à vos exécrables juges; ce sont eux qui seront flétris jusqu'à la dernière postérité, et c'est ainsi que pensent tous les honnêtes gens du royaume.

J'ai pris la liberté d'écrire plus d'une fois à votre sujet au monarque que vous servez. Il m'a répondu avec bonté qu'il aurait soin de votre avancement. Je suis d'ailleurs convaincu que, si le diocèse d'Amiens était en sa puissance, ce que vous demandez si justement serait bientôt fait.

J'ignore si, dans l'état présent des affaires de l'Europe, il serait convenable de demander la protection du roi de Prusse auprès du roi de France pour un de ses officiers né Français. J'ignore même si votre démarche ne pourrait pas faire craindre que vous quittassiez le service d'un prince auquel vous avez consacré toute votre vie, et que vous n'abandonnerez jamais.

De plus, si M. le marquis de Pons, envoyé extraordinaire auprès de sa majesté le roi de Prusse, était chargé de votre affaire, il s'adresserait nécessairement au ministre des affaires étrangères, et c'est au chancelier qu'il faut s'adresser. C'est le chancelier qui scelle et qui délivre les lettres de grace, ou d'abolition, ou de rémission, ou de réhabilitation.

Le point principal est de vous rendre capable de succéder, et de jouir en France de tous vos droits de citoyen, quoique vous serviez un autre monarque. Toutes ces considérations exigeront probablement que vous soyez en France pendant le temps qu'on sollicitera la justice qui vous est due.

Il s'agirait donc, pour y parvenir, de venir en France pendant quelques mois. Je supplierais sa majesté le roi de Prusse de vous accorder un congé d'un an; et, s'il m'accordait cette grace, ma petite retraite de Ferney serait à votre service. Elle est à une lieue de Genève, de la Suisse, et de la Savoie. Vous y seriez en sûreté comme à Vesel. Vous y trouveriez au printemps un ancien capitaine de cavalerie[1] qui était auprès d'Abbeville dans le temps de cette funeste aventure, et qui regarde vos juges avec la même exécration qu'il manifesta alors publiquement. Ma petite terre malheureusement n'est pas un pays de chasse; vous n'y trouveriez d'autre amusement

[1] Le marquis de Florian. C'est d'une de ses lettres qu'est l'*Extrait* imprimé tome LXIII, page 227. B.

que celui d'un peu de société les soirs, et une petite bibliothèque, si vous aimez la lecture.

Pendant votre séjour dans ce petit coin de terre, nous verrions à loisir quels moyens les plus prompts il faudrait prendre. Monsieur le chancelier m'honore d'une extrême bonté. J'ai un neveu[1] conseiller de grand'chambre au parlement de Paris, qui a beaucoup de crédit dans son corps, et qui pense en honnête homme. Nous vous servirions de notre mieux; et, s'il était nécessaire d'implorer la protection du roi de Prusse, et de demander ses bons offices auprès de la cour de France, j'y serais d'autant plus autorisé que, n'étant absent que par congé, vous seriez toujours à son service.

Mon âge et mes maladies ne m'empêcheraient pas d'agir avec vivacité. J'y mettrai plus de chaleur que la vieillesse n'a de glace. En un mot, monsieur, vous pouvez disposer entièrement de votre très humble, etc.

6662. A M. MARMONTEL.

22 décembre.

On dit, mon cher successeur[2], que vous vous mariez. Ce n'est point en cela que vous êtes mon successeur : il ne m'a jamais appartenu de donner des exemples en amour. Si la nouvelle est vraie, je vous en fais mon compliment; si elle est fausse, je vous en félicite encore.

---

[1] L'abbé Miguot; voyez tome XLVII, page 31. B.
[2] A la mort de Duclos en 1772, Marmontel avait été nommé historiographe de France, place qu'avait eue Voltaire; voyez t. XIII, p. 326. B.

Je vous envoie une petite édition de *la Tactique*, bonne ou mauvaise, qu'on dit faite à Lyon. Il y a un petit mot pour notre ami Clément et pour notre ami Sabatier[1]. Il est vrai que ces cuistres ne méritaient pas de se trouver en bonne compagnie; mais ils n'y sont que comme des chiens qu'on chasse d'une église.

Ce Clément ne cesse de vous attaquer dans les admirables *Lettres*[2] qu'il m'adresse. Est-ce que vous ne replongerez pas un jour ce polisson dans le bourbier dont il s'efforce de se tirer?

Je ne sais si vous avez reçu deux petits billets[3] que je vous avais écrits, et que j'avais adressés imprudemment dans la rue des Marais.

Marié ou non, conservez un peu d'amitié pour un vieux malade qui ne cessera de vous aimer que quand il ne sera plus.

6663. A MADAME LA MARQUISE DU DEFFAND.

24 décembre.

Quoique je n'aie rien d'intéressant à vous dire, madame; quoique je n'aie aucune nouvelle à vous mander ni de la Suisse, ni de Genève, ni de l'Allemagne; quoiqu'on m'écrive que vous vous divertissez,

---

[1] Au fond d'un galetas Clément et Savatier
Font la guerre au bon sens sur des tas de papier. B.

[2] Clément de Dijon (voyez tome XLVIII, page 120) a publié, de 1773 à 1776, une *Première lettre à M. de Voltaire*, et une 2ᵉ, 3ᵉ, 4ᵉ, 5ᵉ, 6ᵉ, 7ᵉ, 8ᵉ et 9ᵉ; on y joint *De la Tragédie*, 1774, deux parties in-8°. B.

[3] L'un des deux est le n° 6647; l'autre doit être perdu, car il n'est pas à croire que Voltaire veuille parler de sa lettre du 9 auguste, n° 6594. B.

que vous donnez à souper la moitié de la semaine, et que vous allez souper en ville l'autre moitié; quoique d'ordinaire je ne puisse prendre sur moi d'écrire une lettre sans avoir un sujet pressant de le faire; quoique mes journées soient remplies par des occupations qui m'accablent, et qui ne me laissent pas un moment, il faut pourtant vous écrire, dussé-je vous ennuyer.

Je ne veux pas vous conter l'aventure d'une jeune fille amoureuse d'un aveugle [1]; j'ai prié madame Necker de vous la dire, et elle s'en acquittera bien mieux que moi; mais je ne peux réprimer l'impertinence que j'ai de vous envoyer un des cailloux de mon jardin, puisque vous m'avez ordonné de jeter les pierres de mon jardin dans le vôtre.

Ce caillou est fort plat, mais heureusement il est fort petit [2]. Je l'ai jeté à la tête d'une dame [3] qui était tout émerveillée que je fusse assez fou pour faire encore des vers dans un âge où l'on ne doit dire que son *In manus*.

Pardonnez-moi donc la liberté grande de mettre à vos pieds cette sottise. Il y a pourtant dans cette pauvreté je ne sais quoi de philosophique et d'assez vrai; mais ce n'est rien de dire vrai, il faut le bien dire; et puis cela n'est bon que pour ceux qui ont lu *Tibulle* en latin, et vous n'avez pas cet honneur. Le

---

[1] Voyez la lettre 6654. B.
[2] Ce sont les stances qui commencent ainsi :
   Eh quoi! vous êtes étonnée, etc. K.
[3] Madame Lullin; voyez tome XII, pages 552-53. B.

marquis de La Fare a traduit assez heureusement cet endroit :

> Que je vive avec toi, que j'expire à tes yeux ;
> Et puisse ma main défaillante
> Serrer encor la tienne en nos derniers adieux !

Le latin est bien plus court, plus tendre, plus énergique, plus harmonieux. M. de La Fare n'avait que soixante-quatre ans quand il fesait ces vers.

Je dois me taire en vers et en prose; mais, en me taisant, je vous serai toujours très vivement attaché. Je ferai des vœux pour que vous viviez beaucoup plus long-temps que moi, pour qu'une santé parfaite vous console de ce que vous avez perdu, pour que vous jouissiez d'un excellent estomac, pour que vous soyez aussi heureuse qu'on peut l'être dans un monde où les douleurs et les privations sont d'une nécessité absolue.

6664. A M. LE CHEVALIER DE CHASTELLUX.

24 décembre.

Je suis charmé, monsieur, d'apprendre qu'on a traduit en anglais *la Félicité publique* [1]; car on pourrait bien prendre ce livre pour l'ouvrage de quelque Anglais comme Locke ou Addison. Je le lirai certainement en anglais, pour éclaircir mes doutes sur l'auteur.

A l'égard de la traduction allemande, je ne sais pas assez cette langue pour en juger. Je lisais autre-

---

[1] Voyez page 61. B.

fois le *Zeitung*[1], et encore avec assez de peine; mais j'ai tout oublié. C'est assurément la marque d'un bon livre d'être traduit partout. Pour la plupart des ouvrages qu'on fait aujourd'hui en France, ils ne seront jamais traduits qu'en ridicule. Je ne savais pas que vous eussiez honoré père Adam d'un petit mot de lettre, ou je l'avais oublié, et je vous en demande pardon.

Je n'espère pas, monsieur, avoir l'honneur et la consolation de vous revoir une seconde fois. Je suis dans un âge et dans un état qui ne me permettent pas de m'en flatter; mais, si jamais le hasard vous ramenait vers nos quartiers, je vous demanderais en grace de daigner vous détourner un peu pour passer à Ferney. Je n'ai point assez joui de l'honneur que vous m'avez fait, je ne me suis point assez expliqué avec vous, je ne vous ai pas assez entendu; je voudrais réparer mes fautes avant de partir.

Je vous souhaite, monsieur, une félicité telle que l'auteur de *la Félicité publique* la mérite. On dit que le bonheur est une chose fort rare; et c'est par cette raison-là même que je le crois fait pour vous.

Agréez, monsieur, les respectueux sentiments, etc.

6665. A CATHERINE II.

A Ferney, 30 décembre.

Madame, le roi de Prusse me fait l'honneur de me mander, du 10 décembre, que votre armée a

---

[1] C'est-à-dire le journal allemand intitulé *Allgmeine litteratur Zeitung* (Gazette générale de littérature). B.

battu celle du grand-vizir, et que Silistrie est prise. Il ajoute que le grand-vizir s'est enfui à Andrinople avec le grand étendard de Mahomet.

Je suppose qu'un roi n'est jamais trompé quand il écrit des nouvelles; et, dans cette supposition, je suis près de mourir de joie, au lieu de mourir de vieillesse, comme on me l'annonçait tout-à-l'heure avant que je reçusse la lettre du roi de Prusse.

Mort ou vif, il est bien fâcheux d'être si loin des merveilles de votre règne, et M. Diderot est un heureux homme; mais aussi il mérite son bonheur. Pour moi, j'expire dans le désespoir de n'avoir pu voir mon héroïne qui sera celle du monde entier, et de n'avoir pu lui présenter mon très profond et très inutile respect.

6666. A M. LE COMTE D'ARGENTAL.

30 décembre.

Mon cher ange, votre lettre du 19 décembre me confirme dans les soupçons que j'avais depuis long-temps. Je n'ai point reçu celle que vous m'avez écrite par M. de Varicourt, qui a été très long-temps malade. L'homme dont vous me parlez[1] commence à être connu; je n'ai autre chose à faire qu'à me taire.

J'ai lu cette pauvre *Orphanis*[2]. Cela est très digne du siècle où nous sommes. Tout me dégoûte du théâtre, et pièces et comédiens. Sans Lekain, il fau-

---

[1] Marin. B.
[2] Tragédie de Blin de Sainmore, jouée le 25 septembre 1773. B.

drait donner la préférence à Gilles sur le Théâtre-Français.

Il ne me reste plus qu'à cultiver mon jardin[1] après avoir couru le monde : mais malheureusement on ne cultive point son jardin pendant l'hiver, et cet hiver est furieusement long entre les Alpes et le mont Jura. Il faut donc mourir sans vous avoir revu et sans vous avoir embrassé.

Je n'ai pour ma consolation qu'un procès très désagréable que me fait un polisson de Genève, au sujet d'une petite terre[2] auprès de Ferney que j'avais achetée de lui pour madame Denis.

Voici dans mes détresses une autre petite affaire que je confie à votre générosité.

La Harpe me paraît être dans une situation assez pressante, et je n'ai pas de quoi l'assister, parceque M. le duc de Wurtemberg ne me paie plus, et que M. Delaleu est considérablement en avance avec moi. Si vous pouviez donner pour moi vingt-cinq louis à La Harpe, vous me feriez un plaisir infini. On dit qu'il a fait une excellente tragédie des *Barmécides*. L'avez-vous vue? en êtes-vous aussi content que lui?

Je ne sais s'il sera jamais un grand tragique; mais il est le seul qui ait du goût et du style; c'est le seul qui donne des espérances, le seul peut-être qui mérite d'être encouragé, et on le persécute.

Si les vingt-cinq louis vous gênent, mandez-le-moi hardiment.

J'ai lu tous les mémoires de Beaumarchais, et je

---

[1] Comme Candide; voyez tome XXXIII, page 344. E.
[2] Voyez lettre 6669. B.

ne me suis jamais tant amusé. J'ai peur que ce brillant écervelé n'ait au fond raison contre tout le monde. Que de friponneries, ô ciel! que d'horreurs! que d'avilissement dans la nation! quel désagrément pour le parlement! que mon Caton d'abbé Mignot est ébouriffé! il vaudrait mieux manger en paix de meilleurs petits pâtés que n'en fesait l'empoisonneur Mignot, qu'il a plu à messieurs les auteurs des *OEufs rouges*[1], et à M. Clément, de faire passer pour son grand-père. M. Clément imprime cette belle généalogie dans une des lettres qu'il me fait l'honneur de m'écrire avec une permission tacite. Encore une fois, nous sommes dans un étrange temps. Dieu soit béni! la tête m'en tourne. Je me mets, au milieu de mes frimas, sous les ailes de mes anges.

6667. A FRÉDÉRIC II, ROI DE PRUSSE.

Décembre.

Sire, me voilà bien loin de mon compte: tous les gens de lettres m'avaient fait compliment sur la manière assez neuve dont j'avais fait l'éloge des héros en les donnant au diable[2]; on trouvait que ce tour

[1] C'est Pidansat de Mairobert (voyez tome LVI, page 408) qui est auteur du pamphlet contre le chancelier Maupeou, intitulé *les OEufs rouges de monseigneur Sorhouet mourant, à M. de Maupeou*, in-8° et in-12. B.

[2] La pièce intitulée *la Tactique* avait déplu au roi de Prusse; et l'on aperçoit quelques traces d'humeur dans plusieurs de ses lettres; il en manque une, où il avait apparemment marqué cette humeur avec plus de force. K. — Les éditions de Kehl ne donnaient pas les lettres du roi, des 4 janvier et 9 février 1774. Ces lettres, qui portent dans la présente édition les n°s 6670 et 6690, y sont placées comme dans l'édition des *OEuvres de Frédéric*, faite à Berlin; mais elles sont, dans l'édition d'Amsterdam (Liége), mises à décembre, *sans date du jour*. B.

n'était pas sans quelque finesse. Rousseau avait dit :

> Mais à la place de Socrate,
> Le fameux vainqueur de l'Euphrate
> Sera le dernier des mortels.
> *Ode à la Fortune.*

Cette idée paraissait aussi fausse que grossière à tous les connaisseurs : en effet, il y a une extravagance plus que cynique à dire au capitaine général de la Grèce, au vainqueur du maître de l'Asie, au vengeur de l'assassinat de Darius, au héros qui bâtit plus de villes que Gengis-kan n'en détruisit, à celui qui changea la route du commerce du monde : *Tu es le dernier des mortels.* Mais de plaindre les hommes qui souffrent du fléau de la guerre, et d'admirer en même temps les maîtres de ce grand art, cruel, mais nécessaire, et de louer les Cyrus, les Alexandre, les Gustave, etc., en feignant de se fâcher contre eux; c'est ce qui a plu à tout le monde, excepté à la dame dont j'ai eu l'honneur de vous parler[1].

Si j'avais eu un congé à demander à Alexandre pour quelque officier grec condamné par l'aréopage, je l'aurais demandé en lui envoyant *la Tactique.*

L'ancien parlement de Paris était beaucoup plus injuste que l'aréopage, et vous valez bien cet Alexandre[2] à qui Juvénal et Boileau ont dit tant d'injures.

Je me mets à vos pieds, sire, pour ce jeune Morival. Votre majesté ajoutera cette belle action à tant

---

[1] Lettre 6650; c'était madame Necker; voyez page 381. B.

[2] Voltaire a toujours pris la défense d'Alexandre; voyez tome XVII, page 363; XXVI, 164; et XLIV, 405. B.

d'autres. Rien n'est plus digne de vous que de le protéger; le vieillard de Ferney vous aura la plus grande obligation, et il mourra content.

Agréez, sire, ma respectueuse et vive reconnaissance.

6668. A SA MAJESTÉ LA REINE DE SUÈDE[1].

Madame, l'honneur que me fait votre majesté redouble le petit chagrin d'avoir quatre-vingts ans, et d'être sur le bord du lac de Genève, au lieu d'être venu faire ma cour au lac Meler. Je ne pourrais mourir content qu'après m'être jeté à vos pieds et à ceux du roi votre digne fils; et je ne peux être consolé de cette privation que par la bonté avec laquelle votre majesté a daigné se souvenir de moi. L'académie que vous protégez sera employée à célébrer le plus beau règne de la Suède. Que ne puis-je venir joindre ma faible voix à toutes celles qui sont inspirées par l'admiration et par l'amour!

Je suis avec un profond respect et la plus vive reconnaissance, madame, de votre majesté, etc.

6669. A M. LE MARQUIS DE FLORIAN.

3 janvier 1774.

Je reçois votre lettre du 26 de décembre, mon cher ami. Il y a bien long-temps que je ne vous avais écrit[2] : j'ai mal fini et mal commencé l'année; mes

---

[1] Elle était sœur du roi de Prusse; voyez tome LIV, page 607. B.
[2] La dernière lettre au marquis de Florian est du 1er avril 1771 (n° 6124). B.

maux ont augmenté, et la force de les supporter diminue.

Nous avons, pour m'achever de peindre, un procès très considérable, très désagréable, très impertinent, à soutenir contre celui qui nous avait vendu l'Ermitage, et qui veut y rentrer au bout de quatorze ans. Vous voyez que le pélerinage de cette vie n'est pas semé de roses, et que les dernières journées de la route sont presque toujours les plus épineuses. Vous ne laissez pas de rencontrer aussi quelque mauvais chemin au milieu de votre carrière, mais vous vous en tirerez heureusement. La pepie de votre serin[1] se guérira par la nature et par vos soins plus que par l'art des médecins. Il y a cent exemples de personnes qui ont vécu très long-temps avec des humeurs erratiques, qui tantôt causent des migraines, tantôt des pertes de sang qui affectent la poitrine, et qui enfin se dissipent d'elles-mêmes.

J'ai toujours été très persuadé que tous les remèdes picotants et agissants ne valaient rien pour notre cher serin, dont le sang n'est que trop vif et trop allumé. Ce principe me fait croire que les eaux minérales, de quelque nature qu'elles soient, lui seraient très dangereuses; elles ont tué madame d'Egmont. Il m'est évident qu'il n'y a de convenable que le régime. Le sang circule tout entier dans le corps humain six cents fois par jour : la médecine consiste donc à ne point charger cette rivière de sang, qui nous donne la vie, de particules étrangères qui ne

---

[1] Madame de Florian, née Denormandie; voyez tome LXVII, page 349; elle chantait fort bien. Voyez tome XIV, dans les *Poésies mêlées*. B.

sont faites ni pour nourrir ni pour laver notre corps. De petites purgations très légères, de temps en temps, aident la nature, qui cherche toujours à se dégager; mais il ne faut jamais la surcharger ni l'irriter: voilà pourquoi j'ai toujours eu une secrète aversion pour la liqueur rouge de votre médecin suisse, et beaucoup de mépris pour un homme qui n'ose pas vous dire quel remède il vous donne. La ridicule charlatanerie de deviner les maladies et les tempéraments par des urines est la honte de la médecine et de la raison. Je ne voulus pas vous dire ce que j'en pensais, parceque je vous vis trop préoccupé. J'espérais que la bonté du tempérament de notre serin le soutiendrait contre le mal que la liqueur rouge du Suisse pourrait lui faire; mais enfin, puisque vous êtes débarrassé de ce remède dangereux, je puis vous parler avec une entière liberté.

J'ai mangé un de vos petits ortolans. Je me flatte que le petit serin deviendra aussi gras qu'eux, dès qu'il sera un peu tranquille. C'est l'inquiétude, c'est le changement continuel de médecins, c'est le passage rapide d'un régime à un autre qui diminue l'embonpoint; et la tranquillité rend ce que l'inquiétude a ôté.

Je vous embrasse tous deux avec tendresse, et je vous donne rendez-vous, au printemps, dans votre charmante petite cage de Ferney.

Il n'y a rien de nouveau, excepté la nouvelle année, que je vous souhaite très heureuse.

Vous savez sans doute que le parlement a décrété son membre pourri, le sieur Goëzmann. Les mémoires de Beaumarchais sont ce que j'ai jamais vu de plus singulier, de plus fort, de plus hardi, de plus comique, de plus intéressant, de plus humiliant pour ses adversaires. Il se bat contre dix ou douze personnes à-la-fois, et les terrasse comme Arlequin sauvage renversait une escouade du guet. Cela vous amuserait beaucoup, si vous aviez le temps de vous amuser [1].

Adieu; je vous écris de mon lit, dont je ne sors presque plus.

6670. DE FRÉDÉRIC II, ROI DE PRUSSE.

Le 4 janvier.

La dame de Paris [2] avait certainement tort, et vous avez deviné juste en croyant que je ne me fâcherais pas de tout ce que vous venez d'écrire. L'amour et la haine ne se commandent point, et chacun a sur ce sujet le droit de sentir ce qu'il peut; il faut avouer néanmoins que les anciens philosophes, qui n'aimaient pas la guerre, ménageaient plus les termes que nos philosophes modernes, qui, depuis que Racine a fait entrer le mot de bourreau dans ses vers élégants, croient que ce mot a obtenu privilége de noblesse, et l'emploient indifféremment dans leur prose; mais je vous avoue que j'aimerais autant déclamer contre la fièvre quarte que contre la guerre, c'est du temps perdu; les gouvernements

---

[1] Les gens du monde s'étonnaient des tons variés de l'auteur des mémoires, dont la gaîté n'était pourtant qu'un raffinement de mépris pour tous ses lâches adversaires. D'ailleurs il savait bien qu'il n'avait à Paris que ce moyen de se faire lire : changeant de style à chaque page, égayant les indifférents, frappant au cœur des gens sensibles, et raisonnant avec les forts, au point qu'on commençait à croire que plusieurs plumes différentes travaillaient au même sujet. (*Note du correspondant général de la Société littéraire typographique.*) K. — Ces mots désignent Beaumarchais. B.

[2] Madame Necker; voyez lettres 6649 et 6650. B.

laissent brailler les cyniques, et vont leur train ; la fièvre n'en tient pas plus compte. Il ne reste de cela que des vers bien frappés, et qui témoignent, à l'étonnement de l'Europe, que votre talent ne vieillit point. Conservez cet esprit rajeuni, et, dussiez-vous faire ma satire en vers sanglants à l'âge de cent ans, je vous réponds d'avance que je ne m'en fâcherai point, et que le patriarche de Ferney peut dire tout ce qu'il lui plaît du philosophe de Sans-Souci. *Vale.*

6671. A M. LE MARQUIS DE FLORIAN.

6 janvier.

Mon cher ami, j'ai déjà répondu à votre avant-dernière lettre, et j'ai adressé la mienne à Pézénas : peut-être ai-je mal fait; mais vous avez sans doute donné ordre qu'on vous renvoyât à Montpellier toutes vos lettres.

Je réponds aujourd'hui, autant que je le peux, à votre lettre du 31 de décembre. Je dis autant que je le peux; car je suis très malade. J'ai chez moi, depuis quelques jours, M. d'Hermenches[1], qui a amené avec lui mademoiselle sa fille, et une autre demoiselle qui est aussi sa fille d'une autre façon que celle qui est autorisée dans nos pays occidentaux. Mon état m'empêche de les voir, mais il ne m'empêche pas de vous écrire. Je surmonte pour vous tous mes maux.

Vous ne savez pas encore l'aventure de deux jeunes dragons[2] qui, ayant fait de sérieuses réflexions

[1] A qui est adressée la lettre 6408, tome LXVII, page 544. B.
[2] Les *Mémoires secrets*, à la date du 28 décembre 1773, disent qu'un seul était dragon au régiment de Belzunce, et s'appelait Bourdeaux : l'autre était un tambour-major, et s'appelait Humain. Leur testament est dans la *Correspondance* de Grimm, janvier 1774. B.

sur les malheurs de cette vie, se sont tués chacun d'un coup de pistolet, le jour de Noël, dans un cabaret, à Saint-Denis, après avoir soupé amicalement ensemble, et après avoir signé un beau mémoire très philosophique, contenant les raisons qu'ils ont eues de disposer de leur personne étant encore mineurs. On a envoyé leur mémoire au roi. Je ne les imiterai pas, quoique je sois plus en droit qu'eux de finir ma vie, qui m'est à charge depuis fort longtemps. Je trouve plus honnête de savoir souffrir.

Je vous ai dit ce que je pensais sur le médecin des urines et sur ses maudites fioles rouges. Il est absurde qu'on sache ce qu'un cuisinier nous sert à souper, et qu'on ne sache pas ce qu'un prétendu médecin nous sert quand nous sommes malades. Cet excès d'impertinence et d'insolence allemande n'est pas tolérable, et je n'y pense point sans être en colère.

M. Lamure[1] est un homme très sage et très savant, et plus capable que personne de vous donner de bons conseils. J'espère qu'il nous renverra notre cher serin[2] au mois d'avril. J'espère tout du courage de ce cher serin, que vous avez tant de raison d'aimer, et à qui je suis presque aussi attaché que vous-même. J'espère dans son régime et dans les ressources infinies de la nature. En vérité, si je pouvais me remuer, j'irais vous voir tous les deux, et je reviendrais à Ferney avec vous.

---

[1] Médecin à Montpellier, né en 1717, mort en 1787. B.
[2] Madame de Florian, née Denormandie; voyez tome LXVII, pages 348-49. B.

Nous recommandons M. Mallet à notre gros doyen des conseillers-clercs.

Je vous embrasse tous deux bien tendrement de mes faibles bras.

6672. A M. LE MARQUIS DE VILLEVIEILLE.

6 janvier.

Le vieux malade de Ferney, monsieur, oublie tous ses maux en recevant une lettre de vous. Je vous suis très obligé des deux Catons dragons[1]. S'ils m'avaient consulté, je leur aurais conseillé d'attendre du moins jusqu'au lendemain. On n'a pas toujours, en se réveillant le matin, les mêmes idées qu'on avait en buvant bouteille; mais enfin l'affaire est faite, et il n'y a plus de conseil à leur donner. Je serais plus en droit que ces messieurs de faire une pareille escapade; mais j'aime mieux faire *la Tactique* (que vous me demandez), quand j'ai un moment de santé. Voici donc cette *Tactique*[2]; voici encore ce petit extrait que vous voulez d'un ouvrage intitulé *Fragments*.

Il faut que cet abbé Sabatier, dont il est question dans l'article XVI[3], soit un des plus grands fous du Languedoc, et un des plus grands fripons de l'Église de Dieu.

J'ai espéré long-temps de ne point mourir sans avoir l'honneur de vous revoir encore. Je me console,

---

[1] Voyez la lettre précédente. B.
[2] Voyez tome XIV. B.
[3] Voyez tome XLVII, page 599. B.

si vous êtes heureux à Versailles. Je fais mille vœux pour la continuation de votre prospérité, et je vous serai attaché jusqu'au dernier moment de ma vie.

6673. DE CATHERINE II.

Le 27 décembre-7 janvier.

Monsieur, le philosophe Diderot, dont la santé est encore chancelante, restera avec nous jusqu'au mois de février, qu'il retournera dans sa patrie; Grimm pense aussi partir vers ce temps-là. Je les vois très souvent, et nos conversations ne finissent pas. Ils pourront vous dire, monsieur, le cas que je fais de Henri IV, de *la Henriade*, et de l'auteur de tant d'autres écrits qui ont illustré notre siècle.

Je ne sais s'ils s'ennuient beaucoup à Pétersbourg; mais, pour moi, je leur parlerais toute ma vie sans m'en lasser. Je trouve à Diderot une imagination intarissable, et je le range parmi les hommes les plus extraordinaires qui aient existé. S'il n'aime pas Moustapha, comme vous me le mandez, au moins je suis sûre qu'il ne lui veut point de mal; la bonté de son cœur ne lui permettrait pas, malgré l'énergie de son esprit et le penchant que je lui vois, de faire incliner la balance de mon côté.

Eh bien! monsieur, il faut se consoler de ce que le projet de votre croisade a échoué, et supposer que vous avez eu affaire à de bonnes ames, auxquelles on ne peut accorder cependant l'énergie de Diderot.

Comme chef de l'Église grecque, je ne puis en bonne foi vous laisser dans l'erreur sans vous reprendre. Vous auriez voulu que la grande-duchesse eût été rebaptisée dans Sainte-Sophie. Rebaptisée, dites-vous? Ah! monsieur, l'Église grecque ne rebaptise point; elle regarde comme très bon et très authentique tout baptême administré dans les autres communions chrétiennes. La grande-duchesse, après avoir prononcé en langue russe la profession de foi orthodoxe, a été reçue dans le sein de l'Église au moyen de quelques signes de croix, avec de l'huile odoriférante qu'on lui a administrée en grande cérémonie; ce qui chez vous, comme chez nous, s'appelle confirmation. A cette occasion on impose un nom; mais sur ce dernier point nous sommes plus chiches que vous, qui en donnez par douzaine; ici on n'en prend qu'un seul, et cela nous suffit.

Vous ayant mis au fait de ces choses importantes, je continue de répondre à votre lettre du 1er novembre[1]. Vous saurez à présent, monsieur, qu'un corps détaché de notre armée, après avoir passé le Danube au mois d'octobre, battit un corps de Turcs très considérable, et fit prisonnier un bacha à trois queues qui le commandait.

Cet événement aurait pu avoir des suites, mais le fait est (chose dont vous ne serez pas content peut-être) qu'il n'en eut pas; de sorte que Moustapha et moi nous nous trouvons à peu près dans la situation où nous étions il y a six mois, à cela près qu'il est attaqué d'un asthme, et que je me porte bien. Il se peut que ce sultan soit un esprit supérieur, mais il n'en est pas moins battu pour cela depuis cinq ans, malgré les conseils de M. de Saint-Priest et les instructions du chevalier Tott, qui se tuera à force de fondre des canons et d'exercer des canonniers. Il a beau être vêtu de cafetans et d'hermines, l'artillerie turque n'en sera pas meilleure et mieux servie; mais toutes ces choses sont des enfantillages auxquels on donne beaucoup plus d'importance qu'ils ne méritent. Je ne sais où j'ai lu que ces tours d'esprit sont naturels aux Welches.

Adieu, monsieur; portez-vous bien, et soyez assuré que personne ne fait plus de cas de votre amitié que moi.

[1] Lettre 6634. B.

6674. A M. LE COMTE DE LEWENHAUPT.

Janvier.

Monsieur, je suis avec vous comme le coq à qui on donna une perle; il dit qu'on lui fesait trop d'honneur, et qu'il ne lui fallait qu'un grain de millet[1]. Je suis très indigne du beau mémoire que vous m'avez envoyé sur la désertion, mais j'en sens tout le prix; et, quoiqu'il ne m'appartienne pas de dire mon avis sur une chose si importante et si éloignée de mes connaissances, j'ose pourtant être entièrement de votre opinion.

Ce sont les moines qui devraient déserter en foule, et ce sont les soldats qui devraient rester avec leurs colonels; cependant c'est parmi nous tout le contraire. La raison en est que les moines sont animés par trois motifs qui manquent aux soldats, l'enthousiasme, l'espérance, et la cuisine.

Les soldats suédois avaient l'espérance avec Charles XII, et son enthousiasme guerrier. Les Anglais se nourrissent, dit-on, mieux que les autres.

Tous ces gens-là d'ailleurs croient avoir une patrie; et vous savez qu'en général le soldat français est accusé de n'en point avoir[2], d'être fort raisonneur, inconstant, et pillard. Personne n'est plus entouré de déserteurs que moi; ils passent tous par Ferney pour aller en Suisse, à Genève, et en Savoie; et ils reviennent à Ferney mourant de faim. On en composerait une armée plus nombreuse que celles qui ont

[1] La Fontaine, livre I, fable xx. B.
[2] Voyez tome XLVII, page 376. B.

été commandées par les Condé et les Turenne. Ce fléau cessera peut-être quand on cessera d'avilir le métier. M. le marquis de Monteynard[1] a déjà fait, dans ce dessein, la plus belle opération qui ait été tentée encore; et j'ose croire que, depuis cette époque, la désertion est moins fréquente.

Madame Denis est infiniment flattée de votre souvenir; et je suis bien consolé, dans ma vieillesse et dans mes maladies, par les bontés que vous voulez bien avoir pour moi.

6675. A M. LE BARON D'ESPAGNAC[2].

A Ferney, le 10 janvier.

Je vous demande bien pardon, monsieur, de n'avoir pas répondu plus tôt à la lettre que vous m'avez fait l'honneur de m'écrire. J'ai été très malade comme à mon ordinaire, et j'ai voulu laisser passer les compliments du jour de l'an.

Pour les compliments que vous recevez, monsieur, de toutes parts sur votre belle et instructive *Histoire du maréchal de Saxe,* ils ne passeront pas si tôt. Je vous supplie de me compter au nombre de ceux qui ont admiré les premiers cet ouvrage, quoique je ne sois pas militaire; j'ai senti bientôt que vous avez fait le bréviaire des gens de guerre. Je souhaite que la France demeure long-temps en paix, et que, quand il faudra marcher en campagne, tous les officiers sachent votre livre par cœur.

J'ai l'honneur d'être, etc. VOLTAIRE.

[1] Ministre de la guerre; voyez tome LXVII, page 7; et ci-après, lettre 6689. B.

[2] Voyez lettre 6657. B.

6676. A M. LE COMTE DE S***.

Je suis vieux, aveugle, et sourd. Ainsi, monsieur, je ne vois ni n'entends plus ce qu'on peut dire et faire contre moi. Votre estime me dédommage du tort que me font mes ennemis. Ces messieurs m'ont pris pour ainsi dire au maillot, et me poursuivent jusqu'à l'agonie. Vous avez raison, monsieur, de me donner des conseils si honnêtes contre les premiers mouvements de la vengeance. On n'en est pas le maître; mais plus elle est vivement sentie, moins elle est durable, tant le moral dépend du physique de l'homme, presque toujours borné dans ses vices comme dans ses vertus. Est-ce qu'on ne peut écraser un insecte qui nous jette son venin, sans commettre le péché de la colère, si naturel et si condamnable? Conservez, monsieur, cette aimable philosophie qui fait plaindre les méchants sans les haïr, et qui vient si poliment adoucir les tourments de ma caducité dans ma solitude. Sur les bords de mon tombeau, j'oppose à mes persécuteurs l'honneur de votre amitié. J'en mourrai plus tranquille.

6677. A M. MARMONTEL.

A Ferney, 15 janvier.

Vous avez envoyé, mon cher ami, un opéra[1] qui me paraît précisément ce qu'il faut aujourd'hui.

---

[1] Ce doit être *l'Ami de la maison*, opéra comique en trois actes, qui avait été joué le 14 mai 1772. B.

C'est un spectacle charmant, c'est un dialogue coupé, ce sont des vers délicieux, faits pour la musique. Partout du sentiment et des tableaux, partout des graces ; Grétry vous a bien des obligations.

Je vous avais prié[1] de faire de *jolis riens ;* et, au lieu de m'accorder ma requête, vous faites de très jolies choses. Vous me demandez pourquoi je n'ai pas fait imprimer le *Spinosa*[2] de ce coquin de Sabatier ; c'est qu'il ne me convient pas d'être l'éditeur de *Spinosa.* Je veux bien qu'on sache que ce calomniateur compose des poisons ; mais ce n'est pas à moi de les faire débiter. Je ne crois pas qu'il y ait un plus lâche maraud que ce Sabatier.

Vous me ferez grand plaisir de me dire s'il est vrai que notre confrère l'abbé de La Ville soit nommé directeur des affaires étrangères, et qu'il soit évêque *in partibus infidelium*[3]. Cela serait plaisant ; mais rien ne doit étonner.

Vous êtes donc comme celui qui avait envie de se marier tous les matins[4], et à qui l'envie en passait l'après-dînée ? Bonsoir, mon très cher successeur.

6678. A FRÉDÉRIC II, ROI DE PRUSSE.

A Ferney, janvier.

Sire, quoique je vous aie donné à tous les diables[5],

---

[1] La lettre où Voltaire fesait cette prière manque. B.

[2] Voyez tome XLVII, page 602 ; et ci-dessus, lettre 6588. B.

[3] Voyez tome LIV, page 172. L'abbé de La Ville était évêque de Tricomie. B.

[4] Fontenelle.

[5] Vers 78 de *la Tactique ;* voyez cette satire, tome XIV. B.

vous et Cyrus, et le grand Gustave, etc., cependant je propose à votre majesté quelque chose de divin, ou plutôt de très humain et de très digne d'elle. Ce n'est point ici une plaisanterie ; c'est une grace très réelle que je vous conjure de m'accorder.

Ce jeune gentilhomme qui est, sous le nom de Morival, lieutenant au régiment d'Eichmann à Vesel, ne peut hériter de son père et de sa mère tant qu'il sera dans les liens de la procédure criminelle et du jugement abominable porté contre lui dans Abbeville, lorsqu'il n'avait qu'environ seize ans ; il est fils d'un président d'Abbeville, et son nom est d'Étallonde. On a été très content de lui à Vesel depuis qu'il est à votre service. Je sais que c'est un des plus braves et des plus sages officiers que vous ayez. Toute son ambition est de vivre et de mourir au service de votre majesté ; il n'aura jamais d'autre roi et d'autre maître. Mais il est affreux qu'il reste toujours condamné au même supplice dans lequel est mort le chevalier de La Barre, qui avait fait un petit commentaire sur votre art de la guerre.

Ces assassinats juridiques déshonoreront à jamais cet ancien parlement de Paris, l'ennemi de son roi, de la raison, et de la justice, qui, en étant cassé, n'a pas été assez puni.

Il s'agit d'obtenir ou des lettres de grace pour Morival, ou la cassation de l'arrêt qui l'a condamné. Je supplie donc votre majesté, avec la plus vive instance, d'accorder à Morival un congé d'un an, pendant lequel il sera chez moi. Je vous répondrai de sa personne. Je l'aiderai à faire autant de recrues qu'il vous plaira : il n'y a point d'endroit au monde où l'on puisse plus facilement lever des soldats que dans le petit canton que j'habite, qui est précisément à une lieue de la Suisse, de Genève, de la Savoie, et de la Franche-Comté. Je me chargerai moi-même, malgré mon grand âge, de l'aider à vous fournir les plus beaux hommes et à choisir les plus sages.

Je vous demande en grace de lui envoyer son congé d'un an ; il partira sur-le-champ, et peut-être reviendra-t-il à Vesel au bout de trois mois.

S'il ne peut obtenir en France ce qu'il demande, il n'en aura pas moins d'obligations à votre majesté, et vous aurez fait ce qu'auraient fait ces Cyrus et ces Gustave dont j'ai dit tant de mal.

Je me mets à vos pieds avec les sentiments que j'ai toujours eus, et avec lesquels je mourrai.

6679. A M. D'ÉTALLONDE DE MORIVAL.

17 janvier.

M. Misopriest[1], monsieur, a reçu votre lettre du 2 de janvier ; il a écrit sur-le-champ à sa majesté[2]. Il lui demande très instamment un congé d'un an pour vous. Il est d'ailleurs instruit de votre situation, et a promis d'avoir soin de vous. M. Misopriest lui répond que vous lui ferez de très belles recrues dans le pays où vous devez rester quelque temps pour vaquer à vos affaires. C'est à une lieue de la Suisse, de

---

[1] Ce mot signifie *ennemi des prêtres*. B.
[2] Ce doit être la lettre qui précède. B.

la Savoie, de Genève, et de la Franche-Comté; vous y serez aussi en sûreté qu'à Vesel.

Ne vous adressez ni à père ni à frère. Si vous avez besoin de quelque argent pour aller de Vesel à Genève, vous pourrez en prendre, sur cette simple lettre, chez M. Marc-Michel Rey, à Amsterdam, qui, sur ma signature (*Voltaire*), vous fournira ce petit viatique avec sa générosité ordinaire, et auquel je rembourserai sur-le-champ cet argent par la voie de Genève. Vous n'aurez pas la plus légère dépense à faire dans le château de Ferney. C'est à vous à voir, monsieur, si vous voulez écrire aussi au roi. Je lui demande un congé d'un an; je lui promets des recrues [1]; je lui parle de la passion que vous avez pour son service. Tout serait manqué, s'il nous refusait ce congé. C'est de là que dépend votre destinée, à laquelle je m'intéresse bien vivement.

6680. DE CATHERINE II.

A Pétersbourg, le 8-19 janvier.

Monsieur, je pense que les nouvelles que le roi de Prusse vous a données de la défaite du vizir et de la prise de Silistrie lui sont venues de Pologne, le pays, après la France, où l'on débite les plus fausses. Je m'attends à voir les oisifs fort occupés d'un voleur de grand chemin qui pille le gouvernement d'Orenbourg, et qui tantôt, pour effrayer les paysans, prend le nom de Pierre III, et tantôt celui de son employé [2].

---

[1] Le roi non seulement dispensa M. de Morival de faire des recrues, mais encore lui recommanda de ne s'occuper que de ses affaires particulières, et lui donna un congé illimité. K.

[2] Il s'agit de Pugatscheff; voyez lettres 6685, 6790 et 6832. B.

Cette vaste province n'est pas peuplée à proportion de sa grandeur; la partie montagneuse est occupée par des Tartares, nommés Baschkis, pillards depuis la création du monde. Le pays plat est habité par tous les vauriens dont la Russie a jugé à propos de se défaire depuis quarante ans, ainsi que l'on a fait à peu près dans les colonies de l'Amérique pour les pourvoir d'hommes.

Le général Bibikof est allé avec un corps de troupes pour rétablir la tranquillité là où elle est troublée. A son arrivée à Casan, qui est à sept cents verstes (ou cent lieues d'Allemagne) d'Orenbourg, la noblesse de ce royaume vint lui offrir de se joindre à ses troupes avec quatre mille hommes bien armés, bien montés, et entretenus à leurs dépens. Il accepta leur offre. Cette troupe seule est plus qu'en état de remettre l'ordre dans le gouvernement limitrophe.

Vous jugez bien que cette incartade de l'espèce humaine ne dérange en rien le plaisir que j'ai de m'entretenir avec Diderot. C'est une tête bien extraordinaire que la sienne; la trempe de son cœur devrait être celle de tous les hommes; mais enfin, comme tout est au mieux dans ce meilleur des mondes possibles, et que les choses ne sauraient changer, il faut les laisser aller leur train, et ne pas se garnir le cerveau de prétentions inutiles. La mienne sera toujours de vous témoigner ma reconnaissance pour toutes les marques d'amitié que vous me donnez. CATERINE.

6681. A M. LE CHEVALIER DE LISLE.

27 janvier.

Le vieux malade, monsieur, vous remercie d'abord de vos *Trois Rois*[1]. On n'a jamais parlé d'eux plus convenablement ni plus gaîment. L'aventure de

---

[1] Cette chanson est imprimée dans la *Correspondance* de Grimm, février 1774. B.

Tours est dans un autre goût ¹ ; c'est du Crébillon tout pur. Il est vrai que nous avons dans la sainte Écriture ² une aventure à peu près pareille. Le patriarche Juda ayant couché avec sa belle-fille, et lui ayant fait un enfant, la condamna à la mort; mais la sentence ne fut pas exécutée. Si Amnon coucha avec une de ses sœurs ³, il ne lui donna ensuite que des coups de pied au cul, et ne la tua point. Je ne croyais pas les Tourangeaux si méchants.

Je ne sais si je vous ai conté qu'il y a environ cinquante à soixante ans je trouvai à Tours un procureur du roi qui me dit : « Je ne suis pas du pays; « mais, en passant par Tours il y a vingt-cinq ans, « je trouvai le peuple si bon, que j'y fixai mon séjour; « et, depuis que j'y suis, il ne m'est pas passé un seul « procès criminel par les mains. »

Je répétais un jour ces paroles à une Tourangeaute, et lui disais : Voyez un peu, madame, il y a vingt-cinq ans qu'il ne s'est commis un crime à Tours. Elle me répondit : « Est-ce qu'il s'en serait commis « auparavant? »

Je suis fondé, sur la réponse de cette bonne femme, à croire que votre salpêtrier n'est point Tourangeau, et que c'est quelque coquin, parent de Fréron ou de l'abbé Sabatier, qui s'est allé établir à Tours. C'est une chose que je veux approfondir.

---

¹ Un habitant de Tours, salpêtrier de profession, avait tué sa fille de trois balles dans la poitrine, après lui avoir fait un enfant. K.
² *Genèse,* chap. XXXVIII. B.
³ II, *Rois,* chap. XIII. B.

Pour vos quatre ensorcelés [1], il y a un petit opéra comique des ensorcelés [2], beaucoup plus plaisant que ces quatre imbéciles. Je suis plus ensorcelé qu'eux, car le diable me berce continuellement, afflige mon corps, et se moque de mon ame; c'est ce qui fait que je vous écris une si courte lettre, et que je réponds si mal à toutes vos bontés. Je finis en vous assurant que, mort ou vif, je suis à vos ordres.

6682. A M. LE COMTE D'ARGENTAL.

28 janvier.

Je n'ai pu remercier plus tôt mon cher ange de toutes ses bontés. Je ne suis pas toujours le maître de mon temps. J'ai été assez violemment malade huit jours de suite, et, dans cet état-là, on ne songe guère ni aux Africains, ni aux anciens Romains; mais je songe toujours à mon cher ange.

Je ne sais pas trop ce que c'est que ces petites familiarités dont vous me parlez. Vous me ferez grand plaisir de m'en instruire quand vous aurez un moment de loisir.

Je n'ai reçu qu'une lettre assez vague de la part de La Harpe. Je suis si peu informé, qu'on ne m'a pas même mandé si c'est Molé qui joue Scipion [3]. On dit qu'il n'est pas fait pour jouer seulement le rôle

---

[1] Une famille entière auprès du Raincy, maison à M. le duc d'Orléans, se disait ensorcelée; et comme la chose était bien absurde, elle fut crue, et crue par la meilleure compagnie, en 1774. K.

[2] *Les Ensorcelés, ou Jeannot et Jeannette,* par madame Favart, Guérin et Harni, ont été joués sur le Théâtre-Italien le 1er septembre 1757. B.

[3] Dans la tragédie de *Sophonisbe.* B.

d'un page. Je ne le connais point du tout; je m'en rapporte à ce que vous en pensez.

Lekain m'écrivit il y a quelque temps. Voulez-vous bien me permettre de mettre ma réponse [1] dans votre paquet?

Tout le monde dit qu'il s'est surpassé dans le rôle de Massinisse. Je ne crois pourtant pas que cette pièce ait un succès durable. Celle de Mairet était ridicule, celle de Corneille ne valait rien du tout, et celle-ci ne vaut pas grand'chose. Le succès constant est presque toujours dans le sujet, celui de *Sophonisbe* n'est que difficile.

Je suis encore si faible, et d'ailleurs si peu instruit de l'état présent du *tripot*, que je ne peux vous rien dire touchant *le Code de Minos* [2]. Cet ouvrage aurait pu passer dans le temps où il fut fait. C'était un vaudeville moitié polonais, moitié suédois.

Je vous prie, mon cher ange, lorsque vous voudrez bien m'écrire, d'adresser dorénavant vos ordres à Gex.

Je rends grace au bon Dieu de ce que madame d'Argental se porte mieux.

6683. A M. LE MARÉCHAL DUC DE RICHELIEU.

30 janvier.

Je commence par vous dire, monseigneur, que de tous mes confrères de quatre-vingts ans, je suis sans contredit le plus fou, puisque je donne, à mon âge,

---

[1] Elle manque. B.
[2] La tragédie des *Lois de Minos*. B.

des pièces de théâtre. Ceux qui ont fait une cabale contre *Sophonisbe* sont des jeunes gens qui sont encore plus fous que moi. Le dévot sexe féminin, qui prétendait que l'auteur de la nouvelle *Sophonisbe* n'est pas assez pieux, était encore plus fou que tout le reste, surtout si on ajoutait deux lettres à cette belle épithète de fou.

J'avais imaginé que ces bagatelles pourraient être une occasion de faire parler de ce que vous savez[1]; et c'est encore une autre espèce de folie : car, après tout, la sagesse consiste à savoir vivre et mourir en paix où l'on est.

Il m'est venu, ces jours passés, un Russe infiniment aimable[2] qui a gouverné pendant quinze ans despotiquement un empire de deux mille lieues de long, et qui me paraît avoir la triste folie de n'être point heureux. J'ai conclu de là qu'il ne faut ni courir après des chimères, ni les regretter.

A propos de chimères, je n'ai jamais su quels acteurs jouaient dans *Sophonisbe*, excepté Lekain. Je ne connais personne des sénateurs et des sénatrices du *tripot*. C'est vous qui avez la bonté de m'apprendre que Brizard a joué Lélie; je ne sais pas encore qui a joué Scipion.

Je ne savais pas qu'une première représentation fût un jour de bataille, ni qu'il fallût prendre ses postes et avoir un mot de ralliement; mais, puisque vous avez daigné faire la guerre pour moi, et me traiter comme la ville de Gênes, permettez-moi de

---

[1] Du retour de Voltaire à Paris. B.

[2] Le comte de Schowalow; voyez lettre 6642. B.

vous en faire mes très humbles et très sincères remerciements.

Je vous avais mandé [1] qu'on m'avait écrit d'abord qu'on ne vous rendait pas justice dans l'histoire du maréchal de Saxe; mais, ayant vérifié le contraire le lendemain [2], je vous écrivis qu'on vous rendait toute la justice qui vous était due. Ce que j'avais écrit sur la bataille de Fontenoy [3], sous les yeux de M. d'Argenson, et d'après les lettres de tous les officiers, s'est trouvé entièrement conforme à ce qu'en dit M. d'Espagnac. Il est vrai qu'il ne dit pas tout; il supprime l'ordre donné, deux fois de suite [4], par le maréchal de Saxe, d'évacuer le poste d'Antoin; mais, s'il fait des péchés d'omission, il me paraît qu'il n'en fait point de commission [5].

J'ai répondu, je crois, à tous les points de la lettre que vous avez eu la bonté de m'écrire. Il ne me reste qu'à attendre doucement le temps où je pourrai venir faire ma cour à mon héros dans son royaume. Je vous prierai de me recommander au meilleur apothicaire de Bordeaux : j'ai plus besoin de ces messieurs que de tous les rois de l'Europe. Il y a près de quatre-vingts ans que mon sort dépend absolument d'eux. Parmi tout ce qui vous distingue des autres hommes, je ne compte pas pour peu de chose l'habileté que vous avez eue de vous mettre au-dessus

---

[1] Lettre 6653. B.
[2] Cette seconde lettre manque. B.
[3] Voyez tome XXI, page 142. B.
[4] Voyez id., page 141. B.
[5] Expressions de Bayle dans le paragraphe 4 de la préface de la première édition de son *Dictionnaire*. B.

de tous les apothicaires, en étant un bon chimiste, et en étant votre médecin à vous-même. Puisse ce bon médecin conserver très long-temps la vie de mon héros, et le tenir toujours en état de goûter tous les plaisirs! car mon héros est né pour eux, aussi bien que pour la gloire. Ses bontés font ma plus grande consolation.

Agréez le tendre respect du vieux malade.

6684. A M. LE COMTE D'ARGENTAL.

31 janvier.

Dès que j'ai reçu la lettre où mon cher ange m'ordonne de lui envoyer des *Fragments*[1] indous et français, sous l'enveloppe de M. de Sartines, j'ai pris sur-le-champ cette liberté avec confiance. Le paquet part à la garde de Dieu. Il vaut mieux prendre des libertés avec M. de Sartines qu'avec l'hippopotame[2].

Je ne conçois pas comment on a pu afficher dans Paris, sous mon nom, la *Sophonisbe* de Mairet. Je n'ai jamais donné cet ouvrage que comme celui de Mairet, un peu retouché, pour engager les jeunes gens à refaire les belles pièces de Corneille, comme *Attila*, *Agésilas*, *Pertharite*, *Théodore*, *Pulchérie*, *la Toison d'or*, etc.

En donnant *Sophonisbe* sous mon nom, on a réveillé la racaille. J'oserais penser qu'il ne faut ni pré-

---

[1] C'est la seconde partie, intitulée *Fragments sur l'Inde, sur l'Histoire générale et sur la France;* voyez l'avant-dernier alinéa de mon *Avis*, tome XLVII, page 296. B.

[2] M. de Voltaire désigne Marin par ce mot, pris dans les *Mémoires* de Beaumarchais. K.

cipiter la retraite, ni laisser languir les représentations, mais prendre un juste milieu, afin que Lekain ait une rétribution honnête.

Je persiste à croire que Beaumarchais n'a jamais empoisonné personne, et qu'un homme si gai ne peut être de la famille de Locuste[1].

Je suis bien embarrassé avec mes Génois et mon marquis Viale[2]. Dieu vous garde d'établir jamais une colonie ! c'est une terrible entreprise : M. l'abbé Terray même y serait un peu embarrassé.

Je baise les ailes de mes anges.

---

[1] Cette opinion de M. de Voltaire produisit dans le temps une assez plaisante anecdote. Si elle a trouvé place ici, c'est qu'elle peint à-la-fois le temps, les mœurs, les caractères. On jouait aux Français *Eugénie* : un beau monsieur du parquet, après avoir bien déchiré la pièce, tomba tout à coup sur l'auteur. Entre autres choses, il raconta qu'ayant dîné ce jour-là même chez M. le comte d'Argental, il y avait entendu lire une lettre de Voltaire, lequel s'obstinait, on ne savait pourquoi, à soutenir que ce Beaumarchais-là n'avait pas empoisonné ses trois femmes. Mais, ajouta le conteur, c'est un fait dont on est bien sûr parmi messieurs du parlement.

L'homme à qui s'adressait la parole fesait de la main, en riant, signe aux voisins de ne pas interrompre ; chacun se lève, il répond froidement : « Il est si vrai, monsieur, que ce misérable homme a empoisonné ses trois « femmes, quoiqu'il n'ait été marié que deux fois, qu'on sait de plus au « parlement-Maupeou qu'il a mangé son bon père en salmis, après avoir « étouffé sa mère entre deux épaisses tartines ; et j'en suis d'autant plus « certain, que je suis ce Beaumarchais-là, qui vous ferait arrêter sur-le-« champ, ayant bon nombre de témoins, s'il ne s'apercevait à votre air « effaré que vous n'êtes point un de ces rusés scélérats qui composent les « atrocités, mais seulement un des bavards qu'on emploie à les propager, « au grand péril de leur personne. »

On applaudit ; le conteur court encore, oubliant qu'il avait payé pour voir jouer la petite pièce. (*Note du correspondant général de la Société littéraire typographique.*) K. — Ces mots désignent Beaumarchais. B.

[2] Voyez lettre 6574. B.

6685. A CATHERINE II.

2 février.

Madame, la lettre du 19 janvier[1], dont votre majesté impériale m'honore, m'a transporté en esprit à Orenbourg, et m'a fait connaître M. Pugatschew; c'est apparemment le chevalier de Tott qui a fait jouer cette farce; mais nous ne sommes plus au temps des Démétrius, et telle pièce de théâtre qui réussissait il y a deux cents ans est sifflée aujourd'hui. Si quelque prétendu Inca venait au Pérou se dire fils ou petit-fils du soleil, je doute qu'il fût reconnu pour tel, quand même il serait annoncé par des jésuites, et quand ils feraient valoir des prophéties en sa faveur.

Votre majesté ne paraît pas trop inquiète de l'équipée de M. Pugatschew. Je croyais que la province d'Orenbourg était le plus agréable pays de votre empire, que les Persans y avaient apporté tous leurs trésors pendant leurs guerres civiles, qu'on ne songeait qu'à s'y réjouir; et il se trouve que c'est un pays barbare, rempli de vagabonds et de scélérats. Vos rayons ne peuvent pas pénétrer partout en même temps: un empire de deux mille lieues en longitude ne se police qu'à la longue. Cela me confirme dans mon idée de l'antiquité du monde. J'en demande pardon à la Genèse, mais j'ai toujours pensé qu'il a fallu cinq ou six mille ans avant que la horde juive sût lire et écrire; et je soupçonne qu'Hercule et Thésée n'auraient pas été reçus dans votre académie de

[1] Lettre 6680. B.

Pétersbourg. Un jour viendra que la ville d'Orenbourg sera plus peuplée que Pékin, et qu'on y jouera des opéra comiques.

En attendant, je me flatte que vous vous amuserez, madame, à battre le nouveau sultan[1], ou que vous lui dicterez des conditions de paix, telles que les anciens Romains en imposaient aux anciens rois de Syrie. Cependant, chargée du poids immense de la guerre contre un vaste empire, et du gouvernement de votre empire, encore plus vaste, voyant tout, fesant tout par vous-même, vous trouvez encore du temps pour converser avec notre philosophe Diderot, comme si vous étiez désœuvrée.

Je n'ai jamais eu la consolation de voir cet homme unique; il est la seconde personne de ce monde avec qui j'aurais voulu m'entretenir : il me parlerait de votre majesté : majesté! ce n'est pas cela que je veux dire, c'est de votre supériorité sur les êtres pensants : car je compte les autres êtres pour rien. Je vous demande donc, madame, votre protection auprès de lui. Ne peut-il pas se détourner d'une cinquantaine de verstes pour venir me prolonger la vie en me contant ce qu'il a vu et entendu à Pétersbourg?

S'il ne vient pas sur le bord du lac de Genève, j'irai, moi, me faire enterrer sur le bord du lac Ladoga; il faut que je voie votre nouvelle création, je suis las de toutes les autres.

Je me mets à vos pieds avec adoration de latrie.

---

[1] Abdoul-Achmet ou Achmet IV; voyez tome LXVI, page 544. B.

6686. A UN ACADÉMICIEN DE SES AMIS.

. . . .
. . . .

Si on ne veut point croire dans Paris que le jeune comte de Schovalow, chambellan de l'impératrice de Russie, et président d'un bureau de la législation, soit l'auteur de l'*Épître à Ninon*[1], c'est apparemment par modestie, car cette épître est peut-être ce qui fait le plus d'honneur à notre nation. C'est une chose bien surprenante que n'ayant été, je crois, que trois mois à Paris, il ait pris si bien ce que vous appelez *le ton de la bonne compagnie,* qu'il l'ait perfectionné, qu'il y ait ajouté l'élégance et la correction, si inconnues à quelques seigneurs français qui n'ont pas daigné apprendre l'orthographe.

M. de Schowalow fesait déjà de très jolis vers français quand il était chez moi, il y a quelques années[2], et nous avons eu depuis, dans des recueils, quelques pièces fugitives de lui, très bien travaillées.

Il se trompe en disant que Chapelle

A côté de Ninon fredonnait un refrain.

Chapelle, qu'on a beaucoup trop loué, était bien loin de fredonner des chansons à côté de Ninon. Cet ivrogne, qui eut quelques saillies agréables, était son mortel ennemi, et fit contre elle des chansons assez grossières. En voici une:

---

[1] Voyez lettre 6628. B.
[2] En 1767; voyez tome LXIV, page 380. B.

Il ne faut pas qu'on s'étonne[1]
Si parfois elle raisonne
De la sublime vertu
Dont Platon fut revêtu ;
Car, à bien compter son âge,
Elle doit avoir... *vécu*
Avec ce grand personnage.

Ce n'est pas là le style de M. le comte de *Schovalo*. J'écris son nom comme nous le prononçons : car je ne saurais me faire aux doubles *W*, pour lesquels j'ai toujours eu la plus grande aversion, ainsi que pour le mot *françois*.

J'admire les gens qui m'attribuent cette épître : ils m'imputent de m'être donné des louanges qui sont pardonnables à l'amitié de M. de Schovalo, mais qui seraient assurément très ridicules dans ma bouche.

J'ai lu par hasard des nouvelles à la main, n° 25, dont l'auteur prétend que je me suis caché[2] sous le nom de M. de Schovalo; il pourrait dire aussi que je me cache tous les jours sous le nom du roi de Prusse, qui fait des choses non moins étonnantes en notre langue, et sous celui de l'impératrice de Russie, qui écrit en prose comme son chambellan en vers. Les fadaises insipides dont tant de petits Welches nous inondent, croyant être de vrais Français, sont bien loin d'égaler les chefs-d'œuvre étrangers dont je vous parle; c'est que ces petits Welches

---

[1] Voltaire a déjà cité cette épigramme dans un autre morceau sur Ninon, qui est de 1751; voyez tome XXXIX, page 407. B.
[2] On le répète dans les *Mémoires secrets*, du 23 mars 1774. B.

n'ont que des mots dans la tête, et que ces génies du Nord pensent solidement.

J'emploie le double *W* pour les Welches : il faut être barbare avec eux.

Les minces écrivains de nouvelles et d'inutilités m'imputent une *Lettre d'un Ecclésiastique* sur les jésuites, et je ne sais quel *Taureau blanc* [1]. Je vous assure que je ne me mêle point des jésuites; je suis comme le pape, je les ai pour jamais abandonnés, excepté père Adam que j'ai toujours chez moi. A l'égard des taureaux blancs ou noirs, je m'en tiens à ceux que j'élève dans mes étables et avec lesquels je laboure. Il y a soixante ans que je suis un peu vexé, et je m'en console dans ma chaumière, pratiquant *quid faciat lætas segetes* [2]. J'ai surtout *lætum animum*, malgré la cabale qui croit m'affliger, et dont je me moquerai tant que j'aurai un souffle de vie, etc.

6687. A M. FABRY.

5 février.

Je ne voudrais pas, monsieur, fatiguer vos bontés; mais on vient tous les jours me prier de vous importuner pour un pauvre imbécile qui fournissait autrefois du pain aux comédiens établis à Chatelaine. Il se nomme Pélissier; on dit qu'il est en prison en Gex depuis six mois, pour avoir dit qu'il s'appelait *Péant*. S'il s'est trompé de nom, il en est bien puni. Si vous pouvez avoir la bonté de lui faire accorder

---

[1] Voltaire avoue ces ouvrages dans la lettre 6706. B.
[2] Virgile, *Géorgiques*, I, 1. B.

la permission de vendre du pain chez lui, au lieu d'être au pain du roi, ce sera une de vos bonnes actions. Me voilà quitte de ma commission.

J'ai l'honneur d'être avec le plus respectueux attachement, etc. VOLTAIRE.

6688. A M. RAIMOND,

DIRECTEUR DE LA POSTE AUX LETTRES, A BESANÇON.

A Ferney, 7 février.

M. d'Ogny, monsieur, a la bonté de vouloir bien se charger lui-même de faire parvenir à leur destination les envois de la petite colonie que j'ai établie à Ferney. Besançon est si près, que j'ai cru devoir épargner le chemin de Ferney à Paris, et de Paris en Franche-Comté; je me suis flatté que vous auriez pour moi la même bonté que M. d'Ogny, et que vous voudriez bien faire remettre aux sieurs Pellier et Pochet, dans votre ville, la petite boîte que je prends la liberté de vous envoyer, et qu'on demande avec le plus grand empressement : je vous serai très obligé; la bienveillance que vous aurez pour une société naissante, dont vous serez un des bienfaiteurs, nous sera extrêmement précieuse. Je voudrais bien être à portée de recevoir quelques-uns de vos ordres.

J'ai l'honneur d'être avec tous les sentiments que je vous dois, monsieur, votre très humble et très obéissant serviteur.

6689. A M. LE MARQUIS DE FLORIAN.

9 février.

Je me flatte, mon cher ami, que madame de Florian n'est pas réduite à garder le lit comme moi; il y a très long-temps que je ne sors du mien qu'à huit heures du soir. Il faut espérer que le petit serin[1] reviendra au printemps sauter dans sa cage de Ferney, que vous avez si joliment embellie, et qu'il voltigera sur les fleurs que vous avez plantées.

Pour ma maladie, elle est incurable, puisqu'elle date de quatre-vingts ans; c'est un mal qui m'empêche quelquefois d'être aussi exact que je le voudrais dans mes réponses. J'ai fini ma carrière, et le serin n'est qu'au milieu de la sienne. Vous avez tous deux de beaux jours à espérer, et moi je n'ai que deux ou trois tristes nuits à supporter. Nous passons tous comme des ombres; notre vie est comme la place d'un ministre à Versailles : aujourd'hui quelque chose, et demain rien.

Le déplacement de M. de Monteynard[2] coupe la gorge et la bourse à notre voisin Dupuits. Ce ministre l'avait employé deux années de suite sans le payer; il a fallu qu'il empruntât pour servir, et le voilà ruiné. Quand un rocher tombe, il entraîne toujours mille petites pierrailles dans sa chute. Il ne faut compter sur rien que sur les légumes de son jardin; encore y est-on souvent attrapé.

[1] Madame de Florian; voyez lettre 6669. B.
[2] M. de Monteynard, nommé ministre de la guerre en 1771, s'était retiré le 28 janvier 1774. B.

Si on est mécontent de la terre, les aventures de mer ne sont pas plus agréables; et, quoi que Labat vous dise, le vaisseau *l'Hercule* ne rapportera que des chimères. Je vois que la résignation est la seule chose qui puisse nous consoler dans ce meilleur des mondes possibles.

Je comptais, l'année passée, que Moustapha irait passer le carnaval à Venise avec Candide[1], mais je me suis bien trompé. S'il fallait que les ministres qui ont été déplacés de mon temps allassent loger à Venise dans le même cabaret, la place Saint-Marc ne serait pas assez grande pour leur donner à souper.

J'ai reçu tout ce que vous m'avez envoyé d'Abbeville. On ne peut faire autre chose que ce qu'on a fait dans la dernière édition qui est achevée. On a rendu justice à M. Belleval, et le public ne s'en soucie guère. Tout passe, tout s'oublie, tout s'anéantit. Le déluge fit autrefois beaucoup de bruit, et actuellement on n'en parle plus que pour en rire. *Vanité des vanités, et tout n'est que vanité*[2].

Regardez, je vous prie, ma tendre amitié pour vous et pour le serin comme une réalité.

6690. DE FRÉDÉRIC II, ROI DE PRUSSE.

Le 9 février[3].

Votre *Tactique* m'a donné un bon accès de goutte, dont je ne suis pas encore relevé; cela ne m'empêche pas de vous ré-

---

[1] Voyez tome XXXIII, page 324. B.
[2] *Ecclésiaste*, I, 1. B.
[3] Cette lettre est quelquefois datée du 10 février; quelquefois même de décembre 1773. Je la regarde comme une réponse au n° 6678. B.

pondre, parceque je sais que les grands seigneurs veulent être obéis promptement. Vous me demandez un Morival, nommé Étallonde, qui est officier à Vesel; il aura la permission d'aller pour un an à Ferney, et même il ne dépendra que de vous de le nommer chef de votre garde prétorienne. Il ne fera ni recrue ni rien là-bas; mais je vous avertis qu'étant proscrit en France, c'est à vous à prendre des mesures pour qu'il soit en sûreté à Versoix; et j'avoue que je ne crois pas que vous ayez assez de crédit pour obtenir son pardon. Le chevalier de La Barre et lui ont été accusés du même délit; il est contre la dignité du roi de France qu'après que l'un a été justicié publiquement, il puisse pardonner à l'autre sans paraître en contradiction avec lui-même. Je ne sache pas que les juges du chevalier La Barre aient été punis; je n'ai point entendu dire qu'on ait sévi contre aucun des assesseurs du tribunal d'Abbeville : ainsi, à moins que du fond de Ferney vous ne gouverniez la France, je ne saurais me persuader que vous obteniez quelque grace en faveur de ce jeune homme. Le seul profit qu'il pourra tirer de son voyage, ce sera d'être détrompé par vous des préjugés qu'il peut avoir peut-être en faveur de son métier; mais je vous l'abandonne, et, en cas que vous le convertissiez, il ne me sera pas difficile de le remplacer par un autre. Je vous avertis encore qu'il se trouve deux décrotteurs à Magdebourg, qui jadis ont été soldats dans le régiment de Picardie; et à Berlin, un perruquier qui a servi dans les armées de M. de Broglio; ils sont très fort à votre service, si vous les voulez avoir à Ferney, pour y augmenter la colonie que vous y établissez. C'est sur quoi j'attends votre résolution; et quoique ayant encouru votre haine et votre disgrace, je prie Apollon et Esculape son fils, dieu de la médecine, de vous conserver dans leur sainte garde.

6691. DE M. DALEMBERT.

A Paris, ce 12 février.

Il y a long-temps, mon cher et illustre maître, que je n'ai entendu parler de vous, et que, de mon côté, je ne vous ai donné signe de vie. Je veux pourtant vous dire un mot, mais un mot seulement, et ce mot est que je vous aime toujours. Je vous crois fort occupé; tant mieux pour moi, et tant pis pour d'autres. On m'a dit que vous aviez été malade; mais on m'a depuis rassuré. *Sophonisbe* n'a pas vécu aussi long-temps que les chefs-d'œuvre de *Régulus* et d'*Orphanis*. Qu'on dise à présent que le parterre n'est pas connaisseur! A propos d'*Orphanis*, avez-vous lu le terrible extrait que La Harpe vient d'en faire dans le *Mercure*[1]? Ce jeune homme est bien digne par ses talents, son bon goût, et son courage, de l'intérêt que vous prenez à lui; mais il aura une rude carrière à parcourir, bien semée d'épines et de chausse-trappes par ses ennemis. Je suis vraiment affligé de le voir sans fortune. On dit que vous avez du crédit auprès du contrôleur général[2], qui se ferait un plaisir de vous obliger, ne fût-ce que par vanité. Vous devriez l'engager à faire quelque chose pour ce jeune homme, qui trouve tant de portes fermées, et qui ne parviendra que tard à les briser et à les renverser par ses succès.

Que dites-vous de Sémiramis-Catau? Il me semble que les Turcs commencent à se moquer d'elle. Quand on se laisse battre par ces marabous, il ne faut pas persifler la philosophie. Rira bien qui rira le dernier. Cette Sémiramis m'avait mandé que les prisonniers français faits à Cracovie étaient très bien traités. M. de Choisy, un de ces prisonniers, qui est ici, assure qu'ils ont été traités indignement. Vous devriez bien écrire à cette grande princesse que Sémiramis est bien mal obéie, et Catau bien mal instruite. Adieu, mon cher maître; je vous aime plus que toutes les Sémiramis, et même que toutes les Catau. Dites-moi un mot de votre santé, et songez au pauvre La Harpe. Mes respects à madame Denis.

---

[1] Février 1774, page 52. Blin en tira vengeance; voyez la *Correspondance* de Grimm, février 1774. B.

[2] Dans sa réponse (lettre 6693), Voltaire dit que c'est tout le contraire. B.

6692. DE FRÉDÉRIC II, ROI DE PRUSSE.

A Potsdam, le 16 février.

Vous devez savoir que je suis Teuton de naissance, et que par conséquent la langue française n'est pas ma langue maternelle. Quelque peine que vous vous soyez donnée de m'enseigner les finesses de votre langue, je n'en ai pu profiter autant que je l'aurais voulu, soit par distraction des affaires, soit par une vie active que les devoirs de mon emploi m'ont obligé de mener. J'ai donc pu mal entendre votre ouvrage sur la Tactique, et je n'ai jamais vu que les termes de *haine* et de *donner à tous les diables* [1] se soient jamais trouvés dans aucun dictionnaire de billets doux, à moins qu'ils ne fussent écrits par Tisiphone, Mégère, ou Alecton. Mais à cela ne tienne; vous avez le privilége de tout dire, et d'ennoblir même par de beaux vers ce qu'on appelle vulgairement des injures. Si Rousseau dit [2]:

> Mais à la place de Socrate,
> Le fameux vainqueur de l'Euphrate
> Sera le dernier des mortels,

il n'a pas tort dans un sens, parceque Socrate était le plus sage et le plus modéré des mortels, et Alexandre, le plus dissolu et le plus emporté des hommes, lui qui dans ses débauches avait tué Clitus, qui dans d'autres mouvements d'emportement avait fait mourir le philosophe Callisthène, et, par faiblesse pour les caprices d'une courtisane, avait brûlé Persépolis.

Il est certain qu'un caractère aussi peu modéré ne pouvait en aucune façon être comparé à Socrate. Mais il est vrai aussi que si Socrate s'était trouvé à la tête de l'expédition contre les Perses, il n'aurait peut-être pas égalé l'activité ni les résolutions hardies par lesquelles Alexandre dompta tant de nations.

---

[1] Vers 78 de *la Tactique;* voyez cette satire, tome XIV. B.
[2] *Ode à la Fortune*, strophe 7. B.

J'aimerais autant déclamer contre la fièvre pourprée que contre la guerre. On empêchera aussi peu l'une de faire ses ravages que l'autre de troubler les nations. Il y a eu des guerres depuis que le monde est monde, et il y en aura longtemps après que vous et moi aurons payé notre tribut à la nature.

Votre Morival a eu une permission pour un an pour se rendre en Suisse. Je suis persuadé, comme je vous l'ai déjà écrit[1], qu'on n'obtiendra rien en sa faveur. Mais enfin il vous verra : il pourra apprendre l'exercice prussien à la garnison française que vous ferez mettre à Versoix.

On dit que cette ville s'élève, et fait des progrès étonnants. Le public attribue à vous et à M. de Choiseul sa nouvelle existence. Ce sera sans doute M. d'Aiguillon, nouveau ministre de la guerre, qui mettra la dernière main à cet ouvrage.

En attendant, j'ai toujours la goutte, et je n'écris point contre elle. Et, que vous m'aimiez ou que vous ne m'aimiez pas, je ne vous en souhaite pas moins longue vie et prospérité.

FÉDÉRIC.

6693. A M. DALEMBERT.

25 février.

Mon très cher philosophe, la nature donne furieusement sur les doigts, à la fin de chaque hiver, aux vieilles pattes de Raton. Il a reçu ces jours-ci un avertissement très sérieux ; c'est une des raisons péremptoires qui l'ont empêché de vous écrire ; et si, après cette raison, il pouvait en exister encore une, la voici : M. le marquis de Condorcet m'avait averti qu'il ne voulait plus recevoir de lettres par les bons offices d'un homme[2] qui était soupçonné de les ou-

---

[1] Lettre 6690. B.
[2] Il s'agit de Marin; voyez lettres 6666 et 6694. B.

vrir, soupçonné d'être espion, soupçonné d'être, d'être, etc. On s'est trop aperçu enfin que cette défiance de M. de Condorcet était très fondée. Il n'était pas étonnant que Raton eût les pattes un peu brûlées, puisqu'il marchait depuis si long-temps sur des charbons ardents. Quel homme je vous avais recommandé! quel présent je vous aurais fait! j'en tremble encore... Mes lettres, fort inutiles, ont été lues par des personnes qui... Voilà autant de points que Beaumarchais en reproche à madame Goëzmann. Toute cette algèbre vous développera l'inconnue; et cette inconnue est que nous sommes trop connus. Je n'en suis pas moins occupé de vous plaire. Καὶ μετὰ μὸν θάνατον, *aliquid de tuo amico videbis quod ejus memoriam menti tuæ revocabit.*

Où diable ce jeune homme, qui porte le nom de l'instrument d'un roi juif[1], a-t-il pêché que j'étais fort gracieusement traité par milord grand-trésorier[2]? *Tutto il contrario l'istoria converte. Amice*, je ne compte ni sur aucun satrape, ni sur aucun monarque de l'Orient, non plus que vous ne comptez sur les puissances du Nord.

Si vous voyez M. de Rochefort, je vous demande en grace de lui dire les raisons qui me forcent à ne lui point écrire. Je ne lui en suis pas moins attaché; et je lui demande en grace, à lui et à madame sa femme, de passer par chez nous quand ils iront voir leur mère.

Ma consolation serait de vous recevoir encore dans

---

[1] La Harpe; voyez page 443. B.
[2] L'abbé Terray; voyez page 34. B.

ma chaumière, auprès de Lyon, vous et M. de Condorcet; mais ni vous ni lui n'avez de mère dans le Gévaudan.

La mort de ce pauvre La Condamine[1], qui croyait avoir exactement mesuré un arc du méridien, m'avertit qu'il faut que je fasse mon paquet. Je suis un peu sourd comme lui, et de plus aveugle. Les cinq sens dénichent l'un après l'autre; et puis reste zéro.

De tous les ouvrages dont on régale le public, le seul qui m'ait plu est le *quaterne*[2] de Beaumarchais. Quel homme! il réunit tout, la plaisanterie, le sérieux, la raison, la gaîté, la force, le touchant, tous les genres d'éloquence, et il n'en recherche aucun, et il confond tous ses adversaires, et il donne des leçons à ses juges. Sa naïveté m'enchante; je lui pardonne ses imprudences et ses pétulances.

Je ne vous dis rien de votre *Childebrand*[3]. J'espère que vous me pardonnerez d'avoir respecté un ancien attachement. Je m'enveloppe, autant que je le puis, du manteau de la philosophie; mais ce manteau est si étriqué, si percé de trous, que la bise y entre de tous les côtés. Adieu, mon très cher philosophe, dont le manteau est d'un bien meilleur drap que le mien. Vivant ou mourant, *tuus sum*. RATON.

6694. A M. LE COMTE D'ARGENTAL.

25 février.

Il y a long-temps, mon cher ange, que je voulais

---

[1] Voyez tome LV, page 2; il était mort le 4 février 1774. B.
[2] Le *Quatrième mémoire* de Beaumarchais. B.
[3] Le maréchal de Richelieu. B.

vous écrire, je ne l'ai pas pu; j'ai eu une violente secousse de mes maux ordinaires, qui se sont tournés à l'extraordinaire. Je n'ai point appelé de médecin; on meurt sans eux, et on guérit sans eux. A présent que je respire un peu, et que j'ai lu le quatrième mémoire de Beaumarchais, il faut que je vous ouvre mon cœur.

Il y avait long-temps que M. le marquis de Condorcet m'avait un peu dessillé les yeux sur Marin, et m'avait même donné quelques inquiétudes, en me priant très instamment de ne lui jamais écrire par un tel correspondant. M. de Condorcet me parlait de cet homme précisément comme Beaumarchais en parle. Dans ces circonstances, vous m'écrivez que Marin est l'unique cause du funeste contre-temps que j'ai essuyé à propos des *Lois de Minos*, contre-temps par lequel toutes mes espérances ont été détruites. Il n'est pas douteux qu'en effet ce ne soit Marin qui ait vendu la mauvaise copie au libraire Valade.

Vous voyez dans quel précipice cette perfidie mercenaire m'a plongé. Je me doutais déjà de ses manœuvres et de son avidité, par les plaintes qu'il m'avait faites de ce que vous aviez bien voulu faire partager entre Lekain et lui le produit de je ne sais plus quelle tragédie : tout me paraît éclairci. Je me rappelle même que M. de Sartines en était instruit, quand il me conseilla de ne pas pousser plus loin [1] l'affaire de Valade, et de ne pas exiger qu'il nommât le traître : tout cela m'accable. Je vois toujours avec hor-

[1] Voyez page 195. B.

reur de quoi certaines gens de lettres sont capables. J'ai le cœur gros, et pourtant il est bien serré.

Beaumarchais m'envoyait ses mémoires, et je ne le remerciais seulement pas, ne voulant point que Marin, sur lequel je n'avais encore que des soupçons, et auquel je confiais encore tous mes paquets, pût me reprocher d'être en correspondance avec son ennemi. Il faut vous dire encore que, Marin étant bien reçu chez M. le premier président (du moins avant le *Quatrième mémoire* [1]), j'écrivis à madame de Sauvigny [2] que je ne voulais pas seulement remercier Beaumarchais de ses factums, parceque j'étais l'ami de Marin.

Je lis et je relis ce quatrième mémoire; j'y vois les imprudences et la pétulance d'un homme passionné, poussé à bout, justement irrité, né très plaisant et très éloquent. Il me persuade tout ce qu'il dit; il me développe surtout le caractère et la conduite de Marin; et par le tableau qu'il fait de cet homme, il me confirme ce que vous m'en avez appris [3].

Vous me demanderez quel est le résultat de ma lettre; le voici : C'est premièrement de vous supplier de me dire franchement ce qu'on pense de Marin dans Paris; secondement, de vouloir bien m'apprendre s'il est vrai qu'il soit encore en crédit auprès de mon-

---

[1] De Beaumarchais. B.

[2] La lettre manque. B.

[3] M. de Voltaire ne connaissait pas encore, même de vue, M. de Beaumarchais, lorsqu'il écrivit cette lettre. (*Note du correspondant général de la Société littéraire typographique.*) K.—Ces mots désignent Beaumarchais. B.

sieur le premier président et de M. de Sartines, et quelle est sa situation auprès de M. le duc d'Aiguillon. Vous pouvez en être informé; et il n'y a que vous dans le monde à qui je puisse le demander. N'allez pas me dire que je suis trop curieux, car je vous jure que j'ai raison de l'être. Ce Marin m'a plusieurs fois embâté; il se fesait fort de réussir en tout; il me protégeait réellement. Enfin j'ai besoin d'être instruit, mon cher ange.

Je me flatte que vous ne croyez plus les contes qu'on vous a faits sur Beaumarchais, et que vous êtes détrompé comme moi. Un homme vif, passionné, impétueux, peut donner un soufflet à sa femme, et même deux soufflets à ses deux femmes, mais il ne les empoisonne pas [1].

Je vous écris hardiment par la poste, parcequ'il n'y a rien dans cette lettre, ni dans aucune autre de mes lettres, qui puisse alarmer le gouvernement; il n'y a que quelques passages qui pourraient alarmer Marin; mais, s'il y a des curieux, ils ne lui en diront mot. Je change d'avis; je m'adresse à M. Bacon, substitut du procureur général. Il vous fera tenir ma lettre.

Mille tendres respects à madame d'Argental.

---

[1] Je certifie que ce Beaumarchais-là, battu quelquefois par des femmes, comme la plupart de ceux qui les ont aimées, n'a jamais eu le tort honteux de lever la main sur aucune. (*Note du correspondant général de la Société littéraire typographique.*) K. — Voyez ma note, page 449. B.

6695. A M. LE MARQUIS DE FLORIAN,

A MONTPELLIER.

A Ferney, 26 février.

Mon cher ami, il y a long-temps que je ne vous ai écrit[1], et que je n'ai reçu de vos nouvelles. J'ai été si malingre, si faible, si misérable, sur la fin de cet hiver, selon ma coutume, qu'en vérité je n'existais pas. Je ne m'en occupais pas moins de l'état de votre serin[2], et je m'attendais chaque poste que vous m'en diriez des nouvelles. L'inquiétude s'est jointe à tous mes maux : je vous demande de mon lit si elle sort du sien, si elle se promène, si elle digère, si vous jouissez tous deux d'un beau soleil. Mon Dieu, que cette vie a d'amertumes, de dangers, de malheurs de toute espèce, et que tout cela s'oublie vite quand on se porte bien !

Je m'imagine que vous savez à Montpellier plus de nouvelles de Paris que nous autres solitaires de Ferney. Vous avez plus de monde autour de vous. J'ai pourtant eu le *Quatrième mémoire* de Beaumarchais ; j'en suis encore tout ému. Jamais rien ne m'a fait plus d'impression ; il n'y a point de comédie plus plaisante, point de tragédie plus attendrissante, point d'histoire mieux contée, et surtout point d'affaire épineuse mieux éclaircie. Goëzmann y est traîné dans la boue, mais Marin y est beaucoup plus en-

---

[1] Il lui avait écrit les 3 janvier, 6 janvier, et 9 février ; voyez lettres 6669, 6671, et 6689. B.

[2] Madame de Florian ; voyez lettre 6669. B.

foncé; et je vous dirai bien des choses de ce Marin quand nous nous verrons[1].

Toute la famille d'Étallonde est certaine que Belleval est la première cause de l'affreuse catastrophe du chevalier de La Barre : mais elle dit qu'il s'est brouillé depuis avec le procureur du roi, et qu'alors il a changé d'avis. On ajoute que ses enfants sont avantageusement mariés, et qu'ils ont de la considération dans leur province. Ce sera donc pour eux qu'on rétablira la réputation du père, dans la nouvelle édition qui est presque achevée. Goëzmann et Marin auront, dit-on, plus de peine à rétablir la leur.

Adieu, mon cher ami ; mandez-moi, je vous prie, tout ce que fait le serin. Je ne sortirai de ma chambre que quand elle sera dans sa jolie cage du petit Ferney.

6696. DE M. DALEMBERT.

A Paris, ce 26 février.

Je viens de lire, mon cher maître, avec le plus grand plaisir, une suite de l'*Histoire de l'Inde*, avec quelques douceurs pour Nonotte et consorts[2]. J'avais déjà la première partie, et je voudrais bien avoir la seconde; je me recommande bien vivement à l'auteur.

Tandis qu'il s'égaie aux dépens des Nonotte et des Pa-

---

[1] Un homme disait, dans un souper, que Goëzmann et Marin savaient où l'on fesait les mémoires que ce Beaumarchais s'attribuait ; celui-ci répondit gaiment : « Les maladroits qu'ils sont! que n'y font-ils faire les « leurs ? » (*Note du correspondant général de la Société littéraire typographique.* K. — Ces mots désignent Beaumarchais. B.

[2] La seconde partie ou les seize derniers articles des *Fragments historiques sur l'Inde;* voyez, tome XLVII, mon *Avis*, page 296. B.

touillet, il ne sait peut-être pas ce qui se passe au sujet de la canaille dont ils fesaient partie. Cette canaille, quoique coupée en mille morceaux par les souverains et par le pape, cherche à se réunir, et ne désespère pas d'y réussir. Il y a actuellement un projet de les rétablir en France, sous un autre nom; et j'ai appris avec douleur que l'archevêque de Toulouse[1], qui, comme je le lui ai cent fois entendu dire à lui-même, n'aime ni n'estime ces marauds, et les connaît bien pour ce qu'ils sont, est à la tête de ce beau projet, parcequ'il en espère apparemment ou le cordon bleu, ou le chapeau, ou la feuille des bénéfices, ou l'archevêché de Paris. Heureusement le pape y est jusqu'à présent fort opposé, et le roi d'Espagne encore plus; et il faut espérer que le roi de France trouvera des serviteurs fidèles qui lui feront sentir que cette vermine ne lui pardonnera jamais de l'avoir écrasée, et ne se croira pas dédommagée par le consentement qu'il pourrait donner à leur nouvelle existence; et qu'ainsi il y aurait le plus grand risque pour lui à les laisser ressusciter, sous quelque forme que ce puisse être.

Voici le projet de la nouvelle forme qu'on prétend leur donner. Ils formeront une communauté de prêtres, qui n'aura point de général à Rome, mais qui fera des vœux, excepté celui de pauvreté, afin qu'ils soient susceptibles de bénéfices. On recevra dans cette communauté d'autres prêtres que les ex-jésuites, et même ces prêtres seuls auront l'administration des biens. De plus, l'étude de la théologie sera interdite dans cette congrégation, et ils ne pourront jamais diriger les séminaires; mais ils serviront de pépinière pour donner des maîtres aux colléges de provinces, sans néanmoins être membres de l'université.

Vous sentez, mon cher maître, tout ce qu'il y a d'insidieux dans ce projet, et que, dès qu'une fois la canaille sera établie, elle se mettra bientôt en possession de tous les avantages auxquels elle feint de renoncer dans ce moment, pour ne pas trop effaroucher les contradicteurs. D'abord les béné-

---

[1] Loménie de Brienne. B.

fices dont ils sont susceptibles leur donneront moyen d'entrer dans le clergé et de devenir évêques; nouveau moyen de pouvoir qui manquait à la société défunte. Les prêtres séculiers, prétendus administrateurs des biens, seront bientôt culbutés par eux, dès qu'ils trouveront un peu de faveur; et d'ailleurs ces prêtres, choisis par l'archevêque de Paris, seront leurs créatures et leurs valets. Ils ne tarderont pas à représenter qu'il est absurde d'interdire à une communauté de prêtres l'étude de la théologie, et ils obtiendront ce point d'autant plus facilement que leur demande sera raisonnable. Ils représenteront de même qu'étant destinés à peupler les colléges de provinces, il est impossible qu'ils y suffisent en n'ayant qu'une seule maison dans Paris (car le prétendu projet ne leur permet pas d'en avoir ailleurs); et ils obtiendront de même fort aisément d'en avoir au moins dans les principales villes.

Enfin il est clair que ces marauds ne demandent rien, dans ce moment, que d'obtenir un souffle de vie, qui deviendra bientôt, grace à leurs intrigues, un état de vigueur et de santé. Je vous avoue, mon cher ami, que j'ai le cœur navré quand je vois la protection que le roi de Prusse accorde à cette canaille, et qui servira peut-être d'exemple à d'autres souverains, quoiqu'il y ait bien de la différence entre souffrir des jésuites en pays protestant, et les avoir en pays catholique.

Voilà, mon cher ami, un sujet bien intéressant, et qui mériterait bien autant d'exercer votre plume que les Morangiés[1] et les La Beaumelle[2]. Vous allez dire que je fais encore le Bertrand, et que j'ai toujours recours à Raton; mais songez donc que Bertrand a les ongles coupés. Ce que je désire et que j'attends de vous serait l'ouvrage d'un bon citoyen et d'un bon Français, attaché au roi et à l'état. Vous pouvez répandre à pleines mains sur ce projet l'odieux et le ridicule, dont vous savez si bien faire usage. Vous pouvez faire voir

---

[1] Voyez tome XLVII, page 494. B.
[2] Voyez tome XLVII, page 566. B.

qu'il est dangereux pour l'état, pour l'Église, pour le pape, et pour le roi, que les jésuites regarderont toujours comme leurs ennemis, et traiteront comme tels s'ils le peuvent. Ce sont les Broglie, si bien faits pour brouiller tout, qui, malgré leur disgrace, intriguent actuellement de toutes leurs forces pour cet objet; mais j'espère qu'ils trouveront en leur chemin le duc d'Aiguillon et tous les honnêtes gens du royaume, dont le cri va être universel. On dit que votre Catau conserve aussi les jésuites, à l'exemple du roi de Prusse.

6697. A M. LE MARÉCHAL DUC DE RICHELIEU.

A Ferney, 4 mars.

J'aurais bien voulu remercier plus tôt mon héros de sa très aimable et très plaisante lettre; mais, pour écrire, il faut exister. La fin des hivers m'est toujours fatale. On dit que les Romains ne donnèrent le nom de février au mois dont nous sortons, qu'à cause de la fièvre. J'ai été traité comme un ancien Romain; c'est peut-être parceque je me suis avisé de refaire *Sophonisbe*. Il ne faut point chanter avec une vieille voix enrhumée.

C'est à mon héros à briller toujours dans sa belle et noble carrière. Son esprit et son corps ne vieilliront point. Il y a des êtres pour qui la nature a été prodigue aux dépens du pauvre genre humain. Mon héros est de ce petit nombre des élus. Le voilà d'ailleurs assez bien établi dans le monde par lui-même et par les siens. Je voudrais bien savoir ce que pensent MM. Grateau, Martineau, Lardeau, Quatrehommes, Quatresous[1], quand ils voient celui qu'ils ont entaché si bien détaché et si net.

On me dit que vous préférerez le gouvernement de notre bonne ville, où vous êtes né, à celui du prince Noir[2]; que vous voulez jouir du palais que vous avez embelli; que vous voulez rester au centre de votre gloire. Soit : partout où vous serez, vous régnerez, et je serai toujours votre fidèle sujet.

On m'a un peu alarmé pour ma *Sémiramis du Nord*; mais les Ninias ne reparaissent que dans l'élégante tragédie de Crébillon ou dans la mienne. Elle-même m'a écrit une lettre tout-à-fait plaisante[3] sur la résurrection de son mari. C'est une dame unique; elle se joue d'un empire de deux mille lieues, et fait mouvoir cette énorme machine aussi aisément qu'une autre femme fait tourner son rouet.

J'aurais bien voulu voir son conseil de législation, dans lequel elle rassemble des chrétiens de toute secte, des musulmans, et des païens. Elle a auprès d'elle deux jeunes chambellans, dont l'un est un jeune comte de Schowalow, qui fait des vers français mieux que toute votre académie. Diderot croit être à Versailles dans les beaux jours de Louis XIV. Vous seriez-vous douté, monseigneur, il y a quarante ans, que Pétersbourg serait une ville toute française? Si vous preniez parti pour le Turc, ce serait attaquer votre patrie.

---

[1] Conseillers au parlement de Paris, qui avait *entaché* le duc d'Aiguillon; voyez tome XLVI, page 486. B.

[2] La Guyenne ou Aquitaine, dont Richelieu était gouverneur. B.

[3] Lettre 6680. B.

On prétend que vous voulez ressusciter les jésuites, à l'exemple du roi de Prusse. J'ajouterai cela au chapitre des contradictions qui règnent dans ce monde. Je commence à croire qu'on me donnera un évêché.

Je bavarde trop pour un vieux malade. Il faut aimer son héros, mais il ne faut pas l'ennuyer.

6698. A M. DALEMBERT.

5 mars.

Oui vraiment, monsieur Bertrand, ce que vous dites là m'amuserait fort[1]; mais croyez-vous que j'aie encore des pattes? pensez-vous que ces marrons puissent se tirer gaîment? Si on n'amuse pas les Welches, on ne tient rien. Voyez Beaumarchais, il a fait rire dans une affaire sérieuse, et il a eu tout le monde pour lui. Je suis d'ailleurs pieusement occupé d'un ouvrage plus universel. Vous ne me proposez que de battre un parti de housards, quand il faut combattre des armées entières. N'importe; il n'y a rien que le pauvre Raton ne fasse pour son cher Bertrand.

Je m'arrête, je songe; et, après avoir rêvé, je crois que ce n'est pas ici le domaine du comique et du ridicule. Tout Welches que sont les Welches, il y a parmi eux des gens raisonnables, et c'est à eux qu'il faut parler sans plaisanterie et sans humeur. Je vais voir quelle tournure on peut donner à cette affaire, et je vous en rendrai compte. Il faudra, s'il

---

[1] Voyez lettre 6696, page 454. B.

vous plaît, que vous m'aidiez un peu : *nihil sine Theseo*[1].

Vous n'aurez qu'à m'envoyer vos instructions chez M. Bacon, substitut de monsieur le procureur général, place Royale; elles me parviendront sûrement. Il serait plus convenable que nous nous vissions; mais il est plus plaisant que Jean-Jacques soit chez moi, et que je sois chez lui.

Je me sers aujourd'hui de mon ancienne adresse. Ayez la bonté de me dire si vous avez reçu le fatras de l'Inde[2], que j'envoie par le même canal avec cette lettre.

On me mande de Rome que M. Tanucci[3] n'a point encore vendu Bénévent à saint Pierre; et je n'entends point dire qu'il soit en possession d'Avignon. Toutes les affaires sont longues, surtout quand il s'agit de rendre.

Catau n'est point du tout embarrassée du nouveau mari qui se présente dans la province d'Orenbourg. Elle m'a écrit une lettre assez plaisante[4] sur cette apparition. Elle passe sa vie avec Diderot; elle en est enchantée. Je crois pourtant qu'il va revenir, et que vous avez très bien fait de ne point passer dix ans dans un climat si dur, avec votre santé délicate. Je vous aime mieux à Paris que partout ailleurs. Adieu, mon très cher maître; ne m'oubliez pas auprès de votre ami M. de Condorcet.

---

[1] Plutarque, *Vie de Thésée*, XXVIII. B.
[2] Voyez lettre 6696. B.
[3] Ministre du roi de Naples; voyez t. XLV, p. 111; et LXV, 185. B.
[4] Celle du 8-19 janvier 1774, n° 6680. B.

Encore un mot. Je ne suis point surpris de ce que vous me mandez d'un archevêque qui a fait mourir de chagrin ce pauvre abbé Audra [1].

Encore un autre mot. Voici l'esquisse de la lettre [2] que vous demandez; tâchez de me la renvoyer contresignée, et voyez si on en peut faire quelque chose.

Et puis un autre mot. Vous n'aurez point *l'Inde* [3] cet ordinaire.

Pour dernier mot, écrivez-moi par M. Bacon.

6699. A M. LE MARQUIS DE FLORIAN.

7 mars.

L'octogénaire de Ferney est malade, et ne peut écrire de sa main; le jeune Wagnière est malade, et ne peut prêter sa main à l'octogénaire: il emprunte donc une troisième main pour demander comment on se porte à Montpellier: il subsiste de l'espérance de revoir les deux voyageurs au mois d'avril. M. de Florian sait sans doute que Goëzmann et Beaumarchais sont jugés, et que le public n'est point content. Le public, à la vérité, juge en dernier ressort; mais ses arrêts ne sont exécutés que par la langue. Le monde a beau parler, il faut obéir [4].

---

[1] Voyez ma note, tome XVI, page 247; LXV, 322; et LXVI, 489. B.

[2] *Lettre d'un ecclésiastique sur le prétendu rétablissement des jésuites dans Paris*, tome XLVIII, page 1. B.

[3] C'est-à-dire la seconde partie des *Fragments sur l'Inde*, formant les chapitres XXI à XXXVI; voyez tome XLVII, pages 419-493. B.

[4] Les juges restèrent assemblés depuis cinq heures du matin jusqu'à dix heures du soir. Il y eut de très grands débats; enfin la rage l'emporta: M. de Beaumarchais fut blâmé. Monseigneur le prince de Conti vint le

La Chalotais obéit quand la maréchaussée le traîne en prison à Loches, à l'âge de soixante-quatorze ans, pissant le sang, écorché de gravelle.

Pour madame de Monglat[1], que la maréchaussée conduisait à Montpellier, pour aller pleurer ses péchés dans un couvent, elle n'a point obéi ; elle a pris, pendant la nuit, un cheval de la maréchaussée même, et s'est échappée au grand galop, en corset et en jupon, tenant d'une main sa boîte de diamants, et de l'autre la bride de son cheval. On croit que cette brave amazone se réfugie à Genève.

Le vieux malade n'a pas pu manger des perdrix rouges dont M. de Florian a régalé Ferney; mais madame Denis, plus gourmande que jamais, les a trouvées excellentes. Elle voudrait que les deux voyageurs de Montpellier les eussent mangées avec elle au petit Ferney.

La poste part, il faut finir cette lettre, et souhaiter le prompt retour des deux aimables voyageurs.

---

même soir à sa porte l'inviter pour le lendemain à passer la journée chez lui ; il y laissa un billet finissant par ces mots : « Je veux que vous veniez « demain ; nous sommes d'assez bonne maison pour donner l'exemple à la « France de la manière dont on doit traiter un grand citoyen tel que vous. » Trois jours après, toute la cour s'était fait écrire chez lui. (*Note du correspondant général de la Société littéraire typographique.*) K. — Ces mots désignent Beaumarchais. B.

[1] Madame de Monglat ou Montglas était la femme d'un président de la chambre des comptes de Montpellier, qui avait obtenu une lettre de cachet pour la faire enfermer au couvent. Les *Mémoires secrets*, à la date du 25 février 1774, parlent de la conduite scandaleuse de cette dame. B.

6700. A M. D'ÉTALLONDE DE MORIVAL.

Au château de Ferney, 8 mars.

Je reçois, monsieur, votre lettre du 22 de février : ma réponse ne peut partir que le 8 de mars. Si vous avez besoin de quelque argent pour votre voyage, je ne doute pas que M. Rey ne vous en fournisse sur ce simple billet : je connais son cœur. J'ai l'honneur d'être, monsieur, avec un entier dévouement, votre très humble, etc.

VOLTAIRE,
gentilhomme ordinaire de la chambre du roi.

Je promets rembourser sur-le-champ, par Genève, l'argent qu'il aura bien voulu prêter à M. de Morival pour son voyage. VOLTAIRE.

[1] J'ai envoyé au roi de Prusse la lettre que vous me fîtes l'honneur de m'écrire il y a deux mois, dans laquelle vous me marquiez tout le zèle qui vous attache à son service, et toute votre reconnaissance. Il ne me reste plus qu'à trouver autant de bienveillance dans le cœur du magistrat de qui seul dépend votre affaire, qui est devenue la mienne.

6701. A FRÉDÉRIC II, ROI DE PRUSSE.

Le 11 mars.

Sire, soyez bien sûr que je suis très fâché que

---

[1] Cet alinéa, qui est un *post-scriptum*, doit n'avoir été écrit que trois jours après la lettre, puisque le 11 Voltaire écrivait au roi de Prusse (voyez lettre 6701) qu'il venait de retrouver la lettre qu'il lui envoyait, de Morival. B.

vous ayez la goutte ; ce n'est pas seulement parceque j'en ai eu une violente atteinte, et qu'on plaint les maux qu'on a sentis, mais c'est parceque la santé de votre majesté est un peu plus précieuse et plus nécessaire au monde que la mienne ; c'est parceque je m'intéresse à votre bien-être beaucoup plus que vous ne croyez. Je ne vous parlerai plus de toutes ces mauvaises plaisanteries sur l'art de tuer ; je ne songe qu'à votre conservation : vous ne pourrez jamais ajouter à votre gloire ; mais ajoutez à votre vie.

Ne me faites point la grace que j'implore de vous pour Morival en me boudant et en vous moquant de moi[1]. Le pauvre garçon ne demande qu'à passer ses jours et à mourir à votre service.

Il espère qu'il pourra obtenir de notre chancelier des lettres qui le réhabilitent, et qui le rendent capable d'hériter, et qui le mettront en état d'être plus utile à son régiment : ces lettres s'accordent aisément à ceux qui n'ont été condamnés que par contumace. Je puis assurer d'ailleurs votre majesté que l'on se repent aujourd'hui du jugement porté contre le chevalier de La Barre. J'ai entre les mains une déclaration authentique d'un magistrat d'Abbeville qui fut la première cause de cette horrible affaire. Voici ses propres mots : « Nous déclarons que non seulement
« nous avons le jugement du chevalier de La Barre
« en horreur, mais frémissons encore au nom du juge
« qui a instruit cet exécrable procès : en foi de quoi
« nous avons signé ce certificat, et y avons apposé le

---

[1] Voyez lettre 6690. B.

« sceau de nos armes. A Abbeville, 9 novembre 1773.
« *Signé* DE BELLEVAL. »

De plus il est de droit dans notre jurisprudence (si nous en avons une) qu'un homme jugé pendant son absence est écouté quand il se présente ; et c'est ainsi que j'ai eu le bonheur de faire réhabiliter la famille Sirven, et c'est dans la même espérance que j'implore votre majesté pour Morival, qui vous appartient. Si je ne pouvais obtenir en France la justice que je demanderai, je vous renverrais Morival sur-le-champ, et il se consolera toujours par l'honneur de servir un roi guerrier et philosophe, qui voit tout et qui fait tout par lui-même, et qui n'aurait pas souffert cette détestable boucherie. Je remercie donc votre majesté avec la plus grande sensibilité ; et si je ne réussis pas dans mon œuvre charitable, je ne serai pas moins reconnaissant de votre extrême bonté.

Agréez, sire, le profond respect de ce vieux malade qui est à vous comme s'il se portait bien.

P. S. Je retrouve dans ce moment une lettre de Morival : je souligne l'endroit où il m'explique ses vues sur son service. Vous verrez, sire, que vous n'accorderez pas votre protection à un sujet indigne.

J'oserais vous demander une autre grace pour lui, en cas qu'il ne pût réussir dans son procès ; ce serait de l'envoyer dans l'armée russe, parmi les autres officiers de votre majesté. Il ne verra rien de si barbare parmi les Turcs que ce qui s'est passé dans Abbeville.

6702. A M. COLINI.

Ferney, 12 mars.

J'ai recours à vous, mon cher ami; je vous prie de me tirer de peine. J'ai écrit deux fois depuis le commencement de février à M. Wreiden [1]. Je lui ai envoyé les quittances d'un argent qu'il devait me payer, et que je n'ai point reçu. Il ne me fait aucune réponse. Serait-il malade? Serait-il absent? Y aurait-il quelque changement? Je vous prie de me mettre au fait. J'écris de ma main avec beaucoup de peine, à mon âge de quatre-vingts ans. Ainsi je finis en vous embrassant.

Votre vieil ami. V.

6703. DE CATHERINE II.

Le 4-15 mars.

Monsieur, les gazettes seules font beaucoup de bruit du brigand Pugatschew, lequel n'est en relation directe ni indirecte avec M. de Tott. Je fais autant de cas des canons fondus par l'un que des entreprises de l'autre. M. de Pugatschew et M. de Tott ont cependant cela de commun que le premier file tous les jours sa corde de chanvre, et que l'autre s'expose à chaque instant au cordon de soie.

Diderot est parti pour retourner à Paris. Nos conversations ont été très fréquentes; et sa visite m'a fait un très grand plaisir. On ne rencontre pas souvent de tels hommes. Il a eu de la peine à nous quitter; le seul attachement à sa famille l'a séparé de nous. Je lui manderai le desir que vous avez de le voir. Il s'arrêtera quelque temps à La Haie. Cette lettre ré-

---

[1] Caissier général de la chambre électorale des finances. (*Note de Colini.*)

pond à la vôtre du 4 mars, vieux style[1]. Je n'ai pour le présent rien d'intéressant à vous mander; mais je ne laisserai pas de vous répéter les sentiments d'estime, d'amitié, et de considération que vous m'avez inspirés depuis long-temps.

CATERINE.

6704. A M. LE MARQUIS DE FLORIAN.

Ferney, 16 mars.

Bienheureux ceux qui ont de la santé, s'ils sentent leur bonheur! Tous nos voisins, et madame Dupuits et moi, nous sommes sur le grabat; chacun est damné dans ce monde à sa façon. Pour moi, je dis dans ma chaudière : Comment se porte le serin? viendra-t-il nous voir au printemps? restera-t-il dans la cage de M. Lamure[2]?

J'ai prêté la quatrième *Philippique* de Beaumarchais dans Genève : donc elle ne me reviendra pas. On a imprimé tout ce procès à Lyon; M. Vasselier peut vous le faire tenir. Beaumarchais a eu raison en tout, et il a été condamné. L'arrêt ne réussit pas mieux à Paris qu'à Montpellier[3].

La colonie prospère, mais moi je suis bien loin de prospérer. Madame Denis sort en carrosse; elle va chez

---

[1] Il y a ici erreur; Voltaire ne datait pas du vieux style. Il est à croire que Catherine répondait à la lettre du 2 février, n° 6685. B.

[2] A Montpellier; voyez page 415. B.

[3] Cet arrêt a été cassé d'une voix unanime, sous Louis XVI, par la grand'chambre et la tournelle assemblées, quand le vrai parlement fut rétabli dans ses fonctions. M. de Beaumarchais, rendu à son état de citoyen, fut porté par le peuple, de la grand'chambre à son carrosse, au milieu d'un concours d'applaudissements, fondant en larmes, et presque étouffé par la foule. (*Note du correspondant général de la Société littéraire typographique.* K. — Ces mots, ainsi que je l'ai déjà dit, désignent Beaumarchais. B.

madame Dupuits et madame Racle, qui sont toutes deux grosses. Madame Dupuits souffre beaucoup; mais qui ne souffre pas, soit de corps, soit d'esprit? Ce monde-ci est une vallée de misère, comme vous savez. Le bonheur n'est qu'un rêve, et la douleur est réelle; il y a quatre-vingts ans que je l'éprouve. Je n'y sais autre chose que me résigner, et me dire que les mouches sont nées pour être mangées par les araignées, et les hommes pour être dévorés par les chagrins. Celui d'être loin de vous et du serin est bien grand pour le vieux malade.

6705. A M. LE COMTE D'ARGENTAL.

21 mars.

Ma strangurie est revenue me voir, mon cher ange, je souffre comme un damné que je suis; mais je commande à mes souffrances de me laisser dicter que j'ai bien reçu votre lettre du 11 mars; que je vous en remercie tendrement; que je trouve vos conseils aussi sages que votre conduite, et que je les avais prévenus, quoique ma conduite n'ait jamais été aussi sage que la vôtre.

Vous savez qu'en fait d'histoire je me suis toujours défié de la foule de ces empoisonnements dont les chroniqueurs aiment à grossir leurs ouvrages. Passe pour Britannicus; je veux bien croire que Néron lui donna une grosse indigestion à souper. Je n'aime pourtant pas trop que l'on fonde une tragédie sur un plat de champignons; et, sans les belles scènes de Burrhus et même de Narcisse, je serais de l'avis du parterre, qui réprouva cette pièce aux premières représentations. Mais je ne croirai jamais qu'un fou ait empoisonné deux de ses femmes l'une après l'autre. Je crois plus volontiers aux sottises, aux absurdités, aux cabales, aux inconséquences, aux misères, dont votre ville de Paris abonde.

Je n'ai jamais lu *Eugénie*. On m'a dit que c'est une comédie larmoyante. Je n'ai pas un grand empressement pour ces sortes d'ouvrages ; mais je lirai *Eugénie* pour voir comment un homme aussi pétulant que Beaumarchais a pu faire pleurer le monde. On m'a dit qu'on riait encore dans Paris de l'aventure de *Crispin rival* [1].

Je vous avoue que j'ai une répugnance extrême à remercier un duc espagnol [2] d'une chose que je dois ignorer. Ma pauvre statue m'a attiré tant d'ennemis, que je suis affligé toutes les fois qu'on m'en parle. Je m'étais bien douté que cette statue serait barbouillée par tous les gredins de la littérature. Je l'avais mandé à Pigalle, et même en vers assez plats. Toutes les fois qu'on veut trop élever un contemporain, il est sûr de trouver beaucoup de gens qui le rabaissent. C'est l'usage de tous les temps. Je fais plus de cas de votre amitié que de toutes les statues du monde, et elle me console de toutes les injures qu'on me dit.

Consolez-moi aussi de l'impertinence de ce *Tau-*

---

[1] Le 12 mars, à une représentation de *Crispin rival de son maître*, le public avait appliqué quelques traits de cette pièce à l'affaire de Beaumarchais : ce qui fit grande rumeur. On défendit la représentation d'*Eugénie*, drame de Beaumarchais, qu'on avait annoncée pour le lendemain. B.

[2] Le duc d'Albe ; voyez lettre 6553. B.

reau blanc qui court les rues de Paris. Je crains bien qu'il ne me donne de furieux coups de cornes; et, à mon âge de quatre-vingts ans, il ne me sied pas de me battre contre les taureaux, comme un Espagnol. La nature et la fortune me font assez de mal sur la fin de ma vie. Cette fin sera, comme le commencement, tout entière à vous. Je me mets aux pieds de madame d'Argental.

6706. A M. DALEMBERT.

21 mars.

Raton s'est trop pressé de servir Bertrand, et par conséquent il craint de l'avoir très mal servi. Les typographes suisses ont plus mal servi encore, en donnant douze cents lieues carrées à l'empire de Russie, au lieu de douze cent mille[1]. S'il n'y avait que cette faute, un zéro la corrigerait; mais il trouve que la feuille intitulée *Demande de l'extinction absolue*, etc., est une pièce beaucoup plus importante et plus décisive que tout ce qu'on pourrait écrire sur cette matière. Il faudrait que cette feuille fût entre les mains de tout le monde.

Raton est très affligé qu'on débite dans Paris un *Taureau*[2] qui pourrait lui écraser ses vieilles pattes, et lui donner de terribles coups de cornes. Ces bœufs-là se mettent, depuis quelque temps, à frapper

---

[1] Dans la *Lettre d'un ecclésiastique*, l'imprimeur avait mis *douze cents lieues carrées*; c'était une faute, comme on voit. Au lieu de *douze cent mille lieues*, dont il parle ici, l'auteur a mis depuis *onze cent mille lieues carrées*; voyez tome XLVIII, page 4. B.

[2] *Le Taureau blanc*, tome XXXIV, page 275. B.

à droite et à gauche; les Ratons ne peuvent plus trouver de trous pour se cacher. Une strangurie, qui m'avait voulu tuer l'année passée, est revenue cette année; elle me tient au col, mais c'est à celui de la vessie : cela m'avertit de faire mon paquet et de déloger incessamment.

Je suis tendrement attaché aux deux secrétaires [1], et je serai très fâché de partir sans les avoir embrassés.

6707. DE M. DALEMBERT.

A Paris, ce 22 mars.

Pulchre! bene! recte!
Hor., *de Arte poet.*, v. 428.

Bertrand a reçu trois ou quatre paquets de marrons, qu'il a trouvés cuits très à propos et très croquants : mais il reste encore sous la cendre de très friands marrons à tirer, que Bertrand recommande à la patte de Raton. Il ne s'agit plus aujourd'hui de rétablir hautement et impudemment cette vermine malfesante, comme l'appelait, il y a quatre ou cinq ans, le roi de Prusse dans les lettres qu'il écrivait à Bertrand, ce même roi qui depuis...., et qui ne protége aujourd'hui cette canaille [2] que pour faire une niche de page à des souverains plus sages que lui. Le projet actuel, comme Bertrand l'a dit à Raton, c'est d'établir une communauté de prêtres destinée à l'instruction de la jeunesse, qui, tout prêtres qu'ils seront, ne pourront étudier la théologie ni diriger les séminaires. Les jésuites pourront être associés ou du moins affiliés à cette communauté (car on ne s'explique pas clairement sur cet objet); bien entendu que, quand une fois ils y auront le pied, tout le corps suivra bientôt, et qu'ils sauront bien se faire rendre et l'étude de la théologie, et la direction des

---

[1] Dalembert et Condorcet. B.
[2] Voyez lettre 6631. B.

séminaires; car tout ce qu'ils desirent, tout ce que veulent leurs amis, c'est de s'ouvrir un guichet de rentrée qui deviendra bientôt porte cochère. Il faut que Raton insiste sur ce danger, sur celui qui en résulterait pour l'état, où ces marauds mettraient le trouble plus que jamais; pour le roi, à qui ils ne pardonneront jamais d'avoir consenti à leur destruction; pour les ministres les plus attachés au roi, comme M. le duc d'Aiguillon, qu'ils feront repentir, s'ils le peuvent, d'avoir consommé cette destruction sous son ministère. Le premier usage qu'ils feront de leur crédit sera de se venger, et il ne leur coûtera pas de mettre le feu pour cela aux quatre coins du royaume. D'ailleurs à quoi bon cette communauté de prêtres? que fera-t-elle de mieux que les universités et que les autres communautés déjà occupées de l'éducation? Ce ne sont point des communautés nouvelles qu'il faudrait établir; il faudrait rendre plus utiles, pour l'éducation, les communautés qui s'en occupent, en réformant le plan de cette éducation, qui en a tant de besoin, et en attachant aux universités plus d'argent et de considération. Il y a tant d'hommes de mérite qui sont sans fortune, et qui ne demanderaient pas mieux que de se livrer à ce travail, s'ils y trouvaient une existence honnête, etc.! Voilà, mon cher Raton, de bons marrons de Lyon à cuire, sans compter ceux que Raton trouvera de lui-même dans sa poche. Bertrand lui recommande avec instance cette nouvelle fournée. Peut-être même pourrait-il essayer un marron qui vaudrait mieux que tous les autres; c'est l'inconvénient de mettre la jeunesse entre les mains d'une communauté de prêtres quelconques, ultramontains par principes, et anticitoyens par état; mais ce marron demande un feu couvert, et une patte aussi adroite que celle de Raton : et, sur ce, Bertrand baise bien tendrement les chères pattes de Raton.

6708. A MADAME LA MARQUISE DU DEFFAND.

Ferney, 26 mars.

J'aurais bien envie, madame, de vous payer votre quartier, puisque vous dites que je ne vous écris qu'une fois en trois mois; mais, pour payer ses dettes, il faut être en argent comptant. Tout me manque, santé, loisir, esprit, imagination. Je suis accablé à l'âge de quatre-vingts ans d'affaires qui dessèchent l'ame, et de maux qui mettent le corps à la torture. Jugez, s'il vous plaît, si je ne suis pas en droit de vous demander du répit. Je voudrais être votre invalide, et vous faire la lecture; mais je suis bien plus qu'invalide, je suis mort. M. de Lisle, qui est tout-à-fait en vie, doit vous tenir lieu de tout. Je n'ai jamais vu un homme plus nécessaire à la société que lui. Les dragons de mon temps n'avaient pas l'esprit de cette tournure-là. Il ne veut pas croire que l'*Épître à Ninon*[1] soit du jeune comte de Schowalow, et faite dans les glaces de la Newa. Quelque aimable que soit M. de Lisle, il se trompe. Rien n'est plus extraordinaire que cet assemblage de toutes les graces françaises dans le pays qui n'était que celui des ours, il y a cinquante ans; mais rien n'est plus vrai. Vous avez dû voir, par vos conversations avec M. de Schowalow, l'oncle de l'auteur de l'épître, que la patrie d'Attila n'était pas le pays des sots.

On parle français à la cour de l'impératrice plus purement qu'à Versailles, parceque nos belles dames

[1] Voyez ma note sur la lettre 6628. B.

ne se piquent pas de savoir la grammaire. Diderot est tout étonné de ce qu'il a vu et entendu.

C'est sans doute le style de nos arrêts du conseil et de nos édits de finance qui a porté le bon goût devers la mer Glaciale, et qui fait qu'on joue *Zaïre* en Russie et à Stockholm.

Vous souviendrait-il, madame, que vous, m'écrivîtes une fois que Catherine n'était qu'une héroïne de gazettes? Ce n'est pas de nos gazettes de Paris qu'elle est l'héroïne : elles ne lui sont pas favorables. J'espère que celles de Pékin lui rendront plus de justice. Il y a un homme dans mon voisinage qui sait fort bien le chinois, et qui a envoyé des vers chinois à l'empereur Kien-long, lequel empereur passe pour le meilleur poëte de l'Asie.

Pour Catherine, elle ne fait point de vers, mais elle s'y connaît fort bien; et d'ailleurs elle fait de très bonnes plaisanteries sur le Cosaque[1] qui s'est mis en tête de la détrôner.

Vous ne vous souciez guère de tout cela, et vous faites bien.

Vivez, madame, parlez, et portez-vous bien. Je suis à vos pieds. V.

6709. A M. LE CHEVALIER DE LISLE.

27 mars.

Grand merci, monsieur, de vos nouvelles; mais cent fois plus de la manière dont vous les contez. Vous êtes comme La Fontaine; il n'inventait pas ses contes,

---

[1] Pugatschew; voyez lettres 6680 et 6685. B.

mais il avait un style à lui. Vous devez avoir reçu l'*Histoire de l'Inde*, qui n'est pas un conte; vous devez avoir lu le *Catéchisme*[1] des premiers brames, et vous ne m'en avez rien dit. Je vous l'adresserai pourtant sous l'enveloppe de votre général des dragons.

Mes respects à M. Goëzmann. Ne vous avais-je pas bien dit qu'il n'y avait qu'un coupable dans cette belle affaire, comme il n'y avait qu'un homme amusant? Vous vous imaginiez donc que *hors de cour* signifiait justifié, déclaré innocent? et, parceque vous écrivez mieux que nos académiciens, vous pensiez savoir la langue du barreau. Je vous crois actuellement détrompé. Vous savez sans doute que *hors de cour* veut dire *hors d'ici, vilain!* Vous êtes violemment soupçonné d'avoir reçu de l'argent des deux parties. Il n'y a pas assez de preuves pour vous convaincre, mais vous restez *entaché*, comme disait *l'autre*[2], et vous ne pouvez plus posséder aucune charge de judicature.

Pour le blâme de Beaumarchais, je ne sais pas encore bien précisément ce qu'il signifie; pour moi, je ne blâme que ceux qui m'ennuient; et, en ce sens, il est impossible de blâmer Beaumarchais. Il faut qu'il fasse jouer son *Barbier de Séville*, et qu'il rie en vous fesant rire[3].

---

[1] Tome XLVII, page 447. B.

[2] *L'autre:* le parlement, qui, n'ayant pu parvenir à juger M. d'Aiguillon, s'en dédommagea en le déclarant entaché dans son honneur : il devint ministre six mois après. K.

[3] On raconte que partout où M. de Beaumarchais se montrait, on l'entourait et on l'applaudissait ; que le lieutenant de police, qui lui voulait du bien, l'envoya chercher, et lui dit : « Je vous conseille, monsieur, de ne

Quant à La Chalotais, je pleure. Pour vous, monsieur, je vous aime de tout mon cœur, et je suis pénétré de vos bontés pour moi.

6710. DE FRÉDÉRIC II, ROI DE PRUSSE.

A Potsdam, le 29 mars.

Votre éloquence est semblable à celle de ce fameux orateur des Romains, Antoine, qui savait si bien plaider ses causes, même injustes, qu'il les gagnait toutes. Je me sens fort obligé de la haine que vous avez pour moi, et je vous prie de me la continuer, comme la plus grande faveur que vous puissiez me faire. Bientôt vous me persuaderez qu'il fait nuit en plein jour.

Je suppose que Morival doit être à présent à Ferney. Vous entendez mieux les lois françaises que moi, et vous concilierez la présence d'un exilé avec ces mêmes lois qui lui défendent l'entrée de toute province appartenante à cet empire. Vous lui ferez obtenir sa grace, et une récompense de ce qu'il a eu assez d'esprit pour se dérober au supplice que ce malheureux La Barre a souffert.

Je veux croire qu'il y a des gens sensés, même dans Abbeville, qui condamnent le jugement barbare de leurs juges. Mais que le fanatisme crie que la religion est offensée, vous verrez ces mêmes juges, emportés par la fougue [1], exercer les mêmes cruautés sur ceux qu'on leur dénoncera.

Vos juges français sont comme les nôtres : lorsque ces derniers ont la fièvre chaude, malheur à la victime qui se présente tandis qu'ils ont le transport au cerveau !

Mais c'est au protecteur des Calas et des Sirven à secourir

« vous montrer nulle part; ce qui se passe irrite bien des gens; ce n'est « pas tout d'être blâmé, sachez qu'il faut être modeste. » (*Note du correspondant général de la Société littéraire typographique.*) K. — Ces mots désignent Beaumarchais. B.

[1] « Par leur fougue. » (*Édit. de Berlin.*)

Morival, et à purger sa nation de la honte que lui impriment d'aussi atroces barbaries que celles d'Abbeville et de Toulouse.

En écrivant, je reçois votre seconde lettre datée du 11. Elle me trouve sans goutte, et je ne vous suis pas moins obligé du compliment que vous me faites au sujet de ma maladie. Cependant croyez que je suis très persuadé que le monde est très bien allé avant mon existence, et qu'il ira de même quand je serai confondu dans les éléments dont je suis composé. Qu'est-ce qu'un homme, un individu, en comparaison de la multitude des êtres qui peuplent ce globe? On trouve des princes et des rois à foison, mais rarement des Virgile et des Voltaire.

Nous connaissons ici *le Taureau blanc*[1], mais point le *Dialogue du prince Eugène et de Marlborough*[2], dont vous me parlez. On dit que vous en avez fait un dont les interlocuteurs sont la Vierge et la Pompadour[3]. Je trouve la matière abondante, et je vous prie de me l'envoyer. Les ouvrages de votre jeunesse me consolent de mon radotage.

Demeurez jeune long-temps, haïssez-moi encore long-temps, déchirez les pauvres militaires, décriez ceux qui défendent leur patrie, et sachez que cela ne m'empêchera pas de vous aimer. *Vale.* Frédéric.

6711. A M. DE MAUPEOU.

Monseigneur, il est dit, dans la *Vie de Molière*, qu'il obtint de Louis XIV un bénéfice pour le fils de son médecin, dont il n'avait jamais suivi les or-

---

[1] Voyez tome XXXIV, page 275. B.

[2] C'est le roi de Prusse lui-même qui est auteur de ce dialogue; voyez ma note, tome LXVI, page 254. B.

[3] Si ce dialogue a existé, il doit être du roi de Prusse. Il ne se trouve ni dans ses *OEuvres* (primitives), ni dans ses *OEuvres posthumes*. B.

donnances. Je suis encore plus rebelle à celles de mon curé; mais je ne sais si j'obtiendrai pour lui la ferme du Jong.

En attendant que monsieur le procureur général de Bourgogne vous envoie les informations que vous avez la bonté de demander, permettez que je vous dise ce que je sais des jésuites à qui cette ferme appartenait, et du pays barbare où je suis naturalisé.

Notre province de Gex est de six lieues de long sur deux de large, située le long du lac de Genève, entre le mont Jura d'un côté, et les Alpes de l'autre : pays admirable à la vue, et dans lequel on meurt de faim. Il n'y eut pendant long-temps dans ce désert que des prêches, des goîtres, et des écrouelles. Le canton de Berne, conquérant de ces vastes provinces, fut possesseur, au seizième siècle, de la métairie du Jong, conquise auparavant par des chartreux du pays de Vaud (lesquels n'existent plus) sur une famille de paysans du même canton, éteinte, ainsi que tous les moines, dans cette partie de la Suisse.

Les Bernois cédèrent depuis Gex et la ferme du Jong au duc de Savoie, et gardèrent le pays de Vaud, parceque le vin y est bien meilleur : ils gardèrent aussi le bien des chartreux dans cette province de Vaud; et la ferme du Jong resta au duc de Savoie.

Henri IV, comme vous le savez, monseigneur, échangea le marquisat de Saluces pour la Bresse et pour notre petite langue de terre, en 1601. Nous fûmes presque tous huguenots jusqu'en 1685. Louis XIV révoqua l'édit de Nantes, et tout le monde s'enfuit.

Nos terres restèrent incultes, et ne sont même encore cultivées que par des Savoyards.

On avait envoyé des jésuites dans le pays dès l'an 1649, pour cultiver nos ames; et le cardinal Mazarin, le plus pieux des hommes, leur avait donné dès-lors cette grange du Jong, que j'ai l'insolence de demander pour mon curé.

Les jésuites, en cultivant la vigne du Seigneur dans notre pays, firent assez bien leurs affaires. Permettez-moi de vous raconter, monseigneur, qu'en 1756 j'appris qu'ils avaient acheté à ma porte le bien de six gentilshommes, tous frères au service du roi, tous mineurs, tous orphelins, tous pauvres. Ce bien était en antichrèse, c'est-à-dire prêté à usure depuis long-temps. Nos missionnaires l'achetèrent d'un huguenot qui l'avait acheté lui-même à vil prix. Ainsi l'on vit la concorde établie entre les jésuites et les hérétiques. Les jésuites obtinrent, en 1757, des lettres-patentes pour acheter ce bien; ils les firent entériner au parlement de Bourgogne : c'était le révérend père Fesse qui conduisait cette négociation. On lui dit qu'il risquait beaucoup, que les six mineurs pourraient un jour rentrer dans leur terre, en payant l'argent pour lequel elle avait été antichrésée; il répondit, dans un mémoire que j'ai vu, qu'il ne craignait rien, et que ces gentilshommes étaient trop pauvres. Cela me piqua. Je déposai l'argent qu'il fallait; et ces gentilshommes, nommés MM. de Crassi, très bons officiers, sont en possession de l'héritage de leurs pères. Le P. Fesse est actuellement à Lyon; il a changé son nom en Fessi, de peur qu'on ne prît ce nom pour des armes parlantes, attendu son énorme derrière.

Ce bien fesait partie du chef-lieu des jésuites; ce chef-lieu s'appelle Ornex. Toutes les acquisitions faites par les jésuites l'environnent. Le tout vaut entre quatre et cinq mille livres de rente, distraction faite des terres rendues à MM. de Crassi. La ferme du Jong, donnée par le roi aux jésuites, peut valoir annuellement six cents livres; elle est administrée par un procureur de Gex, nommé Martin, qui en rend compte au parlement de Dijon. Nous saisîmes le revenu du Jong, dans le procès en faveur des orphelins contre les jésuites. Nous apprîmes alors que cette métairie était un don royal, fait à condition d'édifier les huguenots. Elle est voisine de Ferney. J'ai eu le bonheur d'établir une colonie assez nombreuse, et des manufactures, dans cette paroisse; le curé a besoin d'un vicaire. Nos curés, comme je crois avoir eu l'honneur de vous le dire, n'ont point de casuel, de peur que les hérétiques ne les accusent de vendre les choses saintes; et si mon curé obtenait la ferme, il édifierait les hérétiques et ses ouailles.

Si par hasard la ferme du Jong était affectée en paiement des créanciers des jésuites, je ne demande rien pour mon curé; je vous demande seulement pardon de vous avoir ennuyé du vrai portrait de mon pays et du P. Fesse.

6712. A M. LE B^on DE CONSTANT DE REBECQUE.

11 avril.

L'ange exterminateur est chez nous. Wagnière et moi nous sommes au lit. Je m'y démène comme un possédé, quand je vois que les Welches de Paris ne veulent pas convenir que l'*Épître à Ninon* soit du comte de Schowalow. Monsieur son oncle, qui est dans Paris, et qui a fait tirer une trentaine d'exemplaires de ce singulier ouvrage, sait bien ce qu'il en est. Il en a été aussi étonné que moi. Il y a un vers que je n'entends point, qui est probablement une faute d'impression. J'avoue que c'est un prodige qu'un tel ouvrage nous vienne du soixante et unième degré; mais le génie, qui est rare partout, se trouve aussi en tout climat. Fontenelle avait tort de dire qu'il n'y aurait jamais de poëtes chez les Nègres : il y a actuellement une Négresse qui fait de très bons vers anglais [1]. L'impératrice de Russie, qui est l'antipode des Négresses, écrit en prose aussi bien que son chambellan en vers, et tous deux m'étonnent également. Ceux qui m'attribuent la *Lettre à Ninon* sont bien malavisés. Je ne dirai pas, comme madame Deshoulières :

> Ce n'est pas tant pis pour l'ouvrage,
> Quand on dit que nous l'avons fait [2].

---

[1] Elle s'appelait Phillis-Wheatley, et est morte en 1787. Elle habitait Boston, mais ses œuvres avaient été imprimées en Angleterre sous ce titre: *Poems ou Various subjects religions and moral*, Londres, 1773, in-8° (voy. pages 260-72 du volume intitulé *De la Littérature des Nègres*, par Grégoire, 1808, in-8°). B.

[2] *Réponse à M. de Saint-Gilles.* B.

Mais je ne suis pas assez impertinent pour me donner à moi-même les louanges que M. de Schowalow me prodigue dans son épître, et qui ne sont pardonnables qu'à l'amitié. Il est aussi faux que Catherine vende ses diamants, qu'il est faux que j'aie taillé ceux qu'on a envoyés de Pétersbourg à Ninon. J'ajoute qu'elle se moque très plaisamment de M. Pugatschew. On ne sait ce qu'on dit à Paris ni en vers ni en prose. Je vous prie, monsieur, de vouloir bien me faire avoir l'épître de M. Dorat[1], qui ne sera certainement pas tombé dans l'erreur du public.

Le vieux malade vous embrasse très tendrement.

6713. A M. CAILLEAU.

13 avril.

Monsieur, quoique j'avance à pas de géant à mon seizième lustre, et que je sois presque aveugle, mon cœur ne vieillit point; je l'ai senti s'émouvoir au récit des malheurs d'Abélard et d'Héloïse[2], dont vous avez eu l'honnêteté de m'envoyer les *Lettres* et les

---

[1] Dorat a fait une réponse de *Ninon à un comte russe*:
> Quoi qu'en ait dit votre sot genre humain,
> Je tiens toujours à la philosophie, etc.

Cette épître, en vers de dix syllabes, est autre que la *Réponse de mademoiselle Ninon Lenclos à M. de V**** (par Maucherat de Longpré). C'est cette dernière qui est en vers alexandrins, et dont l'auteur suppose Voltaire auteur de l'*Épître à Ninon* que Voltaire fit réimprimer; voyez lettres 6628 et 6714. B.

[2] André-Charles Cailleau, libraire à Paris, né en juin 1731, mort le 12 juin 1798. En recueillant les *Lettres et Épîtres amoureuses d'Héloïse et Abélard, tant en vers qu'en prose*, 1774, in-8°, il y avait joint de sa façon *la Vie et les Amours de ces célèbres et malheureux époux*, et une *Nouvelle lettre d'Abélard pour servir de réponse à la fameuse lettre de M. Pope*. B.

Épîtres, que je connaissais déjà en partie. Le choix que vous en avez fait, et l'ordre que vous y avez donné, justifient votre goût pour la littérature. Votre réponse à la lettre de notre ami Pope m'a beaucoup intéressé; elle enrichit votre collection; elle est purement écrite, et avec énergie. Qu'elle peint bien les agitations d'un cœur combattu par la tendresse et le repentir! Il serait à souhaiter que ceux qui exercent l'art typographique eussent vos talents; le siècle des Elzévier, des Estienne, des Froben, des Plantin, etc., renaîtrait. Je ne le verrai point, mais je mourrai du moins avec cette espérance. Je suis, etc.

6714. A M. LE CHEVALIER DE LISLE.

18 avril.

Autant le vieux malade, monsieur, est enchanté de vos bontés et de vos lettres, autant il est affligé de votre incrédulité : c'est très sérieusement que je vous le dis. Toute la cour de Russie me saurait assurément très mauvais gré, si j'avais eu l'impudence de mettre un ouvrage un peu licencieux et un peu téméraire sous le nom d'un chambellan de l'impératrice, et d'un président de la législation. Je serais, de plus, un faquin très méprisable, si je m'étais loué moi-même dans cette pièce, qu'on m'attribue. Ne me faites pas passer, je vous en prie, pour un malhonnête homme et pour un ridicule; je ne sais de ces deux réputations laquelle est la plus cruelle. Ne me citez point M. d'Adhémar; il y a très grande apparence qu'il était parti de Pétersbourg avant que le jeune comte de

Schowalow eût fait son *Épître à Ninon*. Je venais de la recevoir, lorsque l'autre comte de Schowalow, son oncle, vint chez moi, il y a environ un mois. Il la fit imprimer sur-le-champ à Genève, et en fit tirer une quarantaine d'exemplaires ; il en a gardé l'original. Ce sont des faits qu'il vous sera aisé de constater avec lui, quand vous le verrez chez madame du Deffand, où il va quelquefois.

J'avoue qu'il y a quelque ressemblance entre mon style et celui du jeune poëte russe. Il s'exprime très clairement, et ne court point après l'esprit : ce sont mes seules bonnes qualités. J'ai fait des disciples en Prusse et à Pétersbourg, et mes ennemis sont à Paris.

Catherine II me mandait, il n'y a pas long-temps [1], qu'il fallait qu'il y eût deux langages en France, celui des beaux-esprits et le mien ; mais qu'elle n'entendait rien au galimatias du premier.

Je viens, dans ma juste colère, de faire imprimer à Genève [2] une édition de l'*Épître à Ninon*. Je vous l'envoie, en vous protestant encore de mon innocence et de ma douleur.

On dit que madame de Brionne va chez le médecin suisse avec M. le duc de Choiseul ; je ne le crois point. Je puis vous certifier, par de très tristes exemples, que ce médecin des urines n'est pas digne de voir les

---

[1] Cette lettre manque. B.

[2] L'édition donnée par Voltaire est intitulée *Épître à Ninon Lenclos et Réponse à M. de V****, publiées par *M. Asinoff, ancien pasteur d'Oldenbourg ; nouvelle édition*, 1774, in-8° de vingt-quatre pages. La *Réponse* est de Maucherat de Longpré (voyez page 480). Il y a deux éditions pareilles. On voit dans la lettre 6712 que l'édition originale avait été tirée à trente exemplaires environ. B.

conduits de l'urine de madame de Brionne, et que
c'est le plus plat charlatan qui existe; mais c'est assez
qu'il tienne cabaret au haut d'une montagne, pour
qu'on aille le consulter.

N. B. Votre dernière lettre a été ouverte et mal
recachetée. Je ne m'étonne pas qu'on soit curieux de
vous lire; mais, quand vous voudrez me faire cette
faveur, ayez la bonté d'envoyer votre lettre chez Marin
quès-à-co[1], qui me fait tout tenir sûrement.

6715. A M. LE COMTE DE SCHOWALOW[2].

J'admire cette épître; je donne un nouveau démenti[3] à ceux qui osent dire que j'y ai quelque part.
Cet honneur inouï que les Russes font à notre langue
doit nous convaincre de l'énergie avec laquelle ils
écrivent dans la leur, et nous faire rougir de tous les
fades écrits dont nous sommes inondés dans ce siècle
des abominations et des fadaises.

La frivolité qui succède chez nous si rapidement
à la barbarie, cette foule d'écrits insipides en prose
et en vers qui nous accable et qui nous déshonore;
ce déluge de nouvelles et d'années littéraires; ces
dictionnaires de mensonges dictés par la faim, par la
rage, par l'hypocrisie, tout doit nous faire voir com-

---

[1] Sobriquet que Beaumarchais, dans ses *Mémoires*, donne à Marin. K.

[2] En fesant réimprimer l'*Épître à Ninon Lenclos*, par Schowalow, Voltaire y ajouta, pages 8 et 9, une note qu'il intitula *Billet de M. de Voltaire*. Dans ce billet, un éditeur récent a vu une lettre, et l'a compris dans la *Correspondance*; je l'y ai laissé. Il est douteux qu'il ait jamais été adressé à Schowalow, dont j'aurais peut-être dû supprimer ici le nom. B.

[3] Voyez lettre 6686. B.

bien nous dégénérons, tandis que des étrangers nous instruisent en se formant sur nos bons modèles. Ce n'est pas la seule leçon qu'on nous donne dans le Nord. Si on lisait les lettres de l'impératrice de Russie, du roi de Prusse, du feu comte de Tessin, etc., on apprendrait à penser, supposé que cela puisse s'apprendre. Il semble que ces génies n'aient cultivé notre langue que pour nous corriger ; mais nous ne nous corrigerons pas.

6716. A M. ROSSET[1].

A Ferney, le 22 avril.

Monsieur, vous pardonnerez sans doute à mon grand âge et à mes maladies continuelles, si je ne vous ai pas remercié plus tôt du beau présent dont vous m'avez honoré.

J'ai lu avec beaucoup d'attention votre poëme sur l'agriculture. J'y ai trouvé l'utile et l'agréable, la variété nécessaire, et la difficulté presque toujours heureusement surmontée.

On dit que vous n'avez jamais cultivé l'art que vous enseignez. Je l'exerce depuis plus de vingt ans, et certainement je ne l'enseignerai pas après vous.

J'ai été étonné que, dans votre premier chant, vous adoptiez la méthode de M. Tull, Anglais, de semer par planches. Plusieurs de nos Français (que vous appelez toujours François, et que par conséquent

---

[1] Pierre-Fuleran Rosset, conseiller à la cour des aides de Montpellier, mort dans cette ville en 1788, venait de publier l'*Agriculture ou les Géorgiques françaises*, *poëme* (en huit chants), 1774, in-4°. B.

vous n'avez jamais osé mettre au bout d'un vers) ont voulu mettre en crédit cette innovation. Je puis vous assurer qu'elle est détestable, du moins dans le climat que j'habite. Un homme qui a été long-temps loué dans les journaux, et qui était cultivateur par titres, se ruinait à semer par planches, et était obligé d'emprunter de l'argent, tandis que son nom brillait dans le *Mercure*.

J'ai défriché les terrains les plus ingrats, qui n'avaient jamais pu seulement produire un peu d'herbe grossière ; mais je ne conseillerai à personne de m'imiter, excepté à des moines, parcequ'eux seuls sont assez riches pour suffire à ces frais immenses, et pour attendre vingt ans le fruit de leurs travaux.

Voilà pourquoi l'illustre et respectable M. de Saint-Lambert, que vous avouez être distingué par ses talents, a dit très justement[1] « qu'il a fait des Géor-
« giques pour les hommes chargés de protéger les
« campagnes, et non pour ceux qui les cultivent ; que
« les *Géorgiques* de Virgile ne peuvent être d'aucun
« usage aux paysans ; que donner à cet ordre d'hom-
« mes des leçons en vers sur leur métier est un ou-
« vrage inutile ; mais qu'il sera utile à jamais d'inspirer
« à ceux que les lois élèvent au-dessus des cultivateurs
« la bienveillance et les égards qu'ils doivent à des
« citoyens estimables. »

Rien n'est plus vrai, monsieur ; soyez sûr que si je lisais aux paysans de mes villages les *OEuvres* et les *Jours* d'Hésiode, les *Géorgiques* de Virgile, et les vôtres, ils n'y comprendraient rien. Je me croirais même

[1] *Discours préliminaire* du poëme des *Saisons*. B.

en conscience obligé de leur faire restitution, si je les invitais à cultiver la terre en Suisse comme on la cultivait auprès de Mantoue.

Les *Géorgiques* de Virgile feront toujours les délices des gens de lettres; non pas à cause de ses préceptes, qui sont pour la plupart les vaines répétitions des préjugés les plus grossiers; non pas à cause des impertinentes louanges et de l'infame idolâtrie qu'il prodigue au triumvir Octave; mais à cause de ses admirables épisodes, de sa belle description de l'Italie, de ce morceau si charmant de poésie et de philosophie qui commence par ce vers :

O fortunatos nimium [1], etc.;

à cause de sa terrible et touchante description de la peste [2]; enfin à cause de l'épisode d'Orphée [3].

Voilà pourquoi M. de Saint-Lambert donne aux *Géorgiques* l'épithète de charmantes, que vous semblez condamner.

J'aurais mauvaise grace, monsieur, de me plaindre que vous avez été plus sévère envers moi qu'envers M. de Saint-Lambert. Vous me reprochez d'avoir dit, dans mon *Discours à l'académie*, qu'on ne pouvait faire des Géorgiques en français. J'ai dit qu'on ne l'osait pas, et je n'ai jamais dit qu'on ne le pouvait pas [4]. Je me suis plaint de la timidité des auteurs, et non pas de leur impuissance. J'ai dit, en propres

---

[1] *Géorgiques*, chant II, vers 458. B.
[2] Chant III. B.
[3] Chant IV, vers 454 et suiv. B.
[4] Voltaire a dit : « Comment pourrions-nous aujourd'hui imiter l'auteur des *Géorgiques?* » Voyez tome XXXVIII, page 550. B.

mots, qu'on avait resserré les agréments de la langue dans des bornes trop étroites. Je vous ai annoncé à la nation ; et il me paraît que vous traitez un peu mal votre précurseur.

Il me semble que vous en voulez aussi à la poésie dramatique, quand vous dites « que la prose a eu au « moins autant de part à la formation de notre lan- « gue que la poésie de notre théâtre ; et que quand « Corneille mit au jour ses chefs-d'œuvre, Balzac et « Pélisson avaient écrit, et Pascal écrivait. »

Premièrement on ne peut compter Balzac, cet écrivain de phrases ampoulées, qui changea le naturel du style épistolaire en fades déclamations recherchées.

A l'égard de Pélisson, il n'avait rien fait avant *le Cid* et *Cinna*.

Les *Lettres provinciales* de Pascal ne parurent qu'en 1654 ; et la tragédie de *Cinna*, faite en 1642, fut jouée en 1643. Ainsi il est évident, monsieur, que c'est Corneille qui, le premier, a fait de véritablement beaux ouvrages en notre langue.

Permettez-moi de vous dire que ce n'est pas à vous de rabaisser la poésie. J'aimerais autant que M. Dalembert et M. le marquis de Condorcet rabaissassent les mathématiques : que chacun jouisse de sa gloire. Celle de M. de Saint-Lambert est d'avoir enseigné aux possesseurs des terres à être humains envers leurs vassaux ; aux ministres, à adoucir le fardeau des impôts autant que l'intérêt de l'état peut le permettre. Il a orné son poëme d'épisodes très agréables. Il a écrit avec sensibilité et avec imagination.

Vous avez joint, monsieur, l'exactitude aux ornements; vous avez lutté à tout moment contre les difficultés de la langue, et vous les avez vaincues. M. de Saint-Lambert a chanté la nature, qu'il aime, et vous avez écrit pour le roi. La Fontaine a dit [1]:

> On ne peut trop loüer trois sortes de personnes:
> Les dieux, sa maîtresse, et son roi.
> Ésope [2] le disait: j'y souscris quant à moi.

Ésope n'a jamais rien dit de cela; mais qu'importe?

6717. A M. AUDIBERT,

A MARSEILLE [3].

A Ferney, 23 avril.

Je vous demande bien pardon, monsieur, d'avoir quatre-vingt et un ans; mais comme vous avez bien voulu être mon appui lorsque je n'en avais qu'environ soixante et douze, je vous supplie de me continuer vos bienfaits au sujet de ma rente sur M. de Saint-Tropez. A mon âge, le temps presse. Je vous serai très obligé si vous voulez bien faire remettre une lettre de change sur Lyon à M. Shérer, banquier, qui ne manquera pas de m'en donner avis, et sur-le-champ j'enverrai ma quittance, qui sera probablement la dernière.

J'ai l'honneur d'être avec bien de la reconnaissance, monsieur, votre très humble et très obéissant serviteur.

[1] Livre Ier, fable xiv. B.
[2] Le texte de La Fontaine porte: *Malherbe le disait*. Ainsi le reproche par lequel Voltaire termine sa lettre n'est pas fondé. B.
[3] Communiquée par M. Niel, ancien sous-préfet à Ploërmel, aujourd'hui à Bernay. B.

6718. A FRÉDÉRIC II, ROI DE PRUSSE.

A Ferney, 26 avril.

Sire, permettez-moi de parler à votre majesté de votre jeune officier, à qui vous avez donné la permission de venir chez moi. Je croyais trouver un jeune Français qui aurait encore un petit reste de l'étourderie tant reprochée à notre nation. J'ai trouvé l'homme le plus circonspect et le plus sage, ayant les mœurs les plus douces, et aimant passionnément la profession des armes, à laquelle il s'est voué.

Je ne sais encore s'il réussira dans ce qu'il entreprend; mais il m'a dit vingt fois qu'il ne quitterait jamais votre service, quand même il ferait en France la fortune la plus brillante et la plus solide. Je n'étais pas suffisamment instruit de sa famille et de son étonnante affaire; c'est un bon gentilhomme, fils du premier magistrat de la ville où il est né. J'ai fait venir les pièces de son procès. Je ne sors point de surprise quand je vois quelle a été sa faute, et quelle a été sa condamnation. Il n'est chargé juridiquement que d'avoir passé fort vite, le chapeau sur la tête, à quarante pas d'une procession de capucins, et d'avoir chanté avec quelques autres jeunes gens une chanson grivoise, faite il y a plus de cent ans.

Il est inconcevable que, dans un pays qui se dit policé, et qui prétend avoir quelques citoyens aimables, on ait condamné au supplice des parricides un jeune homme sortant de l'enfance, pour une chose qui n'est pas même une peccadille, et qui n'aurait été punie ni à Madrid ni à Rome de huit jours de prison.

On ne parle encore de cette aventure dans l'Europe qu'avec horreur, et j'en suis aussi frappé que le premier jour. J'aurais conseillé à M. de Morival, votre officier, de ne point s'avilir jusqu'à demander grace à des barbares en démence, si cette grace n'était pas nécessaire pour lui faire recueillir un héritage qu'il attend.

Quoi qu'il arrive, il restera chez moi jusqu'à ce que son affaire soit finie ou manquée, et il profitera de la permission que votre majesté lui a donnée. Il reviendra à son régiment le plus tôt qu'il pourra, et le jour que vous prescrirez.

Je remercie votre majesté d'avoir daigné me l'envoyer. Je me suis attaché à lui de plus en plus; et sa passion de vous servir toujours est une des plus fortes raisons des sentiments que j'ai pour lui. J'ose vous assurer que personne n'est plus digne de votre protection; la pitié que son horrible aventure vous inspire fera la consolation de sa vie, si malheureusement commencée, et qui finira heureusement sous vos ordres. La mienne est accablée des plus grandes infirmités; vos bontés en adoucissent l'amertume, et je la finirai avec des sentiments qui ont toujours été invariables, avec le plus profond respect pour votre majesté, et, j'ose le dire, avec le plus tendre attachement pour votre personne.

Le vieux Malade de Ferney.

6719. A M. LE COMTE D'ARGENTAL.

30 avril.

Mon cher ange, je vous avais d'abord envoyé quelques *Pégases*[1] par l'hippopotame; mais je n'ai point eu de nouvelles de ce *cheval marin*[2], quoique j'aie caressé son poitrail; je n'ai pas même eu de réponse de lui depuis quinze jours; je ne sais s'il est au fond de la mer. Tous mes *Pégases*, que je lui avais envoyés, sont probablement noyés avec lui.

Je suis toujours très malade; et, quoique je m'égaie quelquefois à faire de mauvais vers, je n'en souffre pas moins.

Je me suis donné la petite consolation de démasquer, dans les notes de *Pégase*, ce scélérat d'abbé Sabotier[3], qui, après avoir commenté Spinosa, a l'insolence d'accuser d'irréligion tant d'honnêtes gens, et qui, ayant fait des vers que le cocher de Vertamont aurait été honteux de faire dans un mauvais lieu, ose condamner les libertés innocentes qu'on peut prendre en poésie. Ce petit monstre est, dit-on, le favori de l'évêque Jean-George de Pompignan; il est bon de connaître ces scélérats d'hypocrites. La littérature est devenue un cloaque que mille gredins remplissent de leurs ordures. Vous conviendrez qu'il vaut mieux à présent faire labourer Pégase que le monter.

[1] *Dialogue de Pégase et du Vieillard*, tome XIV. B.
[2] Marin; voyez page 432. B.
[3] Voyez, tome XIV, la note sur le vers 47 du *Dialogue de Pégase et du Vieillard*. B.

Portez-vous bien, mon cher ange, vous et madame d'Argental; jouissez d'une vie honorée et tranquille; pour moi, je me meurs entre mes montagnes.

6720. A M. LE MARQUIS DE CONDORCET.

4 mai.

Le vieux malade ne peut écrire ni de sa main, ni de celle de son scribe, qui est malade aussi; il se sert d'une main étrangère pour vous dire, monsieur le marquis, que vous devenez l'homme le plus nécessaire à la France. Vous avez su tirer *aurum ex stercore Condamini*[1]. Votre ministère de secrétaire fera une grande époque dans la nation.

Je vois, dans tout ce que vous faites, toutes les fleurs de l'esprit et tous les fruits de la philosophie; c'est la corne d'abondance. On courra à vos éloges comme aux opéra de Rameau et de Gluck. La réputation que vous vous faites est bien au-dessus des *honneurs obscurs de quelque légion*[2]. Tout le monde convient qu'une compagnie de cavalerie n'immortalise personne; et je puis vous assurer que vos éloges de l'académie des sciences éterniseront l'académie et le secrétaire. Il n'y a qu'une chose de fâcheuse, c'est que le public souhaitera qu'il meure un académicien chaque semaine, pour vous en entendre parler.

Je voudrais que le clergé eût un secrétaire comme

---

[1] Virgile, s'appropriant des vers d'Ennius, disait qu'il tirait de l'or du fumier d'Ennius. B.

[2] Racine a dit dans *Britannicus*, acte 1, scène 2 :
Dans les honneurs obscurs de quelque légion. B.

vous, et que vous pussiez, en enterrant tous les prêtres, faire leur oraison funèbre, et enseigner aux hommes la raison, qu'on est fort loin de leur enseigner. Vous rendez bien des services importants à cette malheureuse raison. Je vous en remercie de tout mon cœur, comme attaché passionnément à vous et à elle.

6731. A M. MALLET DU PAN.

Ferney, mai.

Vivez heureux, mon cher philosophe, chez un prince[1] rempli de mérite et de justice, tandis que vos compatriotes ont essuyé un peu de tracasserie. Le travail que vous allez entreprendre est agréable de toute façon. Vous aurez plus d'une fois occasion de déployer dans votre ouvrage cet esprit de sagesse et de tolérance si nécessaire à la société, et si inconnu encore dans plus d'un pays de l'Europe. Figurez-vous qu'il est plus difficile de faire entrer un bon livre à Vienne[2] qu'à Rome. Par quelle fatalité malheureuse les hommes sont-ils venus au point de craindre qu'on ne pense? N'est-ce pas afficher sa turpitude, que de consigner la vérité aux portes, comme une étrangère à qui on ne veut pas donner l'hospitalité?

Bonsoir; si je suis encore en vie quand vous reviendrez, venez parler raison à Ferney. Mettez-moi, je vous prie, aux pieds de monseigneur le landgrave,

---

[1] Le landgrave de Hesse-Cassel. B.
[2] Grace au médecin Van Swieten; voyez les notes, tome XIII, page 298; et XLII, 117-18. B.

qui entend très bien raison, et conservez un peu
d'amitié pour le vieux malade.

6722. DE FRÉDÉRIC II, ROI DE PRUSSE.

A Potsdam, le 15 mai.

Morival vous a les plus grandes obligations. Sans le connaître, son innocence seule a plaidé pour lui; et, rougissant de la barbarie des jugements prononcés dans votre patrie contre des légèretés qu'on ne peut qualifier de crimes, vous embrassez généreusement sa défense. C'est se déclarer le protecteur des opprimés et le vengeur des injustices. Cependant, avec toute votre bonne volonté, il sera difficile, pour ne pas dire impossible, d'obtenir la grace de ce jeune homme. Quelques progrès que fasse la philosophie, la stupidité et le faux zèle se maintiennent dans l'Église, et le nom de l'*inf...* est encore le mot de ralliement de tous les pauvres d'esprit, et de ceux que la fureur du salut de leurs concitoyens possède. Dans un royaume très chrétien, il faut que les sujets soient très chrétiens; et on n'en souffrira jamais qui manquent à saluer la pâte que l'on adore comme un dieu, ou à s'agenouiller devant elle.

Le seul moyen d'obtenir grace pour Morival est de lui persuader d'aller faire amende honorable à la porte de quelque église, la torche à la main, de se faire fesser par des moines au pied du maître-autel, et au sortir de là de se faire moine lui-même. Ni vous ni lui ne fléchirez autrement ce clergé qui se dit le ministre du *Dieu des vengeances*, ni les juges auxquels rien ne coûte tant que de se rétracter.

Cependant l'entreprise vous fera honneur, et la postérité dira qu'un philosophe retiré à Ferney, du fond de sa retraite a su élever sa voix contre l'iniquité de son siècle, qu'il a fait briller la vérité au pied du trône, et contraint les puissants de la terre à réformer les abus. L'Arétin n'en a jamais fait autant. Continuez à protéger la veuve et l'orphelin, l'innocence opprimée, la nature humaine foulée sous les pieds impérieux de l'arrogance titrée, et soyez persuadé que personne ne vous souhaite plus de prospérités que le philosophe de Sans-Souci. *Vale.* Frédéric.

6723. A M. LE COMTE D'ARGENTAL.

18 mai.

Quelque chose qui soit arrivé et qui arrive, je ne veux pas mourir sans avoir la consolation d'avoir revu mes anges. Il n'y a que ma malheureuse santé qui puisse m'empêcher de faire un petit tour à Paris. Je n'ai affaire à aucun secrétaire d'état; je ne suis point de l'ancien parlement. Il y avait une petite tracasserie entre le défunt et moi[1], tracasserie ignorée de la plus grande partie du public, tracasserie verbale, tracasserie qui ne laisse nulle trace après elle. Il me paraît que je suis un malade qui peut prendre l'air partout, sans ordonnance des médecins.

Cependant je voudrais que la chose fût très secrète. Je pense qu'il est aisé de se cacher dans la foule. Il y aura tant de grandes cérémonies, tant de grandes tracasseries, que personne ne s'avisera de songer à la mienne.

En un mot, il serait trop ridicule que Jean-Jacques, le Genevois, eût la permission de se promener dans la cour de l'archevêché, que Fréron pût aller voir jouer *l'Écossaise*, et moi que je ne pusse aller ni à la messe ni aux spectacles dans la ville où je

[1] Voyez ma Préface du tome XXII. B.

suis né. Tout ce qui me fâche, c'est l'injustice de celui[1] qui règne à Chanteloup, et qui doit régner bientôt dans Versailles. Non seulement je ne lui ai jamais manqué, mais j'ai toujours été pénétré pour lui de la reconnaissance la plus inaltérable. Devait-il me savoir mauvais gré d'avoir haï cordialement les assassins du chevalier de La Barre et les ennemis de la couronne? Cette injustice, encore une fois, me désespère. J'ai quatre-vingts ans; mais je suis avec M. de Chanteloup comme un amant de dix-huit ans quitté par sa maîtresse.

Quand vous jugerez à propos, mon cher ange, d'engager, de forcer votre ami et votre voisin, M. de Praslin, à représenter mon innocence, vous me rendrez la vie.

Je ne vous parle point des bruits qu'on fait déjà courir de l'ancien parlement qu'on rappelle, de monsieur le chancelier qu'on renvoie: je n'en crois pas un mot. Tout ce que je sais, c'est que je suis dévot à mes anges.

[1] Le duc de Choiseul. C'était sans fondement qu'on avait inspiré ces craintes à Voltaire, à qui madame du Deffand écrivit le 13 juillet avoir reçu de madame de Choiseul une lettre contenant ces propres paroles : « Je ne sais pas pourquoi M. de Voltaire s'imagine toujours être mal avec M. de Choiseul. Je ne puis vous dire sur cela que ce que je vous ai toujours dit : que M. de Choiseul n'a cessé de lire ses ouvrages et de les admirer avec tout le plaisir que cause une admiration véritable. Vous pouvez assurer M. de Voltaire que M. de Choiseul a ressenti dans le temps, et conserve depuis, la même horreur que lui des cruautés exercées sur MM. de La Barre et de Lally. » B.

ANNÉE 1774. 497

6724. A M. LE CHEVALIER DE LISLE.

27 mai.

La première chose, monsieur, qui me vint dans la tête quand le roi eut la petite-vérole, c'est que la famille royale et tout Versailles allaient en être attaqués.

Regis ad exemplar totus componitur orbis.

Cette maudite peste arabique a cela de particulier, qu'elle se communique non seulement par le tact et par l'air, mais encore par l'imagination. Il aurait fallu commencer par imiter M. le duc d'Orléans; il faudrait donner la petite-vérole à tout le monde, pour sauver tout le monde.

Vous devez sans doute mener une vie bien triste [1]; mais plus elle est sombre, plus vous avez besoin de Gluck, et nous aussi.

Nous sommes tous Gluck à Ferney, monsieur; nous sommes aussi Arnould; nous sommes encore plus de Lisle; et, pour vous en convaincre, nous avons sauvé un pauvre diable de moine défroqué qui osait porter votre nom [2]. A l'égard de mademoiselle Arnould, qui chante si bien :

Que de graces! que de beauté [3] !

nous sentons bien qu'on peut lui reprocher un petit manque de modestie, et qu'il n'est pas honnête de chanter ainsi ses louanges. Elle se tirera de cette cri-

---

[1] A Choisy, où Mesdames avaient toutes trois la petite-vérole. K.
[2] Voyez lettre 6740. B.
[3] Dans l'*Iphigénie en Aulide* du bailli du Rollet, acte I, scène 5. B.

tique comme elle pourra. Pour madame du Deffand, nous ne lui pardonnons pas de s'être ennuyée à cette musique.

On nous envoie des tas de nouvelles dont nous ne croyons rien : nous doutons, et nous attendons.

La proposition que vous me faites d'acheter toute la cargaison de Pompignan[1] est d'un grand calculateur; mais je trouve encore mieux mon compte dans l'Inde, où nous nous sommes avisés, quelques Genevois et moi, d'envoyer un vaisseau. Ce vaisseau a péri[2] à son arrivée en France, tant notre marine est toujours malheureuse! et, malgré cela, nous n'y avons rien perdu. Comme j'irai bientôt dans l'autre monde, chargez-moi d'y vendre votre part du Pompignan, car il n'y aurait pas de l'eau à boire dans celui-ci.

On dit que le fermier[3] dont vous me parlez veut rester dans sa ferme : en ce cas, il a raison; car tant vaut l'homme, tant vaut sa terre. Mais ce digne fermier a eu très grand tort d'imaginer qu'un pauvre manœuvre, éloigné de cent lieues, devait savoir s'il y avait ou non des charançons qui gâtaient ses blés. Cela m'a fait une peine extrême, et je ne m'en consolerai point : il faut pourtant se consoler.

On dit que la nation se prépare à être fort sérieuse et fort sage : elle y aura de la peine; ce n'est pas là de ces choses où il n'y a que le premier pas qui coûte.

[1] On la proposait au rabais. K.
[2] Voyez lettre à d'Argental, du 8 mars 1775. B.
[3] M. le duc de Choiseul. K.

6725. A M. LE MARÉCHAL DUC DE RICHELIEU.

31 mai.

Quand monseigneur sera dans son royaume d'Aquitaine, ou dans sa province de Richelieu, ou dans son pavillon des fées, il n'a qu'à me dire : Lève-toi, et marche [1] ; mon cadavre lui obéira. Je suis dans un état pitoyable; il n'importe. Je ne pourrai jamais avoir l'honneur de manger en public à sa table; ma décrépitude et mes infirmités ne me le permettent pas. Je doute encore beaucoup que vous daigniez m'accueillir en particulier. Je suis très sourd, et on dit que mon héros est un peu dur d'oreille. N'importe, encore une fois. Je serai consolé, et j'oublierai ma misère pour m'occuper de votre gloire, et pour être témoin que vous êtes un vrai philosophe. C'est par-là qu'il faut finir. Je vous ai déjà dit [2] que votre duc d'Épernon ne l'était pas, et que c'était en tous sens un homme infiniment inférieur à vous. C'est ce que je vous prouverai quand il vous plaira.

Songez, quoique vous ne soyez pas à beaucoup près si vieux que moi, que vous avez vu six générations, en comptant Louis XIV, et que, pendant ces six générations, vous avez toujours eu une carrière brillante. Cette seule idée est un excellent appui de la philosophie. Je vivrais cent trente-quatre ans, comme Jean Causeur [3], qui vient de mourir en Bre-

---

[1] « Tolle grabatum tuum, et ambula. » Évangile saint Jean, v, 8. B.

[2] Cette lettre manque. B.

[3] Jean Causeur existait en 1771 au bourg de Saint-Matthieu, paroisse de Plonmoguer, près de Brest; il passait dans le pays pour avoir cent trente ans. Voyez la *Gazette de France*, du 13 décembre 1771. B.

tagne, que jamais je ne risquerais de vous envoyer des *Pégases* et autres fadaises de chétive littérature. Mais je vous envoie hardiment une petite oraison funèbre de Louis XV[1], composée par un académicien de province, nommé Chambon. Vous n'y trouverez aucun de ces lieux communs et rien de ces déclamations dont le public est tant rebattu; mais vous y verrez de la vérité. Elle est bien étonnée, cette vérité, de se trouver dans une oraison funèbre, et elle sera encore plus étonnée de ne pas déplaire. Remarquez, je vous en prie, qu'un seul académicien[2] fit l'éloge du feu roi pendant sa vie, et que c'est un académicien qui le premier l'a loué publiquement après sa mort. Les louanges sont un peu restreintes. Il n'y a que celles-là de vraies.

Ce modéré panégyriste n'avait pas de rancune.

Mais ce vain éloge, et le monarque, tout sera bientôt oublié. Autrefois, dans de pareilles circonstances, le grand-chambellan disait: Messieurs, le roi est mort, songez à vous pourvoir. On y songeait assez sans qu'il le dît. Pour moi, monseigneur, je ne songe qu'à vous être attaché avec le plus tendre respect jusqu'au dernier moment de ma vie.

6726. A MADAME LA MARQUISE DU DEFFAND.

6 juin.

Je vous dois un quartier[3], madame: il faut que je

---

[1] *Éloge funèbre de Louis XV*, tome XLVIII, page 9. B.

[2] Voltaire lui-même; voyez le *Panégyrique de Louis XV*, t. XXXIX p. 49. B.

[3] Voyez la lettre du 26 mars 1774. B.

me hâte de vous le payer, parceque bientôt je ne vous en paierai plus jamais. Le petit ouvrage de M. de Chambon¹ m'a paru mériter que je vous l'envoie, non pas à cause de son éloquence, car je le crois un peu trop simple, mais à cause des vérités qui m'y semblent prodiguées assez sagement. Souvenez-vous de moi, madame, en cas qu'on m'honore jamais d'une messe des morts, et soyez bien sûre que les sept ou huit jours que j'ai encore à vivre seront employés à vous aimer, à vous regretter, et à souhaiter qu'il y ait au moins dans Paris cinq ou six dames qui vous ressemblent. V.

6727. A M. LE COMTE DE ROCHEFORT.

Ferney, 11 juin.

Voici le temps, monsieur, où nous espérons avoir l'honneur de vous posséder quelques jours dans la course que vous allez faire en Vivarais. Je suis pressé de vous voir accomplir vos promesses; car si vous tardez, il y a grande apparence que vous ne me trouverez plus. Je m'affaiblis tous les jours, et je sens que dans peu il faudra me joindre à la foule des gens qui m'ont précédé, et qui me suivront. Il est vrai que si j'ai le bonheur de vous revoir, vous me donnerez encore l'envie de vivre; mais je veux bien en courir les risques.

Je suis très fâché que madame Dix-neuf-ans ne vienne point avec vous. Mais quand on a juste la

---

[1] Voltaire donnait sous ce nom son *Éloge funèbre de Louis XV;* voyez tome XLVIII, page 9. B.

moitié de ce qu'on voudrait avoir, on doit être très content.

Je ne sais pas trop où vous êtes actuellement, ni où est madame Dix-neuf-ans; je hasarde ma lettre, elle vous trouvera bien. Passez par chez nous quand vous irez voir madame votre mère. Vous me trouverez probablement dans mon lit. Je n'en suis guère sorti depuis votre dernière apparition. Je suis entièrement mort au monde; mais je revivrai pour vous embrasser. Je vous souhaite toutes les prospérités, tous les agréments, tous les plaisirs dont je suis détrompé, et dont vous serez détrompé un jour tout comme moi. En attendant, conservez-moi vos bontés, qui me sont bien chères. V.

6728. A M. DALEMBERT.

15 juin.

Mon cher maître, le petit discours patriotique de M. Chambon a réussi chez tous les étrangers; c'est le premier éloge vrai que j'aie jamais lu. Si Louis XV pouvait revivre, il le signerait; mais il l'a signé, puisqu'il dit précisément la même chose dans son testament.

Je vois que vous êtes mécontent de ces mots : « Ce « que Louis XV a établi, et ce qu'il a détruit, mé-« rite notre reconnaissance [1]. » Mais ce qu'il a établi, c'est l'École militaire; ce qu'il a détruit, c'est la faction intolérable des jésuites; j'ose y ajouter la faction de MM. Crépin, Quatresous, Quatrehommes, Gilet,

---

[1] Voyez, tome XLVIII, page 18, l'*Éloge funèbre de Louis XV*. B.

Poirau, qui firent la guerre de la Fronde, et leurs successeurs, qui ont fait la guerre aux beaux-arts et à la raison. Ce n'est pas à vous de prendre le parti des éternels ennemis de ces arts et de cette raison dont vous êtes le soutien.

Le feu roi ne voulait et ne pouvait vouloir que le bien, mais il s'y prenait mal. Son successeur semble inspiré par Marc-Aurèle: il veut le bien, et il le fait. S'il continue, il verra son apothéose avant l'âge où les badauds sont majeurs.

Je suis fâché de mourir avant d'avoir vu les prémices du beau règne dont vous allez jouir. Je sens que je n'en ai que jusqu'à la chute des feuilles.

J'emploie mes derniers jours à faire réformer, si je le puis, la plus détestable injustice que l'ancien parlement ait jamais faite[1]: si j'y réussissais, je mourrais content. La seule chose dont Raton soit très mécontent, c'est de partir sans avoir embrassé son cher Bertrand.

6729. DE FRÉDÉRIC II, ROI DE PRUSSE.

A Potsdam, le 19 juin.

Aucun cheval ne m'a jeté en bas: je ne suis point tombé[2]. Je n'ai point eu l'aventure de votre saint Paul[3], qui était un détestable cavalier; mais j'ai eu la fièvre avec un fort érysipèle. Cependant je n'ai rien vu d'extraordinaire dans mes rê-

---

[1] Le jugement contre d'Étallonde de Morival. B.

[2] Cette première phrase répond probablement à une lettre de Voltaire qui est perdue; car il n'y a rien qui y ait rapport dans la dernière, qui est du 26 avril, n° 6718. B.

[3] *Actes des Apôtres*, chapitre IX, verset 4. B.

veries; point de troisième ciel¹. J'ai encore moins entendu de ces paroles ineffables que la langue des hommes ne saurait rendre²; mon aventure toute commune s'est réduite à un érysipèle, comme tout le monde peut en avoir.

Le gazetier de Leyde, qui ne m'honore pas de sa faveur, a brodé ce conte à plaisir. Il a l'imagination poétique; il ne tiendrait qu'à lui de faire un poëme épique.

Pour le bon Louis XV³, il est allé en poste chez le Père éternel. J'en ai été fâché : c'était un honnête homme, qui n'avait d'autre défaut que celui d'être roi. Son successeur débute avec beaucoup de sagesse, et fait espérer aux Welches un gouvernement heureux. Je voudrais qu'il eût traité la Du Barri plus doucement, par respect pour son bisaïeul.

Si la monacaille influe sur ce jeune homme, les petits-maîtres seront en rosaire, et les initiées de Vénus, couvertes d'*agnus Dei*. Il faudra que quelque évêque s'intéresse pour Morival, et qu'un picpus plaide sa cause. On prétend qu'un orage se forme, et menace les philosophes. J'attends tranquillement dans mon petit coin les nouveautés et les événements que ce nouveau règne va produire : disposé à admirer tout ce qui sera admirable, et à faire mes réflexions sur ce qui ne le sera pas, ne m'intéressant qu'au sort des philosophes, et principalement à celui du patriarche de Ferney, dont le philosophe de Sans-Souci a été, est, et sera le sincère admirateur. *Vale.*

FÉDÉRIC.

6730. A M. LE COMTE D'ARGENTAL.

20 juin.

Mon cher ange, l'esprit est prompt, et la chair est faible⁴. Si je pouvais mettre un pied devant l'au-

---

¹ Deuxième épître aux Corinthiens, chap. XII. B.
² Id., verset 2. B.
³ Mort le 10 mai 1774. B.
⁴ Saint Marc, XIV, 38. B.

tre, vous croyez bien que mes deux pieds seraient chez vous. Je vous aurais même apporté quelques fruits de ma retraite; car je suis de ces vieux arbres près de périr par le tronc, et qui ont encore quelques branches fécondes. C'est une destinée bien funeste que je puisse et que je ne puisse pas venir vous voir; mais j'espère encore, malgré mes quatre-vingts ans et toutes mes misères. Il est vrai que je suis un peu sourd, un peu aveugle, un peu impotent; le tout est surmonté de trois à quatre infirmités abominables; mais rien ne m'ôte l'espérance : ce fond de la boîte de Pandore me reste. Je ne sais si La Borde conserve encore ce trésor; il se flattait de faire jouer sa *Pandore*, lorsqu'il a été écrasé par Gluck, et par la mort de son protecteur [1].

Vous avez, mon cher ange, l'espérance la plus juste de vivre long-temps, très honoré, et très heureux avec madame d'Argental, et vous n'avez aucun des maux qui sont sortis de la boîte. Votre lot est un des plus heureux, votre félicité me sert de consolation.

J'écris à papillon-philosophe [2], qui est un phénix en amitié. Je me mets aux pieds de madame d'Argental. Je ne doute pas que vous ne voyiez souvent M. le duc de Praslin; et, comme je le crois plus juste que son cousin [3], je vous supplie de vouloir bien, dans l'occasion, lui parler de mon attachement inviolable.

---

[1] Louis XV, dont Laborde avait été valet de chambre. B.
[2] Madame de Saint-Julien. K. — Cette lettre manque. B.
[3] Le duc de Choiseul. B.

6731. A MADAME LA MARQUISE DU DEFFAND.

25 juin.

Je vous ai fait des infidélités, madame, en faveur de M. de Lisle; mais aussi il me fesait mille agaceries, quand vous me traitiez avec indifférence. Il me parlait de vous, et vous ne m'en disiez mot. Il m'apprenait que vous aviez été à l'opéra d'*Iphigénie*[1], et que vous aviez trouvé les vers, le récitatif, les ariettes, la symphonie, les décorations même, détestables. Il nous a envoyé quelques airs qui ont paru très bons à ma nièce, grande musicienne; mais, comme l'accompagnement manquait, j'ai persisté à croire qu'il n'y a rien dans le monde au-dessus du quatrième acte de *Roland* et du cinquième acte d'*Armide*[2]. Je suis toujours pour le siècle de Louis XIV, malgré tout le mérite du siècle de Louis XV et de Louis XVI.

Enfin, madame, vous vous humanisez avec moi. Vous m'écrivez, vous me fournissez matière à écrire; vous m'envoyez de très jolis vers qui valent beaucoup mieux qu'une très grande ode[3]. Je vous en remercie, et je voudrais bien savoir de qui ils sont. Je ne suis pas accoutumé à en recevoir de pareils. Voilà un bon ton, et rien n'est plus rare.

J'ai su que M. le duc de Choiseul était revenu à Paris en triomphateur, et qu'il était reparti en phi-

---

[1] Dont la musique est de Gluck, et les paroles du bailli du Rollet. B.
[2] Il le dit encore dans la lettre 6754. B.
[3] *Le Nouveau Règne*, ode, par Dorat, 1774, in-8°. B.

losophe. Je lui battis des mains avec le peuple, et je ne le trouve pas moins injuste envers moi.

Je persiste dans ma haine contre les assassins du chevalier de La Barre et du comte de Lally; et je n'ai jamais conçu comment il avait pu être mécontent de l'horreur que j'ai eue pour des injustices auxquelles il ne peut prendre le moindre intérêt. Je lui serai toujours attaché, fût-il exilé, ou fût-il souverain. Je serai pénétré de reconnaissance pour lui, je le regarderai comme un génie supérieur; mais je ne lui pardonnerai jamais l'erreur dans laquelle il est tombé sur mon compte.

Pour vous, madame, je vous pardonne de ne m'avoir jamais instruit de rien, et d'avoir voulu que je vous écrivisse de mon désert, où j'ignorais tout ce qui se passait dans le monde. Vous m'écriviez quelquefois quatre mots cachetés du grand sceau de vos armes, au lieu de me mettre au fait, et de cacheter avec une tête.

M. de Lisle a eu plus de compassion que vous; cependant je ne vous ai point abandonnée. Je vous ai fait parvenir de plates vérités en vers et en prose, quand il m'en est tombé entre les mains, et je vous en enverrai tout autant qu'il m'en viendra.

Vous ne me donnez aucunes nouvelles des grands tourbillons qui vous entourent; et moi je vous écrirai tout ce que je saurai dans ma solitude. Vous voyez, madame, que je suis de meilleure composition que vous, et cependant c'est vous qui vous plaignez.

6732. DE FRÉDÉRIC.

Cassel, le 28 juin.

Monsieur, madame Gallatin, mademoiselle sa fille, et M. Mallet, arrivèrent avant-hier. Vous pouvez vous imaginer quelle fut ma joie. Elle fut redoublée par la lettre que madame Gallatin m'a remise de votre part[1]. Que je reconnais bien le prix de votre amitié, et que ne suis-je toujours à portée de vous assurer de la mienne de bouche! Quand viendra cet heureux jour où je pourrai vous revoir! J'y pense continuellement, et j'espère encore une de ces années, quand vous y penserez le moins, d'aller vous surprendre à Ferney. Quand viendra-t-il cet heureux jour où je pourrai revoir un ami que j'aime tendrement!

Madame Gallatin est un peu fatiguée du voyage. J'espère que le séjour des bains de Geismar la remettra entièrement. Nous y allons demain. Ma santé est assez bonne. Les chagrins la dérangent quelquefois; mais quand on se dit, dans le meilleur des mondes possibles, qu'il faut regarder d'un œil indifférent et philosophique les choses que l'on ne saurait changer, on les surmonte, je l'avoue, mais jamais au point que cela ne fasse quelque impression sur le tempérament.

Continuez-moi toujours, mon cher ami, votre amitié. Écrivez-moi, quand cela ne vous incommodera pas. Conservez votre santé, à laquelle personne ne s'intéresse plus que moi, et soyez bien persuadé de la tendre amitié et de la parfaite estime avec lesquelles je serai toute ma vie, monsieur, votre, etc. FRÉDÉRIC.

6733. A M. LE COMTE CAMPI,

A MODÈNE.

Monsieur, votre belle tragédie et la lettre dont vous m'avez honoré me sont parvenues, heureuse-

---

[1] Cette lettre de Voltaire manque. B.

ment pour moi, dans un temps où je peux encore lire; lorsque l'hiver approche avec ses neiges, mes yeux de quatre-vingts ans me refusent le service. Agréez mes remerciements; vous devez avoir reçu ceux de toute l'Italie, dont vous augmentez la gloire.

Votre tragédie est conduite avec un grand art; et votre épisode d'Idolea me paraît supérieur à l'Aricie de l'admirable Racine; mais, ce qui est plus essentiel, votre pièce intéresse, et fait couler des larmes. Une intrigue vraisemblable et bien suivie se fait approuver, le sentiment seul se rend maître du cœur:

> Et quocumque volent animum auditoris agunto.
> Hor., *de Art. poet.*, v. 100.

Vous avez très heureusement imité Ovide dans les excuses que Biblis, amoureuse de son frère, cherche auprès des dieux :

> Di melius, Di nempe suas habuere sorores.
> Sic Saturnus Opim junctam sibi sanguine duxit,
> Oceanus Tethyn, Junonem rector Olympi:
> Sunt Superis sua jura.
> *Met.*, IX, 497.

Si Biblis avait été Juive, elle aurait pu apporter l'exemple de Sara, qui était la sœur d'Abraham, son mari, à ce qu'elle dit. Elle se serait fondée sur le discours de Thamar, qui dit à son frère Amnon : Demandez-moi en mariage à mon père[1]; il ne vous refusera pas. Si elle avait été Italienne, elle aurait pu implorer votre proverbe : *La cugina non mancare, la sorella se.*

[1] II, Rois, xiii, 13. B.

Mais la tragédie veut des passions, des remords, et des catastrophes sanglantes; c'est en quoi, monsieur, vous avez très bien réussi. Je ne suis point surpris du nombre des sonnets faits à votre louange; ce sont des fleurs qu'on jette partout sur votre passage. Pour nous autres Français, quand nous nous amusons à faire des tragédies, nous ne recueillons guère que des chardons : nos Cotins et nos Frérons s'en nourrissent, et en offrent à quiconque réussit.

J'ai l'honneur d'être avec la plus respectueuse estime, monsieur, etc.

FIN DU TOME XVIII
DE LA CORRESPONDANCE.

TABLE

DES PERSONNAGES AUXQUELS SONT ADRESSÉES LES LETTRES
DU DIX-HUITIÈME VOLUME

DE LA CORRESPONDANCE.

Anonymes. Lettres 6676, 6686.
Argental (le comte d'). Lettres 6412, 6417, 6433, 6443, 6444, 6448, 6471, 6475, 6485, 6498, 6511, 6524, 6535, 6550, 6566, 6574, 6586, 6603, 6612, 6618, 6636, 6639, 6658, 6666, 6682, 6684, 6694, 6705, 6719, 6723, 6730.
Audibert. Lettre 6717.
Bernis (le cardinal de). Lettres 6413, 6625.
Bertrand. Lettres 6440, 6454.
Bordes. Lettres 6528, 6584, 6607.
Cailleau. Lettre 6713.
Campi (le comte). Lettre 6733.
Catherine II, impératrice de Russie. Lettres 6427, 6446, 6455, 6467, 6501, 6515, 6536, 6595, 6596, 6634, 6665, 6685.
Chabanon (de). Lettres 6472, 6541, 6580, 6635.
Chastellux (le chevalier de). Lettres 6451, 6489, 6664.
Choiseul (le duc de). Lettre 6576.
Christin. Lettres 6438, 6558, 6626, 6630.
Christin (madame). Lettre 6559.
Colini. Lettres 6651, 6701.
Condorcet (le marquis de). Lettres 6469, 6641, 6648, 6720.
Constant de Rebecque (le baron de). Lettres 6613, 6712.
Cursay (l'abbé de). Lettre 6577.
Dalembert. Lettres 6437, 6453, 6464, 6470, 6473, 6477, 6480, 6484, 6491, 6497, 6505, 6509, 6516, 6530, 6533, 6551, 6555, 6557, 6563, 6567, 6568, 6572, 6578, 6583, 6587, 6591, 6620, 6642, 6649, 6655, 6693, 6698, 6706, 6728.
De Lisle (le chevalier de). Lettres 6582, 6624, 6656, 6681, 6709, 6714, 6724.
D'Épinai (madame). Lettre 6420.

D'Espagnac (le baron). Lettres 6657, 6675.
D'Étallonde de Morival. Lettres 6456, 6661, 6679, 6700.
Diderot. Lettre 6537.
D'Oigny du Ponceau. Lettre 6611.
Du Barri (la comtesse). Lettre 6571.
Du Coudrai (le chevalier du). Lettre 6521.
Du Deffand (la marquise). Lettres 6411, 6419, 6429, 6518, 6589, 6598, 6610, 6633, 6640, 6663, 6708, 6726, 6731.
Du Vernet (l'abbé). Lettres 6421, 6594 *bis*.
Fabry. Lettres 6431, 6687.
Florian (le marquis de). Lettres 6669, 6671, 6689, 6695, 6699, 6704.
Frédéric II, roi de Prusse. Lettres 6415, 6435, 6439, 6452, 6459, 6486, 6512, 6539, 6608, 6615, 6632, 6637, 6650, 6667, 6678, 6701, 6718.
Gallitzin (le prince de). Lettre 6570.
Gamerra (de). Lettre 6600.
Hamilton (le chevalier). Lettre 6569.
Hennin. Lettres 6481, 6503.
Henri de Prusse (le prince). Lettre 6522.
Keate. Lettre 6602.
La Harpe (de). Lettres 6445, 6483, 6519, 6529, 6534, 6560, 6606.
Lally-Tolendal (le chevalier de). Lettres 6543, 6561.
Laus de Boissy. Lettre 6526.
Lejeune de La Croix. Lettres 6514, 6573.
Lekain. Lettres 6410, 6418, 6465, 6549, 6593, 6629.
Lewenhaupt (le comte de). Lettre 6674.
Mallet du Pan. Lettre 6721.
Maret (le docteur). Lettre 6546.
Marin. Lettres 6424, 6436, 6517, 6552.
Marmontel. Lettres 6422, 6428, 6504, 6520, 6544, 6588, 6594, 6647, 6662, 6677.
Maupeou (de). Lettres 6660, 6711.
Mignot (l'abbé). Lettre 6604.
Milly (le comte de). Lettre 6645.
Moline. Lettre 6644.
Morangiés (le comte de). Lettre 6423.
Moultou. Lettre 6430.
Necker (madame). Lettres 6540, 6654.
Parpaict. Lettre 6590.

RAIMOND. Lettre 6688.

RAUCOURT (mademoiselle). Lettre 6463.

RICHELIEU. Lettres 6441, 6447, 6458, 6488, 6500, 6531, 6548, 6564, 6579, 6585, 6592, 6601, 6614, 6622, 6653, 6683, 6697, 6725.

ROCHEFORT (le comte de). Lettres 6432, 6487, 6492, 6513, 6545, 6727.

ROSSET. Lettre 6716.

SAINT-JULIEN (madame de). Lettres 6556, 6565, 6609, 6617.

SAINT-LAMBERT. Lettre 6605.

SAINT-POINT (la comtesse de). Lettre 6460.

SAURIN. Lettre 6457.

SAUSEUIL (le chevalier de). Lettre 6616.

SCHOWALOW (le comte de). Lettres 6628, 6715.

SUÈDE (la reine de). Lettre 6668.

TERRAY (l'abbé). Lettre 6434.

THIBOUVILLE (le marquis de). Lettres 6462, 6466, 6495, 6499, 6506, 6525.

VASSELIER. Lettres 6547, 6562.

VILLEMAIN D'ABANCOURT. Lettre 6599.

VILLEVIEILLE (le marquis de). Lettre 6672.

VOISENON. (l'abbé de). Lettres 6493, 6643.

WURTEMBERG (la duchesse de). Lettre 6581.

XIMENÈS (le marquis de). Lettres 6425, 6621, 6627.

Personnages qui, dans ce volume, ont adressé des lettres à Voltaire.

BERNIS (le cardinal de). Lettres 6482, 6638, 6659.

CATHERINE II, impératrice de Russie. Lettres 6416, 6442, 6510, 6575, 6619, 6673, 6680, 6703.

DALEMBERT. Lettres 6461, 6474, 6476, 6479, 6490, 6494, 6496, 6507, 6527, 6538, 6542, 6553, 6691, 6696, 6707.

FRÉDÉRIC II, roi de Prusse. Lettres 6426, 6449, 6450, 6461, 6468, 6478, 6508, 6523, 6554, 6597, 6623, 6631, 6646, 6652, 6670, 6690, 6692, 6710, 6722, 6729.

FRÉDÉRIC, landgrave. Lettres 6414, 6532, 6732.

HENRI DE PRUSSE (le prince). Lettre 6502.

FIN DE LA TABLE.

www.ingramcontent.com/pod-product-compliance
Lightning Source LLC
Chambersburg PA
CBHW051137230426
43670CB00007B/847